◎ 高等院校经济与管理核心课经典系列教材 ◎

金融学专业

商业银行经营管理学

SHANGYE YINHANG JINGYING GUANLIXUE

（第二版）

安瑛晖 ◎ 主　编

闫永新　王五祥 ◎ 副主编

首都经济贸易大学出版社

Capital University of Economics and Business Press

·北京·

图书在版编目(CIP)数据

商业银行经营管理学/安瑛晖主编.—2版.—北京:首都经济贸易大学出版社,2014.9
ISBN 978 – 7 – 5638 – 2263 – 8

Ⅰ.①商… Ⅱ.①安… Ⅲ.①商业银行—经营管理—高等学校—教材 Ⅳ.①F830.33

中国版本图书馆 CIP 数据核字(2014)第 175162 号

商业银行经营管理学(第二版)
安瑛晖 主编 闫永新 王五祥 副主编

出版发行	首都经济贸易大学出版社
地　　址	北京市朝阳区红庙(邮编 100026)
电　　话	(010)65976483　65065761　65071505(传真)
E – mail	publish＠cueb.edu.cn
经　　销	全国新华书店
照　　排	首都经济贸易大学出版社激光照排服务部
印　　刷	北京地泰德印刷有限责任公司
开　　本	710 毫米×1000 毫米　1/16
字　　数	378 千字
印　　张	21.5
版　　次	2004 年 4 月第 1 版　**2014 年 9 月第 2 版**　2014 年 9 月总第 3 次印刷
印　　数	7 001 ~ 10 000
书　　号	ISBN 978 – 7 – 5638 – 2263 – 8/F · 1285
定　　价	35.00 元

图书印装若有质量问题,本社负责调换
版权所有　侵权必究

第二版前言

本教材第一版自 2004 年出版以来，受到广泛好评，目前已有多所院校将本书作为教材或教学参考书。在本书出版后的几年间，国内外经济形势和金融业发生了翻天覆地的变化，特别是 2005 年中国国有银行相继股改上市以及 2008 年美国金融危机爆发，中国商业银行经营管理的要求发生了巨大变化，健康可持续发展成为银行经营管理的主要目标，主要体现在：

一是对内部控制的规范性要求已经上升到国家层面。对中国商业银行业来说，显著的标志是中国银行业监督管理委员会于 2007 年 7 月公布了《商业银行内部控制指引》，以及财政部、审计署、人民银行、银监会和证监会五部委于 2008 年 5 月联合颁布《企业内部控制基本规范》，并要求按期实施。

二是合规风险管理已经成为重要的风险管理内容。显著的标志是巴塞尔银行监管委员会于 2005 年 4 月发布了《合规与银行内部合规部门》的高级文件，提供了银行合规工作的基本指引，指导银行设立合规部门和专职合规岗位，以支持和协助高级管理层有效地管理合规风险；2006 年 10 月中国银监会以银监发〔2006〕76 号文件，印发了《商业银行合规风险管理指引》，要求银行做好合规风险管理工作。

三是资本监管作为监管的重要抓手，突出资本对风险管理的作用。巴塞尔银行监管委员会于 2010 年发布了《巴塞尔资本协议Ⅲ》，产生了新的资本监管规则；中国银监会参照国际监管规则于 2010 年发布了《商业银行资本管理办法（试行）》，并要求自 2013 年 1 月 1 日起实施，这对风险计量和资本管理提出了新的要求。

四是更加强调创新对商业银行可持续发展的支撑。随着经济社会的发展和科学技术在金融领域的大量使用，银行必须正视金融创新带来的挑战和机遇。只有强调创新，才能适应经营环境，提高经营能力，在不断进步的经济社会中占有一席之地。

针对这些变化，在内容上，我们力图反映新情况和新问题，并注意规律的揭示和特点的概括，着重在以下几个方面进行了补充完善：一是增加了内部控制、合规风险管理、操作风险管理、银行价值和产品创新等内容；二是对资本管理、绩效评价、兼并重组等内容进行了修订。但是，由于编者水平有限，恐难尽如人意，敬请批评指正。

此次修订的分工如下：

安瑛晖（第 10 章、第 11 章，总纂）、闫永新（第 6 章、第 7 章、第 8 章、第 13 章、第 14 章、第 15 章和第 16 章）、王五祥（第 1 章、第 2 章、第 3 章、第 5 章、第 11 章和第 12 章）、陈昌飞（第 4 章）。

目 录

1 商业银行概述 …………………………………… 1
  1.1 现代金融市场和金融机构 ………………… 2
  1.2 现代商业银行 ……………………………… 10
  本章小结 ………………………………………… 20
  复习思考题 ……………………………………… 20

2 商业银行的经营原则 …………………………… 22
  2.1 商业银行经营的盈利性原则 ……………… 23
  2.2 商业银行经营的安全性原则 ……………… 27
  2.3 商业银行经营的流动性原则 ……………… 33
  2.4 商业银行经营原则的协调 ………………… 35
  本章小结 ………………………………………… 37
  复习思考题 ……………………………………… 37

3 商业银行的经营环境与经营战略选择 ………… 38
  3.1 商业银行的经营环境 ……………………… 39
  3.2 商业银行的经营战略 ……………………… 51
  本章小结 ………………………………………… 59
  复习思考题 ……………………………………… 60

4 商业银行的组织体系 …………………………… 61
  4.1 商业银行的特征、性质及职能 …………… 62
  4.2 商业银行的组织结构 ……………………… 65
  4.3 商业银行组织制度 ………………………… 68

  4.4 商业银行组织体系的发展趋势 …………………………… 70

5 商业银行的资本管理 …………………………………………… 72
  5.1 资本的功能与构成 ………………………………………… 73
  5.2 资本充足性监管规定 ……………………………………… 77
  5.3 资本计划 …………………………………………………… 87
  5.4 资本募集 …………………………………………………… 90
  5.5 资本管理 …………………………………………………… 92
 本章小结 …………………………………………………………… 94
 复习思考题 ………………………………………………………… 94

6 商业银行的负债业务 …………………………………………… 96
  6.1 负债业务概述 ……………………………………………… 97
  6.2 存款业务 …………………………………………………… 98
  6.3 其他负债业务 ……………………………………………… 112
 本章小结 …………………………………………………………… 115
 复习思考题 ………………………………………………………… 115

7 商业银行的贷款业务 …………………………………………… 117
  7.1 贷款业务种类与创新 ……………………………………… 118
  7.2 贷款业务经营流程 ………………………………………… 120
  7.3 客户信用分析 ……………………………………………… 125
  7.4 贷款定价 …………………………………………………… 132
  7.5 贷款质量评价 ……………………………………………… 134
  7.6 问题贷款与贷款损失的管理 ……………………………… 139
 本章小结 …………………………………………………………… 141
 复习思考题 ………………………………………………………… 141

8 商业银行的证券投资业务 ……………………………………… 144
  8.1 证券投资业务的目标与意义 ……………………………… 145
  8.2 证券投资组合的金融工具与风险收益分析 ……………… 147

8.3　证券投资组合的管理程序 …………………… 151
　　8.4　资本市场有效性和证券投资策略 …………… 154
　　本章小结 ………………………………………… 158
　　复习思考题 ……………………………………… 158

9　商业银行的表外业务 ……………………………… 160
　　9.1　表外业务概述 ………………………………… 161
　　9.2　结算类业务 …………………………………… 165
　　9.3　金融保证业务 ………………………………… 167
　　9.4　金融衍生工具类业务 ………………………… 170
　　9.5　中介服务业务 ………………………………… 174
　　9.6　信托与租赁 …………………………………… 176
　　9.7　表外业务风险 ………………………………… 184
　　9.8　国外商业银行表外业务发展的启示 ………… 185
　　本章小结 ………………………………………… 187
　　复习思考题 ……………………………………… 188

10　商业银行内部控制 ……………………………… 189
　　10.1　内部控制概述 ………………………………… 190
　　10.2　内部控制的结构 ……………………………… 196
　　10.3　内部控制评价 ………………………………… 201
　　本章小结 ………………………………………… 210
　　复习思考题 ……………………………………… 211

11　商业银行经营风险管理 ………………………… 212
　　11.1　风险管理概述 ………………………………… 213
　　11.2　市场风险 ……………………………………… 218
　　11.3　信用风险 ……………………………………… 222
　　11.4　流动风险 ……………………………………… 226
　　11.5　操作风险 ……………………………………… 229
　　11.6　合规风险 ……………………………………… 236

本章小结 ································· 242
复习思考题 ······························· 242

12 利率风险管理 ························ 244
12.1 利率 ································ 245
12.2 债券定价 ··························· 246
12.3 债券的零利率 ······················ 248
12.4 远期利率 ··························· 250
12.5 资本市场的有效性 ················ 252
12.6 利率平价理论 ······················ 254
12.7 利率风险的产生 ··················· 255
12.8 重新定价模型 ······················ 256
12.9 到期模型 ··························· 260
12.10 久期模型 ··························· 263
本章小结 ································· 269
复习思考题 ······························· 270

13 金融创新产品 ························ 271
13.1 远期合约 ··························· 272
13.2 期货合约 ··························· 273
13.3 互换合约 ··························· 274
13.4 期权合约 ··························· 275
13.5 需求驱动金融创新产品 ·········· 278
13.6 变更参数金融创新产品 ·········· 280
12.7 条件组合金融创新产品 ·········· 281
本章小结 ································· 282
复习思考题 ······························· 283

14 银行财务报表 ························ 284
14.1 资产负债表 ························ 285
14.2 利润表 ······························ 290

14.3　现金流量表 ………………………………… 294
14.4　股东权益变动表 …………………………… 298
本章小结 ………………………………………… 299
复习思考题 ……………………………………… 299

15　银行业绩评价 ………………………………… 300
15.1　商业银行主要监管指标 …………………… 301
15.2　银监会主要监管指标案例 ………………… 309
15.3　发展银行业绩指标案例 …………………… 312
15.4　股票价值指标 ……………………………… 314
本章小结 ………………………………………… 315
复习思考题 ……………………………………… 316

16　商业银行并购 ………………………………… 317
16.1　并购的目的 ………………………………… 318
16.2　并购的成本和收益 ………………………… 318
16.3　与并购有关的法律 ………………………… 321
16.4　美国银行并购美林公司 …………………… 322
16.5　花旗集团的教训 …………………………… 324
16.6　中国工商银行并购美国东亚银行 ………… 325
本章小结 ………………………………………… 326
复习思考题 ……………………………………… 327

参考文献 …………………………………………… 328

1

商业银行概述

本章要点

随着人类社会的发展,金融体系在社会经济生活中发挥着越来越重要的作用。对金融的研究方兴未艾、成果斐然,逐步发展成为一门重要的学科。默顿(R. C. Merton)认为[1]:金融学是研究人们在不确定的环境中如何进行资源的时间配置的学科。金融决策的成本和效益是时间上分布的,而且是决策者和任何人无法预先明确知道的。商业银行经营管理研究是金融学重要的组成部分。

商业银行作为吸收存款、发放贷款和提供多种金融服务的金融中介机构,在金融体系中,特别是在间接金融中占主导地位。本书就是以商业银行经营为主线,对商业银行的经营原则、经营战略、表内与表外业务经营、经营风险管理、经营绩效评价等规律性及其意义等内容进行论述。

为了从宏观上把握商业银行在金融体系中的地位和作用,从微观上了解商业银行的经营特征,本章作为全书的铺垫,对现代金融体系的重要组成部分——现代金融市场和金融机构进行介绍;对现代商业银行的作用、业务特点和组织形式等特征进行概括性描述。

---

[1] Zvi Bodie, Robert C. Merton. 金融学. 北京:中国人民大学出版社,2000.

1.1 现代金融市场和金融机构

1.1.1 金融体系

所谓金融,就是指资金融通,也就是资金的集聚与流动,包括货币的发行、流通与回笼,存款的吸收与提取,贷款的发放与收回,国内外的款项汇兑,商业票据的承兑与贴现,股票、债务的发行与买卖以及投资资金的筹集等与货币流通相关的一切活动。那么,所谓的金融系统是指由金融机构、金融资产、金融资产的供给者和需求者、金融市场、政府等要素依据一定的行为规则构成的属于社会经济系统的功能子系统的有机整体。从狭义上讲,金融系统由金融机构和金融服务组成,也称金融体系。按照乔治·考夫曼(George G. Kaufman)的分析框架[①]:金融体系由金融工具、金融市场、金融机构和有关规则组成。

现代金融制度就是在金融体系中包括直接性金融市场和间接金融中介机构两种融资渠道的经济机制。这种机制确保金融系统能够将资金由缺乏投资机会的供方(资金盈余方)转移到具有投资机会的需方(资金赤字方)。实现这一基本功能可以通过两种途径:一是由金融市场直接传导,称为直接融资;二是由金融中介机构完成传导,称为间接融资。具体过程如图1-1所示。

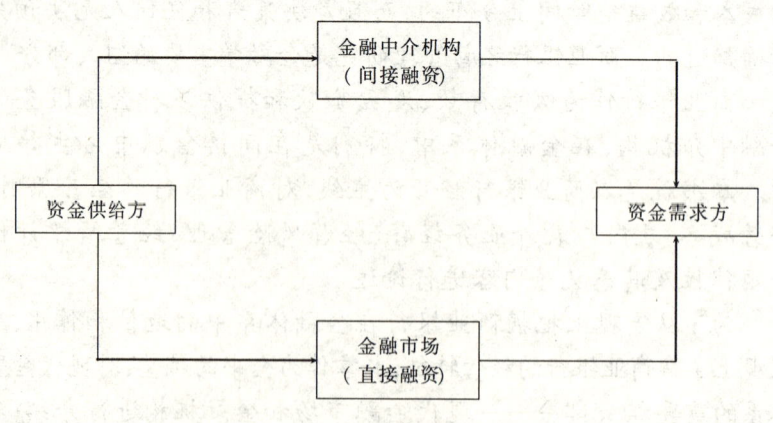

图1-1 融资流程

---

① George G. Kaufman. 现代金融体系. 陈平等译. 北京:经济科学出版社,2001.

1.1.2 金融市场

金融市场是资金融通的场所或机制,即资金从盈余部门流向赤字部门的行为总和。广义的金融市场包括票据、有价证券和货币的买卖等货币经营活动和经营方式,涉及所有的资金融通行为;狭义的金融市场则主要是证券市场[①]。金融市场的基本功能就是通过向社会资金供求双方提供交易场所,完成资金的转移,从而改善资金资源的配置,进而提高社会经济运行效率。按照不同的属性可以将金融市场划分为:负债和权益市场,一级市场和二级市场,货币市场和资本市场,交易所市场和场外市场,现货市场和期货市场以及外汇市场等。

1.1.2.1 一级市场和二级市场

金融市场可以划分为一级市场(Primary Market)和二级市场(Secondary Market)。一级市场是金融证券的批发市场,是政府或企业发行债券或股票筹集资金的市场,是证券首次作为商品进入证券市场,也称证券发行市场。其主要功能是筹资功能和产权复合功能。所谓产权复合功能就是一级市场使货币转化为生产资本,将货币所有者转化为资本所有者。二级市场是证券的零售市场,也称流通市场。在二级市场上,已经发行的证券以市场价格在购买者和出售者(市场参与者)之间进行交易。二级市场的特点突出表现在参与者的广泛性、价格的不确定性、交易的连续性以及交易包含的投机性。其突出功能是流动性、资金期限的转换、证券市场价格的合理性、资金流动的导向性以及宏观调控等,并通过这些功能的发挥实现资金的有效配置、刻画股票的供求关系、减少投资风险和建立调节资金市场有效机制。

在一级市场上,新发行的金融证券仅完成一次交易行为,或者说一次性出售;而在二级市场上,证券交易则以公开方式进行,而且其交易次数可以是无限的。二级市场主要有证券交易所、场外交易市场(Over-the-counter,OTC)、第三交易市场和第四交易市场。一级市场为二级市场做了必要的准备,二级市场通过证券供给与需求的平衡形成金融证券的市场零售价格,反过来影响一级市场的发行。一级市场和二级市场的相互依存、相互发展是确保证券市场整体健康发展的重要手段。

1.1.2.2 证券交易所与场外交易市场

证券交易的二级市场主要有两种形式:一是证券交易所(Stock Exchange);二是场外交易市场。证券交易所是依据有关法律、经政府证券主管机关批准设立的证券交易的有形场所。首先,证券交易所为其成员提供了固定的交易场所和完善的交易措施,以促进连续与有序的市场交易。其次是在证券交易所上市交易证券的公司必须满足交易所制定的具体上市条件。再次,证券交易所是特殊的法律主体,分为公司制和成员制两种。证券交易所也称为有组织的金融市场。最后,交易所还对其成员实施规范化的章程与条例管理。

---

① 李崇淮.西方货币银行学.北京:中国金融出版社.1998.

场外交易市场也称为柜台交易市场,既没有具体的场地,也没有正式的组织形式。任何公司的证券都可以在场外市场经过买卖双方协商进行交易。其特点是交易的分散性、直接性和协议性。也就是很多独立经营的证券公司和投资者协商议价进行交易。在西方发达国家,大部分公司的股票都在场外市场上进行交易。

另外,大部分美国政府证券也在场外交易市场进行交易。从世界范围看,存在很多场外交易市场,其中美国的全国证券商协会自动报价系统(NASDAQ)是世界上最主要的场外交易市场。

1.1.2.3 货币市场与资本市场

金融市场可以根据在市场上交易的金融证券到期期限划分为货币市场(Money Market)与资本市场(Capital Market)。货币市场是对一年以内到期的短期金融证券进行交易开展融资活动的市场;而资本市场是对一年以上的中长期金融证券进行交易的市场。货币市场的主体是一般参与者,如工商企业、政府部门、家庭、中介机构、商业银行和其他金融机构;市场中介为证券交易公司和经纪人公司。货币市场的主要功能是融通短期资金、提高资金利用效率。资本市场则可以是有固定场所(证券交易所),也可以是无固定场所的场外交易市场,其融通的资金大多用于企业、政府等资金需求者获得长期投资资金。货币市场和资本市场在资金需求者、风险和期限三个方面存在差异。

1.1.2.4 现货市场、期货市场与期权市场

在现货市场(Spot Market)上,证券交易双方立即对成交证券进行交割。付款和交割可以在交易当天完成,也可在一定天数内完成。这取决于交易的性质与数量等因素。

在期货市场(Future Market)上,证券交易双方以合约方式协定在未来的既定时间和条件下完成既定数量证券的交易。期货市场为有组织的金融市场,期货合约(Future Contract)是该市场的交易工具。期货合约的主要特点是数量和数量单位的标准化、商品质量等级标准化、交收地点标准化和存在每日价格限制。金融期货是以金融工具为商品的期货,主要有外汇期货、利率期货、股票指数期货和黄金期货等。证券期货主要包括债券期货等与证券相关的金融期货。如果期货合同的交易并非在有组织的期货市场或交易所内进行,而是在场外交易,它则被称为远期合约(Forward Contract),而场外交易市场为远期市场(Forward Market)。

期权市场(Option Market)是关于证券未来交易的条件选择权的市场。期权市场交易的金融工具为期权合约(Option Contract)。期权合约的购方有权利要求期权合同的售方在既定的价格与时间条件下,购买或出售既定数量的证券。金融期权主要有股票期权、外汇期权、利率期权、股票指数期权以及贵金属期权等。根据期权的不同特点又可以分为看涨期权和看跌期权、美式期权和欧式期权等。

1.1.2.5 外汇交易市场

外汇交易市场(Foreign Exchange Market)是对不同国家之间货币进行交易的

场所,是由外汇的提供者、外汇的需求者与外汇的中介、进行买卖的交易场所与交易网络构成。外汇交易市场包括现货交易市场和期货交易市场。外汇市场交易的主体为外汇银行、外汇经纪人、外汇票据商、投资者和中央银行等。外汇交易包括场外的货币现货或远期交易,也包括在有组织的交易所内进行的货币期货交易。外汇市场是市场汇率确定的手段,其交易形成的货币价格也就是不同国家货币间的市场汇率。

1.1.2.6 负债与权益市场

从金融市场获取资金,对于企业来说有两种方法:一种是发行短期负债工具(Short-time Debt Instrument)、长期负债工具(Long-term Debt Instrument)和中期负债工具(Intermediate-term Debt Instrument);另一种是发行权益型工具,如股票。这样,就存在着负债与权益两种类型的金融市场。

1.1.2.7 国际金融市场

随着经济全球化进程的加快,国际基金市场(International Bonds Market)、欧洲基金、欧洲货币(Eurocurrencies)以及世界股票市场(Word Stock Market)等国际化市场逐步建立并蓬勃发展起来。国际市场一体化是经济全球化的重要内容和标志,为国际投资者提供了更加广泛的投资渠道,也为资金需求者提供了广泛的融资渠道。

1.1.3 金融中介机构

金融中介机构在资金盈余者和资金赤字者之间搭建起一座桥梁,实现资金的流动,是资金融通的信用中介。金融中介机构的存在实现并促进了资源在经济社会中的配置,提高了整个社会的运行效率。

在现代商品经济中,尽管金融中介机构的种类繁多,分类标准也不尽相同,但基本上可以归纳为三大类型①:①存款型金融机构(Depositary Financial Institutions);②非存款型金融机构(Nondepository Financial Institutions);③官办和半官办金融机构。这些金融中介机构的基本特征都是从资金供方取得资金,再将资金疏导给资金需方。

1.1.3.1 存款型金融机构

存款型金融机构可以通称为"银行",它通过接受个人或企事业单位、政府等机构的存款形成其主要资金来源(作为负债),而通过发放贷款进行资金运用(形成资产)。这一类金融机构的特征是作为存款的创造者而在货币供给过程中扮演重要的角色。在美国,存款型金融机构包括商业银行、储蓄与贷款协会、互助储蓄银行、信用协会等。

---

① 李崇淮等编写的《西方货币银行学》对金融机构的分类为:存款金融机构、非存款金融机构、官办和非官办金融机构;俞乔等则将金融机构分为:存款型金融机构、契约型存款机构和投资型金融机构。可参阅:安东尼·赛得斯的《现代金融机构管理》,李秉祥译,东北财经大学出版社,2002年版;George G. Kaufman 的《现代金融体系》,经济科学出版社,2001年版。但是,不管哪一种分类都囊括了全部金融机构。本书参考的是李崇淮等编写的《西方货币银行学》的划分标准。

从世界范围看,商业银行无论在数量上还是在规模上都是最大的存款型金融机构。商业银行吸收个人或机构的支票存款、储蓄存款和定期存款,这些存款构成其主要的资金来源。当然,商业银行的负债不仅包括存款性负债还包括非存款性负债,它们作为资金来源;商业银行向个人、企业、政府发放的各种类型的贷款则形成主要的资金运用,发放贷款的范围十分广泛,包括消费贷款、商业贷款等。同时,许多商业银行还经营信托、租赁、证券承销等业务以及种类繁多的中间业务。就其提供的金融商品和金融服务而论,商业银行又是最多元化经营的金融机构,成为现代"金融百货店"。其中,最主要的是商业银行构成了现代经济中最主要的支付与清算系统。而且在国际金融体系中,主要国际商业银行在外汇市场中的交易直接决定了市场汇率。商业银行不论是在国内金融体系还是在国际金融体系中都占据着主要地位。在我国市场经济体制改革中,明确了建立以商业银行为主体、多种金融机构并存的金融体系。由于商业银行在主导金融中介、创造信用货币、提供结算支付以及国际金融等方面的重要作用,各国货币当局均以商业银行作为其货币政策的主要载体及重点监管对象。

另一类存款型机构是储蓄机构(Thrift Institutions),它通过储蓄存款的传统方式获取几乎全部资金。储蓄机构的名称在各国略有不同,比如在美国有储蓄与贷款协会和互助储蓄银行,在英国有信托储蓄银行、房屋互助协会。

美国的储蓄与贷款协会是一种专门吸收存款的金融中介机构,它们的资金来源主要为个人或机构的储蓄存款,以及各种个人定期存款。储蓄与贷款协会的资金运用是长期性质的住宅抵押贷款,该协会是美国最重要的居民住宅贷款金融机构。互助储蓄银行和储蓄与贷款协会没有实质的差别,只是二者有各自不同的发展历史。互助储蓄银行以吸引个人支票存款和定期存款为主要资金来源,而将其资金投放于居民住宅抵押贷款。

同时,在美国,信用协会属于消费者组织的小型、非营利性质的金融机构,也属于储蓄性金融机构,是由一些具有共同利益的人组织起来的具有互助性质的会员组织。信用协会的主要负债是支票存款和定期存款,主要资产则为短期性的消费者个人贷款,信用协会的债权人和债务人都是协会会员。

1.1.3.2 非存款型金融机构

非存款型金融机构的资金来源是通过自行发行证券的收入或来自某些组织或公众的契约性交款,而其资金主要投向资本市场。主要机构为人寿保险公司(Life Insurance Companies)、财产和灾害保险公司(Property and Casualty Insurance Companies)、养老基金(Pension Funds)、投资银行(Investment Bank)和投资共同基金(Investing Mutual Funds)等。

人寿保险公司是为人们因意外事故或死亡而造成的经济损失提供保险的金融机构,通过出售关于意外死亡、伤残和退休所带来收入损失的保障单而获取资金(保费)。由于保险精算的发展和人类寿命的统计规律的存在,人寿保险公司的资金来源和对保险者的支付都具有稳定性和可预测性。这样,为了实现利润最大化,其资金可以用于购买长期性和高收益性的证券,例如公司债券和股票。

财产和灾害保险公司是对法人单位或家庭提供意外损失保险的金融机构,通过出售关于火灾、失窃、事故及其他原因引起的财产损失的保险单而筹集资金。由于意外事故发生的偶然性及不可预知性,这类保险公司对于保险者的支付具有不可预测性。因此,财产和灾害保险公司在进行长期投资的同时,还必须把相当比例的资金投放在短期性与高流动性的货币市场证券上,以便应付临时突发的支付需要。

养老基金是一种类似人寿保险公司的专门金融机构。其资金来源是在雇员的工作年限内,由雇主与雇员共同支付的、保证雇员退休后每月领取一定数量收入的款项。由于资金来源与对退休者的支付具有可预测性,养老基金的资金运用通常为长期性的公司证券,以获取较高收益。

投资金融机构主要有投资银行和共同基金两大种类。投资银行是一种专门从事发行长期融资证券的金融机构,通过出售短期商业票据和发行长期证券(债券与股票)取得资金,主要业务是证券的承销、代销和自营。共同基金是在人们自愿的基础上以一定的方式组织形成的基金,并在金融市场上进行投资以获取高收益的金融组织。主要有两种存在形式,一是股票市场共同基金,另一个是货币市场共同基金。它们都是通过出售基金份额的方式获取资金,并用其资金购买不同的金融证券,以形成风险分散、收益稳定的金融资产组合。其中,货币市场共同基金将出售基金份额筹集的资金专门投资于短期货币市场,形成高流动性金融资产组合。

1.1.3.3 官办和半官办金融机构

在一些国家,为了加强政府对经济的干预,又使商业银行摆脱政府的束缚,由政府建立的一些官办或半官办金融机构在经济运行中发挥着很大的作用。这些金融机构的主要表现形式有:一是支持国家重点建设和新兴行业的发展的金融机构;二是解决农业信贷问题的金融机构;三是从事外贸信贷的金融机构。同时,这些机构大多是政府资本,不接受民间存款和借款,能保证专业性质与产业政策相结合。

各国在经济发展过程中,都密切关注重点建设和新兴产业的发展问题,而这些项目的资金需求量大、风险高、借款期限长,商业银行从自身经营考虑不宜介入,这就需要政府设立专门的部门进行信贷支持。第二次世界大战以后,日本根据《日本开发银行法》设立了日本开发银行。我国于1994年成立了专门的国家开发银行,依托政府信用承担国家重点支持的项目建设融资业务。在农业方面,为了保证农业生产经营的正常进行,各国针对实际情况,成立了专门的金融机构开展农业信贷。其中,法国农业信贷银行是比较典型的半官方农业信贷机构。我国的中国农业发展银行属于官方农业信贷机构。为了促进本国商品的出口,资助原材料的进口,承担风险,西方发达国家普遍设立了官方的信贷机构。日本于1950年成立了日本输出入银行,美国于1934年成立了进出口银行,我国也已于1994年成立了中国进出口银行。

1.1.4 基本金融工具

金融工具组合构成了金融资产。金融资产又是金融体系中重要的组成部分。从某种意义上讲，金融资产是对证券发行者的金融索取权(Financial Claims)。从金融索取权的角度来看，主要的金融资产可以按照其属性区分为五类[1]：①非市场金融工具(Non-market Instruments)；②货币市场金融工具(Money Market Instruments)；③资本市场金融工具(Capital Market Instruments)；④衍生金融工具(Derivatives)；⑤间接投资金融工具(Indirect Investing Instruments)。

1.1.4.1 非市场金融工具

非市场金融工具主要包括各种不能在金融市场上转售的金融资产。商业银行或其他存款型金融机构中的储蓄存款(Saving Deposits)、定期存款(Time Deposits)及存款单(Certificate of Deposits, CDs)、货币市场存款账户(Money Market Deposit Accounts)、政府储蓄公债(Savings Bonds)都属于非市场金融工具的范畴。

1.1.4.2 货币市场金融工具

货币市场金融工具包括各种可以在金融市场上交易的、由政府机构、金融机构或工商企业所发行的短期负债票据(到期期限为1年以下)。货币市场主要参与者是金融机构(特别是商业银行)、大型工商企业和政府部门。一般说来，货币市场工具具有短期性、高流动性及低风险性等特征。

短期国库券，特别是美国财政部短期债券(Treasury Bill)，具有高流动性和无风险的特点。在很多情况下，尤其是在投资分析中，它是一种特殊的金融资产，其利率为无风险市场利率的参考值。

在美国，大多数的商业银行都发行可转让定期存款单(Negotiable CDs)，明确利率和到期期限。这类证券是银行发出的市场化存款负债，到期时还本付息；并且可以在到期之前通过金融市场交易进行流通。

商业票据(Commercial Paper)为信誉度高、实力雄厚的大公司所发出的、无保证的短期票据。在美国，其最低限额一般为10万美元，到期期限低于27天，一般以折扣的方式出售。

欧洲美元(Eurodollars)是由美国境外的银行所拥有的美元存款。欧洲美元存款包括定期存款与存款单两种形式，其到期期限一般为1个月以下。欧洲美元市场主要为批发市场，国际上银行、跨国公司及各国政府在该市场进行大宗借贷交易。

回购协议(Repurchase Agreements)是借贷双方(一般为各种商业机构和金融机构)关于出售并在未来指定日期购回政府债券的协议。这一金融工具的主要目的是解决借方的短期性流动困难。回购协议的期限一般为3~14天，甚至短到24

---

[1] 本书按照俞乔等著《商业银行管理学》、安东尼·桑得斯著《现代金融机构管理》和林义相著《金融资产管理》的分类方法阐述的。由于创新金融工具层出不穷，金融资产难以穷尽。对混合金融证券的了解可参阅埃兹·内尔肯编著、齐寅峰等译《混合金融工具手册》(机械工业出版社,2002)。

小时,出售与购回债券的价差就构成了债券的利息。

银行承兑汇票(Banker's Acceptance)是由银行的客户开出,而由银行保证到期兑现的无息汇票。此种证券在到期之前可以在市场上以折扣方式交易。

货币市场互助基金(Money Market Mutual Funds,MMMFs)是集中小投资者资金并将之投资到货币市场工具上的基金。

1.1.4.3 资本市场金融工具

资本市场金融工具包括所有在金融市场上流动的1年以上到期的金融资产,可分为两大类:具有到期期限的债券类资产和无限期的股票类资产。

债券类金融工具是具有固定利息收入的金融资产,它包括国库券(Treasury Bonds)、其他政府机构债券(Govt. Agencies' Bonds)、地方政府债券和公司债券(Corporate Bonds)。

在美国,大部分大型公司都以公司债券的方式来筹集所需资金,可以以公司信用保证发行无担保债券,也可以用公司有形资产或金融资产抵押发行有担保债券(Guaranteed Bonds)。公司债券又可以分为可赎回债券(Callable Bonds)与不可赎回债券(Non-callable Bonds);还可以分为可转换和不可转换两种,可转换公司债券(Convertible Bonds)可以转换为普通股票。

优先股票(Preferred Stock)是介于债券与普通股票之间的一种混合型证券。与债券相似,优先股票一般都具有固定的收益。但是,优先股票又具备无限期的特点,并有权分享股息收益。优先股票的收益分配先于普通股票,但后于公司债券。绝大部分优先股票具有可赎回性质。但是,在参与公司经营方面,优先股票不具备决定公司经营方向的投票权。

普通股票(Common Stock)代表对公司的所有权。普通股票没有固定的收益,股东需直接承担与其持股数额一致的公司经营风险。并且,股票价格可能在短期内大幅度波动,从而使股票拥有者的以货币衡量的资产额发生急剧变化,发生资本增值或资本损失。

1.1.4.4 衍生金融工具

衍生金融工具是基础金融资产衍生出来的金融市场工具,随着金融创新的不断深入,衍生金融工具家族迅速膨胀,但基本的衍生工具主要包括期货、期权、远期和互换四种。当然,一些含权工具如认股权证(Warrants)、可转换证券(Convertible Securities)等也属于衍生工具。

1.1.4.5 间接投资金融工具

间接投资金额工具指的是投资公司代表其股票持有者从事市场活动。投资公司有两大类型。

第一类为开放型(Open End)的投资公司,例如共同基金(Mutual Funds)、货币市场基金(Money Market Funds)等,这类投资公司将无限量基金份额出售给投资公众,而且公众随时可以将拥有的基金份额售回给投资公司。投资公司将筹集的资金用于购买不同的现金资产,形成投资组合,以达到减低风险和增加赢利的目的。货币市场基金投资于短期性、高流动性、低风险性的货币市场工具,共同基金则投资于长期的证券资产。

第二类投资公司为封闭型(Close End)投资公司。封闭型公司的股额是有限度的,其交易方式与公司股票相同,即通过股票经纪人进行市场交易,并支付佣金。

1.1.5　金融体系的作用与监管(Regulation)

在金融活动中,存在两种必须考虑的因素:一是交易成本(Transaction Cost);另一因素是不对称信息(Asymmetric Information)。金融体系的存在可以解决单一交易成本高的难题,实现规模经济(Economy of Scale);可以解决信息不对称在交易前的逆向选择(Adverse Selection)和交易后的道德风险(Moral Hazard)问题。

同时,解决这些问题离不开必要的监管,从整个金融体系来讲,主要的监管内容包括:向投资者提供有效的信息;保证金融中介的稳健经营,主要采取进入限制(Restriction on Entry)、信息披露、资产负债限制、存款保险(Deposit Insurance)、限制竞争、利率限定以及其他手段促进货币政策的实现和控制(通过储备需求来实现)等。

从国际范围来看,信息披露、许可证、周期性检查以及存款保险等内容对监管来说是共同的。

1.2　现代商业银行

商业银行是吸收存款与发放贷款的金融中介机构,同时,商业银行还提供其他类型的金融服务。由于历史的原因及各国金融管理当局对商业银行的具体规定有区别,不同国家商业银行的业务范围有较大的差异。在同一国家内,由于各商业银行的规模及地位不同,它们的经营方向亦有很大的差别。但是,作为金融中介机构的商业银行,其基本功能具有高度的一致性。

1.2.1　商业银行的基本功能

商业银行起源于欧洲。早期的商业银行的原始功能为存款服务与交易服务。随着经济社会的发展,商业银行的两种基本功能越来越发挥着重要的作用。同时,在履行上述功能的过程中,通过与客户的业务往来,以及在业务处理过程中注重对客户的有关信息的收集、整理、分析研究,使得商业银行可以连续地掌握客户的经营与财务信息,扮演着商业信息中心的作用。

随着商业银行经营环境的不断变化,新的金融服务手段和工具层出不穷,商业银行也成为金融产品创新的生力军。商业银行创新的金融产品主要集中在三个方面,即投资性银行业务、保险性业务和房地产金融业务①。新业务的发展,进一步推进了商业银行的业务范围扩张和金融功能的发挥。

现代商业银行作为经济的重要组成部分,主要的功能包括:①作为资金融通的信用中介,引导资金的流动;②创造信用货币,现代商业银行创造出的信用工具可以执行与货币相同的支付和流通职能;③信用扩张,现代商业银行在满足法定准备金和备付金的前提下,利用存款发放贷款,获得更大利润;④提供广泛的金融服务。

1.2.2 商业银行的类型

从世界范围看,商业银行存在的形式多种多样。同时,商业银行的类型可按照不同的标准进行划分。

(1)按商业银行的业务范围可划分为:批发性银行、零售性银行、批发与零售兼营性银行。商业银行业务范围包括银行的批发业务和零售业务,批发性银行主要为工商企业等机构客户提供大交易额金融服务。零售银行则为居民客户提供零星的、以小交易额为特征的金融服务。批发与零售兼营性银行则同时经营对工商机构和居民客户的两种不同性质的金融服务。

(2)按商业银行的地域可划分为:地方性银行、区域性银行、全国性银行、国际性银行(或国际金融中心银行)。一般来说,商业银行的所在地域亦代表了其市场经营范围。地方银行以所在的社区客户为服务对象,主要从事零售性银行业务。区域性银行则以其区域的所有社区为基本市场,兼营批发与零售两种不同的银行业务。全国性银行则服务于国内市场的工商客户和个人客户。国际性银行均为世界货币与金融中心的银行,以国际机构客户为主要业务对象,但近年来亦有相当数量的国际性银行为富有的个人(高端客户)提供丰富的金融服务。

(3)按商业银行的组织形式可划分为:无分支机构的独家银行、有分支机构的总分行银行、银行控股公司。按照商业银行的组织形式,美国商业银行可以是:①没有分支机构的独家银行;②具有分支机构的总分行银行和银行控股公司。同时,美国的商业银行还可按照接受政府管理方式的不同划分为在联邦政府注册并为联邦储备体系成员的国民银行、在州政府注册但为联邦储备体系成员的州银行、非联邦储备体系成员的州银行等。这些不同的银行组织形式有其各自发生及发展的历史背景和原因。

(4)美国商业银行按法律注册可划分为国民银行和州银行。按接受政府管理方式可划分为:国民银行联邦储备体系成员的州银行;非联邦储备体系成员但为联邦存款保险公司成员的州银行;非联邦储备体系成员、非联邦存款保险公司成员的州银行;银行控股公司。

---

① 上述观点主要是针对美国商业银行的发展来说的。但是,就中国商业银行来说,由于经济转轨,商业银行的金融产品和金融服务的品种与范围狭窄,金融创新的内容更为广泛。

（5）按照能否从事证券业务可划分为：德国式全能银行，英国式全能银行，美国式职能银行。主要发达国家对其商业银行能否经营证券业务有着不同的法律规定。德国式的全能银行制度存在于德国、荷兰和瑞士等欧洲大陆国家。在这些国家里，不存在银行与证券业务分离的法律条文，商业银行可以在单一的法人实体下从事全部的银行业务、证券业务与保险业务。而且，商业银行还可以拥有相当高份额的工商企业股票。事实上，这些国家的商业银行往往是工商企业的大股东。英国式的全能银行制度存在于英国及其与之有密切联系的若干英联邦国家，如澳大利亚、加拿大等国。英国式的全能商业银行可以从事证券承销等投资银行业务，但是与德国式的全能银行相比较，英国式的全能银行有以下三大特点：①一般说来，英国式全能银行需设立独立的法人公司来从事证券业务；②英国式全能银行并不倾向于持有工商企业股票；③商业银行亦很少从事保险业务。由于1933年美国的格拉斯—斯蒂格尔法案禁止美国的商业银行从事证券业务，因此，美国的商业银行被限制在银行本身的业务范围内，称之为职能银行。同样，日本证券与交易所法亦明令禁止商业银行进行证券承销业务，因此，日本的商业银行也属于美国式的职能银行。不过，美国银行业与日本银行业有着显著的不同之处。日本银行业可以持有相当份额的工商企业的股票，并可以相互持股，但是美国商业银行却不允许与工商企业相互持股。另外，美国银行业大都采取银行控股公司的形式，而在日本，银行控股公司则是不合法的组织形式。虽然美国与日本均在法律上不允许商业银行从事证券承销与买卖等投资银行业务，但这两国的银行业亦通过各种不同的组织动作形式与方法绕过立法限制，不断开拓了证券业务。在这个意义上，美国式的职能银行已逐渐地接近了英国式的全能银行。

（6）按照商业银行的所有权性质可以分为：国有商业银行、股份制商业银行和私营商业银行。我国的商业银行以国有商业银行为主体，同时股份制商业银行也迅速发展起来。到目前，私营商业银行的设立还被监管当局禁止。

1.2.3 商业银行的基本业务

商业银行是经营性企业，与其他工商企业一样，银行需要自有资本，这是银行创办和经营的前提条件。同时，商业银行经营的对象是货币资金，存款和借款等负债构成银行资金来源的最大组成部分。商业银行以资本和负债的方式形成资金来源后，只有将它们运用出去，并取得收益，方能维持经营开支并获取利润，保证银行持续经营、健康发展。

1.2.3.1 银行资本

商业银行资本是指商业银行为了正常营运而自行投入的资金，目前商业银行的会计资本构成主要有：

（1）股本（Equity Capital）。股本是银行资本的基础，其项目包括普通股、普通股发行溢价、优先股、未分配利润和股本准备金。

（2）留存收益（Retained Earning）。留存收益是银行税后利润中提留的一种积累,形成盈余公积和未分配利润。

(3)债务资本(Debt Capital)。在20世纪60年代以前,银行资本基本上由股本资金和留存收益所构成,60年代中期后,这种资本结构发生了变化,部分债务所形成的资金也进入资本账户。

1.2.3.2 银行存款

存款是银行所发行的负债,它体现了银行与客户之间的一种信用关系。在金融业激烈的竞争中,商业银行把争取存款放在一个很重要的地位,商业银行根据社会上各种需求和偏好,设计了多种类型的存款账户。

在美国银行存款中,主要有交易存款、储蓄存款和定期存款三大类。其中,交易存款是客户可以对其账户签发支票,并进行日常支付的存款,有活期存款(Demand Deposit)、可转让支付命令账户(Negotiable Order of Withdrawal Accounts,Now a/c)、自动转账服务账户(Automatic Transfer Services Account,ATS a/c)以及货币市场存款账户(Money Market Deposit Accounts,MMDAS)等;储蓄存款(Savings Deposits)是公众为了将来消费,暂时不用的收入积蓄起来的存款;定期存款(Time Deposits)是规定期限的有息存款;主要创新产品有转让定期存款单(Negotiable Certificates of Deposits,CDs)以及货币市场连动存款单(Money Market Certificates of Deposits,MMCS)。

1.2.3.3 银行借款

银行借款是商业银行资金来源的重要组成部分,主要渠道有:向中央银行借款,银行同业拆借,回购协议以及欧洲货币市场借款(西方商业银行可以从国际金融市场上借到欧洲货币)。

1.2.3.4 流动资产

商业银行在资金运用方面必须保留一部分流动资产以维持银行的流动性。流动资产(Liquid Assets)由现金和可以迅速转变为现金的金融资产组成。西方各国银行对流动资产划分的具体标准有差异,但一般有以下项目:现金项目(库存现金、存放同业资金在中央银行的存款和结算过程中的资金)和短期证券(国库券、政府机构短期证券、市政短期证券、商业票据和银行承兑汇票等)。

1.2.3.5 贷款

贷款(Loan)是商业银行最重要的资金运用业务,贷款占总资产的比重和贷款利息占经营收入的比重与其他业务相比都是高的。贷款在资产组合中对银行风险结构和收益结构影响极大,贷款比重的提高会增加银行预期赢利,但同时也增加了银行的风险。所以,赢利与风险是贷款业务中被考虑的核心问题。

以下按西方国家比较通行的划分方法,即按照贷款对象的不同来划分商业银行的贷款类型[①]:

---

① 俞乔等.商业银行管理学.上海人民出版社,1998;乔治·汉普尔,多纳德·辛曼森.银行管理.北京:中国人民大学出版社,2002.

(1)工商贷款(Commercial and Industrial Loans)。工商贷款一直是商业银行的主要贷款业务,其适用对象范围广泛,涉及的资金需求包括工商企业生产和流通中短期资金需求、季节性流动资金需求和设备投资以及建筑投资中的长期资金需求等暂时、短期和中长期资金需求。并且,随着贷款市场竞争的日趋激烈,对工商企业借款大户,银行往往提供贷款承诺、循环贷款等优惠的条件,以满足客户需要。

(2)不动产贷款(Real Estate Loans)。不动产贷款是对土地开发、住宅公寓、厂房建筑、大型设施购置等项目所提供的贷款。

(3)消费者贷款(Consumer Loans)。消费者贷款是向个人或家庭提供的、以满足他们商品购买和其他消费支出不足的贷款。消费者贷款项目繁多,主要包括私人住宅购买和装修贷款、汽车贷款、助学贷款和其他生活支出贷款,以及限额赊购信用卡业务等。

(4)对金融公司贷款(Loans to Financial Companies)。对金融公司贷款是商业银行对金融公司发放的无担保短期贷款,其贷款利率以优惠利率为基础。

(5)证券购买和周转贷款(Loans to Purchase and Carry Securities)。证券购买和周转贷款是商业银行对证券自营商、经纪人、投资银行和证券公司等发放的短期贷款。

(6)贴现。贴现是指银行按未到期票据的终值,预先扣除自贴现日起至到期日止的利息买进该票据的行为。银行贴现与一般贷款最大的区别有两个方面:第一,归还款项的不是取得银行资金的客户,而是被贴现票据的债务人;第二,一般贷款的利息是该笔贷款到期后由借款人支付,而贴现则是银行把利息预先扣除。贴现率是扣除部分与所买进票据价款之比,它实质上是一种贷款率。银行贴现的票据主要有承兑汇票,高质量商业期票和其他短期证券。

(7)国际信贷。西方商业银行中的国际性银行,除了开展本国业务外,还对国际贸易进行资金融通,对外国企业、银行、政府机构提供贷款。其中最为重要的是进出口融资,它以以下几种形式:出口押汇、打包放款、卖方信贷和买方信贷、辛迪加贷款等。

1.2.3.6 投资

商业银行的投资(Investment)是指对收益证券的购买。证券投资是商业银行重要的资金运用业务,也是收入的主要来源之一。目前,商业银行投资的证券主要有国库券、中长期国债券、政府机构债券、市政债券和高等级公司债券等。商业银行从事股票投资仍被大多数国家的银行法所禁止。

1.2.3.7 其他业务

西方商业银行除了经营存款、贷款和投资等基本业务外,还利用自己在信誉机构设置、技术手段等方面的综合优势,开办了一些其他金融业务。在银行业竞争激烈、存贷款利差不断缩小的经营环境下,商业银行中间性业务收入成为银行利润的重要来源和构成,主要包括结算业务、信托业务、租赁业务、保管箱业务、信息咨询等服务。

1.2.4 商业银行的组织机构

在各国商业银行中,最常见的组织形式为总分行制,这种组织形式的内容包括内部职能机构和经营网点设置两方面。但是,没有统一的、不变的参考模式。

1.2.4.1 内部职能机构设置

商业银行的内部职能机构设置的管理,包括商业银行内部各职能部门的构成状况、组合方式以及其相互之间关系的协调机制。商业银行的组织结构是否合理,对商业银行功能的发挥具有很重要的制约作用。一国商业银行内部职能机构的设置,受到该国商业银行制度、经营环境等多种因素的制约。即使在同一国家、采取同一制度形式的商业银行,由于经营规模、经营条件、业务范围等方面存在的差异,各商业银行内部职能机构的设置也会有所不同。

但就商业银行整体来讲,其组织机构的设置与其他企业组织一样,普遍存在决策机构、执行机构和监督检查机构三个层次。按照现代企业制度建立起来的公司制商业银行的组织机构与其他公司制企业一样,由股东大会、董事会、高级管理人员以及各相关部门组成。

1.2.4.1.1 决策机构

股份制商业银行的决策机构包括股东大会和董事会。

(1)股东大会。持有商业银行股票的公民或法人,是该银行的股东,有权通过股东大会以各自持有的股份占总股份的比重参与各种决策的表决;持有优先股的股东具有优先参与利润分配及破产后剩余财产优先索偿的权利,领取固定的股息,但无经营管理上的表决权。

股东大会是商业银行最高权力和决策机构,由全体普通股东组成。商业银行的任何重大决策都需经过股东大会通过才有效,但是,股东大会对外并不代表商业银行,对内也不执行具体业务,不干预银行的经营事务。它的权力是通过法定的投票表决程序,选举和罢免董事,赞成或否决决策事项,从而间接地影响商业银行的经营管理,实现自己的控制权。股东大会分为成立大会、年度大会、临时股东大会和特别股东大会等。

股东大会一般由董事会召开,董事长是股东大会主席。如果部分股东要求召开股东大会,须经董事会研究决定。如果监事会认为必要,可以直接召开股东大会。另外,如果法院认为必要,可责令董事会召开股东大会。

(2)董事会。股东大会选举董事,组成董事会,代表股东们执行股东大会的决议。各行的董事会成员构成、数量和酬金等方面有很大差别。

董事会基本职责有:①确定银行的经营目标和经营政策。银行经营目标是银行经营活动的依据,银行经营政策是实现目标的具体对策和措施。银行要根据经营状况的变化随时调整目标和政策,董事会对此负有责任。②选聘银行高级管理人员。董事会的决策要靠高级管理人员来执行。因此,选聘合格而精通业务的高级管理人员就成为董事会的一项重要职责。③设立各种委员会或附属机构,以贯彻董事会的决议,监督银行的业务经营活动。常设的委员会有:执行委员会、审计委员会、贷款委员会、信托委员会、薪金待遇委员会和稽核委员会等。在董事会定期召开会议的间隔期间,执行委员会执行董事会的职责。执行委员会由常务董事担任,负责从事各项研究,并向董事会提供报告和方案,贯彻董事会的决议。审计委员会在检查和分析银行财务报表的内部制度方面,有广泛的权责。审计委员会的成绩,评价整个审计工作计划,审定重要的会计财务政策,审核会计报表和检查员的报告,监督预算和盈利设计制度。贷款委员会的主要职责是制定银行的贷款决策,包括确定各种贷款的规模、审批超额贷款、决定贷款利率水平。此外,贷款委员会还定期检查利率和收费标准、抵押品条件、贷款的结构、逾期票据、贷款呆账冲销等项目。信托委员会监督商业银行的信托业务,其主要职责是:评价投资账户的质量,决定有价证券的投资战略,制定防止滥用内部专用信息的政策和章程,监督信托审计工作。薪金待遇委员会主要职责是保证薪金和资金制度有利于全面实现银行业务目标。稽核委员会是董事会设置的对商业银行的业务进行检查的委员会。

1.2.4.1.2 执行机构

商业银行的执行机构包括行长、副行长及各业务职能部门。

(1)行长。行长是商业银行的执行总管,一般由具有经营管理银行的专门知识和组织才能、忠于职守、善于分析和决策并具有较高声誉的人士担任。行长的职责是执行董事会的决议;组织银行的经营活动;组织经营管理班子,提名副行长及各职能部门的经理和财务主管等高级职员人选,并报董事会批准;向董事会提交定期的年度报告及各种报表;招聘和解雇员工;奖惩有关职员。

有些商业银行实行董事长制,即由董事长承担执行总管职能,而行长只是作为经营总管。在这种情况下,行长便成为董事长的助手。

(2)业务职能部门。商业银行设置众多的内部职能部门,以满足日常经营管理需要。各商业银行的设置情况也存在很大差异,但通常可以分为两大类:一类是业务部门,包括存款部、贷款部、投资部、国际业务部、信用卡部、信托部等;另一类是内部管理部门,包括会计部、风险管理部、人力资源部、教育培训部、公共关系部等。

1.2.4.1.3 监督机构

商业银行的监督机构包括股东大会选举的监事会和董事会下设的稽核委员会。

(1)监事会。监事会是由股东大会选举产生的,执行对董事会、行长及整个银行管理的监督权。为保证监督的独立性,监事一般不兼任董事和银行的高级职员。其职责包括检查执行机构的业务经营和内部管理,并对董事会制定的经营方针和重大决策、规定、制度及其执行情况进行检查,并督促限期改进。监事会的监督检查与稽核委员会的检查相比更有权威性。

(2)稽核委员会。稽核委员会是董事会下设的,其职能与监事会相似。

1.2.4.2 经营机构网点的设置

在总分行制的商业银行中,各经营网点的设置必须以大资产和负债规模、广泛开展业务、降低经营成本、提高收益和综合竞争力为标准严格执行。

1.2.4.3 我国商业银行的内部组织机构

(1) 大型国有股份制商业银行。我国商业银行的组织机构是按照《中华人民共和国公司法》(简称《公司法》)和《中华人民共和国商业银行法》(简称《商业银行法》)的规定来设立的。2003年1月,中共中央在《关于完善社会主义市场经济体制若干问题的决定》中要求"深化金融企业改革,选择有条件的国有商业银行实施股份制改造,加快处置不良资产,充实资本金,引入战略投资者,创造条件上市",为国有商业银行的改革指出明确的路线图。自此,四大国有独资商业银行拉开了股份制改革的序幕。2003年12月,国务院批准成立国有独资公司——中央汇金有限责任公司(简称汇金公司),从2003年12月起,汇金公司开始向中国银行、中国建设银行、中国工商银行等注资。

2004年8月26日,中国银行股份有限公司在北京成立,注册资本1 863.90亿元,折1 863.90亿股,汇金公司代表国家持有100%股权。2006年6月1日中国银行在香港上市,2006年7月5日在上海证券交易所上市。截至2009年9月30日,汇金公司持股比例为67.53%。按核心资本计算,2008年中国银行在英国《银行家》杂志"世界1000家大银行"中排名第10位。

2004年9月21日,中国建设银行股份有限公司在北京成立;同年10月27日,建设银行在香港联交所上市;2007年9月25日中国建设银行回归中国资本市场。截至2009年9月30日,中央汇金公司的持股比例为57.09%。

2005年10月28日,中国工商银行股份有限公司成立;2006年10月27日,工商银行在上交所挂牌上市,融资额219亿美元。截至2009年9月30日,中央汇金公司持股比例为35.42%[1]。

中国农业银行2009年1月整改为股份有限公司,2010年7月15日和16日分别在上海证券交易所和香港联合交易所挂牌上市,至此国有商业银行股份制改革圆满成功。2009年中国农业银行列英国《银行家》"世界1000家大银行"第8位;在2011年美国《财富》世界500强企业中排名127位。

国有商业银行是我国商业银行的主体,是整个金融体系的骨干,其内部组织机构具有自己的特殊性。以中国工商银行为例,其内部组织机构设置如图1-2所示。

(2) 全国性股份制商业银行。这是指经人民银行批准,在全国范围内开展商业金融业务的股份制银行。其主要有招商银行、华夏银行、中国光大银行、上海浦东发展银行、中国民生银行、平安银行、浙商银行、渤海银行、上海浦东发展银行、中国民生银行、福建兴业银行、广东发展银行、中国邮政储蓄银行、海南发展银行等,这些银行由于内部机制比较健全,自我约束力强,管理方法先进,银行职员年轻化、知识化,因而资产规模不断扩大,许多银行经批准按经济区域划分在全国重要城市

---

[1] 张晓明.商业银行经营管理[M].北京:清华大学出版社,2012.

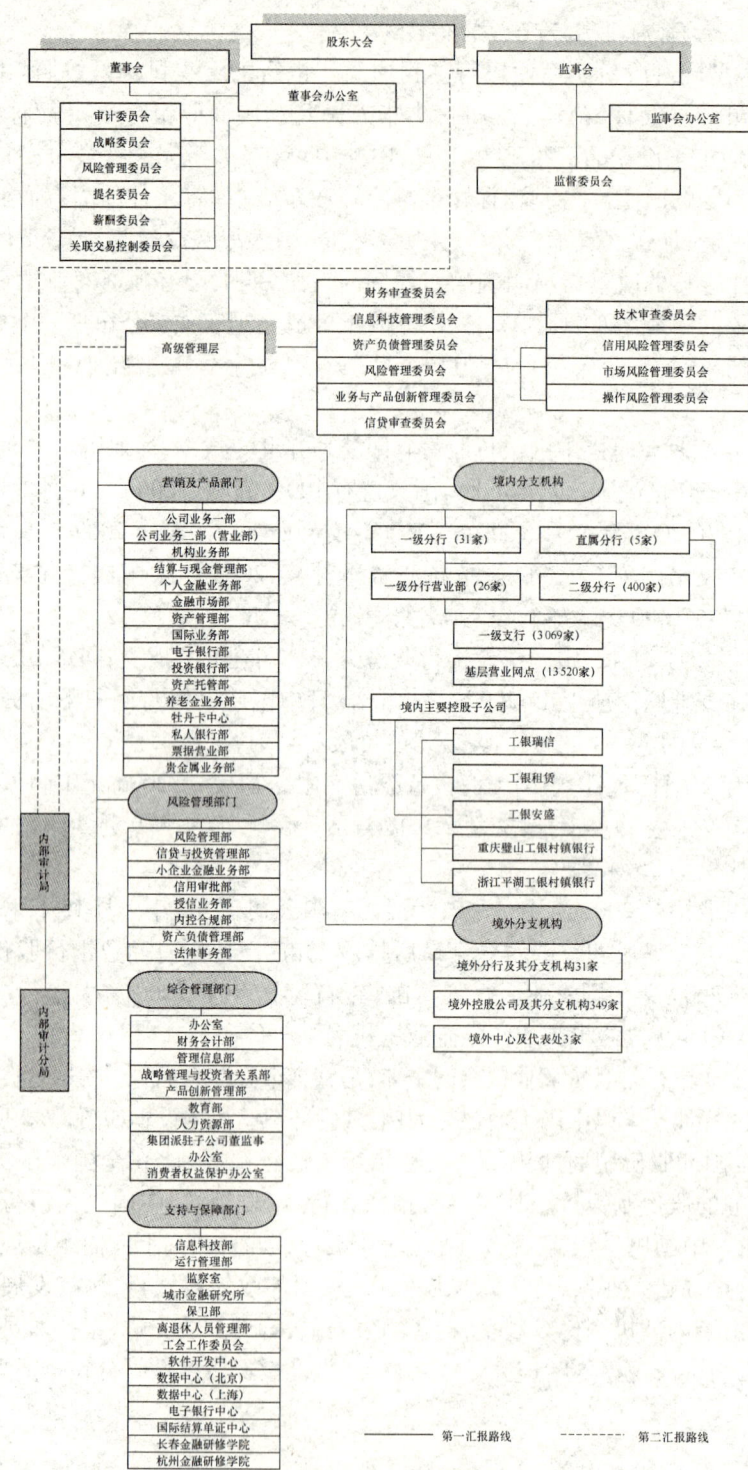

图1-2 中国工商银行的内部组织机构

设立分支机构,成为我国商业银行体系中的重要组成部分,但其内部组织机构比较简单。20 多年来,股份制商业银行采取股份制形式的现代企业组织架构,按照商业银行的运营原则,高效决策,灵活经营,逐步建立了科学的管理机制和市场化的管理模式,自成立伊始即迅猛发展。图 1-3 所示为民生银行的内部组织结构图。

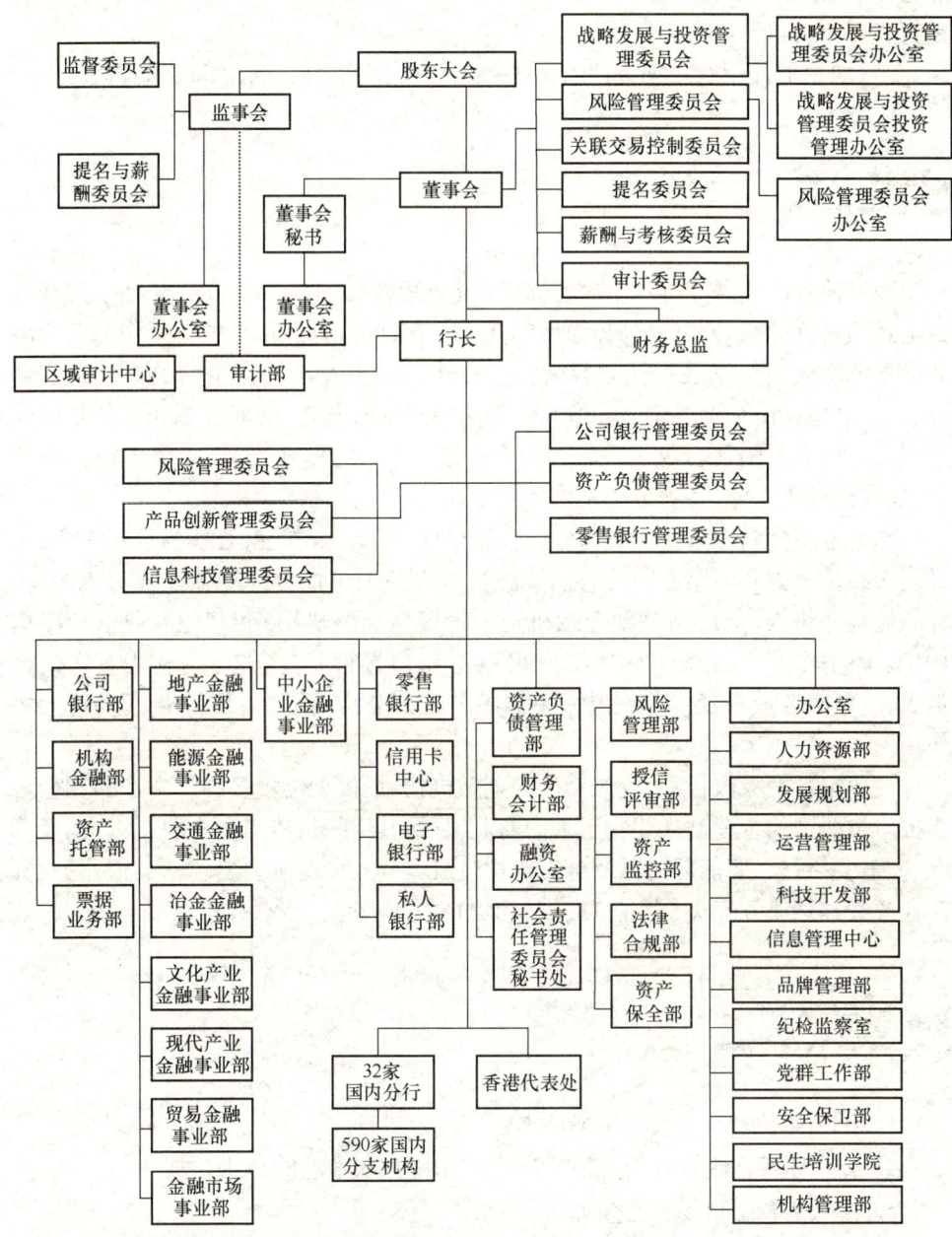

图 1-3　中国民生银行内部组织机构

截至2013年,我国已经初步形成多层次、多类型的金融机构体系。股份制商业银行已经成为我国商业银行体系中一支富有活力的生力军,成为银行业乃至国民经济发展不可缺少的重要组成部分。

(3)城市商业银行。截至2012年5月,全国共有城市商业银行137家,营业网点近万个,遍及全国各个省(市、自治区)。如北京银行、天津银行、宁波银行、廊坊银行、哈尔滨银行等。

(4)农村商业银行。如天津农商银行、北京农商银行、重庆农商银行等。

本章小结

随着社会的发展和进步,资金盈余和资金短缺的主体为了节约交易成本和减少信息不对称的影响,需要外界力量的介入。在这种情况下,金融体系作为资金融通的重要手段逐步发展和壮大起来。金融体系成为经济社会生活的重要组成部分,而金融体系由金融机构、金融市场、金融市场的参与者、政府等以相关的规则建立起来。世界各国从自身出发,参照西方发达国家的模式,建立以中央银行为领导、商业银行为主体、各种金融机构并存的现代金融机构体系构架。

作为金融体系中重要组成部分的金融机构,其基本功能就是作为信用中介,引导资金在盈余方和赤字方间转移。金融机构大体上可以分为存款性金融机构、非存款性金融机构(契约储蓄型金融机构和投资型金融机构)和其他专业信贷机构(如我国的国家开发银行、农业发展银行、进出口银行)。商业银行作为资产规模最大、金融服务最广泛的金融中介机构,在社会经济活动中,发挥着越来越大的作用。

商业银行是吸收存款、发放贷款的金融机构,提供种类繁多的金融产品和金融服务。按照现代企业制度建立起来的商业银行,其组织机构主要由股东大会、董事会、监事会、行长、职能部门以及分支机构组成。其业务范围主要包括负债业务、资产业务和其他业务三类,为客户提供广泛的金融服务。

复习思考题

1. 什么是金融?什么是金融体系?
2. 金融体系在现代社会经济生活中的作用和基本功能是什么?
3. 什么是金融市场?它是如何划分的?
4. 金融机构的组成部分有哪些?

5. 简述商业银行与其他金融中介机构的区别。
6. 商业银行的类型有哪些?
7. 商业银行的基本功能是什么?
8. 商业银行有哪些组织形式?
9. 商业银行基本业务有哪些?

2

商业银行的经营原则

本章要点

商业银行作为经营货币资金的特殊企业,其经营管理活动必须遵循安全性、流动性和盈利性原则。在《中华人民共和国商业银行法》中明确规定了"商业银行以效益性、安全性和流动性为经营原则,实行自主经营,自担风险,自负盈亏,自我约束"。商业银行只有在日常经营活动中,协调"三性"经营原则,才能保持健康、稳定发展。

本章从盈利性、安全性和流动性经营原则的客观要求、度量指标与实现策略等方面进行阐述,明确了商业银行经营原则是"三性"协调运作。

2.1 商业银行经营的盈利性原则

2.1.1 盈利性的概念与内涵

盈利性(Profitability),是指企业获得利润的能力,对商业银行而言,是指商业银行经营所得,并作为自身活动内在发展动力的利润程度。商业银行在经营过程中以追求利润最大化为其经营目标,盈利能力的好坏直接标志着商业银行经营绩效水平的高低,盈利性越强代表商业银行获得利润的能力就越强,越有利于提高银行的整体实力,进而提高其抗风险能力与信誉水平。商业银行的特殊金融企业特征决定了其经营目标的特殊性:自主经营、自负盈亏,将利润最大化作为其经营原则;又因其经营产品的特殊性,其风险要比一般企业大得多,因此要求其具备更强的抗风险能力。银行通过服务创新与产品开发,不断提高盈利能力,增强实力,进而提高抗风险能力。盈利性原则是商业银行的基本经营原则。

2.1.1.1 盈利水平是商业银行经营好坏的重要标志

商业银行盈利性目标的真正内涵是实现利润最大化,评价银行经营业绩的主要标准只能是利润以及由利润转化而来的资本增值,盈利性目标是商业银行一切经营活动的中心和原动力所在。商业银行的最终目标是追求盈利,并使利润最大化,这是由商业银行的企业性质决定的,也是商业银行的股东利益所在。商业银行作为经营存贷款业务和提供金融服务与信用创造的金融中介组织,是自主经营、自担风险、自负盈亏、自我约束的经济实体,必须讲求经济效益。同时,盈利又为商业银行提供了进一步发展的物质基础,是经营发展的内在动力,银行的盈利能力不仅直接影响股东红利分配和股票价格,也对银行自身的信誉和实力具有重要影响,进而影响商业银行经营管理活动的开展。商业银行盈利水平的高低和发展趋势是其内部经营管理状况的综合反映。

2.1.1.2 盈利水平决定了银行的持续经营状况

银行业的激烈竞争决定了商业银行必须重视自身的盈利情况,商业银行应对激烈竞争的最好方法就是提高核心竞争力,而提高核心竞争力的主要措施就是提高资本充足性。股份制银行的资本来源主要靠发行股票获得,而银行利润状况直接影响股票的发行与交易价格,从而影响银行资本的筹集和银行的信誉。当然,商业银行利润的一部分如资本公积和未分配利润等,本身就是其自由资本的重要来源。从资本的角度看,商业银行的利润是资本筹集和资本积累的基础。此外,商业银行的盈利水平还直接影响银行的信誉。商业银行要想获得客户的信任,吸引优秀人才,在金融业竞争中占据一席之地,就必须提高盈利水平,确保经营管理活动的良性循环与健康发展。

2.1.1.3 商业银行的盈利性决定了其抗风险能力

与一般企业一样,商业银行的经营亏损,首先要由积累起来的收益弥补。从商业银行面临诸多风险的角度看,商业银行又是经营风险的特殊企业,对预期风险损失可以采取提取损失准备金的办法,而面对非预期损失和意外损失,则需银行资本作为后盾。因此,商业银行盈利水平的提高,相应地提高了资本实力,将有助于增强其风险承担的能力,避免大量资本损失而带来商业银行破产倒闭的风险。

商业银行盈利性原则是商业银行经营管理的基础,是商业银行生存和发展的必要条件。因此,盈利性是银行经营的主要动力来源和最重要的效益体现。商业银行的一切经营活动,包括如何设立分支机构,开发何种新的金融产品,提高何种金融服务,建立什么样的资产组合均要服从于这一目标。随着经济的快速发展和金融自由化进程的加快,商业银行也不再局限于传统的存贷款业务,而是逐步拓展向多个领域。提供多样化的金融服务与产品创新是未来商业银行的发展方向,而盈利性起着决定性作用。

2.1.2 商业银行盈利性测度

影响商业银行盈利性的因素包括两类:银行自身的相关特征以及外在环境的影响因素。自身的相关特征包括资产质量、资本充足率、流动性、运用效率、银行规模等。外在环境因素包括经济活动的景气状况和法律制度等因素。商业银行的盈利性主要体现在所取得的利润上。商业银行的利润总额是一定时期内经营收益情况的体现,集中反映了商业银行的经营收益和财务成果,其主要构成可以归结为:营业利润、投资收益和非经常项目收支净额三部分。对商业银行盈利性的主要测度指标可以分为两类,即经营性盈利指标和项目性盈利指标。这两类指标分别从整体上和具体业务上考察和度量了商业银行的盈利性。

2.1.2.1 经营性盈利指标

经营性盈利指标的计算来源于商业银行的资产负债表和损益表。根据这两个表的简单换算,可以得出以下最常用的经营性盈利指标:

(1)利差收益率。该指标是最重要的盈利能力估价指标。利差收益率计算公式为:

$$利差收益率 = \frac{利息收入 - 利息支出}{盈利资产} \times 100\% \qquad (2-1)$$

(2)收益盈利率。这是考察全部支出水平的主要指标。总收入和净收益的差额就是利息支出、管理费用和上缴税收。收益盈利率的计算公式为:

$$收益盈利率 = \frac{净收益}{总收入} \times 100\% \qquad (2-2)$$

(3)资产盈利率。这是反映资产总体盈利水平或资产结构状态的主要指标(在总资产中包含着盈利资产与非盈利资产的比例问题)。资产盈利率的计算公式为：

$$资产盈利率 = \frac{净营业收入}{平均总资产} \times 100\% \qquad (2-3)$$

(4) 资本（或股本）盈利率。这是反映商业银行经营管理能力的重要指标，也是商业银行股东最关心的核心指标。资本（或股本）盈利率的计算公式为：

$$资本盈利率 = \frac{净收益}{资本} \times 100\% \qquad (2-4)$$

(5) 杠杆乘数。杠杆乘数又称资本利用率，是估价商业银行经营效率、盈利潜力和风险程度的重要指标。其计算公式为：

$$杠杆乘数 = \frac{总资产}{资本} \times 100\% \qquad (2-5)$$

(6) 资产利用率。这是直接反映资产收入的指标，是资产管理的重要参考指标。由于银行利润都来自资产运用所带来的收入，所以管理者首先要努力提高资产利用率，在此前提下再考虑存款成本和管理费用支出，其计算公式为：

$$资产利用率 = \frac{总收入}{总资产} \times 100\% \qquad (2-6)$$

(7) 资金成本率。这是降低银行成本的主要指标，成本率的降低，在其他因素不变的情况下，也意味着盈利能力的提高，其计算公式为：

$$资金成本率 = \frac{利息支出 + 其他负债费用}{总负债} \times 100\% \qquad (2-7)$$

2.1.2.2 项目性盈利指标

项目性盈利指标的主要数据来自业务活动的具体过程，一般而言，主要有两类指标：一是贷款收益率；二是证券收益率。

(1) 贷款收益率。贷款收益率依照不同的应用角度，通常可按照以下三种方式分别测算：

① 名义贷款收益率。其计算公式为：

$$名义贷款收益率 = \frac{贷款利息收入 - 变动成本 - 固定成本}{贷款总额} \times 100\% \qquad (2-8)$$

② 实际贷款收益率。其计算公式为：

$$实际贷款收益率 = \frac{扣除通货膨胀的本息现值 - 变动成本 - 固定成本 - 贷款总额}{贷款总额} \times 100\% \qquad (2-9)$$

③ 贷款保本率。按照是否将货币贬值因素考虑在内，贷款保本率又可以分为名义贷款保本率和实际贷款保本率。其计算公式分别为：

$$名义贷款保本率 = \frac{变动成本 + 固定成本}{名义利率} \times 100\% \qquad (2-10)$$

$$实际贷款保本率 = \frac{变动成本 + 固定成本}{名义利率 - 通货膨胀率} \times 100\% \qquad (2-11)$$

(2) 证券收益率。证券收益率主要有名义收益率（息票收益率）、即期收益率、到期收益率等指标。

当然,对商业银行的盈利能力的测度是很复杂的事情,上述测度指标只是简单的衡量指标,难以科学、真实地刻画商业银行的现实盈利水平。随着诸如经济附加值(Economic Value Added,简称 EVA)、风险调整收益率法(Risk - adjusted Return Approach)等新方法的不断出现和完善,其分析方法会更加科学、合理、丰富和完善。

EVA 计算公式如下:

$$EVA = 税后经营净利润 - 资本成本 \qquad (2-12)$$

或

$$EVA = 税后经营净利润 - 总资本 × 加权平均资本成本 \qquad (2-13)$$

作为银行绩效考核指标,EVA 有很多优势,如要对会计项目进行多项调整,另外方法较简单,同时具有提供激励、统一理念、完善管理体系的功能。

风险调整收益率计算公式如下:

$$RAROC = \frac{风险调整收益}{经济资本(或非预期损失)}$$

$$= \frac{收益 - 预期损失}{经济资本(或非预期损失)} \qquad (2-14)$$

但商业银行在应用风险调整收益率法进行绩效考核时也存在一定的局限性:这是一种新技术,对于计算公式并没有统一公认的标准;计算需要较多的历史数据,对商业银行的数据管理、科技水平等提出了挑战,所以商业银行在使用该方法时应增加一些定性指标来完善绩效考核体系。

2.1.3 商业银行盈利性策略

一般而言,商业银行盈利水平是商业银行经营管理水平的综合体现。从衡量商业银行盈利水平高低的一些指标(如利润率、资本盈利率、资产盈利率等)来看,我们不难得出如下结论:保持商业银行的盈利水平取决于商业银行经营策略选择的科学性、有效性,组织机构、管理机制的完善和健全,人员素质与服务意识的普遍提高,优良、稳固的客户关系的建立等因素。但从日常经营管理的具体措施和策略来讲,则主要表现在两个方面:一是增加收入;二是降低经营成本、减少支出。

商业银行的业务收入主要包括资产收益和其他业务收入,资产收益是银行从资产业务(放款和投资)中获得的收入,而其他业务收入则是从各项金融服务中获取的收益。提高资产收益的途径主要有:①扩大资产(放款和投资)规模,这是增加收益的基础;②合理安排放款和投资的数量及期限结构,保证资产收益的安全;③合理进行贷款定价;④尽量减少非盈利资产,提高盈利资产的比重;⑤加大金融创新力度,研究开发适合客户的业务品种,提高金融工具的盈利水平。要增加业务收入除了提高资产收益外,还必须提高其他业务收入。由于该项业务收入主要依赖于金融服务业务(中间业务),因此扩大商业银行的业务范围,积极利用商业银行自身的信誉、信息、技术、设备、人次等优势,为客户提供多样化的进入服务,也是增加商业银行业务收入的重要途径。

商业银行的经营成本主要包括资产损失、存款成本和其他业务支出（如管理费用、纳税支出等）。降低银行经营成本的途径主要有：①降低存款成本；②加强资产风险管理，提高盈利资产质量，减少放款和投资损失；③提高经营管理工作效率，减少资产管理费用。

此外，在商业银行经营管理过程中，必须认真应对各种外部因素对商业银行利润的重大影响，如国家宏观经济形势、货币政策、证券市场行情和金融业竞争等。

2.2 商业银行经营的安全性原则

2.2.1 商业银行安全性的概念与内涵

由于商业银行的资金来源主要是负债，资金运用的效果直接影响负债的安全性，进而影响商业银行和社会的安全性。商业银行除了考虑一般企业的安全性以外，由于其在政治经济社会生活中举足轻重的地位，就不可避免地必须考虑社会经济系统的安全运行。因此，商业银行的安全性具有其特殊含义。

商业银行的安全性原则（Security），是指商业银行在经营活动中，首先应该保证货币资金的安全性，即商业银行资产（包括无形资产）的保值与增值，确保社会与公众负债及所有经营生存发展条件免遭损失的可靠性程度。从某种意义上讲，银行经营活动可以归结为两个方面：一是对银行的债权者或存款者，要按期还本付息；二是对银行的债务者或借款者，也要求按期还本付息。这种信用活动的可靠性从来就是银行经营的生命线。因此，安全性包括两个方面：一类是负债的安全，包括资本的安全、存款的安全、各项借入资金的安全等；另一类是资产的安全，包括现金资产、贷款资产和证券资产等的安全。从某种意义上讲，可靠性就是确定性；相反，不确定性就是不可靠性，就是风险。如何将风险转化为确定性，也就是合理、正确地处理风险，是安全性经营原则的核心。

安全性是商业银行稳健经营、健康发展的基础，存在于银行经营管理的各个方面，既体现在银行总体经营上，也体现在个别经营上；既涉及银行客户的利益，也涉及银行同业间的关系；既取决于客户的授信行为，也受制于宏观环境条件；既影响到企业的经营活动，又影响到社会安定和经济稳定。商业银行保持安全性经营原则主要考虑以下因素：一是商业银行经营活动中存在的影响安全的风险因素，这就要求商业银行必须正视面临的风险，采取有效措施尽可能避免各种风险损失，确保经营活动的健康发展。二是商业银行的资本充足率。商业银行的自有资本少，承受风险的能力就相对较弱。银行资本充足率要达到监管机构设定的最低要求。三是商业银行作为经营货币及货币资金的信用中介机构，其安全性涉及社会经济的方方面面,甚至是国家政治生活。因此,商业银行的安全性、运行的稳健性不仅是商业银行自身的要求,也是外部经济的强烈要求。

2.2.2 影响商业银行安全性的因素

考虑到商业银行的资金构成和经营特点、盈利性资产的结构和期限、资产的信用状况以及宏观经济形势影响,银行经营中常遇到的风险主要有六种,即信用风险、市场风险、流动性风险、购买力风险、操作风险和政治风险。

2.2.2.1 信用风险

信用风险又称违约风险,是银行面对的主要风险。一般地讲,信用风险是交易对手不能或不愿履行合约条款而导致损失的可能性。同时,信用风险还表现在由于信用状况变动带来的价值波动。

2.2.2.2 市场风险

市场风险又称价格风险,该类风险是由于市场价格变动引起未来损失的可能性,主要包括利率风险、汇率风险、股市风险和商品价格风险等。对商业银行来说,主要是利率风险和汇率风险。所谓利率风险就是因市场利率变化引起资产价格变动或银行业务确定而利率跟不上市场利率变化所带来的风险。汇率风险是因汇率变动而出现的风险。对银行来说,汇率风险主要有两种:一是买卖风险,即外汇买卖后所持头寸(多头或空头)在汇率升降时出现上升的可能性,对于外汇银行来讲这是主要风险;二是评价风险,即会计处理中某些项目需要在本币和外币之间换算时因所使用的汇率不同而承受的风险,主要是交易发生日汇率同财务决算日汇率之间的差异,会造成现金债权债务及其损益和分配上的利益不确定性。

2.2.2.3 流动性风险

流动性风险包括产品销售的流动性及现金流与资金不匹配的情况。一种情况是产品不能及时变现或由于市场效率问题而无法按正常价格进行交易;另一种情况是现金流不能满足资金支出需求而导致违约或发生财务损失的可能性。

2.2.2.4 购买力风险

购买力风险又称通货膨胀风险,就是因物价上涨引起货币贬值而带来的风险。银行作为债权者与债务者身份的统一,这种风险的损益会相互抵消,但对于贷差较大的银行来讲,本金贬值的影响是不能忽视的。

2.2.2.5 操作风险

操作风险是由于银行制度不健全、管理层更换、管理战略错误以及技术故障与操作人员失误等因素导致损失的可能性。银行操作风险主要表现在:战略决策失误风险、技术风险、新产品开发风险、营业差错风险和贪污盗窃风险等。

2.2.2.6 政治风险

政治风险也称政策风险或国家风险,这种风险往往与国家政权稳定性、方针政策的转变密切相关。如国家政权的稳定、各项改革措施的出台等都影响银行经营收益的稳定性。

在以上六种风险中,信用风险、市场风险和操作风险是银行业务中随时可能发生的主要风险。

2.2.3 商业银行安全性的测度

根据商业银行的风险因素和不同的业务情况,商业银行的安全性测度指标主要包括以下几个。

2.2.3.1 资本充足率

资本充足率又称资本充实率,是保证银行等金融机构正常运营与发展所必需的资本比率。这个比率越高,表明商业银行承受风险的能力提高,安全性越强;反之,安全性减弱,风险增大。根据《巴塞尔协议》,我国规定商业银行必须达到的资本充足率指标是:包括核心资本和附属资本的资本总额与风险加权资产的比率不得低于8%,其中核心资本与风险加权资产的比率不得低于4%。核心资本包括:实收资本、盈余公积、资本公积、未分配利润;附属资本包括:贷款呆账准备、坏账准备、投资风险准备和五年以上的长期债券。按照《巴塞尔协议Ⅲ》的要求,核心资本以及总资本充足率计算公式和最低要求如下:

$$核心资本充足率 = \frac{资本-扣除项}{信用风险加权资产 + 12.5 \times 市场风险 + 12.5 \times 操作风险} \times 100\% \geq 6\%$$

(2-15)

$$总资本充足率 = \frac{总资本}{信用风险加权资产 + 12.5 \times 市场风险 + 12.5 \times 操作风险} \times 100\% \geq 8\%$$

(2-16)

2.2.3.2 贷款对存款比率

贷款对存款比率又称存贷率,是指将银行的贷款总额与存款总额的比率。从银行的角度看,该比率越高越好,因存款需支付资金成本,该比率越大,表明商业银行的风险越大,安全性越小;比率值越小,风险越小,安全性越大。对于一个独立核算的商业银行而言,贷款总是小于存款的,因为要留有足够的准备金。由于贷款的平均周期往往长于存款的平均周期,所以贷款比重越高,表明收回资金、偿付存款者提存的余地越小,安全性越小,风险性越大。计算公式如下:

$$存贷率 = \frac{贷款总额}{存款总额} \times 100\%$$

$$= \frac{\sum_i 各类贷款}{\sum_j 各类存款} \times 100\% \quad (2-17)$$

由于商业银行以盈利为目的,贷款多意味着收入高,从这个角度讲,应努力提高存贷比率,但从抵御风险角度看,存贷比不宜太高,因为银行要应对日常现金支取和日常结算,还需留有一定的库存现金、存款准备金等。存贷比过高,会导致银行的支付危机,甚至可能导致金融危机。所以银行存贷比不是越高越好,应适度。央行为防止银行过度扩张,目前规定商业银行的最高存贷比为75%。

2.2.3.3 备付金比率

金融机构为适应资金运营需要,保证存款支付和资金清算时有随时可调用的资金,按规定在央行开设存款账户,存入一定数量的准备用于支付的款项。由于这个存款账户和法定准备金使用同一存款账户,因此备付金就是超过法定存款准备金要求数量以外的准备金,其应达到的数额用占其存款总额的比率来衡量。该比率反映了商业银行满足客户随时支付的能力,比率值越高,满足客户支付的准备能力越强,安全性便越大;但同时也反映出该行非盈利资产所占比重高,盈利能力降低。因此,监管部门常常将该指标规定在一定的范围内,若低于规定比例说明支付能力不足,安全性较差。其计算公式如下:

$$备付金率 = \frac{在中央银行存款 + 库存现金 - 法定存款准备金}{存款总额} \times 100\% \quad (2-18)$$

2.2.3.4 资产对资本的比率

资产对资本的比率又叫杠杆乘数,这个比率值越大,风险越大,安全性越差;反之安全性较高。商业银行的资本相对过少,意味着资产一旦损失,能给予补偿的能力较弱,安全性较低。

2.2.3.5 负债对流动资产的比率

负债对流动资产的比率可以用存款负债也可用流动负债或全部负债与流动资产之比来计算。该比率越高,表示能够作为清偿准备的流动资产越不足,风险越大,安全性越小;反之,安全性越高。

2.2.3.6 风险权重资产对总资产的比率

风险权重资产对总资产的比率过大或超过规定,表明资产结构中风险程度较大,安全性较低;反之,安全性较高。

2.2.3.7 单个贷款比率

单个贷款比率表明商业银行对某一个或某几个客户贷款集中的程度,比率较大,风险较为集中,安全性较差。

2.2.3.8 贷款质量比率

贷款质量比率是有问题贷款对全部贷款的比率。比率越大或超过规定的标准,表明有问题贷款越多,风险越大,安全性越差。有问题贷款一般指逾期贷款、呆滞贷款和呆账贷款等形式,我国商业银行目前一般按贷款五级分类法将次级、可疑和损失类贷款视为有问题贷款。

2.2.4 保持商业银行安全性的策略

2.2.4.1 提高自有资本比例和抗风险能力

商业银行的资金来源主要是吸收存款和借入款项,这种负债经营本身就包含着很大的风险,所以人们总是把银行业看成是高风险行业。商业银行主要靠保持清偿能力来抵御和防范这种风险,而保持清偿力的基础是商业银行的自有资本。自有资本在全部负债中的比重高低,是人们判断一家银行实力强弱的重要依据,也是银行信用及赢得客户信任的基础。一家银行若能够在社会上有较高的信用,得到人们的充分信任,那么即使发生暂时的资金周转困难,也会因人们的信任而不发生挤兑,保证其经营安全,因此,每家商业银行都要在可能的情况下,根据实际情况,不断补充自有资本。

2.2.4.2 实行资产分散化策略,合理安排资产规模和结构,并注重提高资产质量

商业银行通常按照贷款与存款的比率、资本净值与资产总额的比率、有问题贷款占贷款总额的比率等指标要求来控制其资产规模。如果贷款与存款的比例过高,甚至贷款总额超过存款总额,或者资本净值与资产总额的比率过低,都表明该商业银行资产的风险系数过大,银行资产质量差,会危及银行的安全。此外,商业银行还应该注意通过保持一定比例的现金资产和持有一定比例的优质有价证券来改善银行资产结构,提高银行抗风险能力。

2.2.4.3 强化风险管理,有效防范风险

风险管理是商业银行经营管理的核心内容。商业银行应加强风险研究,在整体风险管理策略的指导下,采取科学有效的管理工具和手段,提高风险管理水平和效果。

商业银行应着重加强对宏观经济形势、市场利率水平、资本市场状况的分析与预测,坚持对客户的信用评价和授信管理,避免信用风险的发生,减少坏账损失。

商业银行应加强内部机制建设,完善风险内部管理,有效防止操作风险的产生和减少操作风险。

商业银行应注重对风险管理技术的研究开发,利用先进的科学管理手段对现实风险进行管理。

2.2.4.4 加大金融创新力度,完善管理路径和策略

西方发达国家不仅对市场风险管理研究提出了一整套理论方法,同时具备了良好的市场运作条件;而且,针对信用风险的市场化金融工具创新也在如火如荼地展开。因此,加大创新力度是完善风险管理策略的重要内容。

2.2.4.5 合理选择风险管理策略

风险管理策略包括准备性策略、规避策略、分散策略、转嫁策略、消缩策略和补偿策略。针对不同的风险、不同的风险阶段、不同的风险暴露,采取适当的策略化解风险。

(1)准备性策略。所谓准备性策略,就是为了应对随时可能出现的风险、降低银行破产危机,对可能出现的风险设置多道防线的办法。银行的准备性策略主要包括两个层次,一是建立预期经营风险的准备金制度,以法定准备金和一般准备金的方式在资产中保持一定比例的风险准备,抵御可能出现的经营风险;二是持有足

够的资本,这是银行经营安全的根本。资本是商业银行应对非预期风险和意外风险的基础,是银行风险的最后一道防线,可以有效地降低非预期风险和意外风险引起的破产可能性。

(2)规避策略。在银行经营管理中,对可能出现的风险采取规避对策,是比较常用的一种策略。这种策略的主要做法是遵循"趋利避害、避重就轻"的原则,选择资金投放的项目、期限、币种、方式和额度。

(3)分散策略。从本质上讲,商业银行就是"经营"风险的金融机构,由此决定了商业银行不可避免会面临各种风险,不能一味地采取规避策略,积极的风险管理策略是商业银行经营管理的必然选择。采取分散策略是商业银行积极风险管理的主要手段和普遍应用的一种手法,其基本途径是实现资产品种的多元化、授信对象的多样化和授信额度的分量化等。分散策略可用一句谚语来生动表述,就是"不要把所有的鸡蛋放在一个篮子里"。

(4)转嫁策略。转嫁策略是利用合法的交易方式、交易工具和业务手段,按照风险控制的目标,将风险转移给其他机构或个人。转嫁策略主要包括:一是采用合法的手段和交易规则将风险转嫁给被动的风险接受者,如提前或推迟结算结汇、调整合同契约条件等;二是采用合法的手段和规则,将风险转移给愿意承担风险的机构或个人,如通过金融创新,在市场上发行转移风险的衍生金融工具等。

(5)消缩策略。如果商业银行在实施以上策略的情况下,还没有达到风险控制目标,则需要利用创新金融工具的交易头寸消除或缩小风险。当然,对于实施积极风险管理或现代风险管理的商业银行,利用创新工具进行风险管理是普遍的做法。主要的交易手段包括:一是套头交易(Hedging),又称套期保值或对冲交易;二是互换交易;三是期货交易;四是期权交易。

(6)补偿策略。不管商业银行采取多么完善的风险管理方法,风险损失总是有可能发生的,因此,对这种损失的补偿是保证商业银行持续经营、健康发展的必要条件。

商业银行采取补偿策略的方法主要包括以下几点:一是将风险报酬(Risk Premium)计入产品价格之中,商业银行主动地从定价环节解决风险补偿问题;二是采取预备性的补偿措施,即订立抵押条款,在契约合同中明确规定具体的风险损失补偿方法;三是参加保险,银行自己参加保险,对存款、贷款、证券和其他业务实行某种特殊的保险制度,是减少银行风险的有效途径;四是利用民法司法手段对造成银行风险损失的法律责任者提出财产清理的诉讼,也可挽回一部分损失;五是商业银行按照经营管理规定对风险资产损失进行核销,这是处理风险损失的最后手段,也是不得已的手段。

2.3 商业银行经营的流动性原则

2.3.1 商业银行流动性的概念与内涵

银行必须能够随时应对客户提存和满足贷款需求,为此,银行需要具备一种在不损失价值情况下的变现能力,一种足以满足各种资金需求的能力。因此,所谓流动性就是商业银行随时随地应对客户提存和告贷的能力。也就是说,银行的流动性体现在资产和负债两个方面:资产流动性是指银行持有的资产应能随时得以偿付或者在不贬值条件下完成交易;负债流动性是指银行能够轻易地以较低成本随时获得所需要的资金。

商业银行保持流动性是基于如下原因:

第一,由于商业银行的特殊性质,商业银行的资金来源构成大部分是存款和借款。存款是以能够按时提取和随时开出支票支付为前提的,借入款项是要按期归还或者随时兑付的。资金来源的不稳定性和流动性要求其必须保持与之相适应的流动性来满足提取存款或归还借款的资金需求。

第二,从商业银行业务经营的角度看,资金运用既需要一个"稳定"的金额,也需要随时动态调整,以满足客户需求和自身经营需要。由于客户的贷款需求难以预测以及部分贷款和投资有可能难以收回而形成的资金运用余额的不确定性普遍存在,因此银行必须保持其资产的流动性和负债的流动性。

2.3.2 商业银行流动性的测度

由于流动性是一个抽象的概念,可供选择的测度方法或指标也只是较为模糊地反映流动性。

(1)备付金比率。这是商业银行在中央银行备付金存款和库存现金之和与各项存款的比率,反映了商业银行满足客户随时支付的能力。

(2)资产流动性比率。这是商业银行流动性资产与流动性负债的比率,它反映了银行资产满足客户随时支付的变现能力。

$$流动性比率 = \frac{流动性资产余额}{流动性负债余额} \times 100\% \qquad (2-19)$$

(3)中长期贷款比率。这是一年期以上中长期贷款与一年期以上存款的比率,反映的是主要长期资产与主要长期负债的对应关系。

(4)资产结构比率。这是指商业银行流动资产与非流动资产的比率,它反映了商业银行资产的整体流动性水平。

(5)贷款对存款的比率。存贷比是衡量主要资金运用和主要资金来源数量关系的指标,从一个方面反映流动性。

$$存贷比 = \frac{贷款余额}{存款余额} \times 100\% \tag{2-20}$$

(6)流动性资产减易变性负债。这个指标从资产和负债两个方面进行分析,能够比较客观地反映流动性短缺的程度。

(7)流动性覆盖率。这是指在确保商业银行具有充足流动性下的合格优质流动性资产的状况,要能够在银监会的流动性压力情景下,通过变现这些资产满足未来30天的流动性需求。计算公式为:

$$流动性覆盖率 = \frac{合格优质流动性资产}{未来30天现金净流出量} \times 100\% \tag{2-21}$$

当然,还有其他一些指标,如流动性资产对全部负债或全部贷款的比率、存款业务额(率)减贷款业务额(率)等指标,均可以综合提示商业银行的流动性。而且,随着管理技术和管理手段的进步,新的流动性描述方法还会不断涌现。

2.3.3 商业银行流动性管理要求

抽象的流动性是越高越好,但实际运作中,资金管理中心的任务是保持适度的流动性。因此,对流动性的需求预测是把握流动性适度的前提。

2.3.3.1 流动性需求预测

流动性需求大体分为存款的提取和贷款的增加两大部分。其变动形态大体分为四种:趋势性变动、季节性变动、周期性变动和随机性变动。

(1)季节性变动。存款与贷款的季节性变动可能受到自然因素、社会风俗习惯、消费因素等的影响,区分存款与贷款的季节性变动部分与可靠的稳定部分是银行经营管理的重要内容。

(2)周期性变动,往往与固定资产投资、工业库存增减、通货膨胀率升降、中央银行货币政策松紧等因素有关。

(3)趋势性变动,是一种长期变动,一般由人口、劳动力、技术、储蓄、消费、投资等社会经济因素决定。

(4)不规则变动,也叫随机变动,包括突发性自然灾害、重大经济和政治事件等。

上述四种态势的组合可以作为预测的基本方法。在进行具体计算时,可按下面公式测算:

$$流动性需求 = 贷款增(+)减(-) - 存款增(+)减(-) + 法定准备金增(+)减(-)$$

2.3.3.2 流动性需求的满足

在对流动性需求进行预测的同时,有效的解决途径大体可分为如下两种:

一是从资金运用的角度来看,满足流动性要求就要建立良好的资产组合。商业银行的流动性要求需要银行持有的资产组合应能通过准备金、准备资产的迅速变现等手段满足流动性需要。商业银行的准备资产主要包括现金资金（库存现金、同业存款、央行存款、同业往来应收款等，也称第一准备）以及短期有价证券、短期票据和短期放款（第二准备）。商业银行可采取的主要措施包括：保持一定比例的短期、可迅速变现的资产；到期贷款的正常回收；投资于信用好、流动性高的证券；提高贷款组合的质量；及时处理坏账资产。

二是从负债或资金运用角度看，要掌握获得资金的各种渠道和方法，及时筹措资金。这就要求银行必须具备一种在发生流动性需要时及时筹措到现金的能力。商业银行可采取的主要措施包括：积极利用同业拆借市场，能够从金融市场及时、迅速地获得所需资金；加大内部资金管理力度，在回笼闲置现金的基础上，在分支机构网络中集中管理、计划使用、灵活调剂资金；发展同工商企业大户的资金协作关系，从把握大客户资金需求源头出发主动管理资金等。

2.4 商业银行经营原则的协调

在实际运营过程中，商业银行的盈利性、安全性和流动性经营原则并不是相互独立存在的，任何一项都不可能单独地发挥作用，它们会相互牵制、相互影响，既矛盾又统一地存在于商业银行经营管理过程中。从某种意义上讲，商业银行经营管理的核心是协调"三性"关系，确保稳健经营和健康发展。

2.4.1 三性之间的相互关系

商业银行的"三性"原则既有相互统一的一面，又有相互矛盾的一面。这是由三原则的内在冲突决定的，也是由商业银行的特殊经营模式和经营目标决定的。

2.4.1.1 盈利性与安全性的关系

盈利性与安全性之间的关系是既对立又统一，其统一性表现为二者互为前提。商业银行持续经营、健康发展既需要盈利又需要安全。商业银行安全经营是盈利的基础，安全性是商业银行第一经营原则，而盈利性反过来又保证了安全性。稳健经营的商业银行总是在保持安全性、流动性的前提下，追求最大限度的利润。如果银行经营不当、面临巨大的经营风险甚至是倒闭风险，其盈利性就无从谈起。同时，商业银行利润又为其抵御风险、安全经营创造条件。总之，商业银行只有保持资产与负债的安全，才能不断增加盈利；只有不断扩大盈利，才能提高商业银行抵御风险的能力，确保商业银行的稳健经营。一般情况下，具有较高收益的资产，其风险总是较大的，为降低风险，确保资金安全，商业银行不得不将资金放在收益率低的资产上。流动性强的现金资产可以随时满足支付需要，具有很强的流动性，但盈利性较差。

盈利性与安全性的对立主要表现在各自的出发点不同：盈利性强调经营规模和回报率；而安全性强调稳健经营和控制风险。商业银行资产分为盈利性资产与非盈利性资产，资金用于盈利性资产的比重较高，商业银行收取的利息就高，盈利规模就越大；而盈利性较高的资产期限较长，流动性较差，风险相对较高，安全性就差。在商业银行实际经营中，盈利性和安全性的对立贯穿于业务经营管理的全过程。例如，实现安全性目标的主要手段是提高资本充足率、增加损失准备金、提高非盈利资产的比例等，但无论采取何种措施都要相应减少或放弃一些获利的机会，由此可能导致收益降低。从另一角度讲，商业银行要扩大利润，就必然要扩大盈利性资产占比和增加风险大、收益高的资产占比。

2.4.1.2　盈利性与流动性的关系

从长期观测来看，盈利性能够促进流动性目标的实现，但就短期情况而言，盈利性往往与流动性发生冲突。商业银行要保持较高的流动性，就需要持有较大比重的现金资产以及相当规模的易于转换成现金的流动性资产，这必将影响商业银行的经营收益；反之，商业银行要追求盈利性，就要考虑将资金投放在收益高的资产上，如那些长期的证券以及不动产抵押放款上，对于这类资产来说，盈利性较好，但通常期限较长，变现能力即流动性较差。因此，商业银行考虑流动性，就必须在某种程度上放弃盈利性；而追求盈利目标，又会面临难以兼顾流动性的困境。

2.4.1.3　流动性与安全性的关系

从资产角度讲，流动性与安全性又是一个问题的两个方面，流动性越强的资产，其安全性越大；反之，流动性越差的资产，安全性越小。如短期证券、短期放款的流动性和安全性都较高，长期证券和长期放款的流动性最差，风险也最大。

2.4.2　"三性"原则的协调

商业银行盈利性、流动性、安全性三者各有其特殊的要求，在实际经营管理中，实施"三性"原则的基本方法就是对"三性"原则的兼顾、均衡和协调。一般的策略是在保证安全性和流动性的前提下，争取更大限度的盈利。

在实践中，上述"三性"原则均衡、协调运作的策略主要体现在以下几个方面：

第一，分析确定现金资产、贷款资产和证券资产之间的比例关系，构建良好的资产组合。

第二，分析确定短期资产和长期资产的比例关系，解决期限结构问题。

第三，分析该类存款与其他负债之间的关系，调整负债结构。

第四，分析确定资本和负债的比例关系，适时调整资金来源结构。

对"三性"原则的统筹兼顾是指全面地分析基本状况，根据本国银行业的一般标准、本行的实际运作经验与发展需要，在综合考虑安全性、流动性、盈利性的基础上，整体预测、计划管理。

本章小结

商业银行在经营管理中,必须遵循盈利性、安全性和流动性的经营原则。只有协调"三性"原则,才能确保商业银行稳健经营、健康发展。

商业银行作为特殊的企业,其企业性质决定了其盈利性。商业银行的盈利性原则既是企业经营目标决定的,又是企业内在发展的动力决定的。商业银行确保盈利,不仅可以吸引投资者、提高商业银行信誉,也可以提升竞争力,扩大客户和业务范围,形成良性循环。

商业银行作为特殊的金融企业,其经营稳健性将直接影响到金融体系的稳定。因此,商业银行的安全性经营原则不仅是银行内部经营发展的需要,也是监管当局为确保金融体系稳定而进行监管的需要。

由于商业银行是经营资金的特殊企业,其流动需求是本身经营特点所决定的。商业银行的流动性来源主要是资本和负债,流动需求包括债务的支付和贷款的发放以及提供其他金融服务的流动需要。流动性经营原则是确保商业银行正常经营的前提。

复习思考题

1. 阐述商业银行"三性"原则的内容。
2. 分析商业银行盈利性原则的客观性依据。
3. 商业银行主要有哪些盈利性指标?
4. 商业银行主要的盈利策略是什么?
5. 商业银行安全性原则的提出依据是什么?
6. 简述商业银行安全性测度指标设计。
7. 如何实现商业银行的安全经营?
8. 简述商业银行流动性需求的概念与内涵。
9. 商业银行所采取的流动性策略有哪些?
10. 如何实现商业银行的"三性"协调?

3

商业银行的经营环境与经营战略选择

✎ 本章要点

商业银行的外部经营环境是决定商业银行作出相应经营管理决策的重要因素。近些年来，宏观经济、外部监管、金融市场发展和融资非中介化以及金融创新等外部因素发生了很大的变化，商业银行面临更加激烈的竞争。只有综合考虑外部环境因素，制定科学、合理的经营管理战略，通过兼并重组实现规模效益和降低成本，通过科技创新和产品创新提供全方位金融服务，通过金融创新加强风险管理和提高风险收益，通过产权制度改革完善法人治理结构，最终提高经营管理水平，才能使商业银行立于不败之地。

本章对商业银行经营环境因素，诸如宏观经济环境、金融市场、外部监管、金融业竞争与银行业发展趋势进行分析；在对外部环境分析的基础上，按照企业、金融机构的经营战略管理方法，阐述商业银行的主要经营战略。

3.1　商业银行的经营环境

3.1.1　宏观经济环境和金融市场的变化

从20世纪70年代开始,发达国家的经济波动加剧、欠发达国家债务负担加重、亚太地区的新兴经济迅速崛起是国际宏观经济的主要特征。银行业所面临的宏观经济环境的变化还表现为主要发达国家的国内生产总值增长率的波动幅度加大。在1974~1975年的全球性经济衰退之后,主要发达国家又经历了20世纪80年代初期及20世纪90年代初期的两次经济波动,西方发达国家陷入战后最为严重的经济衰退,而爆发于此时的发展中国家的债务危机则使许多西方国家的商业银行损失惨重。在经济周期中,经济衰退必然导致国民收入增长速度迅速下降,失业率上升,市场总需求疲软和企业开工不足。这些经济现象直接决定与影响到银行业的资金来源与需求。例如,国民收入增长速度的下降和失业率的上升意味着银行业的存款总额下降,而市场需求疲软与企业开工不足则决定了银行业的商业贷款的下降。因此,反映宏观经济实际变化状况的指标(国民生产总值、国民收入、失业总数、需求总量、企业开工率等)的波动对银行业的资金供给与需求产生了极为不利的负面作用,从而严重地影响到银行业的盈利状况与经营管理。而且,由于宏观经济环境的影响,银行业出现了大量的不良资产,直接影响着银行业的健康发展。

1973年,布雷顿森林体系瓦解,以美元为基础的国际货币制度崩溃,由外汇供求决定的浮动汇率体制取代了固定汇率体制,以后西方发达国家经历了价格、利率和汇率等市场指标的巨幅波动。特别地,20世纪80年代以后,金融自由化的浪潮席卷西方,各国纷纷放松金融管制,力图营造宽松的金融环境。这样的客观环境导致了利率和汇率日益频繁、剧烈的波动,各种金融资产的价格和投资收益也处于难以预料的变化之中。而以价格、利率与汇率为中心的市场价值指标则构成影响银行经营成本与利润的基本因素。这些变量的大幅度波动使银行业所面临的市场风险与不确定性急剧上升,从而极大地增加了银行经营管理的难度,并向银行管理提出了严峻的挑战。

同时,"脱媒"和资产证券化使金融市场发生了结构性变化,商业银行必须调整经营战略以改变传统的靠存贷利差实现营利性目标的经营方式。在开拓新的资金来源基础上,进一步扩大银行产品和服务范围,实现利润最大化。当然,金融市场的结构性变化使商业银行的传统信贷业务拓展乏力,但也为银行发展其他资产业务和表外业务带来了机遇。

3.1.2 银行监管的变化

一般而言,监管当局对商业银行的监管内容主要有:对商业银行组织机构的管理,包括对商业银行及其分行的开业、合并、注销等审批,同时也包括对商业银行的组织结构和高级管理人员的管理等;对商业银行经营范围和方式的管理;对商业银行具体业务活动的监管。其中,对银行业务活动的监管对银行的经营管理活动的影响最为巨大,主要内容包括:银行资本要求保持适度的规模,即通过资本必须与银行的资产或负债保持一定的比例来限制银行的业务规模;银行资产的流动性;对银行单一贷款的监管,即为了分散银行贷款风险,各国政府均严格限制银行发放单一巨额贷款,规定单一贷款与该行资本必须保持一定的比率;对银行有关人员贷款的监管。此外,一些国家的金融监管当局还有两类监管内容:银行发生资金困难时提供的紧急援助和存款保险制度,这方面以美国最为典型。

20世纪70年代以来,西方发达国家通过立法和行业条规,加强了对银行业的监管,改变了银行的运作空间和外部经营环境。同时,加强了国际银行监管合作。1988年颁布的《巴塞尔资本统一计量和最低资本要求协议》(Basel Capital Standard Measurement and Minimum Requirement Accord)对商业银行监管来说是一个里程碑。1999年6月发布第一稿,2001年1月发布第二稿,经过广泛试水和征求意见后,即将颁布实施的《新巴塞尔资本协议》(New Basel Capital Accord)作为新的国际标准,提出了最低资本需求、监管当局的检查监督以及市场纪律三大支柱。新协议明确了监管资本的范围和最低资本要求;对信用风险的估价和计量提供了参考框架;对市场风险和操作风险也分别提供了指导框架。《新巴塞尔资本协议》为各国监管当局和商业银行的风险管理提供了理论框架和技术体系支持,对今后的风险监管和风险管理具有重要的现实意义和深远的历史意义。

同时,巴塞尔银行监管委员会为完善银行监管还做了很多富有成效的工作,如相继颁布了《有效商业银行监管原则》(1997年9月)与《巴塞尔核心原则评价办法》(1998年10月)、《信用风险管理原则》(1999年7月)、《贷款会计处理和披露的良好做法》(1999年7月)、《大额信用风险的衡量与管理》(1991年1月)、《资本协议市场风险补充规定》(1996年1月)、《利率风险管理原则》(1997年9月)、《计量与管理流动性的框架》(1992年9月)、《银行机构内部控制制度框架》(1998年9月)、《防止犯罪分子利用银行系统洗钱活动》(1988年12月)、《对银行国际业务的并表监管》(1979年3月)、《跨境银行监管》(1996年10月)、《对银行国外机构的监管原则》(1983年5月)、《对国际银行集团及其境外机构的最低监管标准》(1992年7月)等。

3.1.2.1 国际银行监管

20世纪70年代以来,随着国际银行业务的扩大与跨国银行的发展,主要发达国家银行业的境外分行迅速增加。由此带来的监管难题促使各国商业银行监管合作的产生和迅速发展。

1974年的两宗国际银行破产事件[西德的赫士坦第银行(Backhauls Herstart)]和美国的富兰克林国民银行(Franklin National Bank)促成了参加十国集团(Group Ten)的主要发达国家(美国、英国、法国、意大利、比利时、荷兰、联邦德国、瑞士、日本、加拿大)及卢森堡与瑞士的中央银行组成了银行国际监管常设委员会,即巴塞尔委员会(Basle Committee)。这一委员会的宗旨是加强对成员国间的国际银行监管,防止国际银行业务逃避有效监督。

巴塞尔委员会成立伊始,就开始着手研究国际银行业务监管问题,首先于1975年出台了《巴塞尔契约》(Basle Concordat),这是第一个关于银行国际监管的协定。根据这一契约,一是明确监管职责,即银行总部本国有关当局及银行分行所在国的政府共同负责对该银行分行进行监管;二是明确监管内容,即银行的分行所在国政府具体负责监督资产流动性,而银行总部所在国政府则负责监督其分行的支付能力。1982年,意大利米兰的安布罗塞阿诺银行(Banco Ambrosiano)倒闭引发国际信用危机后,巴塞尔委员会在1983年修改了巴塞尔契约,进一步明确了监管责任,即银行本国有关当局与境外分支机构所在国当局应对由银行境外子公司引发的支付能力危机以及银行境外子公司与分行引发的流动性危机共同承担监管责任;而银行本国有关当局则对银行境外分行引发的支付能力危机负责。

鉴于《巴塞尔契约》对银行安全性问题的涵盖范围有限,1988年,巴塞尔委员会通过了《关于统一国际银行资本衡量和资本标准的协议》,简称《巴塞尔协议》(Basle Accord)。这一协议主要解决银行资本的充足性问题,规定缔约国采用风险加权资产比例的方法来计算银行资本,并于1993年1月正式生效。该协议主要有两个目的:一是确保国际银行体系拥有充足的资本水平;二是借助于资本充足率这一支点,为各国银行创造一个更为公平的竞争环境。

尽管后来对《巴塞尔协议》进行了不断的补充和完善,特别是1993年4月,巴塞尔委员会发表了关于市场风险(Market Risk)、利率风险(Interest Rate Risk)及安全网措施(Netting Arrangements)的银行资本金规定的文件,这一文件对银行资产负债表外业务有了直接的规定,其主要目的是保证国际银行的活动满足资本适度性要求,但是,1988年协议也带来了一些不容忽视的问题。最为突出的问题是:监控资本需求越来越与一些银行内部比较精密的资本度量方法计算出的资本需求量相冲突;协议没有充分考虑信用风险缓解技术的运用,如抵押和担保;对日益凸显的操作风险和资本要求未作规定。

1988年发布的《巴塞尔协议》在加强对银行的风险监管、维护银行体系的安全稳健方面发挥了巨大的作用。20世纪90年代,《巴塞尔协议》确定的资本充足标准逐步成为世界性的标准,为100多个国家的监管当局所接受,它的优点也得到了广泛认可。1988年的《巴塞尔协议》主要是针对信用风险的。20世纪90年代以后,随着国际金融市场的发展,各种衍生工具被广泛应用,由于利率、汇率的频繁波动使银行面临较大市场风险,仅仅依靠信用风险的资本要求进行监管出现了问题,如国际商业信贷银行事件和英国巴林银行事件(1995年1月,巴林银行还被认为是安全的,资本充足率在8%以上,但到2月末,这家银行就破产并被接管)。为了适应形势发展,1996年,巴塞尔委员会发布了《资本协议关于市场风险的补充规定》,将计算资本充足率的范围扩大到市场风险,并提供了两种衡量市场风险的方法,从而扩大了对银行资本金的需求量,增强了银行的抗风险能力。该补充规定中包括的市场风险是指:与债权和股权投资工具及表外合约有关的交易的风险;外汇风险和商品风险,如利率、股票、外汇、商品、期权风险。同时,委员会还认识到,近年来随着科学技术在银行业的普遍应用,计算机技术故障、内控缺陷等内部因素将使银行蒙受巨大损失,委员会将诸如此类的问题统称为操作风险,并于1998年发表了《关于操作风险管理的报告》,提出对银行操作风险管理的初步意见。

经过20世纪90年代的补充和完善,现行的资本协议仍存在以下问题:对于信用风险的度量非常粗略,没有考虑同类资产不同信用等级的差异,从而不能准确反映银行资产的真实风险状况;协议主要是针对信用风险的,尽管随后增加了市场风险,但未涵盖全部风险;商业银行风险管理理论和管理手段有了长足进展,许多国际大银行根据自身特点开发出的内部信用风险或市场风险管理模型,比外部评级包含了更多的信息,更为科学;协议主要立足于对资本充足度的监管。但实践表明,资本充足度符合监管要求并不能确保银行稳健经营。因此,重新审视商业银行风险监管,对协议进行修正、补充和完善是非常必要的。

3.1.2.2 新巴塞尔资本协议
3.1.2.2.1 新资本协议的基本结构

新资本协议由相互关联的三个支柱组成:第一支柱为最低资本要求,第二支柱为监督检查程序(Supervisory Review Process),第三支柱为市场约束(Market Discipline)。

第一支柱规定了最低资本需求量。新协议维持现行资本定义不变和风险加权资产需求最低资本比率不变,但改善了风险度量方法,即资本充足率公式分母中的信用风险度量方法更趋精密;新协议还第一次提出操作风险度量方法;而市场风险度量方法保持不变。新资本协议提供了两种信用风险度量方法供选择,第一种是标准法,第二种是基于内部评级的方法(以下简称IRB法),IRB法又进一步分为基础IRB法和高级IRB法。使用IRB法必须事先向监管当局申请,监管当局将依据巴塞尔委员会制定的标准决定是否批准。资本充足率计算公式为:

$$资本充足率 = \frac{总资本}{信用风险 + (市场风险 + 操作风险) \times 12.5} \times 100\% \qquad (3-1)$$

度量信用风险的几种供选择的方法有:标准法(现行标准法修改后的版本)(Standardized Approach)、初级的基于内部评级的方法(Foundation Internal Rating Based Approach)、高级的基于内部评级的方法(Advance Internal Rating Based Approach),对风险构成因素违约率(PD,Probability of Default)、违约损失LGD(Loss Given Default)、违约敞口EAD(Exposure at Default)和期限M(Maturity)进行定量分

析,并提供风险权重函数和最低资本要求函数;度量市场风险的几种可供选择的方法(未变)包括:标准法(Standardized Approach)、内部模型法(Internal Model Approach);度量操作风险的几种可供选择的方法有:基本指示值法(Basic Indicator Approach)、标准法(Standardized Approach)和内部度量法(Internal Measurement Approach)。

第二支柱:监督检查程序(Supervisory Review Process)。根据风险计算资本需求数量,由于数据获取的困难和某些风险难以量化等原因,无法实现风险的完全计量化。因此,制度建设和过程控制是非常重要的补充。这样,就引出了《新资本协议》的第二支柱:监管当局的监督检查。第二支柱主要关注三个方面:支柱一没有完全考虑到的风险,如某些金融机构特有的操作风险;支柱一没有考虑的其他因素,如利率风险,它们难以量化,而且不仅是资本需求问题;其他外部因素,如商业周期带来的风险。

从具体规则来看,新协议提出,要根据经济周期因素,对银行风险评估和资本需求进行调整,提出将压力测试直接纳入到评级体系中。这就要求银行在经济增长时,进行压力测试和增加额外资本需求。同时,监管机构希望通过对银行的监督检查,确保银行估测资本充足程度内部程序的稳健性。当然,《新资本协议》鼓励银行管理层发展应用具有特色的估测资本充足度的内部程序,并强调银行应根据独特的风险环境设定目标资本。监管当局负责评价银行资本充足度估价工作的质量,并有权干预银行内部资本需求量估测程序。

第三支柱:市场约束。《新资本协议》试图通过增强银行的信息披露以强化市场约束。为确保市场参与者和相关利益者更好地理解银行的风险环境和资本充足水平,充分的信息披露是非常必要的。新协议制定了信息披露的要求,并在一些领域提出信息披露的建议,包括银行计算资本充足度的方法和它的风险评估手段等。

3.1.2.2.2 新资本协议关于银行风险监管的主要创新

新资本协议关于银行风险监管的主要创新表现在:

(1)新资本协议计算资本需求量考察风险更为广泛、全面。1988年资本协议计算资本充足率只考虑了信用风险,后来经修改扩大到市场风险,新协议在计算资本需求量时进一步纳入了操作风险。这样,新资本协议计算资本需求量时考察风险更加全面、科学,使风险管理逐步由信用风险管理发展为全面风险管理。

(2)现行资本协议在计算资本充足性时,所有银行均适用一种衡量风险的方法,即标准法;新资本协议考虑计算资本适宜度,为度量风险提供了一种灵活的结构。例如为信用风险度量提供了标准法和IRB法。标准法风险敏感性较低,适用于风险管理水平一般、缺乏高质量内部评级体系的银行。IRB法考虑了每家银行独特的风险环境,并具有更高风险敏感度,而且银行内部的风险评级方法包含了更多的信息,风险管理水平较高、具有高质量内部评级体系的银行将倾向于运用IRB法。由于新资本协议允许银行根据自身管理水平,在多种衡量风险的方法中选择,从而增强了灵活性,为银行改善内部风险管理和资本分配程序提供了一种激励。

(3)1988年资本协议衡量风险的方法宽泛而粗略,新资本协议提供的衡量风险的方法具有更高的风险敏感度。例如,公司贷款的风险权数可依照外部评级机构对借款人的评级分为0,20%,50%,100%和150%等5种权数。

(4)现行资本协议主要依赖对银行资本充足度的监管,关注银行资本总量,这对于降低银行倒闭风险和减少银行倒闭时存款人的潜在损失至关重要。在此基础上,新资本协议拟通过促使银行改善内控和管理、监管当局监督检查、市场约束几方面有机结合,增强金融体系的稳定性。

新资本协议体现了国际银行业风险监管的发展趋势,即从信用风险监管逐步向全面风险监管转变;强调外部约束与内部管理的统一,更加依赖于银行内部的风险管理和改善信息披露制度;并强调市场约束的作用。

3.1.2.3 美国监管模式

主要发达国家对银行产业的管理有两种基本的模式:正式的金融法规管理制度与非正式的金融监管制度。采取第一类银行管理模式的国家包括美国、日本及绝大部分欧洲国家。在正式法规管理制度下,金融当局对银行的监督与检查通过一整套具体的要求和规范的银行报表指标体系来实现。这种制度化银行监管体系的目的是维持稳定的银行产业运行及保证正常的货币政策环境。

(1)美国银行监管机构。与大多数国家不同,美国采用多元银行监管机制,银行受到四个以上的单独监管机构的监管。主要的监管机构有:联邦存款保险公司(Federal Deposit Insurance Corporation,FDIC)、货币审计署、联邦储备系统(Federal Reserve System,FRS)和州银行监管机构。

联邦存款保险公司成立于1933年,其作用是为其成员银行的存款提供担保。在这一业务中,它向成员银行征收保费,管理存款保险基金并从事对银行的审查。当一个被担保的银行倒闭时,FDIC就成为该银行的接受者和清算者。由于储蓄行业存在的问题和1989年储蓄和贷款保险基金(FSLIC)的破产,FDIC现在既管理着商业银行保险基金,又管理着储蓄和贷款保险基金。

货币审计署是一个最早的银行监管机构,成立于1863年,它是美国财政部的一个下属机构,其首要功能就是管理全国性银行的注册与关闭。另外,它还审查全国性的银行,并有权审批这些银行的合并申请,银行可以选择全国性注册还是州注册。

联邦储备系统,作为美国中央银行的联邦储备系统除了负责国家货币政策的制定外,还具有对某些银行及与之相关的控股母公司的监管权。从1980年起,所有银行不管是不是FRS的成员都必须符合相同的无利息储备的要求。FRS成员的主要优势在于它们可以直接进入联邦基金有线转移网络(该网络用于全国同业储备拆借)和最后贷款人的贴现窗口。最后,许多银行通常被控股母公司所拥有和控制,如花旗公司就是花旗银行(一个全国性银行)的控股母公司。由于控股公司的管理能够影响其下属银行所采取的决策进而影响风险敞口水平,所以联邦储备系统也同时监管和审查银行的控股公司。

2007年发端于美国的金融危机对世界经济造成了严重影响,引发了全球性金融危机,传统商业银行在此次金融危机中多数遭受重创。在金融危机之前的2007年,美国全国仅有3家银行倒闭,这一数据从2008年开始节节攀升,2010年破产银行达到了157家。2008~2010年,美国政府为了接管破产银行动用了768亿美元联邦储蓄保险基金。金融危机造成了美国银行业的天量损失和近乎倒退式的发展态势,美国双重多头的商业银行监管体制在金融危机的拷问下暴露出了很多缺陷和问题。为此2010年7月21日,美国总统奥巴马签署了《华尔街改革和消费者保护法》,又称为《多德-弗兰克法案》。该法案以防范系统性风险以及金融危机的重演为主要目的,对美国金融监管体系进行了重大变革,其中涉及银行监管体制的改革主要有以下三点:首先,是扩大监管机构(美联储)的权力,破解金融机构"大而不倒"的困局,允许分拆陷入困境的金融机构和禁止使用纳税人资金救市。其次,设立新的金融稳定监管委员会和消费者金融保护局,全面保护消费者合法权益,改革原先"双重多头"的商业银行监管体制,应对银行体系内部日益增长的系统性风险。最后,限制大金融机构的投机性交易,尤其是加强对金融衍生品的监管,防范金融风险。

(2) 监管办法和有关法律。在美国经济中商业银行是受监管最严厉的企业。在表3-1中,我们列举了从1927年的McFadden法案到1994年的Riegle-Neal洲际银行和分支行效率法案的一些主要法律并简要描述其各自的主要特点。

表3-1 美国主要银行法及主要特点

1927年的《McFadden法案》
1. 使全国性注册的银行设立分支也受到州银行注册设立分支所受到的监管。
2. 放松对全国性银行从事证券承销活动的管制,此前全国性银行只能通过其在州注册的附属机构从事此类业务。
1933年的《1933年银行法案》
1. Glass-Steagall法案通常禁止商业银行从事证券承销活动,但有以下四个例外:
a. 从事地方政府一般债务债券的承销;
b. 从事美国国债的承销;
c. 私募证券承销;
d. 房地产贷款。
2. 另外,依据该法案成立了FDIC,以为银行存款保险。
1956年的《银行控股公司法案》
1. 限制了多银行控股公司的银行和非银行收购活动。
2. 通过以下途径授权联邦储备银行监管多银行控股公司:
a. 决定允许所从事的业务;
b. 执行监管授权;
c. 执行注册授权;
d. 实施银行审查。
1970年的《对1956年银行控股公司法案的修正案》
1. BHC法案的应用范围延伸到只控制一家银行的控股公司。
2. 限制与银行有"明显相关"的公司的未经许可的业务。

续表

1987年的《国际银行法案》
1. 限制在美的外国银行的分支行和代理机构。
2. 使外国银行也受限于 McFadden 和 Glass-Steagall 法案。
3. 使外国银行也可进入联邦同业拆借有线网、贴现窗口和存款保险。
1980年的《储蓄机构监管和货币控制法案》
1. 对小额定期储蓄存款利率设定六年后逐渐废除的最高上限。
2. 使 NOW 账户的开设全国化。
3. 引入州注册和全国注册银行统一的储备要求水平。
4. 将存款保险赔偿额从 \$40 000 增加到 \$100 000。
5. 允许在联邦注册的储蓄机构发放消费和商业贷款(具有规模限制)。
1982年的《Garn-St. Germain 储蓄机构法案》
1. 引入货币市场存款账户(简称 MMDA)和超级 NOW 账户作为提取有一定限制的带有利息的储蓄账户。
2. 允许在联邦注册的储蓄机构拥有更广泛的贷款和吸收活期存款的权利。
3. 允许经营良好的商业银行收购破产的储蓄银行。
4. 重新加强了对银行从事保险承销和分销的限制。
1987年的《银行公平竞争法案》(下称 CEBA 法案)
1. 重新界定银行的定义以限制非银行机构的增长。
2. 试图对联邦储蓄和贷款保险公司(Federal Savings and Loan Insurance Corporation, FSLIC)进行资本重定。
1989年的《金融机构改革恢复和实施法案》(下称 FIRREA 法案)
1. 限制储蓄银行在非住宅房地产领域的投资,要求剥离其持有的垃圾债券(到1994年),并对储蓄银行实行一次严格的资产资格测试(储蓄机构贷款资格测试,下称 QTL)。
2. 对储蓄机构和银行的资本要求统一化。
3. 以 FDIC-SAIF 代替 FSLIC。
4. 以储蓄机构监管办公室(财政部一个机构)代替作为联邦储蓄和贷款授权机构的联邦住宅贷款董事会。
5. 创设清理信托公司以解决倒闭和濒临倒闭的储蓄银行。
1991年的《联邦存款保险公司改善法案》(下称 FDICIA 法案)
1. 引入促进改正措施(PCA),要求监管机构在一个银行的资本额下降时进行强行干预。
2. 引入始于1993年的以风险大小为基础的存款保险溢价。
3. 限制大银行的联邦监管机构"大银行不可倒闭"保险伞的使用。
4. 延伸了《外国银行监管增强法案》(简称 FBSEA)中对外国分支行的监管。
1994年的《Riegle-Neal 跨州开设银行及分支行的效率法案》
1. 允许银行控股公司收购其他州的银行,自1995年9月开始实行。
2. 废除那些只允许在区域或互惠基础上的跨州银行业务的州法律。
3. 始于1997年7月,银行控股公司允许将其州以外的下属银行转换成一个单独的跨州银行。
4. 如果州法律允许的话,新注册的分支行也可以是跨州的。

资料来源:俞乔.商业银行管理学.上海:上海人民出版社,1998.

对银行业务范围的监管会影响银行规模经济的取得和业务范围的拓展;对资本充足率的要求会使银行减少资本消耗业务的比重;为规避监管政策对银行经营

活动的限制，商业银行也会不断进行资产证券化和表外业务的创新，提高非利息收入所占的比重。

(3) 银行存款保险制度。现代商业银行的稳定性建立在银行存款准备金制度与个人存款保险制度之上。银行存款准备金制度规定银行吸收的存款必须按金融当局所确定的一定比例缴存中央银行，这种存入中央银行的准备金称为法定准备金，且不支付利息。一方面，存款准备金制度为银行资产的流动性确立了基本保证；另一方面，它又为中央银行提供了限制银行派生存款能力，从而成为控制货币总量的有效工具。这一制度在1863年美国制定《国民银行法》之后便产生了，但它却在20世纪初随着美国联邦储备体系的建立才逐步成熟。目前，几乎所有国家银行均已采用了这一制度。

银行存款保险制度则是有关机构对银行吸收的个人存款提供保险。当银行倒闭时，该机构向存户赔偿一定数额的银行存款。银行存款保险制度由美国在20世纪30年代经济大危机时期首先建立，其主要目的是维持公众对银行产业的基本信心，防止大规模的银行挤兑危机。这一制度在保证公众对银行存款的信心方面相当成功，从而极大地提高了银行产业的稳定性。20世纪60年代到80年代，主要发达国家相继建立了银行存款保险制度。

(4) 美国商业银行监管缺陷。此次次贷危机主要由投资银行令人难以理解的金融衍生品创新触发，危机发生的同时也充分暴露了美国商业银行监管的缺陷。

①双轨体制下的监管层次与法律竞争现象。美国银行注册与监管的双轨制在某种程度上给了商业银行选择的空间，由于联邦和州法律往往存在差异，表面看起来有利于金融机构的灵活经营、参与竞争，但放松监管如果超出了金融市场所能容纳的限度，将从根本上冲击金融稳定。

②银行监管能力受到银行业务发展的挑战。美国联邦储备委员会前主席沃克尔在其2007年10月发表的《重新思考全球金融体系的美好未来》的演讲中指出，金融机构的混业经营和分业监管的错配是金融危机爆发的一个重大根源。首先，银行综合化经营加重了银行监管机构的责任。银行通过并购抵御风险的能力增强，但银行机构一旦出现问题，对整个金融体系乃至经济、政治体系均会造成巨大的负面影响。其次，"信息不对称"问题更加突出，银行内部交易的渠道大为增加。最后，银行向综合性经营的发展趋势，给银行监管者提出了需要同时具备专业能力和综合能力的难题。业务综合化使金融监管机构对银行的具体业务之间关系的了解程度、综合风险判断能力、各部门协调配合能力以及风险控制与处理能力等，都更加重要。

③美国商业银行内外监管不均衡。美国商业银行监管机构对银行业务的监管较为细致，而对银行内部治理机制的监管，尤其是高管的代理风险的监管，则没有给予特别关注，而是更多地交给了银行的自律机制，缺乏对银行系统性风险的预测和监管。

3.1.3 金融中介机构的竞争形势

从20世纪70年代末期开始，西方主要发达国家放松了金融管制，主要表现在:实施利率自由化,逐步取消对金融中介机构存贷款最高利率的限制;证券市场国际化,即放松对非居民购买本国证券的各种限制,并减少甚至取消利息征税;金融业务自由化,即放宽或取消对金融机构从事金融业务范围的限制,金融部门内部原有的分工逐渐消失,出现了各种金融组织经营多样化、一致化的局面(见表3-2)。与此同时,国际金融市场的一体化使许多银行同业之间的竞争日益激烈,来自外国银行的压力也越来越大。非银行金融机构利用其新颖而富有竞争力的金融工具,与银行展开了对资金来源和信贷市场的争夺。商业银行在金融体系中的主导地位受到强烈冲击。这种现象在发达国家尤为突出。银行业面临着来自非储蓄性金融机构越来越严峻的市场竞争。银行的主要竞争对手包括各类保险公司、信用合作机构、投资基金、证券公司以及政府金融机构。近年来,一些大型工商企业亦通过提供若干金融服务而进入了银行的传统业务领域。金融服务产业不断加剧的市场竞争不仅仅出现在美国,这种现象也普遍发生在其他发达国家的金融服务产业之中。

因此,银行必须面对来自其他金融机构在资金来源方面的竞争、在资金使用方面的竞争、在非传统银行业务方面的竞争以及来自非金融机构的竞争。

其他金融中介机构对商业银行展开竞争的领域包括资金来源、资金使用和其他业务三个方面,也就是说形成了全面竞争。

同时,来自非金融机构的竞争也十分激烈。20世纪80年代以来,具有广泛个人客户网络的大型工商企业亦开始进入传统的商业银行领域,成为银行业的新竞争对手。

表3-2 美国主要金融机构资产增长情况　　单位:10亿美元

金融机构	2000年	2004年	2006年	2007年	2008年	2010年
商业银行	6 708.6	9 057.8	10 821.0	11 809.5	14 001.4	14 580.5
储蓄机构	1 217.7	1 649.6	1 714.8	1 815.0	1 523.5	12 44.4
信用社	441.1	654.7	716.2	758.7	812.4	906.9
财产保险公司	858.1	1 159.1	1 335.8	1 381.5	1 305.5	1 406.1
人寿保险公司	3 135.7	4 130.3	4 685.3	4 949.7	4 515.5	5 052.5
私人养老金	4 467.5	4 922.2	6 010.0	6 391.2	4 600.3	5 661.4
州和地方政府职工退休基金	2 293.1	2 577.3	3 108.3	3 216.3	2 327.1	2 729.2
联邦政府退休基金	796.7	1 023.3	1 141.1	1 197.2	1 221.2	1 335.6
货币市场共同基金	1 812.1	1 879.8	2 313.1	3 033.1	3 757.3	2 746.1
共同基金	4 433.1	5 436.3	7 068.3	7 829.0	5 435.3	7 376.2
封闭式挂牌基金	141.9	245.9	294.3	316.8	206.6	242.4
政府资助企业	1 965.0	2 882.5	2 872.9	3 174.2	3 400.0	6 658.1
机构和GSE支持抵押资产池	2 493.2	3 374.6	3 837.3	4 463.5	4 960.8	1 120.7
资产支持证券发行者	1 497.0	2 657.4	4 189.4	4 529.7	4 096.5	2 542.8
财务公司	1 212.9	1 858.0	1 891.3	1 911.2	1 851.7	1 613.4
房地产信托基金	64.9	251.3	344.0	316.7	253.9	269.3

续表

金融机构	2000年	2004年	2006年	2007年	2008年	2010年
证券经纪商	1 221.4	1 844.9	2 741.7	3 092.0	2 217.2	2 083.0
融资公司	1 065.0	1 069.2	1 313.2	1 620.5	2 661.7	2 271.4

资料来源：Federal Reserve Statistical Release, Flows of Funds Account of the U.S.

3.1.4 金融创新与科技进步

从20世纪70年代以来，银行业不断采用新的金融工具与手段来改善银行经营与管理。市场不确定性的存在、信息技术的飞速发展、传统银行业务的局限促使金融创新层出不穷，如表3-3所示。在竞争使商业银行来自存贷业务的利润减少的同时，客户的要求也在不断变化，银行提供的一般性金融服务已不能满足市场的需求。为了适应这种变化，寻找新的利润来源，增强自己的竞争力，商业银行突破了传统的业务范围，不断开辟新的业务领域。

金融环境的动荡使商业银行、企业和个人面临着前所未有的利率风险和汇率风险。对银行来讲，利率的剧烈波动使得银行在传统的借贷业务经营过程中，资金成本频繁变动，而资金收益则比较固定，直接影响预期利润计划的实现；汇率变动使得银行的资产价值暴露在巨大的风险之中，特别是外汇资产比重较大的商业银行。对银行客户来讲，金融市场的动荡增大了财务风险。客户基于自身经营管理需要，要求银行提供承诺，以保证他们在需要的时候能以可预见的利率水平获得资金融通或者利用各种金融工具实现套期保值，锁定风险。规避风险的强大需求推动了金融衍生工具、备用信用证、贷款承诺等金融创新产品的产生和发展。

同时，20世纪80年代以来，科学技术的进步，特别是通信技术和计算机信息处理技术的飞速发展引发了商业银行经营管理的深刻变革，为银行金融创新提供了更大的可能性和更广阔的前景。

表3-3 20世纪60年代以来主要的金融创新工具

年 份	金融创新内容
1961	美国花旗银行设立可转让存款证
1963	欧洲美元市场建立
1969	美国银行控股公司发行商业票据
1970	住宅贷款证券化出现
1972	美国马萨诸塞州批准银行设立可转让支付命令账户
1972	芝加哥商品交易所推出货币期货交易
1973	花旗银行设立浮动利率可转让存款证
1973	货币市场共同基金设立
1973	美林证券公司推出现金管理账户

续表

年 份	金融创新内容
1973	芝加哥商品交易所推出挂牌股票的期权交易
1975	浮动利率住宅贷款出现
1976	芝加哥商品交易所推出短期国库券期货交易
1978	芝加哥商品交易所推出长期国库券期货交易
1978	银行设立货币市场定期存款账户
1980	美国当局批准全国的银行设立支付利息的交易账户
1981	利率交换方式出现
1981	浮动利率的欧洲债券出现
1981	银行推出由存款账户自动转换到货币市场共同基金的账户
1982	银行设立货币市场存款账户
1983	欧洲美元期货与期权交易出现
1983	长期国库券期权交易出现
1983	银行设立超级可转让支付命令账户
1983	银行推出抵押住宅贷款
1984	垃圾债券被广泛用于资助企业收购
1985	汽车贷款、租赁、信用卡应收账款的证券化
1986	美国取消所有的存款利率限制
1989	信用卡保险
1990	美国电话与电报公司发行信用卡
1991	股票指数存款证出现
1993	个人照片信用卡出现
1994	事先支付的借贷卡出现
2012	碳期权
2013	余额宝、互联网金融支付联盟、微信银行、信融宝、宜人贷等出现

3.1.5 国际银行业的发展趋势

20世纪70年代布雷顿森林体系的崩溃、80年代发展中国家的债务危机,以及80年代末90年代初西方国家的经济萧条,都给银行业带来了更大的挑战,要求现代商业银行不断革新,以求得在市场竞争中的生存和发展。银行业务经营出现了如下趋势:全球化、个人化、电子化、混业化、风险化、证券化和私有化等。

全球化把全世界的金融市场和金融机构联系起来。随着经济全球化进程的加快,跨国公司在世界范围内组织生产和销售,银行也根据客户业务发展的要求开展工作;同时,各国金融业也采取开放政策,在计算机、通信、网络、信息等技术支撑下,金融全球化正逐步实现,银行业的竞争发展成为全球竞争。

银行业务个人化是指银行将业务重点转向个人及家庭金融业务。随着计算机、通信、因特网等高科技的飞速发展,ATM,POS,电话银行中心、自助银行、家庭银行、企业银行、网络银行等银行服务手段相继推出,业务处理的电子化使金融服务发生重大变化;同时,会计核算、客户管理、风险管理等内部操作管理也逐步实现电子化。

所谓的非中介化主要包括银行储蓄存款越来越多地转移到非存款机构,个人及企业将存款资金从银行转移、投资到其他市场金融工具。从国际上看,商业银行和证券业实行严格的分业经营是主流,但随着社会经济的发展,一些发达国家逐步放宽了经营约束,混业经营成为发展潮流:1999年11月美国颁布《金融服务现代化法》,促使银行、证券和保险公司之间的联合经营;1994年日本取消了银行、证券和保险的业务限制;而英国、德国等欧洲国家一直实行混业经营。从20世纪70年代以来,银行业务风险空前加剧是不争的事实。银行资产证券化是将银行的信贷资产进行整理、打包等处理,并以此为担保在市场上发行证券进行筹资,商业银行通过证券化可以实施现代管理,达到净化资产负债表、提高风险管理水平等目标。

同时,商业银行外部监管引起了国际银行业的两大发展趋势:按照"大则不倒"(Too Big To Fail)的经验总结,银行业开始相互兼并、扩股增资和增大破产成本;加快表内资产表外化的步伐,减少传统的资产负债业务,进一步美化和修饰商业银行资产负债表。

西方商业银行不仅丰富充实了原有的资产、负债业务,如投资于各种有价证券,涉足证券市场,还利用金融创新不断开辟新的资金来源,丰富和发展了表外业务,提供各种金融服务。信息时代的到来,越来越需要商业银行提供全方位的服务,将资产负债、金融服务和表外业务更多地融合起来。

20世纪90年代开始,信息革命时代给社会经济生活注入了新的内涵,也对银行信息带来了巨大挑战,银行作为重要的金融服务机构,一方面需要收集、处理大量的外部信息,另一方面还要为其他金融机构、企业、家庭、个人、监管当局提供业务信息处理和监管的信息管理。信息技术的发展促进了银行信息化工作的开展。

衍生性金融业务是金融创新的重大成就,银行介入衍生金融工具改变了传统的经营模式,但进一步加剧了竞争和风险。因此,银行风险经营的特点没有改变,风险管理难度进一步加大,这种风险性决定了未来银行经营绩效在很大程度上取决于风险管理能力。

3.2 商业银行的经营战略

管理大师彼得·德鲁克说过:"对企业而言,未来至关重要。经营战略使企业为明天而战。"商业银行作为特殊企业,其经营战略的确定是一项关键的重要工作。尤其是在竞争加剧、外部监管约束增强、经济环境变化的形势下,商业银行更应制定科学合理的经营战略,并付诸实施,才能提高综合竞争力,按照"三性"原则开展工作,确保商业银行稳健经营和健康发展。

3.2.1 经营战略的概念与方法

(1)企业战略的概念与内涵。一般讲,经营战略是着眼长远、适应企业内外部形势而作的总括性发展规则,指明了在竞争环境中企业的生存态势和发展方向,进而决定了最重要的工作内容和竞争方式。

20世纪60年代,安索夫在其《企业战略论》一书中提出:企业战略主要是关心企业外部胜过企业内部。经营战略是企业面对激烈变化、严峻挑战的环境下,为求得长期生存和不断发展而进行的总体性谋划。

企业的经营战略的特点是全局性、长远性、抗争性和纲领性。上述特点决定了经营战略决策的复杂性和艰巨性。企业经营战略管理过程分为两个阶段:一是战略规划阶段,主要包括确定组织使命、制定方针、建立长期目标和短期目标、鉴别战略方案和选择战略;二是战略实施阶段,主要包括确定组织结构、管理组织活动并监控战略在实现组织目标中的有效期等。

(2)企业战略管理过程。企业经营战略管理是指对一个组织的未来发展方向决策的制定和实施,主要包括两个阶段:战略规划和战略实施。战略规划主要包括以下决策:制定出组织的使命,主要内容包括为组织将要经营业务的方式规定出价值观、信念和指导原则,决定组织正在执行或打算执行的活动,以及组织的现在或期望的类型等;制定出指导组织建立目标、选择和实施战略的方针,主要是建立指导组织活动的总则、概括描述目标、选择和构建实施战略的框架等;建立实现组织使命的长期目标和短期目标,主要是规定实现组织使命时的预期效果(分为长期和短期);决定用以实现组织目标的战略,主要包括战略备选方案的制定和选择确定。战略实施主要包括的决策:建立实现战略的组织机构,制定适当的权力关系和组织单位;管理组织活动,确保实现战略所必需的活动能够有效进行;实时、动态地评价战略实施绩效,监控战略在实施组织目标过程中的有效性,作为修改实施方案、调整组织设置、强化活动管理的政策依据。

3.2.2 金融机构经营战略

3.2.2.1 金融机构经营战略的概念与内涵

从企业战略理论的角度看,金融机构的经营战略主要是涉及金融机构长期发展方向和经营管理活动的范围,指导金融机构将其资源的配置与变化的环境、市场、客户等相匹配,从而实现预定的经营管理目标的纲领性文件。

金融机构经营战略的制定、实施等过程管理依赖于经营环境的变化,而且,环境变动越剧烈,对于战略的要求也就越高。金融机构经营战略就是组织内在能力与外在关系相结合的产物,金融机构的战略竞争优势来自于:①独特的比较潜能,主要包括金融机构资本与资产规模、金融机构之间的关系、金融机构与客户关系、内部管理人员之间的关系、金融机构在市场上的声誉、金融创新能力等;②金融机构的战略资产状况;③金融机构涉及的特定的市场结构。有效的金融机构经营战略必须对金融机构的现实市场定位、未来市场的发展方向、实现预定目标的措施安排等内容进行明确。

从组织层次上,金融机构经营战略有不同的内涵与表现形式,全局性的战略强调的是如何使金融机构实现预定的经营管理目标,主要包括经营范围的确定和资源配置等关键性内容。部门战略就是竞争战略或者业务战略,这一战略关注的是具体的市场、金融产品的组合、业务活动等内容。

金融机构经营战略的核心内容是:分析金融机构市场竞争能力,包括产品(服务)、定价、营销、客户关系、组织机构、人力资源、技术等内容;与其他竞争经营机构进行比较分析,对竞争对手的战略比较主要包括四个方面,即未来目标、现行战略、假设和能力等,对竞争对手的竞争力分析主要体现在产品(服务)、价格、营销、客户关系、人力资源、技术等方面;确定优先拓展的市场,如零售业务市场、公司业务市场和国际市场等等;在分产品、分客户、分部门进行效益测算的基础上,进一步细分市场;选择获得竞争优势的方法,如总成本领先(Overall Cost Leadership)、差异性(Differentiation)和目标集中(Focus)等战略方法。

3.2.2.2 战略制定的基本分析方法

和其他企业一样,金融机构的战略形成是一个十分复杂的过程,在对所有影响经营管理的外部环境和自身等因素进行全面评估和分析的基础上,研究战略的形成历史、吸收战略形成的成功经验,制定适合金融机构自身特点的经营战略。

3.2.2.2.1 基本分析方法

在竞争的市场经济条件下,通过竞争优势实现发展战略与经营目标是企业获得成功的重要手段。因此,研究分析方法也主要是针对竞争的主体、竞争的对象和竞争的环境进行竞争优势的分析,经常采用的基本分析方法可以归纳为:以自身、竞争对手、市场环境为分析重点的战略分析方法,当然,这些方法在实际应用中是综合使用的。

(1)以自身分析为重点的战略分析方法。这类方法强调从自身着手,注重对金融机构实力、优势与劣势、机会与威胁等的分析。

表 3-4 SWOT 分析方法

	优势:S 1. 2.	劣势:W 1. 2.
机会:O 1. 2.	SO 战略: 1.发挥优势,利用机会;2.…	WO 战略: 1.利用机会,克服弱点;2.…
威胁:T 1. 2.	ST 战略: 1.利用优势,回避威胁;2.…	WT 战略: 1.减少弱点,回避威胁;2.…

银行在制定战略时所进行的自我诊断和环境分析,其目的就是试图最大限度地利用内部优势和外部环境机会,并有效地避开自身劣势和外部有效威胁,把不利影响降到最低限度。这种方法也被称为"SWOT 分析方法",即优势(Strengths)、劣势(Weakness)、机会(Opportunities)和威胁(Threats)。

(2)以竞争对手为分析重点的战略分析方法。该方法重点分析影响自身竞争能力的因素,如客户、竞争对手、产品(服务)、价格等,其中,关键是监测竞争对手的战略、行动与对竞争对手行动的反应。历史比较法就是监测竞争对手,并从对手的发展历程中学习知识的战略方法。博弈论方法,即假定金融机构的行为情景,预测竞争对手可能的行为和反应,并进行均衡分析,依此进行有利于获得竞争优势、实现经营目标的行动决策。其中,博弈论方法在金融机构竞争中,研究的主要内容为市场领导者和市场追随者以及相应战略的确定。

(3)以环境变动作为分析重点的战略分析方法。环境对战略的影响是巨大的,甚至是决定性的。对环境变动的分析对于有效战略的制定来说是关键的工作内容,主要的分析方法有:适应性决策法,是建立对市场变动反应灵敏的信息采集、加工处理与反馈系统,定期分析评价外部环境中的机会与挑战,并与现行战略对比分析,依此动态调整经营管理方式,以适应竞争需要;环境扫描方法,就是持续不断地分析并评估所有的相关的环境因素,依此调整经营战略。

3.2.2.2.2 战略的形成过程

金融机构经营战略的形成过程是金融机构作为一个市场主体动态地对市场环境和自身状况的变动作出积极反应的过程。金融机构的战略形成过程大体包括如下内容:

(1)确定影响经营战略的环境因素,采取定性和定量相结合的方法分析评价环境变化;

(2)针对获得竞争优势的因素,对自身的市场地位、竞争能力、优势与劣势进行客观评价;

(3)对金融机构经营管理有重要影响的利益相关者(如股东、投资者、债权人、管理者、员工、监管当局等)的预期进行评价;

(4)对竞争者和行业发展趋势进行分析,影响行业发展趋势的主要因素为经济因素、社会因素、政府因素、法律因素以及行业的吸引力等;

(5)确定经营战略中的目标、任务及措施;

(6)对战略性的内部调整进行敏感性分析和情景测试;

(7)制定长期性的战略方案;

(8)根据长期方案和具体环境制定中期方案和短期计划;

(9)以具体的现实状态为出发点,组织经营战略方案的实施;

(10)通过建立信息反馈与沟通,保证上述过程从评价到实施的连贯性,并根据环境变动和实施绩效,对相应的环节内容进行及时的调整、补充和修改。

3.2.2.3 制定金融机构经营战略的核心内容

经营战略涵盖丰富的内容,但是,核心内容是提高市场竞争力。也就是说,针对竞争环境下的经营战略是以提高竞争力、获得竞争优势为目标的,也称为竞争战略。在目标指导下,战略制定者必须监测市场竞争动向,把握市场竞争趋势,分析自身的市场竞争地位和自身在市场竞争中的优势与劣势,评价影响自身竞争力的主要因素,从而确立目标市场。

(1)把握自身的竞争优势与劣势是提高市场竞争力的基础。为了提高自身的市场竞争力,在制定发展战略的过程中,对于自身优势与劣势的分析最为重要。战略理论中对于自身优势与劣势的总体分析框架大致有:①成本领先地位,即是否具有低成本优势。能够以更低的成本提供服务,就能够在市场上赢得竞争优势。②产品差异,即是否能够针对不同客户的偏好开发出不同的产品。这实际上是建立在分产品、分客户进行效益核算的基础上的。③价值链分析,即通过控制成本支出以增加客户认为有价值的产品。也就是将整个金融机构业务流程作为一个价值链考察,分析业务环节价值增加程度和依存关系。④营利相关性分析,即分析、识别业务的营利能力。

(2)界定清晰合理的目标市场是提高市场竞争力的前提。为了保持和提高金融机构的竞争优势,就必须有效配置有限的资源。有效资源配置必须考虑的因素主要有:资源供给者的市场地位、客户的市场地位、产品的可替代性、现实的和潜在的竞争对手状况以及价格变动趋势等。通过对以上因素的分析,可以正确、清晰地认识市场地位,有助于界定目标市场和发挥自身优势、提高市场竞争力。

3.2.3 商业银行的经营战略管理

银行经营战略是一项长期计划,是纲领性文件,它统一协调银行经营管理目标、政策与行动,具有长远性、方向性、综合性、面向未来性和具有冲击力。商业银行的战略是应对竞争的,因此,银行战略的制定是基于对竞争的理解和决定竞争优势的主要因素分析的。一般地讲,银行的竞争战略是着眼于客户,并根据竞争对手的情况制定市场定位计划,从而提高商业银行的竞争力。从战略角度讲,银行成功的因素主要有:核心业务基础、战略方向选择、控制和管理多样化经营的能力以及有效的人力资源管理制度。

银行的竞争力受到诸多因素的影响,包括资本充足性、资产质量、人力资源、信息、金融创新、科学技术、市场信誉、管理水平以及外部环境等。因此,商业银行战略管理制定、实施的出发点和落脚点就是通过分析、改善影响竞争优势的因素,提高商业银行综合竞争力。

3.2.3.1 整体性战略
3.2.3.1.1 兼并重组战略

近年来银行业的兼并重组风起云涌。其中,一个显著特点就是兼并重组过程基本上都是伴随着战略调整。大部分银行主动进行兼并重组的根本目的,是在客观评估环境、市场等的变化基础上,通过调整自身的发展战略,来调整自身的经营方向和经营范围。也就是说,银行必须审慎地评估现实市场格局和自身市场地位,确立自身的发展战略,并以新的发展战略为标准,有效地引导整个重组过程和资源配置调整过程。一般企业的并购方式分为:强化市场方式、垂直一体化方式和多角化经营方式等。对于商业银行来说,强化市场方式和多角化经营方式是主要的并购方式。

银行并购的内部动力来源于其对银行经营目标的支持:

(1)协同效应。该类效应主要包括:①经营协同效应(规模经济),主要是通过并购可以降低成本,精简雇员,节省研究开发费用,实现规模经济效应。②财务协同效应(财务经济),是指并购能够提高银行承担债务的能力,使银行产生多元化效应,降低破产的可能性。③效率差异,即在银行业并购中,具有较高效率的银行将会兼并较低效率的银行,通过消除无效率的管理而获得收益。

提高市场竞争能力,获得市场控制力。银行业并购可以减少竞争对手,增强对经营环境的控制,提高市场占有率,增加长期获利机会。特别是在金融创新层出不穷、信息技术迅猛发展的情况下,银行之间的并购可以使银行获得规模、科研优势。从而有助于金融技术和信息技术的开发,并使其保持长久的市场控制力。

(2)税收优惠。银行兼并重组实现税收优惠的主要渠道如下:未被充分利用的税收减免;现金收购使得普通收入转换成资本利得,从而享受较低的税率;被收购银行的所有者可以不通过金融市场实现股票转换,其增值部分可以享受不纳税的好处等。

(3)经营分散化。当兼并与被兼并金融机构处于不同业务、不同的市场,且这些业务部门的产品没有密切的替代关系,兼并双方也没有显著的投入产出关系时,这种兼并为多角化兼并,降低、规避风险是多角化兼并的重要原因。

(4)价格制定优势。按低于重置成本的价格购置资产,在强势银行兼并弱势银行的并购类型中,并购活动发生的一个重要原因是目标银行的价值被低估。强势银行通过并购获得增值。

同时,外部经营环境也为银行并购提供了良好的条件:①公司跨国化的发展以及经济全球化的形成,极大地推动了银行业的并购;②金融自由化浪潮和金融管制的放松,为银行业并购创造了宽松的环境。

20世纪80年代以来,许多国家进行了一系列以放松管制为特征的金融改革。如美国1980年通过了《存款机构放松管制和货币控制法》,1982年《高恩·圣杰曼存款机构法》,取消了利率限制;1987年通过了《银行公平竞争法》,1989年通过了《金融机构改革复兴法》,1994年《里格—尼尔银行跨州经营及设立分行效率法》规定,自1997年6月1日起允许银行全方位跨州经营业务,1995年《金融服务竞争法》的出台,使商业银行通过其分支机构全面经营证券成为可能;1999年11月4日,又通过了具有历史意义的《金融服务现代化法案》,商业银行间接开展投资银行业务,又进一步推动政府监管政策的变化和革新,为银行间并购、混业经营扫清了制度与法律障碍,极大地拓展了银行间的并购空间。日本 1981 年规定商业银行可以经营证券业务。英国也从 1981 年起允许商业银行持有股票和证券商 29.9% 以内的股权,并取消了对利率的限制。1986 年伦敦金融城的"大爆炸"标志着分业经营模式在英国名存实亡。加拿大 1981 年实行了新银行法,允许特许银行经营信托业务。这些都为国际银行业并购热潮的形成提供了良好的外部条件。

(3)美国银行的强劲并购势头给国际银行业带来的竞争压力,促进了国际银行业并购活动范围的扩大。20 世纪 90 年代以来,美国银行业的并购势头持续强劲。例如,1995 年的化学银行与大通银行合并;1998 年花旗银行与旅行者集团合并等等。为了在竞争中保持相对优势,日本、欧洲等国的银行业也加大了并购力度。如 1995 年的日本东京与三菱银行的合并;1997 年瑞士银行与瑞士联合银行的合并等,都从更大程度上推动了国际银行业并购的广度与深度。

3.2.3.1.2 整体营销战略

随着金融市场的快速发展和各类金融企业的不断涌现,银行业面临的市场竞争日益激烈,银行服务的买方市场已经形成。在这种形势下,传统营销手段已不足以应付激烈的市场竞争,运用以顾客满意度为指针的整体营销去参与竞争、建立强大的客户群成为历史必然。

现代市场营销要求企业整个经营活动都要以客户满意度为标准,运用整体营销手段快速、有效地满足目标客户的服务预期。商业银行的整体营销战略是商业银行在外部环境的约束下,把内部营销、传统营销和互助营销策略等组合要素视为有机整体,通过最佳组合,合理管理客户期望并提升顾客感知服务质量,以达到最大限度地满足客户和实现企业利润最大化的目标。

实施整体营销战略的目的在于使商业银行能在产品功能、安全、使用和成本上,在价格设定和促销环节上,在雇员管理、顾客期望管理等各个环节上协调运作、开展营销活动,达到客户满意,为银行树立良好形象,最终使银行获得满意的经营利润。

商业银行整体营销运作的基本构架为:商业银行在外部环境的约束下,实施内部营销策略,极大地调动员工的工作积极性,提高工作效率,为实施传统营销职能和互动营销职能提供有力的内部支持;实施传统营销策略合理管理客户期望和保证产品质量;实施互动营销策略保证顾客感知服务质量。在三大营销策略的协调配合下,使顾客期望与感知服务质量尽量保持一致,获取经营利润。

3.2.3.1.3 资金营销战略

商业银行在实施整体营销的基础上,通过资金营销充分地使用资金,从宏观上可以提高资金的使用效率,促进经济增长,为经济建设与发展尽可能地发挥银行的作用;从微观上可以改善银行的经营业绩,增加银行的收入,满足银行股东权益增长的要求。

建立商业银行的资金营销体系是一项创造性的工作,需要不断创新并总结经验,主要包括:

(1)明确资金营销的目的与原则,营销的目的是提高银行资金利用率,实现资金收益最大化;原则是满足风险—收益均衡要求。

(2)制定营销计划,主要包括客户调研与分析、资金来源规模、资金运用的市场需求以及金融产品的开发计划等。

(3)营销的检查与调整。商业银行在实施资金营销过程中,需要不断检查进度,并根据需要动态地调整计划。

(4)建立资金营销的激励机制。

3.2.3.1.4 人才战略

商业银行作为一个特殊的企业,生存和发展离不开人才。实施人才战略计划是一项系统工程。与一般经营性企业一样,商业银行人才战略的主要内容包括:人才选拔、人才配置和人才激励等。人才选拔是实行人才战略的第一步,也是关键的一步。人才的配置就是要实现最优组合的目标,即根据每个金融人才的素质和特点,通过合理配置,既要保证银行经营活动需要,又要使每一个金融人才各得其所,人尽其才,以确保银行的整体经济效益和运转效率。实现金融人才的有效配置,一方面要有合理分工,明确职责范围,才能节约人力,提高效率;另一方面,只有通过劳动协作,才能把各个劳动单位组合成一个有机整体,创造集体生产力。银行只有通过对金融人才的合理配置,做到人人定岗定位,既有合理分工,又有严密协作,才能产生银行的整体运转效率,确保经营管理目标的全面实现。而要实现预定的人才战略目标,激励相容机制是根本保障。没有约束的激励和没有激励的约束都会影响人才的选拔和使用,最终影响人才智力和劳动力向实际生产力的转化。

3.2.3.2 业务战略

(1)批发业务战略。批发业务是银行业最主要的业务领域。20世纪90年代,美国银团贷款增加,贷款的资本市场商品化促使贷款流通市场的发展,贷款业务中金融新技术的普遍应用等,都预示着银行业批发业务发展的趋势。因此,商业银行的批发业务战略应围绕银团贷款、贷款流通和金融创新等发展内容进行调整和完善,实现贷款经营的传统模式向现代模式的转变。

(2)零售业务战略。20世纪80年代后期以来,发展零售业务成为美国银行业业务发展战略的一个重要内容,也取得了很明显的效果。美国银行业在发展零售业务的战略调整中,出现了多种战略方式,主要包括零售客户主办银行型、特定业务集中型及密切联系顾客型。

零售客户主办银行型发展战略就是争取成为每一位顾客的"主办银行",使客户绝大多数的金融业务都由该银行来做。零售客户主办银行型发展战略要求银行业务向全能化方向发展,也就是银行必须能够提供交叉服务,同时满足同一客户不同的金融服务要求。该战略是客户优先和服务优先思想的产物。

特定业务集中型发展战略,是指银行把经营资源集中配置到强势业务、服务等经营品种上,以充分增加边际收益的发展战略。这种发展战略的特点是紧紧围绕各项业务成本核算,扩大具有成本比较优势的业务和服务,通过形成特定部门和业务的集中发展,在成本优势情况下,取得较高的收益。该战略体现了成本优势竞争战略。

密切联系顾客型战略是银行确保特定地域的营业份额免遭蚕食命运,巩固和扩大零售业务份额的基本方针和发展战略。具体来说,有以下三个对策:强化区分顾客的策略;构筑有效的金融商品供给体制;扩大信息技术投资,提高业务效率。在战略目标上,又可分为"构筑与顾客更加密切的关系"和"提高顾客对服务的满意度"两种类型,而最终目标则是试图求得在顾客一生中都保持与银行业务的往来关系。

当然,强调密切联系顾客战略,并不意味着不考虑成本收益、盲目追求客户群体规模。银行实施密切联系顾客战略时,要更加鲜明地突出经过成本效益核算后,对业务和顾客进行选择。

(3)表外业务战略。为了适应金融环境的变化,提高市场竞争力,商业银行必须不断地开拓新的业务领域。同时,随着商业银行的规范化发展,《巴塞尔协议》对银行业法定存款准备、存款保险和资本充足率等一系列监管规定的实施,必将导致银行经营成本上升、利润减少。银行要在激烈的竞争中取胜,大力开展表外业务是重要的发展战略。发展表外业务是现代商业银行的主要标志之一。

对于我国商业银行来说,在传统业务遭受冲击,新的金融业务又未广泛开展的形势下,只有大力发展中间业务,调整商业银行现有单一的存贷款业务结构才能在激烈的竞争中得以生存和发展。中间业务的发展对银行业的发展产生了积极影响,利用中间业务提高收益、防范和控制风险已成为一种趋势。

当然,实施表外业务发展战略需要银行提高整体综合竞争实力,涉及银行经营管理的方方面面。

(4)业务创新战略。从国际上看,商业银行针对经营环境的变化,充分利用金融创新积极拓宽经营范围、提高盈利水平是商业银行的重要经营战略。商业银行的业务创新主要涉及负债业务、资产业务和表外业务:①负债业务创新成果主要表现在储蓄存款业务的创新。主要内容为:服务手段创新,利用先进的科学技术,建立电子转账、支付、清算系统,积极发展和完善ATM、POS和电子转账业务,为客户提供全方位的金融服务;产品创新,推出多功能的金融工具,如个人支票、旅行支票、多功能不同层次及品位的银行卡;重视营销方式创新,实施存款的整体营销战略;推行存款证券化,实现银行的主动负债;拓展个人退休账户业务。②资产业务主要是贷款业务创新,主要内容为:大力发展银团贷款;开发并购贷款,为企业兼并、收购等资本运营活动提供资金支持。③或有债权/债务类业务创新,主要包括:稳健发展贷款承诺、备用信用证、贷款出售和资产证券化等表外业务;提高银行服务水平和非资金资源的利用率。

本章小结

商业银行面临的经营环境与以往相比已经发生了重大变化,宏观经济形势、金融市场与金融机构、外部监管、同业竞争、金融创新、技术进步等外部因素影响和制约着商业银行经营管理目标的实现。在对外部经营环境分析的基础上,针对竞争形势,制定、实施合理的经营战略是商业银行坚持"三性"原则、实现银行价值最大化的重要保证。

企业经营战略管理过程分为两个阶段:一是战略规划阶段,主要包括确定组织使命、制定方针、建立长期目标和短期目标、制定战略方案和选择战略;二是战略实施阶段,主要包括确定组织结构、管理组织活动并监控战略在实现组织目标中的有效期等。

金融机构的经营战略主要是涉及金融机构长期发展方向和经营管理活动的范围,指导金融机构将其资源的配置与变化的环境、市场、客户等相匹配,从而实现预定的经营管理目标的文件。从组织层次上,金融机构经营战略有不同的内涵与表现形式,全局性的战略和部门竞争战略或者业务战略。采用的基本分析方法为以自身、竞争对手、市场环境为分析重点的战略分析方法。当然,这些方法在实际应用中是综合使用的。从战略形成过程的不同环节看,金融机构的战略管理过程为:对环境变化进行评估;对自身的市场地位、竞争能力、优势与劣势进行评估;对利益相关者的预期进行评估;对竞争者和行业发展趋势进行分析;确定发展战略中的目标、任务及措施;对关键性的战略性的内部调整措施进行敏感性分析和测试;制定长期性的战略方案;根据长期方案和具体环境制定中期方案和短期计划;结合具体的始创状况组织实施;通过建立信息反馈与沟通,保证上述过程从评估到实施的连续进行,并根据新的市场状况和实施状况及时对每一个步骤进行调整、补充和修改。

作为金融中介机构的商业银行,其经营战略主要包括两部分,即整体发展战略(兼并重组战略、整体营销战略、人才战略、金融创新战略、产品差异化战略以及资本战略等)和业务发展战略(批发业务、零售业务和中间业务战略等)。

复习思考题

1. 试分析商业银行面临的经营环境。
2. 试述商业银行的发展趋势。
3. 企业战略的概念、特点、主要内容和管理过程是什么?
4. 金融机构经营战略的基本分析方法是什么?
5. 金融机构经营战略的核心内容是什么?
6. 试述商业银行的发展战略分类和主要内容。
7. 进行实际调查,分析某家商业银行的经营战略形成过程与管理。

4

商业银行的组织体系

本章要点

商业银行是靠负债经营实现利润最大化目标的特殊金融企业。这种性质也决定了商业银行是按照公司法要求依法设立，具有特殊组织结构体系的企业。本章第一节主要介绍商业银行的特征、性质及职能；第二节主要介绍商业银行的组织机构；第三节对商业银行的组织制度作详细诠释。

4.1 商业银行的特征、性质及职能

4.1.1 商业银行的基本特征

4.1.1.1 经营目的具有盈利性
与一般的工商企业相同,商业银行是以盈利为目的的企业。它也需要具有从事各项业务经营所必备的自有资本,遵法合规经营,照章自觉纳税,自负盈亏,与其他企业一样,均以利润为其最终目标。

4.1.1.2 经营对象具有差异性
与一般的工商企业不同,商业银行又有其特殊性,具体表现在其经营对象的差异性。依社会再生产的过程来看,商业银行的经营是工商企业经营的前提条件。也正是由于这种差异性,使得商业银行成为一种特殊的企业——金融企业。通常,工商企业主要经营具有一定使用价值的商品,从事商品的生产和流通等;而商业银行的主要经营对象为金融资产和金融负债等特殊商品,其经营内容则涵盖货币借贷、货币收付以及与货币运动相关联的各种金融服务。

4.1.1.3 经营业务具有综合性和全面性
与专业银行相比,商业银行的业务更加综合和全面,经营所有金融"零售"业务和"批发"业务,据此为广大客户提供一切金融服务。虽然随着西方各国的金融管制逐渐放松,专业银行的业务经营范围在不断扩大,但较之商业银行仍有很大差距,商业银行在业务经营上具有显著优势。

4.1.2 商业银行的性质

商业银行是以盈利为主要经营目标,以吸收公众、工商企业及机构的存款、发放贷款、票据贴现及中间业务等为主要业务的金融企业法人。其主要涵盖以下三方面性质:

4.1.2.1 商业银行是企业,具备一般企业的特征
我国商业银行的法律性质是特许成立的企业法人,它具有企业性质,拥有法人地位。同其他企业一样,以盈利为其主要经营目标,业务经营必须达到相关部门所规定的最低的资本要求,必须依法纳税、自负盈亏等。

4.1.2.2 商业银行是特殊企业
一方面,商业银行所经营的货币是具有一般等价物特性的特殊商品;另一方面,其经营货币的方式是采取借贷方式,也即信用方式,并不改变货币的所有权,只是把货币的使用权作有条件的让渡。

4.1.2.3 商业银行是特殊的金融企业

商业银行是特殊的金融企业,具体表现在以下几方面:第一,成立方式不同。商业银行的成立实行特许制,即由国家的银行监管部门负责发放银行特许经营许可证。第二,经营对象不同。商业银行的经营对象是货币资金而不是普通的商品。第三,业务范围不同。商业银行的业务范围是货币信用领域而不是生产流通领域,商业银行并不直接从事商品生产和流通,而是为从事商品生产和流通的企业提供一系列综合的金融产品服务。

4.1.2.4 商业银行是特殊的银行

在经营性质和目标上,商业银行与中央银行和政策性金融机构不同,其主要以盈利为目的,同时遵循盈利性、流动性和安全性的原则。

4.1.3 商业银行的职能

商业银行的职能是由它的性质所决定的,在现代经济活动中的基本职能包括信用中介、支付中介、信用创造、金融服务和调节经济等。

4.1.3.1 信用中介职能

信用中介是商业银行最基本的职能,最能反映其经营活动特征。这一职能的实质是商业银行通过负债业务,把社会上的各种闲散货币资金集中到银行,通过资产业务投向需要资金的经济各部门,充当闲置资金者和资金短缺者之间的中介人,实现资金的融通。

商业银行作为融通中介人,一方面通过支付利息吸收存款,借入资金;另一方面通过贷放货币资本或者购买有价证券等收取利息及投资收益。商业银行吸收资金的成本与发放贷款利息收入、投资收益的差额就形成银行利润。商业银行在通过信用中介职能实现资本盈余和短缺之间的融通过程中,并不改变货币资本的所有权,只是改变货币资本的使用权。实际上,商业银行已成为买卖"资本商品"的"大商人"。

信用中介是商业银行最基本的功能,发挥这一功能的作用有以下几个方面:

(1)促使闲散货币转化为闲散资本。商业银行通过办理活期存款等业务,把大众手中的闲散货币聚集到一起,进而投入生产和流通等部门,转化为闲散资本,扩大了社会资本的规模,最终促进生产和流通部门的快速发展。

(2)提高闲散资本的利用率。商业银行的活期存款业务能把社会再生产过程中游离出的闲散资本转化为生产资本和商品资本,提高了闲散资本的利用率,加快了社会化大生产的进程。

(3)能满足企业对于长期资本的需求。商业银行吸收公众存款,能使得中短期资金有效衔接,衍生出大额长期资本,据此来满足企业对于长期资金的需求。

4.1.3.2 支付中介职能

支付中介职能是商业银行的传统功能,是指商业银行利用支票等工具,把客户活期存款账户的资金转移为货币结算、货币收付、货币兑换和存款转移等业务的活动。

从逻辑上看，支付中介职能先于信用中介职能。它最早产生于货币经营时期。货币经营者通过货币保管和办理支付业务等聚集了众多货币，为使货币增值，货币经营者发放贷款，由此产生了信用中介职能。但是支付中介职能的发展，也要依赖于信用中介职能，因为只有在客户存款余额充足时，商业银行才可以办理支付业务；相反，当存款余额不足时，客户会要求向银行贷款，而贷款又转化为新的客户存款，又需办理支付。可见，支付中介职能和信用中介职能是相互依赖、相互促进的，两者互动构成了银行信贷资本的流动。

商业银行通过存款在账户上的转移，代理客户支付，并在存款的基础上为客户办理兑付现金、结算等业务，使得商业银行成为个人、工商企业、政府机构等单位的货币保管人和支付代理人，形成经济社会无始无终的支付链条和债权债务关系，进而使商业银行成为社会经济活动的出纳中心、支付中心和整个社会信用链的枢纽。

商业银行发挥支付中介职能主要有以下两方面的作用：

(1)节约了社会流通费用，加快了结算和货币资金周转速度，促进了经济发展。商业银行提供支票收付和非现金转账结算业务，既加快了结算和货币资金周转的速度，又可以大大减少现金的使用量和流通量，进而使得现金保管费、印刷费、运输费等各项费用大大减少，将更多的资金投入生产和流通部门，促进扩大再生产，带动社会经济发展。

(2)降低银行的筹资成本，扩大银行的资金来源。利用商业银行货币结算、货币收付、货币兑换和存款转移等业务功能的前提是在商业银行开立活期存款账户。这样，商业银行就能集中大量低息资金，从而降低筹资成本，扩大资金来源。

4.1.3.3 信用创造职能

信用创造又称"货币制造"，是商业银行的特殊功能，是指商业银行通过吸收活期存款、发放贷款，从事投资，进而增加银行的资金来源、扩大社会货币供应量，是商业银行体系通过放款或购入各种证券而使货币供应量增大的一种金融现象，其表现受法定准备金的影响，而实际是受客观经济发展的影响。

商业银行的信用创造程度和商业银行体系的健全程度成正比，商业银行体系越发达，信用创造的现象就越普遍，所创造的信用总量也越大。在商业银行体系比较健全的情况下，只要有一定数量的原始存款，商业银行依次发放贷款，就可以创造出新的派生存款来。一般情况下，商业银行收到一笔现金，除留足法定准备金外，其余部分都要进行放贷或购买有价证券，但支付方式是通过相应增加借款人或证券卖主在该行户头中的活期存款进行的，进而制造了一笔派生存款。收款人若将支票存入与其往来的其他商业银行，第二家银行同样将资金以相同的方式放贷出去，这样又会创造另一笔派生存款。依此类推，商业银行系统可以创造出数倍于原始存款的派生存款。

商业银行发挥信用创造功能的作用主要在于通过创造存款货币等流通工具和支付手段，既可以节省现金使用，减少社会流通费用，又能够满足社会经济发展对流通手段和支付手段的需要。

4.1.3.4 金融服务职能

金融服务职能是商业银行业务综合化和全能化的具体体现。随着经济的快速发展，工商企业的外部经营环境愈发复杂化，银行间的业务竞争也日益激烈化。

由于银行联系面广，信息及时灵通，特别是电子计算机在银行业务中的广泛应用，使得商业银行已经具备了为客户提供信息服务的资质，信息咨询、融资服务、财务管理、信托等金融业务服务应运而生；同时，社会生产和分工专业化的发展，使得像发放工资、代理支付其他费用等这些原来属于企业自身的货币业务可以转交给银行代为办理；个人消费也由单纯的钱物交换，发展为转账结算交易。

总之，社会经济大发展从多个方面给商业银行提出了金融服务的要求。在激烈的业务竞争大环境下，商业银行也逐步开拓服务领域，进而促进资产负债业务的扩大，满足客户需求。在现代经济生活中，金融服务职能大大拓展了商业银行的业务范围，增加了利润增长点，丰富了人们的生活，金融服务已成为商业银行的重要职能。

4.1.3.5 调节经济职能

调节经济职能是指商业银行通过其信用中介活动，调节社会各部门的资金余缺，同时在中央银行货币政策指引下，在国家其他宏观政策的影响下，实现调节经济结构、调节投资与消费比例关系、引导资金流向、进行产业结构调整、发挥消费对生产的引导作用的功能。有时，商业银行还可以通过在国际市场上的融资活动，来调节本国的国际收支变化。

4.2 商业银行的组织结构

商业银行内部组织机构的设置，受该国商业银行的制度形式、内外部环境等多种因素的影响。即使在同一个国家采取同一制度形式的商业银行，也可能因经营规模、经营条件等方面的不同而存在较大差异。

一般来说，商业银行内部组织机构可分为三大机构，即决策机构、监督机构和执行机构。下面就以股份制商业银行为例介绍商业银行内部职能机构的设置。

4.2.1 决策机构

商业银行的决策机构由股东大会和董事会组成。

4.2.1.1 股东大会

股东大会是商业银行的最高权力和决策机构，由全体股东组成。商业银行的任何重大决策都必须经过股东大会通过才能生效。它的权力表现在能通过法定的投票表决程序选择和任免董事、赞成或否决决策事项,间接地影响商业银行的经营管理,实现其控制权。

4.2.1.2 董事会

董事会由股东大会选举产生,并代表股东执行股东大会的决议。董事会的职责主要包括以下几个方面:一是确定商业银行的经营目标和经营权;二是选聘商业银行的高级管理人员;三是设立各种委员会如执行委员会、审计委员会、贷款委员会、稽核委员会等,以贯彻董事会的决议,监督银行的业务经营活动。

4.2.1.3 二者关系

董事会由股东大会选举而产生,并由董事会代表股东行使权利,其中包括为商业银行选择有经营能力的高层经理和对经理的行为进行监督。银行董事一般由本行的股东担任(有些国家允许具有管理专长的专家担任董事,以提高银行经营管理水平)。董事与股东不同,任何人只要拥有公司股份即为股东,便有权利参加股东会。商业银行董事是由股东大会选举入董事会,负责对银行的经营管理等相关事务进行决策,集体或者单独代表银行执行业务的人。

股东大会一般由董事会组织召开,董事长是股东大会的主席。股东大会是商业银行的最高权力机构,对董事有撤换和罢免权,并由其决定银行重大事项,制定经营方针和投资计划,选举和更换董事和由股东代表出任的监事;而董事会是银行的执行机构,负责贯彻实施股东大会的决议,聘免银行相关部门负责人,并对股东大会负责。

4.2.2 监督机构

商业银行的监督机构为监事会,由股东大会选举产生,对股东大会负责,以保护商业银行、股东、职工、债权人和其他利益相关者的合法权益为目标。

监事会成员为3人至13人,主要包括股东监事、职工监事和外部监事,其中职工监事、外部监事的比例均不应低于1/3。股东监事和外部监事由股东大会选举、罢免和更换;职工监事由商业银行职工代表大会、职工大会或通过其他民主程序选举、罢免和更换。监事实行任期制,每届任期三年,可以连选连任。

监事会的职责有:负责监督商业银行的董事会和高级管理层及其成员的履职尽责情况、财务活动情况、内部控制、风险管理等;定期对监事进行培训,提升监事的履职能力;根据需要对董事会制定的经营方针和决策、制度及其执行情况进行监督检查,并督促限期改正等。

4.2.3 执行机构

商业银行的执行机构包括行长、副行长及各职能部门。

4.2.3.1 行长

行长是商业银行的执行总管,是商业银行内部的首脑,一般由具有经营管理商业银行的专门知识和组织才能、忠于职守、重视效益、善于把握时机、善于决策的人士担任。

行长的职责包括:执行董事会的决议;管理领导班子,提名副行长及各职能部门的经理等高级管理人员的人选,并报董事会批准;组织商业银行的各种经营活动;定期向董事会报告经营情况;招聘和解雇有关员工,并对员工实行奖惩等。

4.2.3.2 副行长及各职能部门

在行长的领导下,商业银行一般设置若干副行长和业务职能部门,业务职能部门又可以分为业务部门和业务支持与保障部门两个层次:

(1)业务部门,负责分支行层次业务经营的开发,以满足不同层次、不同类型客户的不同需求为目的,且有不断细化的趋势。主要包括如下几个:

①网点柜台营业部,主要负责办理客户现金业务(如存取款)和非现金业务(如支票业务)。

②电子银行业务部,主要负责自助金融服务(如 ATM、自助缴费机)、网上银行业务、电话银行业务和手机银行业务等。

③国际业务部,主要负责拓展国际投融资、进出口贸易融资以及与外币相关的业务。

④同业业务部,主要负责与商业银行、证券公司、保险公司、信托公司等同业金融机构之间的业务往来。

⑤公司业务部,主要负责开发和维护公司类型的客户,满足企业投融资、结算等诸方面的需求。

⑥个人业务部,主要负责开发个人银行业务,服务对象主要包括大众客户、高端客户以及特殊类型的客户。

(2)业务支持与保障部门,主要负责为各业务开发和管理部门、市场拓展部门和一线柜台提供业务支持。业务支持与保障部门又可以划分为两大类:一类部门负责管理各分支行的日常事务(如综合管理部);另一类部门则将精力更多地用于新产品的开发和管理工作,更倾向于专业化。具体包括:

①综合管理部,主要负责银行的常规性管理和服务工作,这样可以使银行其他业务管理部门摆脱常规性管理事务的束缚,从事更加富有创造性的工作。

②放款部(或交收部),主要负责放款出账等工作,独立于信贷审批部门和会计部门,一般清算、核算和出纳管理职能也放在这个部门。

③研发部,主要负责对工作制度、业务流程和操作规范等进行创新、评估和改进。如今技术创新势头迅猛,银行业竞争十分激烈,由一个专门部门负责银行工作研究以配合银行的系统再造、业务流程优化已十分必要。

④风险管理部,主要负责全行信用风险、市场风险、操作风险和合规性风险的管理工作,为银行在经营中可能遇到的各种风险设置风险控制指标、风险控制量化参数和风险控制对策;负责对分支行风险管理部门的管理、考核与业务指导,信贷

业务的现场和非现场检查,放款审核中心的管理,贷款风险分类的核查和管理工作等。

⑤计划财务部,负责组织编制和调整年度综合经营计划并组织实施,拟定财务政策、财务资源配置方案,编制全行财务预算,负责全行财务收支的统一管理和各项财务支出及损失处置的控制、本级财务管理,组织实施管理会计、资本和资本性支出管理、海外分行财务管理、集中采购等工作。

⑥信贷管理部,全面负责授信制度审查,加强风险控制,规范信贷业务操作,防范信贷风险。

⑦人力资源管理部,主要职责包括招募、培训员工,对员工的工作状况进行考核,评定员工工资,处理劳资关系等。

⑧法律事务部,主要负责对银行日常操作中涉及的各类法律事务进行处理;管理各类法律文书及标准合同的起草、审查、制定工作;对银行业务进行法律监督,揭示法律风险,以维护银行的权利和利益等。

4.3 商业银行组织制度

商业银行的组织制度是指其外部的组织形式,即分支机构的设置和相互关系,它是商业银行运作的基本骨架。

商业银行的制度模式主要有以美国银行体制为代表的单一银行制、以英国银行体制为代表的分支行制,以及银行控股公司制、连锁银行制和代理行制等。

4.3.1 单一银行制

4.3.1.1 单一银行制

单一银行制又称独家银行制或单元制,是指一家银行在原则上只能有一个营业机构(总行),不设立或很少设立分支机构的商业银行组织形式。单一银行制商业银行业务活动完全由总行经营。

目前,实行单一银行制的国家主要集中在美国。美国联邦或各州的法律规定,银行业务由各自独立的商业银行经营,不允许或限制跨州跨地区设立分支机构。在银行体制上,采取双重银行体系,实行双轨注册制度。在美国,单一制银行约占银行总数的40%,而在我国,单一制并不是主要组织形式,各地城市商业银行一般为单一制银行。

4.3.1.2 单一银行制的优点

(1)银行家数众多,可以限制银行业的吞并和垄断,缓和了竞争的剧烈程度,有利于自由竞争;

(2)与地方联系密切,有利于银行与地方政府协调,可以更好地为地方经济服务;

(3)银行具有独立自主性,业务经营灵活性较大,可根据当地经济和竞争环境的变化,及时调整经营策略,保持竞争优势;

(4)银行内部管理层次少,易于内部各部门间的协调,有利于加强内部管理和中央银行货币政策的贯彻实施,工作效率比较高。

4.3.1.3 单一银行制的缺点

(1)不利于采用先进的管理手段和工具大规模开展业务;

(2)银行业务受制于当地经济,不利于分散风险;

(3)单一制银行没有设立于各地的分支机构,同经济的外向发展存在矛盾,会人为地形成资本迂回流动,削弱银行的竞争力。

4.3.2 总分行制

4.3.2.1 总分行制

总分行制亦可称为分支行制,意即设有总行的同时又在总行之下设立分支行,分支银行的业务活动受总行领导和管理的商业银行制度。这是当今世界绝大多数商业银行所采取的组织形式。我国四大国有商业银行和全国性的股份制银行都采取总分行制。

总分行制又可具体分为两类:

(1)总行制,指总行在对其分支机构进行管理监督的同时,还作为经营机构对外营业;

(2)总管理处制,指总行的职能仅在于管理、监督、领导分支机构,不从事具体业务的银行制度。

4.3.2.2 总分行制的优点

(1)有利于商业银行的规模扩大,易于采用先进计算机设备,广泛开展金融服务,降低平均成本,增加盈利的规模效益;

(2)有利于资金在总行及各分支行间调度,并以较少的现金准备满足较大范围内支付周转的需要,降低流动性风险,牟取更高利润;

(3)由于商业银行实力雄厚,业务范围广,从而分散了风险,有利于保障稳定增长的利润水平,提高银行在国际金融市场上的竞争能力;

(4)银行业务受地方政府干预较少,能与政府、中央银行、大型企业等保持良好的关系,为银行的进一步发展提供了良好的外部环境,有利于规范化经营,有利于中央银行的监管。

4.3.2.3 总分行制的缺点

(1)由于银行规模大,业务范围过广等特点,增加了银行管理的难度;

(2)银行内部管理层次较多,会降低银行工作效率;

(3)银行规模过大易于形成垄断,不利于行业长远发展。

4.3.3 银行控股公司制

4.3.3.1 银行控股公司制

银行控股公司制是由一个集团成立股权公司,通过股权公司的收购,完全拥有或有效控制一家或数家银行或控制若干个独立银行的商业银行制度。

银行控股公司对银行的有效控制权表现为拥有该银行25%以上的投票权,被控制的银行在法律上是独立的,但是业务活动要受控于股权公司。仅拥有或控制一家商业银行的控股公司称为单一银行控股公司,而拥有或控制两家以上银行的控股公司则称为多元银行控股公司。

4.3.3.2 银行控股公司制的优缺点

银行控股公司制的优点是能够有效地扩大资本总量,增强银行实力,提高银行抵御风险的能力,弥补单一银行制的不足;缺点是容易引起金融权力过度集中,并在一定程度上影响了银行的经营活力。

4.3.4 连锁银行制

连锁银行制是指某一个人或某一集团购买若干家银行的多样股票,从而控制若干独立银行。

连锁银行制也是一种变相的分支行制,它与银行持股公司制的差别在于,其不设置银行控股公司,而是通过若干家银行互相持有对方股票,互相成为对方股东方式结成连锁关系。

连锁银行制的优点在于以大银行为中心,确定银行业务模式,形成集团内部联合。其垄断性强,有利于统一指挥,投资大型企业、事业单位,以获取高额利润。其缺点是由于受个人或某个集团的控制,不易获取银行所需的大量资本,不利于银行的长久发展。

4.3.5 代理银行制

代理银行制又称往来银行制,指银行相互间签有代理协议,委托对方银行代办指定业务的制度。一般来说,银行代理关系是相互的,因此互为对方代理行。即使在实行总分行制的国家,银行之间也存在着代理关系。

4.4 商业银行组织体系的发展趋势

随着金融市场化和全球化趋势的加强,商业银行的组织体系也发生了很大变化,主要表现在以下几个方面。

4.4.1　组织形态从企业家型组织向协作型组织过渡

协作型组织将职能作用和利润中心作用放到同种重要的地位。绩效考核时，不但要考核该业务部门的绩效，同时也要考核其对其他业务部门的贡献，主客观方法并用。

协作型组织是两个概念上完全相对的组织类型特点的融合。一个是支持型组织：自下而上的管理、合作气氛、综合职能；另一个是企业家型组织：自上而下的管理、竞争气氛、独立利润中心。从国外银行的发展来看，支持型组织和企业家型组织已经不能适应当前形势下对商业银行经营管理的要求；而协作型组织兼收并蓄，将职能与利润作了优化，权衡了各部门之间的利益关系，从而使得管理效能达到最大，为商业银行提供了强有力的组织形式和手段，成为现代化商业银行组织发展的方向。

4.4.2　组织职能形式由地区型结构和业务型结构向客户型结构转变

如今，商业银行更多地将客户结构作为设立次级组织的着眼点。以一向以批发银行见长的中信银行为例，2013年中信银行在零售业务上作了大范围的调整，对零售客户群做了全新定位，提出了构建"橄榄形客户结构"的口号，原因在于橄榄形客户结构的基本特征是"两头小，中间大"，属于最稳定、健康的客户结构模型，而银行的橄榄形客户结构也是一种以中小企业客户为主，大客户和微小客户为辅的客户结构。

4.4.3　委员会决策职能集中化

决策职能集中化就是商业银行经营管理的一切重大事项的决策职能都集中到一个委员会，而其他的委员会只起咨询顾问的作用。委员会决策职能集中化的代表是花旗银行。花旗银行总部的经营管理决策权主要集中在三个委员会：最高层是四人小组（董事长、总裁及两个副董事长），接下来是20人小组（4人小组及其他16名高级管理人员），最后是55人小组（20人小组和其他35名高级管理人员）。

4.4.4　一级管理、多级经营

纵观发达国家银行业，我们发现其在经营管理上一般都会实行一级管理、多级经营的组织体系，也就是说事关经营管理的重大问题的决策权都要上升到总部，总部机关会根据下级分支机构的业务经营管理能力、承担责任的能力对其进行业务经营授权。在同一银行内，即使同为一级分行或者二级分行，其业务经营权力的大小也有可能不同。

5

商业银行的资本管理

本章要点

商业银行经营的基本前提,也是最基本的财务需求,便是资本。同时,资本规模的大小决定了其能够承担风险的程度。提高银行资本利用效率是内外部因素共同作用的必然结果,在放松银行管制后,监管当局提高了资本规定的水平;股东对银行收益的要求越来越高;评级机构对银行的评审越来越富有经验。

银行资本管理的两大内容是:保证银行整体资本水平符合一系列内外部要求;充分利用各种资本工具,采取资本管理措施,如红利政策、股票回购等,使以资本为基础的财务绩效达到最优。这样,银行必须确定合理的资本水平并进行动态调整。

商业银行作为金融制度中重要的组成部分,社会公众的信心是其赖以生存和发展的基础。而社会公众的信心主要取决于银行资本的充足程度、银行收入的稳定程度、银行信息的质量和可靠程度以及政府对银行的支持或担保程度。因此,本章着重讨论银行资本管理的主要内容,包括银行的资本及组成结构、资本充足标准、资本计划与管理三大方面。

5.1 资本的功能与构成

5.1.1 银行资本的基本功能

在财务理论中,资本的基本功能主要有:①让渡所有权。也就是通过代表资本的股份出售,将公司的资产、现金流、利润等所有权转让给股份的持有者。②为公司的经营活动提供资金。一般情况下,让渡所有权与公司融资是相辅相成、密切相关的,公司将资本视为主动筹集资金的渠道之一。

而作为金融中介机构的商业银行,由于其杠杆作用几乎无限大(当然,杠杆作用会受到来自监管当局、投资者、市场约束等限制),融资能力主要取决于银行的安全性。《巴塞尔协议》对银行资本要求的目标是:增强国际银行体系的健康和稳定;消除国际银行间竞争的不平等因素。由此可以看出,银行资本对风险的缓冲作用是明显的,也就是说资本是用来缓冲未来不确定的损失并保护存款人利益的。从这个意义上讲,银行资本可以定义为银行持有或要求持有的、用以承担风险敞口、业务损失等风险的资金,以保护存款人和一般债务人免遭损失;银行资本有着比其他企业更为广泛的资金范围,不同于会计资本。

也就是说,银行资本和非金融公司的资本有着相似的作用,主要包括:承担或吸收风险;可以在资不抵债与清算事件发生时,保护未参加保险的存款者。而且,这种作用受到监管当局的资本额标准的保护和强化。

5.1.2 银行资本的构成

从会计学的角度来看,银行资本为银行资产负债表恒等式中的一项,具有明显的账面价值意义。银行资本可以简单地从公认会计原则(GAAP)上定义为累计计算的总资产(A)与银行总负债(L)的账面价值之差,即银行的净值(NV):

$$NV = A - L \tag{5-1}$$

但是,从经济学的角度来看,这一定义仅仅在银行资本的账面价值(Book Value)与市场价值(Market Value)没有大的偏差情况下才具有真实的经济意义。在会计意义上,银行资本是银行股本(Common Equity)和优先股票(Preferred Stock)两部分账面价值的总和。银行股本包括普通股票(Common Stock)、股票超面值或增值(Surplus)、未分配利润(Retained Profit)、应急及其他资本准备金(Reserves for Contingencies and Other Capital Reserves)。政府有关当局就是使用账面价值计算银行资本价值的。而经济学家则更倾向于使用银行股票市场价格来衡量银行股本的实际价值,以市场价值表示的银行股本更能准确地反映银行的真实管理水平与风险状况。市场价值的资本是在市场价值基础上,资产和负债市场价值之间的差额。

不同国家、不同所有制形式的银行资本的构成形式不尽相同。但是,从银行资本的特点和作用来看,按照不同渠道、不同功能特征,可以将资本划分为普通股、优先股、资本性债券和补偿性准备金四大类。

5.1.2.1 普通股

普通股是银行股本资本的基本形式。普通股票是标准的股票,其持有者是银行的基本股东。银行普通股持有者享有《公司法》赋予的权利,如对银行所有权、盈余与剩余财产分配权,参与银行决策的投票权和新股发行时的优先购买权等。对于银行经营来说,普通股的作用主要包括:普通股的稳定性,普通股是无须偿还的、可永久性使用的资本,其稳定性为商业银行经营管理提供了可靠资金来源基础;普通股股息和红利的事先不确定性,普通股的股利政策可以视经营收益、银行经营管理需要来制定,具有较大灵活性;股东在一定程度上参与决策管理,有助于发挥集体智慧和实现平衡制约,有利于建立现代金融企业制度和完善法人治理结构。当然,普通股对于银行经营来说也有与其他股份制公司一样的缺点:新增资本会影响银行的红利分配,并由于稀释引起股票价格下降,影响投资者信心和银行声誉;同时,增发新股后,原有股东对银行经营的控制权会有所削弱,增加了经营决策中的不确定因素;当然,由于普通股承担的风险和义务决定了银行对普通股支付的红利股息通常要高于对其他股东和债权人所支付的股息和利息,这就不可避免地增加了银行的经营成本。

5.1.2.2 优先股

优先股相对于普通股来说享有一定的优先权(如有固定的利息或红利),但不享有参与决策的投票权;它在收入与资产的要求权上优先于普通股;尽管和普通股一样,一般没有偿还期,但是有些优先股可按事先约定进行赎回或转换为普通股。

优先股的划分标准或享受的权利可以细分为:一是累积性和非累积性优先股,所谓累积是指未支付股利可逐年累积后支付;二是参与和非参与优先股,所谓参与是指取得股息之后尚可参与红利分配;三是可转换和不可转换优先股,所谓可转换是指按条款在某种情况下可转为普通股;四是可收回和不可收回优先股,所谓可收回是指到一定期限之后可偿还股本。

优先股对于银行经营的作用主要表现在:优先股的发行不会影响银行既定的经营政策;固定的股息能够确保银行对优先股进行清晰的财务成本分析;可转换优先股在金融市场上有比较好的行情,有利于银行的融资。但优先股也有其固有的缺点:固定的股息支付使银行减少了经营中的灵活性,并加重了经营困难;优先股可选种类较多,投资者更愿购买在盈利、安全和流动性方面转为有利的种类,因而银行相应承担的成本和风险就较大。

5.1.2.3 资本性债券

资本性证券主要是指长期债券(又称附属债券),特点是:按期偿还,利息固定,对收入和资产的要求权先于优先股。

资本性债券对于银行经营管理的作用主要体现在:所付利息一般少于股票股息,债券管理费用一般也低于存款管理费用,因而这种资本有利于银行降低成本;资本性债券可以不提取存款准备金和不参加存款保险,有助于提高银行盈利性;发行这种债券,既不影响普通股红利,又不削弱原股东对银行的控制权;许多国家规定对这种债券的利息免缴所得税,因而便于银行发行此类债券。

资本性债券对银行经营不利之处主要体现在:它使银行每年要偿付固定利息和可能偿还本金,给银行带来财务压力;按照债券管理法规,已发售的债券往往妨碍进一步追加债券的发行,债务契约会对银行在分红、合并和资产转移时的选择产生诸多限制性影响,减少了银行经营的弹性;当银行面临困境甚至遭到崩溃性冲击时,这种债券的持有者很可能要求订立加速偿还的条款,使银行经营雪上加霜;银行资产一旦遭受损失,是不能以债务性资本来补偿的,这种资本比重过大,会使银行具有经不起亏损打击的脆弱性。

5.1.2.4 补偿性准备金

补偿性准备金是为应付意外损失而从收益中提留的资金,主要分两种:资本准备金和放款与证券损失准备金。资本准备金用于应付如优先股赎回、股份损失等股票资本的减少;贷款与证券损失准备金用于应付问题贷款、证券本金拒付和行市下跌等造成的资产损失。

这种资本形式对于银行经营的优点是:它是逐年累积的,提留时不会对当年分红产生巨大影响;补偿取用时,又可使银行避免因资产损失而对当年收益造成剧烈冲击。同时,许多国家还规定这种准备金可从税前收益中扣除,可以使银行获得税收上的好处。与此对应的是:提留补偿性准备金势必减少当年分红,进而影响股票的价格;这种资本受到收益规模、分红政策以及监管当局的规定等因素的严格限制。

5.1.3 《巴塞尔协议》的银行资本构成

根据《巴塞尔协议》,银行资本分为两大类别:第一类资本或核心资本(Tier 1 Capital,Core Capital),它包括银行股本、永久性优先股票、公开储备等;第二类资本或补充资本(Tier 2 Capital,Supplementary Capital)包括呆账准备金、非永久性优先股票、非公开储备、资产重估储备、一般储备金/一般呆账准备金、混合(债务/股票)资本工具以及次级债务等。详细划分如下:

5.1.3.1 一级资本

一级资本,又称核心资本。一级资本包括股本金和公开储备。股本金包括已发行且金额缴付的普通股和非累积永久性优先股;公开储备则是以公开的形式,通过保留盈余或其他盈余——如由发行股票溢价、保留利润、普通准备金和法定准备金的增值而创造和相应增加的新储备,它是反映在资产负债表上的储备。这部分资本对于各国来说是相同的,完全可以从公开账目获取,因而巴塞尔委员会认为它是市场判断资本充足率的基础。

5.1.3.2 二级资本

二级资本,又称附属资本。二级资本包括未公开储备、重估储备、一般准备金或一般贷款呆账准备金、混合型债务股本工具、次级长期债务等。

未公开储备或隐性储备可根据各成员国不同的法律和会计制度以不同的方式组成,主要特点是:①该储备金不公开在资产负债表上,但却反映在银行的损益表上,并为银行的监管机构所接受的储备;②它与公开储备具有相同的内在质量,可以无附加条件、及时地用于应付不可预料的损失;③由于它缺乏透明度,因此许多国家不承认其为资本的合法成分,因此,未公开储备不包括在核心资本中;④在监管当局接受的情况下,它才有资格包括在附属资本之内。

(1)重估储备。有些国家按照本国的监管和会计条例,允许对某些资产进行重估,以便反映它们的市值,或者使其相对于历史成本而言更接近市值,并经过重估储备包括在资本中。这种重估可以包括两种形式:一是物业重估储备,它是对属于银行自身的商业楼宇价值的重估;二是证券重估储备,它是对以历史成本价格反映在资产负债表上的长期持有的有价证券价值的重估。资产重估必须由官方认可的专门评估机构进行,并慎重估价,且充分反映价值的波动和被迫抛售的可能性。这样得出的重估储备才有资格作为附属资本的组成部分。

(2)一般准备金或一般贷款呆账准备金是为防备将来可能出现的亏损而设立的,只要不将它们用于某项特别资产,并且不反映某项资产价值的减少,就可以作为二级资本列入资本内。但是,为已确认的损失或某项资产价值明显下降而设立的准备金,不能用于防备未确定的损失,因而不具备资本的基本特征,必须排除在外。

(3)混合型债务股本工具,主要包括既带有一定的股本性质又带有一定的债务性质的一系列资本工具。由于混合债务工具特性各异,直接影响其作为资本的质量。巴塞尔委员会同意,由于这些金融工具与股本极为相似,特别是它们能够在不必清偿的前提下承担损失、维持经营,因此可以列为附属资本。但必须符合下列要求:①必须是无担保的、从属的和缴足金额的;②不能由持有者主动赎回,未经监管当局同意,也不准赎回;③除非银行被迫停业,否则它们可以用于分担损失;④虽然资本工具会带来支付利息的责任,且不能像普通股的股息红利那样可以削减或延期,但是,当银行的盈利不能满足支出时,应允许推迟支付这些利息(类似于累积的优先股)。国际上,属于这类附属资本的金融工具有:加拿大长期优先股、法国无固定期限的参与证券和次级证券、德国银行浮动利率债券、英国永久性债务工具和美国强制性的可转换债务工具等。

(4)长期次级债务,具有两个鲜明的特征:一是次级,即债务清偿时不能享有优先清偿权;二是长期,即有严格的期限规定。这类资本工具通常包括普通的、无担保的、初始期限至少 5 年期以上的次级债务资本工具和不可购回的优先股。由于此类资本工具期限固定,而且通常不用于分担维持营运银行的损失,使其作为资本的构成存在着严重的缺陷。因此,各国监管当局有必要考虑限制这种债务资本在资本基础中的数额。

5.2 资本充足性监管规定

5.2.1 国际银行资本监管变化

巴塞尔委员会在 1988 年发布了《关于统一国际银行资本衡量和资本标准的协议》(Basel Ⅰ),2004 年发布了《资本计量和资本标准的国际协议:修订框架》(Basel Ⅱ),2010 年发布了《建立更具稳健性的银行和银行体系的全球监管框架》(Basel Ⅲ)[①]。

Basel Ⅰ确立了监管资本的概念,即核心资本包括股本、资本公积、盈余公积、未分配利润,附属资本包括未公开储备、重估储备、准备金、混合债务工具;初步形成了风险加权资产的计算规则,明确资产范围包括表内项目和表外项目,资产权重分别为 0、20%、50% 和 100%;提出了资本充足率的最低要求,资本充足率 8% 和核心资本充足率 4%。但是 Basel Ⅰ 存在一些瑕疵,如风险种类有限、资本计量对风险敏感度不高、忽视风险管理水平的差异化,容易引发监管套利等。

Basel Ⅱ 构建了资本监管完整框架,提出了最低资本要求、监督检查、市场约束三大支柱(如图 5-1 所示);确立了全面风险管理理念,在信用风险和市场风险的基础上,增加了操作风险、银行账户利率风险和流动性风险;明确了多元化的风险加权资产计算方法,如现行法、权重法和内评法;同时,拓宽了资本监管的范围。但是,其也存在资本定义较为宽泛、流动性管理要求不够充分具体以及对金融体系整体稳定性的重视不足等问题。

Basel Ⅲ 进一步强化了资本定义,界定了一级资本(核心一级资本和其他一级资本)和二级资本的范围;提高最低资本要求,即一级资本充足率由 4% 提高至 6%,核心一级资本充足率由 2% 提高至 4.5%;提出宏观审慎原则,提出了储备资本、逆周期资本和系统性重要银行资本的概念和要求;引入杠杆比率监管;建立了流动性监管框架,明确了流动性覆盖率和净稳定融资比率。具体的执行规定如下:截至 2015 年 1 月,全球各商业银行的一级资本充足率下限将从现行的 4% 上调至

[①] 2013 年 1 月 6 日,在雷曼兄弟破产两周年之际,巴塞尔委员会发布了最新规定,即《巴塞尔协议Ⅲ》。《巴塞尔协议Ⅲ》是 2008 年全球金融危机后提出的,与 1988 年 7 月通过的《关于统一国际银行的资本计算和资本标准的协议》一脉相承。

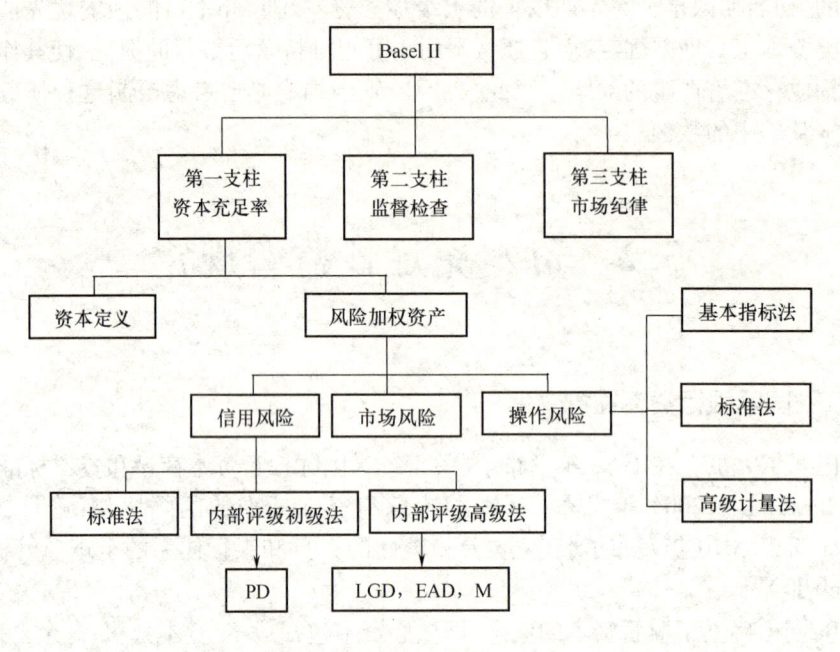

图 5-1 Basel Ⅱ 框架示意图

6%,由普通股构成的核心一级资本占银行风险资产的下限将从现行的 2% 提高至 4.5%。另外,各家银行应设立"资本防护缓冲资金",总额不得低于银行风险资产的 2.5%,该规定将在 2016 年 1 月至 2019 年 1 月之间分阶段执行①。

5.2.2 中国银行资本监管要求

《商业银行资本管理办法(试行)》是中国银行监管机构借鉴 Basel Ⅲ 等国际银行监管的最新成果,如《商业银行资本充足率管理办法》(2004 年 3 月)实施的基础上制定和颁布实施的。《商业银行资本管理办法(试行)》明确了资本的组成以及资本充足率的监管要求,按规定自 2013 年 1 月 1 日起施行。

5.2.2.1 资本组成

核心一级资本包括:实收资本或普通股、资本公积、盈余公积、一般风险准备、未分配利润以及少数股东资本可计入部分。

其他一级资本包括:其他一级资本工具及其溢价、少数股东资本可计入部分。

二级资本包括:二级资本工具及其溢价和超额贷款损失准备。如果商业银行采用权重法计量信用风险加权资产,超额贷款损失准备可计入二级资本,但不得超

---

① 美联储(FED)(2013 年 7 月 2 日)批准美国银行业执行巴塞尔Ⅲ资本规定,承诺将制定针对华尔街大型金融机构的严厉新规,同时还将保护小银行免受这项新规的一些最严重冲击。美联储经过投票批准在美国实施这项全球性规定,新规要求银行业持有更多股权资本用于支持自身业务,以便具备更强的抗风险能力。

过信用风险加权资产的1.25%。超额贷款损失准备是指商业银行实际计提的贷款损失准备超过最低要求的部分。贷款损失准备最低要求是指100%拨备覆盖率对应的贷款损失准备和应计提的贷款损失专项准备两者中的较大者。如果商业银行采用内部评级法计量信用风险加权资产,超额贷款损失准备可计入二级资本,但不得超过信用风险加权资产的0.6%。超额贷款损失准备是指商业银行实际计提的贷款损失准备超过预期损失的部分。

计算资本充足率时,商业银行应当从核心一级资本中全额扣除以下项目:商誉、其他无形资产(土地使用权除外)、由经营亏损引起的净递延税资产以及贷款损失准备缺口(商业银行采用权重法计量信用风险加权资产的,贷款损失准备缺口是指商业银行实际计提的贷款损失准备低于贷款损失准备最低要求的部分;商业银行采用内部评级法计量信用风险加权资产的,贷款损失准备缺口是指商业银行实际计提的贷款损失准备低于预期损失的部分)、资产证券化销售利得、确定受益类的养老金资产净额、直接或间接持有本银行的股票、对资产负债表中未按公允价值计量的项目进行套期形成的现金流储备(若为正值,应予以扣除;若为负值,应予以加回)、商业银行自身信用风险变化导致其负债公允价值变化带来的未实现损益。

5.2.2.2 资本充足率的计算

商业银行应当按照以下公式计算资本充足率:

$$核心资本充足率 = \frac{资本 - 扣除项}{信用风险加权资产 + 12.5 \times 市场风险 + 12.5 \times 操作风险} \times 100\%$$

(5-2)

$$总资本充足率 = \frac{总资本}{信用风险加权资产 + 12.5 \times 市场风险 + 12.5 \times 操作风险} \times 100\%$$

(5-3)

$$一级资本充足率 = \frac{一级资本 - 对应资本扣减项}{信用风险加权资产 + 12.5 \times 市场风险 + 12.5 \times 操作风险} \times 100\%$$

(5-4)

$$核心一级资本充足率 = \frac{核心一级资本 - 对应资本扣减项}{信用风险加权资产 + 12.5 \times 市场风险 + 12.5 \times 操作风险} \times 100\%$$

(5-5)

5.2.2.3 资本充足率监管要求

商业银行资本充足率监管要求包括最低资本要求、储备资本和逆周期资本要求、系统重要性银行附加资本要求以及第二支柱资本要求。商业银行各级资本充足率不得低于如下最低要求:核心一级资本充足率不得低于5%;一级资本充足率不得低于6%;总资本充足率不得低于8%。

按照《巴塞尔协议》要求,银行资本最低要达到总的风险加权资产的8%(包括表外业务)。精确的表达式为①:

---

① Mathias Dewatriont, Jean Tirole. 银行监管[M]. 上海:复旦大学出版社,2002,第45页。

$$资本 \geq 0.08\left\{\left[\sum_{i}\alpha_i 表内资产种类 i\right] + \left[\sum_{i,j}\alpha_i\beta_i 表外资产种类 i,j\right] + \left[\sum_{i,k}\alpha_i\gamma_k 表外外汇或利率合约_{i,k}\right]\right\} \tag{5-6}$$

式中,i 表示借款人性质,j 和 k 表示金融运作的性质;

$a_1 = 0$,表示向经济合作和发展组织的成员国的中央银行的贷款以及由它们担保的贷款;

$a_2 = 0.2$,表示同一些经济组织或地区提供的或由它们担保的贷款;

$a_3 = 0.5$,表示由抵押资产完全担保的住房抵押贷款;

$a_4 = 1.0$,表示其他贷款,特别是向非银行机构的贷款、持有的股票等。

对于表外资产借款者的权重被乘以一个权数 $\beta \in \{0,0.2,0.5,1.0\}$,$\beta_j$ 表示经营风险程度。

具体地讲,1988 年巴塞尔协议将资本与资产负债表上不同种类资产及表外项目所产生的风险相挂钩,来评估银行的资本充足度。风险计算分为表内和表外两部分:

表内项目,协议将表内资产按照风险大小分成 5 个类别,权数分别为 0,10%,20%,50% 和 100%。

(1)权数为 0 的表内项目包括:现金;以一国货币计价并以货币融资的、对中央银行和中央政府的债权;对经济合作组织(OECD)国家的中央政府和中央银行的其他债权;以 OECD 的中央政府有价证券为抵押的或由 OECD 的中央政府担保的债权。

(2)权数为 10% 的表内项目包括:对国内公共部门(不包括中央政府)的债权和由此类机构担保或以此类机构所发行证券作为抵押的贷款。

(3)权数为 20% 的表内项目包括:对多边开发银行(国家复兴开发银行、泛美开发银行、亚洲开发银行、非洲开发银行、欧洲开发银行)的债权,以及由此类银行提供担保或以这类银行所发行债券作为抵押的债券;对 OECD 国家注册银行的债权以及由 OECD 国家注册银行提供担保的贷款;对 OECD 以外国家注册银行剩余期限在 1 年以内的债权和由 OECD 以外国家注册银行提供担保的、剩余期限在 1 年之内的贷款;对非本国的 OECD 国家公共机构(不包括中央政府)的债权,以及由这些机构提供担保或以其所发行证券作为抵押的贷款;托收中的现金金额。

(4)权数为 50% 的表内项目包括:已经是或即将是借款人所出租或占有的住宅财产为抵押的全担保贷款。

(5)权数为 100% 的表内项目包括:对私人部门的贷款;对非 OECD 成员国银行的债权,剩余期限在 1 年以上;对非 OECD 成员国的中央政府债权;对公共部门拥有的商业公司的债权;办公楼、厂房设备和其他固定资产;不动产和其他投资;其他银行发行的资本工具;所有其他资产。

表外项目,根据表外信用规模、信用风险的可能性,确定风险权数。

(1)权数为 0 的表外项目指短期的类似承诺,或可以随时无条件取消的承诺。

(2)权数为20%的表外项目指与贸易相关的短期自偿性或有项目,如担保信用证和有货物担保抵押的跟单信用证。

(3)权数为50%的表外项目指某些与交易有关的或有项目,如履约保函、投标保函、认股权证和为某些特别交易而开出的备用信用证;债券发行便利和滚动承购包销便利;原始期限超过1年的其他承诺。

(4)权数为100%的表外项目指直接信用的替代工具,如担保、银行承兑、回购协议、有追索权的资产销售和远期存款的购买等。

5.2.3 美国银行资本监管规定

美国金融管理当局于1990年建立了以银行资产风险为基础的资本标准与规定,并于1992年正式实施。下面是美国联邦当局对商业银行资本构成、资产风险与资本充足性等方面的限定。

美国的银行资本构成主要是:第一类资本,包括股本金、合格的累积性优先股、合格的非累积性优先股、附属公司在股本金中的少数权益、扣除商誉及应剔除部分的无形股本;第二类资本,包括贷款与租赁损失准备金、非永久性优先股、混合的资本工具、后期偿付债券与中期优先股;同时,按照规定扣除以下项目:在独立的银行与金融附属公司中的投资、相互持有的银行发行的资本证券、由当局决定的其他扣除和重估价准备金。

美国联邦当局对商业银行资产负债表中的资产风险等级分为四类,风险权重分别为0,20%,50%和100%。四类资产的具体项目是:第一类,包括现金、在联邦储备银行的存款、联邦政府债券和联邦储备银行证券;第二类,包括对国内储蓄机构的所有债权、对国外银行的债权、由国内储蓄机构担保的债权、银行在外国有美元负债情况下的对外国政府拥有的美元债权、回收过程中的现金、由美国政府资助的机构所担保的证券与债权、由美国政府资助的机构所发行或担保的证券作为抵押的贷款或其他资产、对美国联邦政府、州政府及地方政府的一般责任债权,或由联邦政府、州政府及地方政府担保的债权、对美国政府作为股东或资助者的官方多边信贷机构或区域发展组织的债权、由美国政府及其机构所担保的证券或其他债权、由美国政府发行或担保的证券或在贷款机构中的存款现金作为抵押的贷款与其他债权;第三类,包括对美国州政府及地方政府的收入债券及类似债权以及与利率及汇率联系的契约中的信贷等同份额;第四类,包括所有其他的对于私人债务者的债权、对国外银行的债权、由州或地方政府所发行并由私人机构所偿付的债权、拥有的建筑、设备、其他固定资产和其他不动产、在没有扣除资本情况下的对任何独立附属公司、合资公司或联合公司的投资、由其他银行机构发行的金融债务和其他资产。见表5-2。

美国联邦当局对商业银行表外业务的资产风险采用折算办法,具体规定为:按100%资产风险折算的表外业务为:直接替代品、购入的风险分享的银行承兑汇票及直接信贷替代品、没有包含在资产负债表内的出售与回购协议和关于购入资产的远期协议;按 50%资产风险折算的表外业务为:与交易相关的或有业务、未动用的和其原始到期期限在 1 年以上的承诺以及循环包销融资、票据发行融资等其他类似工具;按 20%资产风险折算的表外业务:短期、自我清偿及与贸易联系的或有业务,包括商业信用证;按 0 资产风险折算的表外业务为未动用的,到期期限为 1 年以下的或可在任何时候无条件取消的承诺。

美国联邦当局的主要资本标准要求:第一类资本必须大于风险加权资产的 4%;第二类资本限制为第一类资本的 100%。它们的计算方法为:

$$第一类资本比率 = \frac{第一类资本}{风险加权资产} \times 100\% \qquad (5-7)$$

$$第一类和第二类资本比率 = \frac{第一类资本 + 第二类资本}{风险加权资产} \times 100\% \qquad (5-8)$$

表 5-1 美国联邦当局关于银行资本的规定与限制

银行资本构成	银行资本的最低数额与限制
核心资本(第一类资本)	
(1)股本金	必须等于或超过风险加权资产的 4%
(2)合格的累积与非累积永久优先股	无限制
(3)附属公司在股本金中的少数权益	限制在普通股票、少数权益及永久优先股总和的 25%以内
(4)减去商誉及其他应剔除的无形资本①	无限制
补充资本(第二类资本)	第二类资本限制为第一类资本的 100%
(1)贷款与租赁损失准备金	限制在风险加权资产的 1.25%以内
(2)非永久性优先股	在第二类资本中无限制
(3)混合的资本工具(包括永久性债务与强制性可转换证券)	在第二类资本中无限制
(4)后期偿付债券与中期优先股(其原始加权平均到期期限为五年或更长)	由其到期期限决定分期摊提为资本用途,但限制为第一类资本的 50%②
(5)重估价准备金(普通股与建筑)	不包括在内。但是当局鼓励银行申报,并在个案评估的基础上进行国际比较。当局在进行资本的总体衡量时将加以考虑
从第一类与第二类资本中的扣除	
(1)在独立的银行与金融附属公司中的投资	一般地,总投资的一半从第一类资本中扣除,另一半从第二类资本中扣除
(2)相互持有的银行发行的资本证券	
(3)由当局决定的其他扣除(例如其他附属公司或合资公司)	由个案评估所决定
总资本(第一类资本加上第二类资本减去各种扣除)	必须等于或超过风险加权资产的 8%

注:①银行的商誉及其他应剔除的无形资本,除非由当局批准的部分,应立即从资本中减去。此项规定仅仅用于衡量银行资本的适度性,不影响银行的会计资本计算。
②此项的超过部分被允许,但不计入资本计算。

表 5-2　美国联邦当局对商业银行资产负债表中资产的风险等级分类

第一类：0 风险资产 　（1）现金（境内加上境外） 　（2）在联邦储备银行的存款 　（3）联邦政府债券（第一手拥有） 　（4）联邦储备银行证券
第二类：20% 风险资产 　（1）对国内储蓄机构的所有债权（长期与短期） 　（2）对国外银行的债权（1 年及低于 1 年到期期限） 　（3）由国内储蓄机构担保的债权 　（4）银行在外国有美元负债情况下的对外国政府拥有的美元债权 　（5）回收过程中的现金 　（6）由美国政府资助的机构所担保的证券与债权 　（7）由美国政府资助的机构所发行或担保的证券作为抵押的贷款或其他资产 　（8）对美国联邦政府、州政府及地方政府的一般责任债权，或由联邦政府、州政府及地方政府担保的债权 　（9）对美国政 4 府作为股东或资助者的官方多边信贷机构或区域发展组织的债权 　（10）由美国政府及其机构所担保的证券或其他债权 　（11）由美国政府发行的或担保的证券或在贷款机构中的存款现金作为抵押的贷款与其他债权
第三类：50% 风险资产 　（1）对美国州政府及地方政府的收入债券及类似债权，如贷款或租赁，但政府机构仅使用受惠项目的收益偿还 　（2）与利率及汇率联系的契约中的信贷等同份额，排除被指定的低风险部分
第四类：100% 风险资产 　（1）所有其他的对于私人债务者的债权 　（2）对国外银行的债权（到期期限超过 1 年） 　（3）没有包括在第二类第（4）项中的对外国中央政府的债权 　（4）由州或地方政府（包括工业发展当局及类似机构）所发行、但由私人机构所偿付的债权 　（5）拥有的建筑、设备、其他固定资产和其他不动产 　（6）在没有扣除资本情况下的对任何独立附属公司、合资公司或联合公司的投资 　（7）由其他银行机构发行的金融债务 　（8）其他资产（包括对公共部门拥有的商业性机构的债权） 　一、对表外业务的资产风险折算
第一类：100% 资产风险折算 　①直接信贷替代品（债务的一般性担保或担保工具，包括备用信用证等作为贷款或证券的金融担保或金融支持） 　②购入的风险分享的银行承兑汇票及直接信贷替代品 　③没有包含在资产负债表内的出售与回购协议，以及有追索权的资产出售 　④关于购入资产的远期协议（合同规定的契约）
第二类：50% 资产风险折算 　①与交易相关的或有业务（例如，投标押金、履约保证金、认股权证、与特定的交易相联系的备用信用证等） 　②未动用的、其原始到期期限在 1 年以上的承诺，包括包销承诺和商业信用限额等 　③循环包销融资、票据发行融资，以及其他类似工具

第三类:20%资产风险折算
　　短期、自我清偿及与贸易联系的或有业务,包括商业信用证
第四类:0 资产风险折算
　　未动用的,到期期限为 1 年以下的或可在任何时候无条件取消的承诺
二、对利率与外汇契约合同的资产风险折算
　　合同的总重置成本(合同的正的市场对市场价值的总和)应计入对未来可能增加的信贷数额的衡量中。这种未来可能的信贷增额衡量可以通过以下适合的折算率乘以合同的总名义价值而获得

剩余的到期时间	利率合同	汇率合同
少于 1 年	0	1.0%
1 年或 1 年以上	0.5%	5.0%

　　可能的信贷增额不能以单一货币的浮动利率合同计算。对这些合同的可能信贷增额应在其市场对市场价值的基础上计算。原始到期期限在 7 天以下的汇率合同应排除在外。并且,通过外汇进行交易并以天为单位结算保证金差额的合同亦应排除在外

资料来源:俞乔.商业银行管理学.上海:上海人民出版社,1998.

5.2.4 商业银行资本充足性比较

5.2.4.1 西方发达国家银行资本充足性

　　在《巴塞尔协议》1992 年正式实施以前,对商业银行资本充足性的衡量标准不尽统一,但以经济合作与发展组织(OECD)成员国为代表的世界发达国家均采用银行资本与银行资产的比例来衡量银行资本充足水平。

　　《巴塞尔协议》实施后,银行资本充足率应达到 8%,其中核心资本与风险权重资产之比不得低于 4%,此规定统一了主要发达国家金融监管当局对银行最低资本需求量的规定。

　　1991 年,美国通过了一项资本条例,这也是《联邦存款保险公司改进法》的一个重要组成部分,称为即时干预条例,它规定了对不符合资本充足率要求的商业银行的业务活动进行管制的措施[1],见表 5 – 3。

表 5 – 3　即时干预条例进行管理的措施

一家银行的资本状况	评价一家银行资本状况的资本比率	监管当局所采取的措施	
		强制性措施	其他视情况而定的措施
资本良好	总资本/风险加权资产 = 10% 或以上 核心资本/风险加权资产 = 6% 或以上 杠杆比率(核心资本/总资产) = 5% 或以上	无监管限制	

---

[1] 乔治·汉普尔,多纳德·辛曼森.银行管理.中国人民大学出版社,2002:300.

续表

一家银行的资本状况	评价一家银行资本状况的资本比率	监管当局所采取的措施	
		强制性措施	其他视情况而定的措施
资本适度	总资本/风险加权资产=8%或以上 核心资本/风险加权资产=4%或以上 杠杆比率=4%或以上	除非联邦存款保险公司批准,否则不得接受经纪存款	
资本不足	有一项或一项以上不符合以上定义的最低资本比率	不能接受经纪存款;股息和管理费用的支付暂停;资产增长受到限制;开设新的分支机构以及收购必须获得批准;必须提交提高资本的计划	与附属公司进行交易时存款利率受到限制;银行可能要进行资本调整,提供的服务将受到一定限制
资本明显不足	总资本/风险加权资产=6%以下 核心资本/风险加权资产=3%或以下 杠杆比率=3%或以下	受到以上资本不足银行所受的一切限制,此外,管理人员的工资支付受到限制;与附属公司交易的存款利率受到限制;银行可能被勒令进行资本重整	除上面所受的限制外,如果银行被勒令提交资本计划或进行资本调整而未能做到,将被列入破产或接管对象
资本严重不足	有形股权资本/总资产小于2%	除受到以上所列限制外,银行支付次级债务将受到限制,如果在4个季度后仍然资本严重不足,银行将被列入破产或接管的对象	无

资料来源:联邦储备体系理事会.商业银行管理.美,彼得·罗斯著,经济科学出版社。

在实施了新的法案之后,美国商业银行的资本充足率有了明显的提高。同时,日本、法国、意大利、西班牙和英国等国在实施了《巴塞尔协议》后,其银行的资本比例和核心资本比例都有了显著的提高,基本达到了《巴塞尔协议》的最低资本要求。

5.2.4.2 我国商业银行的资本情况

(1)资本构成。1997年中国人民银行根据《巴塞尔协议》的要求,结合我国商业银行体系的基本情况,把我国商业银行的资本划分为核心资本和附属资本两部分,其内容有:核心资本,包括①实收资本,②资本公积,③盈余公积,④未分配利润;附属资本,包括①贷款呆账准备金,②坏账准备,③投资风险准备金,④5年(包括5年)以上的长期债券;应从资本总额中扣除的项目,包括①在其他银行资本中的投资,②已在非银行金融机构资本中的投资,③已对工商企业的参股投资,④已对非自用不动产的投资,⑤呆账损失尚未冲减的部分。

表 5-4　我国国有四大商业银行的资本构成(2013 年)

	中国工商银行	中国农业银行	中国银行	中国建设银行
资本总额(亿元)	12 615.05	7 492.16	8 659.60	10 586.01
资本构成:				
实收资本	3 513.90	3 247.94	2 793.65	2 500.11
占资本%	27.85%	43.35%	32.26%	23.62%
资本公积	1 121.23	976.76	1 108.06	1 162.33
占资本%	8.89%	13.04%	12.80%	10.98%
盈余公积	1 227.33	439.59	782.19	1 079.70
占资本%	9.73%	5.87%	9.03%	10.20%
一般准备	1 999.16	751.81	1 384.25	1 506.75
占资本%	15.85%	10.03%	15.99%	14.23%
未分配利润	4 914.85	2 081.83	2 623.44	4 348.77
占资本%	38.96%	27.79%	30.30%	41.08%

注:中国工商银行、中国农业银行、中国银行、中国建设银行外币报表折算差额分别为 -161.42, -5.77, -31.99, -11.65 亿元。

资料来源:各行 2013 年年报。

表 5-5　我国四家股份制商业银行的资本结构(2013 年)

	中信银行	中国光大银行	平安银行	招商银行
资本总额(亿元)	2 233.56	1 520.90	1 120.81	2 668.94
资本构成:				
实收资本	467.87	462.77	95.21	252.20
占资本%	20.95%	30.43%	8.49%	9.45%
资本公积	468.87	287.07	517.34	700.81
占资本%	20.99%	18.88%	46.16%	26.26%
盈余公积	154.95	91.99	43.54	235.02
占资本%	6.94%	6.05%	3.88%	8.81%
一般准备	442.50	298.61	165.09	457.62
占资本%	19.81%	19.63%	14.73%	17.15%
未分配利润	699.37	380.46	299.63	1 023.33
占资本%	31.31%	25.02%	26.73%	38.34%

注:招商银行外币报表折算差额为 -0.04 亿元。

资料来源:各行 2013 年年报。

(2)我国商业银行的资本构成现状。我国商业银行的资本构成特征可以归结为如下:①商业银行的实收资本是其资本的主要来源,国有商业银行更为突出;②银行的盈利差异,直接影响着商业银行的资本构成;③附属资本的缺乏,直接影响资本总量;④股份制商业银行有较强的资本融资能力。

我国主要商业银行以资本资产比率指标考核资本充足情况,国有商业银行的中国工商银行、中国农业银行、中国银行和中国建设银行的资本充足率(2013 年年报数据)分别为 13.12%、11.86%、12.46% 和 13.34%；股份制商业银行中，中信实业银行、中国光大银行、平安银行和招商银行的资本资产比率分别为 11.24%、10.57%、9.90% 和 11.14%。

改善我国商业银行，尤其是国有商业银行资本现状，提高资本充足性的方法基本上可以总结为两条：一是补充商业银行资本金，可供选择的方法有财政直接拨付、增高国债拨付、改变准备金计提方式、发行金融债券、提高盈利能力等。这些方法都可以有效地提高资本额度，但需要科学地评价每种方法的利害和可行性。二是改善资产构成比例，降低资产风险，缩小风险权重大的资产数额。以上两种途径是从一个事物的两个方面来考虑问题的，分别称为"分子策略"和"分母策略"。

5.3 资本计划

商业银行的资本需要量与宏观经济形势、银行自身状况(如信誉、负债结构、资产质量、业务经营规模等)和相关法律规定(如最低资本额要求的监管规定等)密切相关。良好的宏观经济形势、银行信誉、负债结构、资产质量和业务规模都可以降低资本需要量。确定银行的资本需要量和制定资本计划的具体方法：一是结构比率法，包括总量比率法、分类比率法和组合比率法；二是综合分析法。

5.3.1 结构比率法

结构比率法就是通过资本与资产负债项目的各种比率指标来确定资本需要量的方法，主要有：

5.3.1.1 资本与存款的比率

资本与存款的比率是衡量银行资本需要量最早期应用的指标，最早由美国在20世纪30年代使用，后被许多国家所采用。但是商业银行的风险主要来自于贷款、投资等资产项目上，而不是存款，更不能将银行的风险与存款的规模视为正比关系，因此，这种确定方法逐渐被各国放弃。

5.3.1.2 资本与总资产比率

这种方法是把银行资本与全部资产相比较。这是 1933 年经济危机之后，英美等金融发达国家金融管理当局为了提高银行的清偿力而采用的一种方法。为了更精确地反映资本与银行业务有关的信用风险、市场风险等各种风险的关系，金融监管机构便采用资本与资产总额的比率来衡量资本需要量是否充足。但是，该方法没有考虑不同的资产对银行来说风险是不同的，给银行带来损失的可能性也不相同。

5.3.1.3 资本与投资资产的比率

资本与投资资产的比率是指银行资本与不包含现金、同业存款和政府公债在内的资产总额之间的比率。这种办法的缺点是没有对不同资产的风险程度作具体的分析,而是采取"一刀切"的办法。

5.3.1.4　资本与不同类型风险资产的比率

这种方法是针对上述方法的不足,将银行资产按流动性和风险的高低分成六组,分别确定其资本需要量并进行汇总,作为银行适度的资本需要量。这是由美国联邦储备委员会在20世纪50年代推广使用的。其6类资产分别是:无风险资产,包括现金、同业存款、政府短期债券等;最小风险资产,包括5年以上政府债券、信誉较高的商业票据、由政府代理机构担保的贷款和债券、由储蓄账户担保的贷款、由人寿保险单现金价格担保的贷款等各种担保贷款;普通风险资产,主要包括政府债券以外的证券投资与证券贷款;较高风险资产,包括那些财务状况很差、信誉较低、担保不足、比银行普通风险资产风险更大的资产;有问题资产,这类资产一般已超过偿还期,但债务人仍未还款,如有问题的贷款、已拖欠的债券等;亏损资产和固定资产,主要包括那些已没有收回可能的资产和各种固定设备。

5.3.2　综合分析法

综合分析法是西方商业银行采用的一种确定银行资本需要量的方法。这种方法除了分析业务活动对资本量的影响之外,还对经营管理质量、经营者能力、资产的流动性、负债结构对资本量的影响作综合分析,最终确定银行资本量。

采用这一方法,首先要选定影响银行状况的因素,然后对这些因素加以分析。在20世纪60年代末、70年代初,美国金融监管当局在审查银行资本需要量是否适度时主要考虑以下8个因素:①银行经营管理质量;②资产流动性;③银行盈利及留存的历史;④银行股东的信誉及特点;⑤银行间接费用开支;⑥存款结构的潜在变化;⑦营业程序的有效性;⑧在竞争中满足服务社区现在与将来需求的能力。

这一方法的缺点是它只提供质的概念,不能为金融监管机构提供一个具体的量的概念。因此,它必须同其他数量上的评估方法结合起来运用。

到了20世纪80年代,美国又采用了新的标准。1981年,美国联邦储备委员会、货币总监和联邦存款保险公司共同制定了衡量银行资本需要量是否适度的统一标准,将银行资本分为一级资本和二级资本两部分。一级资本包括普通股、不可收回的优先股、资本盈余、未分配利润、贷款和证券损失准备金、其他准备金、可转换证券等。二级资本包括可收回优先股、资本票据和债券等非永久性的股东产权。一级资本占总资产的比率因银行所处地区不同而不同,但最低不是少于5%,而二级资本则不得超过一级资本的50%。

5.3.3　银行资本计划过程和步骤

一般情况下,银行资本计划是根据银行业务计划确定必备资本需求,必须全面综合分析当前经营状况,确定关键变量,描述总体财务目标,从而确定计划实现的可能性[①]。

5.3.3.1 银行经营能力分析

一般情况下,银行必须深入了解分析自身优势与不足,将风险收益状况与类似银行群体进行比较,切实评价本行经营能力各基本组成部分。这是银行资本计划的第一步工作,也是最基础的工作。

5.3.3.2 关键变量选择和预测

在银行经营能力分析的基础上,选择关键变量,展开分析与预测工作。这些关键变量的选择标准是必须符合银行历史趋势性特征和未来发展目标规划。这些指标主要包括作为主要负债的存款、主要资产的贷款、经营机构、业务品种等。

从资金来源角度看,存款是银行业务发展需要重视的主要变量。银行进行存款预测时,应区分影响存款的可控因素(如市场拓展、优质服务、利率安排等)和各种不可控因素(如人口增长、同业竞争、经济发展等),并对存款进行期限划分和客户划分,深入全面地分析各类因素对各类存款的影响程度。

从资金运用角度看,贷款是银行业务发展需要重视的主要变量。影响贷款的因素包括贷款利率等可控因素和地区经济发展等不可控因素,通常银行将贷款确定为目标存款的一定比例。

同时,其他业务发展指标和财务指标等也是关键变量,主要包括各项业务的所占比例与发展、目标利润和新增机构数量等,这些变量从不同侧面反映银行开展基本业务活动的特点。

当然,关键变量预测并非一成不变,这是因为一是关键变量本身可能变化,二是关键变量预测的基础性因素可能变化,需要结合滚动业务计划安排进行必要调整。关键变量预测描述银行总体财务目标,虽然银行资本很重要,但是它不包括在描述银行总体财务目标的关键变量之中,因为银行资本需求由银行总体财务目标决定。

5.3.3.3 运用关键变量预测描述银行总体财务目标

在完成关键变量预测的基础上,描述银行总体财务目标,即确定预算期内银行预计资产负债平衡表和预计损益表。确定银行预计资产负债平衡表主要包括资金来源和资金运用两大方面。

对银行资金来源的估计主要是指存款。存款可以通过测算活期存款、定期存款和储蓄存款增长率估计。非存款负债对拥有大量多种非存款负债的大银行而言可能是关键变量;对中小银行而言,如果没有一些特殊信息可以将此看成常数,或者认为与存款或资本保持同比例增长。资本作为主动负债,其增长也将导致银行资金来源的增长。而资本增长的经常性来源是留存盈利,留存盈利反映特定时期

[①] 乔治·汉普尔,多纳德·辛曼森.银行管理.北京:中国人民大学出版社,2002:321~322.

银行盈利支付现金股利后的余额,只占银行资金来源增加的很小部分,因此,资本、留存盈利、盈利和现金股利的差别影响有限。银行能够安全地采用以下某种方法初步测算资本额:①维持上年末资本额;②在上年末资本额上增长本年度预计留存盈利;③在上年资本额上增加本年度预计留存盈利和减少计划债务净偿还。

对银行资金运用的估计主要包括现金和准现金、贷款、证券和固定资产等内容。现金是满足银行准备金、代理行存款和在途现金的需求。目标贷款额或目标存贷比反映了银行的贷款预测,这时证券组合可以提供贷款需求不足时的低收益投资机会,或者贷款需求超预期时的额外资金来源。固定资产变动表现为固定资产增加减折旧,如果银行没有或只有少量固定资产扩张,固定资产减少大致等于折旧。证券组合通常是银行的剩余资金运用,即资金来源总额和非证券资产总额的差额。

如果关键变量预测切合实际,银行预计资产负债平衡表则切合实际,可以较好地指导资本计划的实施。

5.3.3.4 敏感性分析和财务目标变动区间

银行总体财务目标必然受到银行不可控因素的影响,需要银行认识关键变量不被控制的变化及其对总体预测的敏感性。如果一些关键变量可能变动很大而需要银行根据不同假定分别进行业务计划,相应地就会产生更多总体财务目标。

5.3.3.5 确定资本需求

银行资本计划最后一步是根据财务目标要求确定资本需求。银行根据预期资产、存款和非存款负债平衡要求确定资本需求,并将这种资本需求与银行年初可用资本(可用资本 = 资本 - 资本支出 + 盈利 - 现金股利)相比较。如果预期适度资本量高于可获资本,管理者就要考虑减少现金股利或募集外部资本;如果可获资本超过资本需求,银行则增加现金股利或回购普通股。

5.4 资本募集

5.4.1 商业银行资本的外部筹措

商业银行的资本类型主要包括普通股、优先股、债券等,具体内容见表5-6。商业银行的资本外部筹措必须解决两方面的问题:一是资本形式的选择,二是资本证券发行条件和价格的确定。

采用普通股、优先股还是长期债券方式,需要考虑的因素主要有:成本、可获得性与增发灵活性以及规模效应。随着金融市场的迅速发展,丰富的融资工具为商业银行资本筹集提供了更为广泛选择的空间。

表5-6 银行资本证券类型

类　　别	简　要　说　明
资本票据	通常面额较小,利率固定,期限在7~15年,主要销售给银行客户
资本债券	通常面额大,总量大,利率固定,期限在15年以上。部分资本债券不支付利息,以贴现方式发行
可转换债券	持有人可以预先确定的转换价格将其转换为普通股,其利率比类似直接债务利率低10%~20%,转换价格比该银行股票当前市价高15%~25%。某些可转换债券是强制的,不由持有者决定
浮动利率债券	利率为浮动利率,通常为若干市场利率的加权指数
可选择利率债券	这类债券采用固定利率发行,但在其存续期的规定期间内,可转换为浮动利率计息
租赁安排	大多数金融租赁、销售、回租等可以资本化,有类似债务资本的许多特征
优先股	股息率固定,有优先于普通股的资产和收益要求权
可调利率优先股	没有固定利率,股息率可联系某些利率指数,或采取拍卖方式,或结合银行经营状况进行确定
可换股优先股	它可被按规定标准转换为普通股,比直接发行的优先股有较低股息率,比直接发行的普通股有较高发行价格,通常作为银行间并购融资工具
普通股	享有银行剩余资产及收益的无限求偿权;有投票选举银行管理者的权利;普通股通常采取公开发行,但也存在新股采取股利再投资计划、雇员持股计划(ESOPs)等方式出售

发行阶段主要考虑的问题是发行对象的选择和发行动机的选择。当然,这个过程中,最核心的问题还是合理的定价。

发行资本票据和资本债券的原因在于:一是其利息支付可以免税;二是强化保护银行存款人及其他债权人利益;三是某些市场状况可能使银行新普通股发行无法安排,或者是该市场缺乏股票投资者,或者是由于股票价格显著低于其账面价值,而必须求助于其他资本工具。在一些发达国家中,银行资本票据和资本债券存量甚至超过银行普通股总股本。

不可赎回优先股和必须换股债券是银行核心资本的组成部分。但通常银行较少发行优先股,其原因主要是:优先股股息区别于债券利息不能税前列支;同时优先股发行形成的财务杠杆不如由债券发行形成的财务杠杆。但如果在下述条件下优先股则有其存在理由:①银行不需缴纳所得税;②银行不能以合适价格推销其债券或普通股;③公司股息收入可享受税收优惠。

银行全部资本是否均以普通股方式筹集,应考虑三方面因素:①各种外部资源获得的难易程度;②未来资本类证券发行需要的灵活性;③各种资本证券的财务效果,包括对财务杠杆和较长期普通股盈利的影响。

5.4.1.1 普通股资本的募集

银行普通股资本是对银行资产和收益具有剩余要求权资本,代表特定银行的所有权。银行普通股资本募集是新组建银行所必须采取的资本募集形式,也是银行发展过程中增加外部资本融资的合适形式。

普通股的募集一般又分为公募和私募两种形式。在组建银行时,一般由少数投资者提供资金购买股份,称为私募;一旦银行发展壮大后,需要大量的资本投入以适应迅速发展的银行业务需要时,就必须采用公募方式。

公募是向社会公众公开推销有价证券的方法。银行首次公募普通股资本时,必须根据其账面价值、盈利能力和股利状况,参照类似规模存在活跃交易的银行普通股市价,确定能够为社会公众所广泛接受的本行股票发行价格。

5.4.1.2 有优先权资本的募集

有优先权资本与普通股资本相比有两项潜在优势:一是银行有优先权资本可以提供更合适的财务杠杆,能够产生超过其成本的银行收益;二是只要银行有优先权资本成本不超过银行普通股资盈利,有优先权资本发行就可以避免银行普通股收益稀释。

商业银行筹集资本的有优先权资本创新主要表现在可转换证券和浮息证券。银行发行可换股证券的目的主要在于以明显高于目前普通股市价的价格推销其普通股,实现募集一定量资金时的较少普通股发行。其中,可转换优先股远不如可换股债券普遍。

5.4.2 商业银行资本的内部筹集

商业银行资本内部筹集的唯一渠道是收益留存,也就是当期经营净收益在支付股息红利之后的剩余补充。

采取这一方法的前提是:商业银行有足够的经营收益和适宜、合理的分配政策。也就是说,实行资本的内部筹集需要利润和股利政策的双重支持。

5.5 资本管理

商业银行根据法律制定的标准和业务发展的需要,筹集资本是银行资本管理的前提。没有资本,银行无法运营;如果利用不当,资本就会成为负担。资本管理就是尽可能有效地利用资本、提高资本利用率。

众所周知,相对于外部投资的"用脚投票"来评价资金运行效率,商业银行必须从内部管理入手,推进资本有效使用并产生较高的回报。商业银行资本管理技术大体包括根据业务类型分配资本(即资本分配问题)、计算不同用途资本的收益率以及确定合理的股利政策。同时,股票回报也是资本管理的重要策略。

5.5.1 资本配置

银行为了抵御和消化吸收风险,必须将资本分配在各个业务经营活动上,在这个过程中,银行须明确认知风险程度,进而确定资本需要量。这种工作,我们称为资本配置。

资本需求量的业务分配是一项复杂的工作。但是,会计系统必须能够明确地确定如何在部门间分配资本。一般的原则是:在某项业务范围内,分配的资本被划分为两部分:一部分是弥补预期损失的资本;另一部分是弥补非预期损失和意外风险的资本。

对于预期损失,银行可根据资产风险特征分配相应的损失准备金。但是,对于非预期损失的资本管理便显得抽象一些。这就需要业务经理制定方案,确定可能引发特殊损失的事件,并依此向这些事件分配资本。

在监管当局有明确规定的情况下,银行必须按照所颁布的资本充足率规定做出资本分配决策。

5.5.2 计算不同用途资本的收益率

不同用途的资本收益率反映了银行资本分配对资本价格的影响。银行可以使用发达的资金转移定价系统来估价每个业务领域的收入与筹资成本。这样,就可以比较顺利地计算出不同的资本收益情况。这种计算的结果,为依据不同的收益目标进行业务选择提供了方法基础。

5.5.3 确定适宜的股利政策

确定股利政策是一项十分复杂的工作。从理论上讲,股利政策也是为股东利益最大化服务的。

一般地讲,企业既要使现有股东满意,又要能够吸引潜在的投资者是其股利安排的基本出发点。对于银行来说,良好的股利政策应当是伴随盈利增长的股利稳定业务模型。

银行股利政策中最重要的是建立股利发放机制,使股利会随着盈利的增加而相应地增加。银行在确定红利分配水平和分配模式时,必须考虑如下因素:实现投资者的目的、决定银行是否有资金短缺问题、银行的资金回收率、银行收入的稳定性以及银行未来的发展计划。

5.5.4 股票回购分析

股票回购对于任何上市公司来说,都不失为一种有效的资本管理策略,对于银行来说,主要有以下4种工具:一是银行按照一定价格提供现金或债权让股票投资者选择接受;二是股票投资者可在一定范围的特定价格内提供任意数量的股票;三是和人协商回购;四是在市场上买入银行股份。

股票回购是一种常用的资本管理策略,但必须考虑银行自身的经营情况以及资本市场情况进行科学合理决策。

本章小结

商业银行赖以生存和发展的基础就是银行资本。从缓冲风险损失、保护债权人权益的角度看,银行资本有着比一般企业更为广泛的内容,不同于会计资本。银行资本主要包括普通股、优先股、资本性债券和补偿性准备四大类。按照《巴塞尔协议》的规定,银行资本的组成分为:一级资本(核心资本)和二级资本(附属资本)。其中,一级资本包括银行股本、永久性优先股票、公开储备等;二级资本包括呆账准备金、非永久性优先股票、非公开储备、资产重估储备、一般储备金/一般呆账准备金、混合(债务/股票)资本工具以及次级债务等。同时,为了实现"增强国际银行体系的健康和稳定,消除国际银行间竞争的不平等因素"这个目标,《巴塞尔协议》明确了资本标准、风险资产计算方法以及最低资本充足性要求。《巴塞尔协议》为商业银行的最低资本提出了要求,为银行资本底限确定提供了依据。但是究竟如何确定适合银行总体经营目标的银行资本计划是资本管理的重要内容。

从简单的结构比率分析到综合分析,确定资本需求量的方法逐步得到完善和发展,但是,除了方法步骤是比较统一的以外,商业银行在资本计划确定的其他方面各有特点。银行资本计划的程序和步骤主要包括:银行经营能力分析、关键变量选择和预测、运用关键变量预测描述银行总体财务目标、敏感性分析和财务目标变动区间和确定资本需求。

商业银行为了满足监管和业务发展的需要,必须在科学分析的基础上,选择资本的内部募集和外部募集方式,外部募集的金融工具十分丰富,但各有利弊,需要审慎选择。对于银行资本配置、资本收益率计算、股利政策和股票回购等管理也是资本管理的日常性工作。当然,对于银行资本的运用或者说是资本配置,新的定量方法很多,诸如经济资本(Economic Capital)、经济附加值(Economic Added Value)、风险调整的资本收益率(Risk-adjusted Return on Capital,RAROC)等概念性定量分析方法和资本收益的绩效考核方法,都为商业银行的资本管理提供了科学方法。

复习思考题

1. 讨论商业银行的资本构成以及各组成部分的作用。

2. 简述《巴塞尔协议》对商业银行资本充足性标准。
3. 假定某银行某年度的资本结构如下：

资本项目	金额(百万元)	资产项目	金额(百万元)
长期的后期偿付债券	12	现金	100
固定期限优先股票	2	联邦存款	400
永久性优先股	2	政府机构贷款	1 400
普通股票	52	担保贷款	1 000
股票溢价	80	住房抵押贷款	1 800
未分配利润	400	商业贷款	5 000
呆账准备金	70		
合计	618	合计	9 700

要求：①从会计学的角度计算该银行的资本；②按照美国联邦政府采取的资本规定的角度计算该银行的资本；③如果该银行的普通股票市场价格为20元/股，共有3 000万股现存股票，从市场价值的角度计算该银行资本；④分析资本结构；⑤按照美国监管标准计算资本充足率。

4. 假定一家银行的资本收益率为0.15%，而资产收益率为0.009%，依此计算资本与资产的比率，并进一步分析资本充足性。

5. 商业银行如何确定资本需求量？主要考虑的关键变量是什么？

6. 简述商业银行资本计划的程序和步骤。

7. 商业银行资本的募集方式有哪些？

8. 如何选择商业银行外部募集的金融工具。

9. 2010年初，某银行资产总计10亿元，假定银行资本监管要求为：银行股本必须达到资产的6%。在这个限制下，管理者希望尽快增长资产，存款是银行的唯一资金来源，银行计划每年的资产收益率为11.2%，红利支付额为盈利的40%，试做2011年、2012年和2013年的预计资产负债表。

10. 讨论银行内源资本和外源资本的优缺点。

6

商业银行的负债业务

📝 本章要点

本章重点介绍银行负债的种类、存款成本与定价分析、存款策略等内容。负债业务是商业银行的基本业务,是资金来源的重要渠道。商业银行的负债业务主要包括存款负债、借入负债和结算中负债。开展负债业务必须进行合理的定价。其中,衡量银行存款成本的指标主要包括利息成本、营业成本、资金成本、可用资金成本以及相关成本等,计算方法主要有历史成本平均法和边际成本法。存款定价方法主要包括成本加利润定价法和存款边际成本定价法。同时,为提高存款水平、扩大负债规模,商业银行还必须在对影响因素分析的基础上,制定和实施切合实际的负债策略。

6.1 负债业务概述

商业银行作为经营资金的特殊企业,其资本金不是以支撑日常的业务发展需要为目的。因此,以合理的价格获取资金是商业银行的重要业务之一。负债业务是商业银行筹措资金,从而形成资金来源的业务,是资产业务和其他业务的基础。

6.1.1 商业银行负债业务的分类

商业银行的负债业务有广义和狭义之分。广义的负债除了包括商业银行对他人的债务之外,还包括自有资本和在途资金等,即所有的形成资金来源的业务都是负债业务。狭义的负债是指商业银行对他人的债务或欠款。商业银行对以借贷方式筹措的资金只有使用权,没有所有权。

银行的负债由三大部分组成,即存款负债、借入负债和结算中负债。商业银行的负债业务从取得资金方式来讲,有被动型负债、主动型负债和其他负债三种。

通常人们把吸收存款称为被动型负债,因为客户是否存款、何时存入、存入多少、期限的确定以及是否能按事先约定提取存款等因素,在很大程度上取决于客户自己的决策,商业银行只是被动的接受者。但是,存款负债一直都是商业银行吸收资金的基本方式,存款也是最重要的资金来源。因此,存款负债是银行间竞争的重点。

随着金融市场的发展和完善,商业银行根据业务发展和经营需要,完全可以主动地在金融市场上筹措资金,如通过发行各种债务凭证——发行金融债券、签发银行票据、发行大额可转让定期存单等来获得资金;也可以通过向中央银行借款、同业借款等方式来主动负债满足自身的需要。我们称这些负债为主动负债。

除了上述两种负债方式,还有其他负债业务,这类负债业务既不是商业银行被动地接受客户存款,又不是主动去筹措资金,但却形成了商业银行的资金来源,如商业银行的资本金、占用在途资金等。

6.1.2 商业银行负债的作用和功能

商业银行负债的作用和功能主要是:

(1)商业银行的负债业务是商业银行业务的起点,为商业银行经营提供了绝大部分的资金。商业银行作为金融中介、信用中介,首先是闲散资金的集中者,也就是"贷出者的集中",然后才是资金借出集中,即"借入者的集中"。这也是商业银行区别于一般工商企业的主要特点,也就是负债经营是商业银行的主要特征。

商业银行的负债业务为其从事贷款、投资等资产业务做好了资金准备。从某种意义讲,负债业务经营效果的好坏直接影响到商业银行的生存与发展。

（2）商业银行的负债业务是商业银行同外界（包括自然、工商企业、社会团体等社会各界）建立广泛联系的通道。商业银行作为社会经济生活中的重要机构,通过负债业务,为社会各界提供金融投资场所及有关服务,提高了资金的安全性和增值性；又为社会各类单位提供闲散资金的存款和结算服务。通过负债业务,加速了资金的周转,提高了资金使用效率,又为社会统计监控提供了现实资料。因此,商业银行的负债业务是金融服务和监督的渠道。

（3）商业银行的负债构成了社会流通中的货币量,为宏观经济统计分析提供了第一手资料。众所周知,流通中的货币量的基本构成为现金存款,而现金是中央银行的负债,存款是商业银行的负债。存款的规模和结构直接影响流通中货币量的变化。

（4）商业银行的负债业务,集中了社会闲散资金,进一步为资金需求者提供了强大的资金基础,对社会经济发展具有重要意义。

6.2 存款业务

6.2.1 商业银行的存款种类与构成

存款,对于商业银行,是接受外部的现款、票据或本行贷款的转账,而负有即期或定期偿付本金和利息的义务的授信行为;对于存款者,是以现款、票据或贷款的转账寄存于商业银行,而有即期或定期同等金额的"付现请求权",是客户对商业银行的授信行为。

存款负债是银行负债的基本部分。银行经营规模和经营水平主要体现在存款业务上。

从微观层面上看,银行的存款形成有两种:原生存款和派生存款。微观的派生存款概念不同于宏观的整个银行体系的派生存款,它仅指银行发放贷款后引起的在本行的存款。

6.2.1.1 存款的来源

商业银行存款的来源主要有流动资金、其他社会闲散资金和商业银行的放款。

流动资金主要包括:一些应付未付款项和开出支票还未交换转账的款项（即托收未达的在途资金）、以货币形式暂时闲置的企业资本（如固定资产的折旧）、一些流动资金在使用过程中也有一部分以货币资金形式存在银行账户上等,所有这些都表现为银行存款。

除了上述暂时闲置资金以外,还有未进入产业的游离资金,如数量过少不够企业经营的资本,投资对象尚未明确的资本等；个人为教育、养老、婚嫁等目的储蓄的资金;以及个人收入尚未支用的部分等,都是银行存款的来源。

商业银行的放款会产生派生存款,即所谓的信用创造功能。

6.2.1.2 商业银行存款的分类

(1)按存款的所有权划分,存款可分为私人存款、公营机构存款和银行同业存款。私人存款包括个人、私营工商业、各种私人机构所拥有的存款;公营机构存款包括政府机构和公营事业单位的存款;银行同业存款是指商业银行之间及商业银行与其他非银行金融机构之间的存款。

(2)按存款的提取方式不同,存款可分为活期存款、定期存款和储蓄存款,这是最常见的划分方式。

活期存款是指在营业时间内,可以随时存取的存款。存款者有随时提取存款的权利,银行有随时付款的义务。活期存款是商业银行的重要资金来源。

定期存款是相对于活期存款而言的,是一种与存户预先约定期限,一般到期才能支取的存款。定期存款的利率视期限而定,期限越长,利率越高。传统的定期存款单不能转让流通,仅是提取存款的凭证。定期存款在灵活性、方便性、流动性、创造派生存款方面都不如活期存款;但定期存款单可以作为动产抵押品向银行贷款。

储蓄存款是指居民个人为积蓄货币和取得利息收入而开立的存款账户。由于储蓄存款属于个人存款,是人们消费节约和积存准备将来使用的货币,各国政府对储蓄存款都有比较严格的法律规定,以保障存户存款的安全。储蓄存款可分为活期和定期两种。

6.2.1.3 西方商业银行存款种类的创新

20世纪70年代以来,随着资本主义社会经济的发展,传统的商业银行存款业务越来越不能满足多样化需要。同时,在金融体系内部,通过各种手段,为扩大存款展开了激烈的竞争。存款工具的创新是商业银行获得竞争优势的重要手段,西方商业银行在提倡存款服务便利化、存款利率浮动化的同时,不断推出新的存款品种。

6.2.1.3.1 新型的活期存款

随着西方国家经济信用关系的发展,活期存款业务作为商业银行特许的传统业务受到越来越多的金融中介机构的冲击。为了应对竞争,商业银行也纷纷开展创新,在传统活期存款业务的基础上,开办了一些新型的活期存款业务。主要有以下几种:

(1)可转让支付命令账户(Negotiable Order of Withdrawal Account,简称 NOW 账户)。可转让支付命令账户是一种计息的新型支票账户,是20世纪70年代初由美国马萨诸塞州互助储蓄银行创办的一种可以自由转让流通的活期存款账户。它以支付命令取代支票,是一种不使用支票的支票账户。可转让支付命令账户兼有活期存款和储蓄存款的性质,对活期存款支付利息,对美国1933年银行法《Q项条例》中对活期存款禁付利息的规定带来了冲击。

同时，建立在可转让支付命令账户之上的创新工具——超级可转让支付命令账户(Super Negotiable Order of Withdrawal Account，简称 Super NOWa/c)也取得了很大成功。超级可转让支付命令账户是1983年初由美国金融当局批准的另一种新型活期存款账户。它是由可转让支付命令账户发展起来的一种利率较高的新型活期存款(又称"优息支票存款"账户)。存款对象限于个人和非营利机构；开户时最低起存额为2 500美元，如果为2 500美元以下，则按储蓄存款计息；无最高利率限制，银行每周调整一次利率；该种支付命令有与支票同等的效力，可以直接提现或对外支付；存户可无限制地开出支付命令，但银行对处理承付的支票加收一定的费用。

(2) 货币市场存款(Money Market Deposit Account，MMDA)。这种存款是美国银行在20世纪80年代初创办的一种新型的活期存款。货币市场基金为社会闲散资金提供的投资方式和提现便利等特点吸引了众多的存款。为了与货币市场基金抗衡，商业银行迫切要求增设一种新型存款账户。货币市场存款账户便应运而生，其特点是：客户在开户时最低余额为2 500美元，但新增存款不受此最低限额的约束；该账户的月平均余额不得低于2 500美元，否则按类似普通可转让支付命令账户的最低利率计算；存款达到10万美元以上，可得到联邦存款保险公司的保险；没有关于存款最高利率的限制，每周调整一次利率，利息每天复利；没有存款最短期限的规定，但银行规定客户提取存款应在7天前通知银行(实际上银行并没有坚持这一点)；存户使用该账户进行收付转账，每月不得超过6次，其中以支票付款的不得超过3次；存户的对象不限，营利和非营利机构以及个人均可开立此账户。由于这一存款账户可以得到较高的利息，而且可以有条件地使用支票，因此深受存户的青睐。

(3) 协定账户(Agreement Account)。这是一种可在活期存款账户、货币市场互助基金账户、可转让支付命令账户之间自动转账的账户，是一种新型活期账户。其特点是：存款客户同时在一家商业银行开立活期存款账户、可转让支付命令账户和货币市场存款账户，并与开户行达成协议，授权银行可以随时将其款项存放于他所开立的三种账户的任何一个中；对活期存款账户和可转让支付命令账户通常规定最低余额，超过最低余额的存款，由银行自动转入同一客户在该行开立的货币市场存款账户上，以便取得较高的存款利息，如果少于最低余额，也可以由银行自动将同一客户在该行货币市场存款账户上的存款的一部分转入活期存款账户或转入可转让支付命令账户上，以弥补最低余额。

(4) 特种或使用时方需付费的支票存款账户(Special or Pays You Go Checking Plan)。这是战后以来比较流行的一种新型支票存款账户。其特点是：没有最低余额的规定，其他开户条件也比较宽松；该种账户的存户可以像一般活期存款户那样使用支票提款，但提款时须向银行缴纳一定的费用；开立这种新型活期存款账户的客户，不得向银行透支。它解决了某些存款客户的困难，同时也为银行增加存款开辟了一条新的途径。

6.2.1.3.2 新型的定期存款

传统的定期存款由于缺乏流动性且利率大多有上限规定,产品吸引力有所减弱。西方国家银行在定期存款领域也进行了一些业务创新。主要有以下几种:

(1)大额可转让定期存单(Negotiable Certificates of Deposit)。大额可转让定期存单是20世纪60年代初由美国纽约花旗银行创设的一种新型定期存款。当时,由于市场利率不断上涨,各种市场的证券收益率提高,而商业银行的活期存款不能支付利息,定期存款利率也受上限限制,其结果是企业和个人把资金转移到证券市场,商业银行的发展而因此受到影响。于是商业银行针对其市场相对份额的下降,开办了大额可转让定期存单这种新型存款账户,使这种存款成为商业银行的主要资金来源。

大额可转让定期存单的特点:可以自由转让流通,而且具有活跃的二级市场,同时还有较好的盈利;存单面额固定且一般较大(规定最低面额为2.5万美元,最高面额为1 000万美元,通常以10万~100万美元面额居多);这类存单都不记名,以便转让流通;存单的利率较高,分为固定利率和浮动利率两种,存款期限为3~12个月不等。

(2)货币市场存单(Money Market Certificates of Deposit,MMCDs)。这是美国储蓄机构在1978年创设的一种不可转让的新型定期存单。当时,由于市场利率上升,引起存款机构存款资金减少。为了防止存款机构陷于过度的危机,美国管理当局批准发行这种期限为6个月、最低面额为1万美元的定期存单。银行付给这些存单的最高利率可以比"Q项条例"规定的最高利率高出0.25%,相当于6个月国库券的平均贴现率。

(3)小额储蓄者存款单(Small Saver's Certificate,SSC)。这是美国银行在1980年为小额储户创办的不可转让的定期存单,存期为1年至两年半,按财政部中期债券利率付息。

(4)定活两便存款账户(Time-Demand Account,TDA)。这是一种预先规定基本期限但又具有活期存款的某些性质的定期存款账户。其特点是:该存单可在定期存款和活期存款之间自由转换,但它只能作为提款凭证,不能代替具有转账和流通功能的支票;该存单利率不定,存户没有义务必须按期提款,但在基本期限之间提取的部分按活期存款计息,超过其基本期限提款的,按实际存期计息;该存单存款数额不定,适宜于各种类型的存户。

(5)定期存款开口账户。这是一种客户有规律地存入固定数目的货币,用于支付某一特定时期付款账单的账户。这种账户由银行推出一些短期存款计划,供客户选择。其特点是允许客户定期有规律地存入一定款项,以备在某个特定时期足够的积存用于支付账单,与预期的开支需要相适应。这种存款一般要签订书面合同,不允许提前抽回资金。最典型的有专为圣诞节的消费设立的"圣诞节"俱乐部账户,专为假期消费而设立的"假日俱乐部"账户,以及为纳税设立的税收专用存款,等等。

6.2.1.3.3 新型的储蓄存款

新型的储蓄存款主要有以下几种：

（1）电话转账服务账户（Telephone Transfer Account）和自动转账服务账户（Automatic Transfer Service Account）。电话转账服务与自动转账服务是把活期存款与储蓄存款组合成一体的新型储蓄账户，它为那些希望得到存款利息，但必要时又可使用支票转账结算的存户创造了便利。电话转账服务账户由美国联邦体系成员银行在1975年首创。银行给存户同时建立付息的储蓄账户和不付息的活期存款账户，可按存户电话指示将存户存款在两账户之间划拨。在该制度下，存户平时将资金置于储蓄账户生息，当需要支票付款时，才电话指示银行将相应款项转拨至活期账户。为提高效率，1978年又发展了自动转账服务，省去了电话指示这道程序。存户在银行照样开两个户头，但活期存款账户余额始终保持1美元，银行收到客户开出的支票需要付款时，随即将支付款项从储蓄账户上转移到活期存款账户上，这种经过修正的双向转账账户，无须再由客户逐次电话指令银行进行转账，银行随时会根据客户事先的授权，自动将款项在两个户头上灵活地进行划拨，故称"自动转账服务账户"。

（2）股金汇金账户（Share Drafts Account，SDAs）。这是美国信贷协会于1974年创设的一种兼有支票账户功能的新型储蓄账户。按照规定在银行开立这种账户的户头，可以像签发支票那样，开出汇票用于提现或支付转账。在未提现或支付以前，它属于储蓄账户，可取得相当于储蓄存款的利息收入。

（3）个人退休金账户（Individual Retirement Account，IRAs）。这是美国商业银行1974年为没有参加"职工退休计划"的个人创设的一种新型的储蓄存款账户。按照规定，只要工资收入者每年在银行存入2 000美元，其存款利率免受"Q项条例"利率上限的限制，且能暂时享受免税的优惠，直到存户退休以后取款支用时再按支取额计算所得税。这种存款因存期较长，其利率略高于一般储蓄存款。

（4）清单储蓄存款（Statement Savings Deposits）。这是一种不用存折的储蓄存款，客户存入资金时，银行将存款数据输入电脑，并交客户收据。储户取款时，可以签发不能转让流通的储蓄取款单，存取资金可用通信方式进行。储户每月从银行收到一份储蓄存款余额和利息收入的清单。

6.2.2 银行存款负债的成本分析与产品定价

商业银行存款业务经营就是在控制成本的基础上扩大存款规模，为提高商业银行经营效益服务的业务。

6.2.2.1 存款成本的构成

衡量银行存款成本的指标主要包括利息成本、营业成本、资金成本、可用资金成本以及相关成本等。

（1）利息成本。利息成本是指商业银行以货币形式，按照约定的存款利率直接付给存款者的利息。在存款利率中,有固定利率与可变利率两种。若存款以固定利率计息,当市场利率下降时,银行就要遭受损失;反之,则客户就要遭受损失。以可变利率计息对存款人和银行都有降低风险的功效;但是,银行成本计算又变得十分困难。

(2)营业成本。营业成本又称非利息成本,指除利息以外的其他所有开支,包括广告宣传费、柜台和外勤人员的工资、设备折旧、办公费用以及其他为存户提供服务所需的开支等。近年来,由于竞争加剧,一些商业银行为了吸引存款,往往通过提供更多的服务来争取竞争优势,直接导致非利息成本的增加。

(3)资金成本。资金成本是指包括为吸收存款而支付的一切费用,即利息成本和营业成本之和。它反映了银行为取得存款而付出的代价。

(4)可用资金成本。可用资金成本是指银行吸收来的资金在扣除应交的法定存款准备金、必要的储备金之后,可以实际用于贷款和投资的那部分资金。可用资金成本也称银行的资金转移价格,是确定银行盈利性资产价格的基准,是资产定价的基础。

(5)相关成本。相关成本是指与增加存款有关,但未包括在利息支出和营业支出之内的成本支出。主要有两种类型:一种是风险成本,是指因存款增加引起银行风险增加而必须付出的代价;另一种是连锁反应成本,是指银行对新吸收存款增加服务和利息,而引起的对银行原有存款也要相应增加的开支。

6.2.2.2 成本计算方法

(1)平均成本法。平均法是基于历史数据的,有算术平均成本法和加权平均成本法两种。银行采用的多是加权平均成本法。加权平均法主要用于对同类各种存款成本的对比分析,或历年各种资金来源成本的变动分析等。其计算公式为:

$$X = \sum x \cdot f / \sum f \tag{6-1}$$

式中,X 表示银行全部资金来源的单位加权平均成本;x 表示各种资金来源的单位成本;f 表示各种资金来源的数量。其中各种资金来源的单位成本 x,包括利息成本和营业成本两部分。如果将分母修正为可用资金总额或者有利息收入资金总额,对成本的计算更为科学,其计算公式分别为:

$$资金成本 = \frac{\sum(利息支出 + 其他支出)}{\sum 资金} \tag{6-2}$$

$$资金成本_{修正} = \frac{\sum(利息支出 + 其他支出)}{\sum 有利息收入的资金} \tag{6-3}$$

银行加权平均成本的变化与存款利率、其他成本比率、存款结构和可用资金比率等因素有着内在的联系。商业银行的应对策略是:针对银行加权平均成本的变化进行分类分析,找出引起变化的主要原因,并随时调整存款政策。一般情况下,存款利率对于组织存款具有刚性作用,银行只有提高工作效率和服务质量,挖掘内部潜力,扩大存款规模,才能降低存款成本中的其他成本比率,实现规模效益。在利率和准备金变动的情况下,需要相应地采取调整存款结构和可用资金成本稳定的策略。

例如,某银行需筹资1 600万元,包括600万元的活期存款,400万元的定期存款与储蓄存款,200万元的货币市场借款和400万元的股权资本。活期存款的利息和非利息成本为存款的8%,储蓄和市场借款总成本为10%,股权资本筹资成本为20%。假如储备要求等使商业银行可使用的资金减少的比例分别为:活期存款的10%,储蓄存款的6%,市场借款的2%。

该银行的加权平均税前资金成本=(活期存款÷总筹集资金)×[利息与非利息成本÷(100% - 储备要求等减少生息资产的程度)]+(定期与储蓄存款÷总筹集资金)×[利息与非利息成本÷(100% - 储备要求等减少生息资产的程度)]+(货币市场借款÷总筹集资金)×[利息与非利息成本÷(100% - 储备要求等减少生息资产的程度)]+(股权资本÷总筹集资金)×[利息与非利息成本÷(100% - 储备要求等减少生息资产的程度)]=(600÷1 600)×[8%÷(100% - 10%)]+(400÷1 000)×[10%÷(100% - 6%)]+(200÷1 000)×[10%÷(100% - 2%)]+(400÷1 000)×(20%÷100%)=0.08

(2)边际成本法。资金边际成本是指银行为新增一定资金所增加的经营成本。一般来讲,只有当银行资产的收益率大于其资金的边际成本时,银行才能获得利润。因此,银行把资金的边际成本作为确定贷款价格和选择金融资产的标准。

银行资金边际成本的计算公式为:

$$资金成本 = \frac{\sum(新增利息支出 + 新增营业支出)}{\sum 新增资金} \quad (6-4)$$

若新增资金中有一定比例用于现金准备,不能作为盈利资产,则新增可用资金的边际成本为:

$$资金成本 = \frac{\sum(新增利息支出 + 新增营业支出)}{\sum 新增资金 \times (1 - 非盈利使用的资金比例)} \quad (6-5)$$

(3)平均成本法和边际成本法的比较。平均成本法能够用来评价银行以往资金来源的组织绩效,但存在的问题也十分突出,原因是:①不同资金来源用于准备金、代理行存款、固定资产等非盈利资产的比例不同,在揭示特定资金来源成本及收益率时应给予相应的调整;②资金来源成本应包含资金来源组织的非利息成本,如经营费用、广告费用等;③没有分析股权资金成本,资金来源成本不全面;④平均成本法是基于历史成本,但历史成本作为指导选择资金来源类型和资产估价的可靠性值得商榷。

边际成本法可以克服平均成本法的严重不足。银行根据自身边际成本——增加一单位可用资金来源的成本需要,安排该单位资金来源的可接受收益率资产增量,落实吸引更多低成本资金来源措施。

简单边际成本法计算某种资金来源的边际成本,可以用来对新增资产定价。

$$单一负债边际成本率 = \frac{利息成本率 + 非利息成本率}{1 - 非盈利资产投资占比} \quad (6-6)$$

实际运用简单边际成本法存在两方面欠缺。首先,单一负债成本没有考虑其他资金资源提供者承担银行扩大单一负债的增加风险因素。这种溢价测算在目前尚无客观适当的方法。其次,较少银行能在一个较长时期内资金增加依赖单一负债,通常是几种资金来源同时成为银行的增量资金来源。这里,银行为增强简单边际成本法的实际针对性,也可以以最昂贵资金来源的边际成本代表基准成本。

集合边际成本法是简单边际成本法的深化,是包含多种资金来源集合的资金来源成本估计方法。

$$边际成本 = \frac{总成本增长}{总资产增长} \quad (6-7)$$

$$盈利资产要求报酬率 = \frac{总成本增长}{可供投资额增长} \quad (6-8)$$

集合边际成本法运用了资金来源集合上升或下降预期,提高了估计的精确度,也正因为这个原因,资金来源集合边际成本对未来资金来源估计是否恰当非常敏感。

加权平均目标成本法是加权平均所有资金来源目标成本,并以此作为边际成本估计。如果银行已经实现了资金来源总体成本最低,该银行资金来源边际成本必定与其资金来源目标成本加权平均一致,这是加权平均目标成本法的建立基础。也就是说,如果银行可以有效地运用资金,边际成本与平均加权目标成本应当一致。这样,通过加权平均目标成本计算可以得到筹资的边际成本。

$$加权平均目标成本 = \frac{总资本}{平均资产} \quad (6-9)$$

其中,平均资产也分为所有资产和盈利资产两种。

(4)成本计算方法的选择。平均成本法可以有效评价银行过去的经营状况。简单边际成本法可以估计各种资金来源的边际成本,帮助确定应努力组织何种类型资金来源,但是,由资金来源变动引起风险变动的成本调整很难测算。集合边际成本法或加权平均目标成本法作为银行资金来源边际成本的良好估计,可以较好地用于指导资产定价。

6.2.2.3 存款定价

如果商业银行必须按照中央银行规定的标准利率吸收存款,商业银行就不用考虑存款定价问题;但是,在完全竞争的市场情况下,存款定价是银行管理中极为重要的问题。银行管理者必须对发展和盈利进行权衡分析。合理的存款定价可以稳定客户保证存款规模的增加,有利于扩大商业银行的资产规模,从而增加商业银行的盈利水平。主要的定价方法有:

(1)成本加利润定价法。银行为了吸收存款而向顾客提供更多的金融服务使顾客收益增加,意味着存款服务必须有适当的定价,以弥补提供各种服务引起的成本。因此,存款定价可以采用成本加利润的方式来确定,具体公式为:

$$\frac{每单位存款}{服务的价格} = \frac{每单位存款服}{务的经营支出} + \frac{分配到银行}{的总支出} + \frac{售出每单位存款}{的计划利润} \quad (6-10)$$

成本加利润定价法要求精确地计算每种存款服务的成本。一种方法是以银行资金的预测成本为基础给银行存款定价,这就要求银行计算:①各种资金来源的成本率;②将不同来源的银行资金所占比例乘以相应的成本率;③加总得出银行资金的加权平均成本。

成本加利润定价方法有利于管理者计算银行筹资成本或存款价格变化的影响,银行管理者可以改变存款的一些项目(如利率、费用、最小余额要求等),来计算它们对资金成本的影响。当然,如果管理者不知道客户存款余额低到何种程度,银行仍有利可图,他们对存款的定价就不能确保自身安全。过度慷慨的定价会造成客户资金在账户间或各金融机构之间的频繁移动,最终导致筹资成本剧增而可用资金总额却变化不大。

(2)存款的边际成本定价法。存款的边际成本定价从某种意义上说可能要优于加权平均成本定价。频繁的利率变动导致平均成本成为难以作为存款定价的标准。边际成本与边际成本率的计算公式为:

$$边际成本 = 总成本变动额 = 新利率 \times 以新利率筹集的资金额 - 旧利率 \times 以旧利率筹集的资金额 \quad (6-11)$$

$$边际成本率 = 总成本变动额 / 筹集的新增资金额 \quad (6-12)$$

可以利用边际成本选择存款利率表的形式,计算各项中间指标,通过利率指标和利润指标的比较,以最大收益为标准,最终得出合理的筹资方案,确定存款定价。

利用边际成本选择存款利率

预期流入存款量	银行对新资金的利率(%)	新存款的边际成本	边际成本率(%)	收益率(%)	利润

注:利润 = 总收益 − 总成本 = 存款量 × 收益率 − 存款量 × 存款利率。

(3)存款定价的其他方法。成本加利润存款定价法、边际成本定价法为银行管理者提供了两种较为准确的定价方法。实际上,银行管理者还可以使用一些更为简便的辅助性的存款定价方法:①为不同的客户制定不同的价格。也就是银行为了吸引顾客,按照顾客在银行存款的平均余额以及客户对其存款运用的情况安排不同的价格。②根据银行与客户的关系定价。银行可以为客户提供全面的金融服务,客户可以选择所需要的服务,银行可以在综合考虑客户账户整体盈利情况的基础上,对存款进行定价,建立良好的客户关系,为银行带来稳定的收益。

6.2.3 影响商业银行存款的因素

影响商业银行存款的因素是复杂多样的,总体上来讲,可以归结为外部因素和内部因素两大类。

6.2.3.1 外部因素

影响商业银行存款变动的外部因素主要是指商业银行不可控外部因素,主要包括一般经济活动水平、金融管理政策、有关金融法规以及税收政策等。

(1)一般经济活动水平。一般经济活动水平对商业银行存款的影响主要有两个方面:①一个国家或地区的商品生产或国民经济发展水平所决定的货币信用关系的发展程度,直接影响着商业银行的存款规模。②一个国家或地区经济周期的不同阶段对商业银行存款也有影响。经济高涨时期,有效需求猛增,社会再生产的循环和周转顺利进行,整个社会资金供应充裕,商业银行存款会大幅度上升;反之,在经济不景气甚至衰退时期,有效需求不足,企业生产不能顺利进行,资金不能顺利回流,工人失业,收入降低,商业银行存款规模将会下降。

(2)中央银行货币政策。中央银行在实施货币政策对经济进行调控时,不同的政策措施,如提高或降低法定存款准备率和再贴现率,在公开市场上买进或卖出有价证券等,都会直接或间接地影响商业银行的存款规模。

(3)有关金融法规。为了稳定金融,促进经济的发展,各国均制定了一系列约束或规范银行行业的金融法规,其中,对商业银行业务范围、机构设置以及存贷款利率的限制等几个方面的管理规定都会不同程度地影响商业银行存款变动。

(4)税收政策。一个国家的税收政策对商业银行的存款规模也会产生重要影响,这主要表现在税收种类的设置和税率水平,如利息收入税、财产税、遗产税等税种都对储蓄存款产生直接影响。

(5)金融市场。金融市场的发展为闲散资金提供了更为广泛的投资渠道,直接影响存款资金的增长。

6.2.3.2 内部因素

影响商业银行存款变动的内部因素是指商业银行可控的内部因素,主要包括商业银行的服务品种、服务质量、贷款便利程度、存款的种类与形式、商业银行的规模与信誉、商业银行的客户关系管理等。

(1)银行服务品种与服务质量。在日趋激烈的竞争形势下,商业银行服务品种和质量是影响商业银行存款的重要因素,完善的金融服务是吸引客户的主要手段。扩展金融服务品种、提高服务质量的主要措施有:①完善个人金融服务手段,主要包括加大 ATM、POS、自助银行等建设力度;充分利用信息科技成果,发展电话银行或网络银行业务;提高工作效率,限定服务时间;扩大业务范围,增加服务种类,如代发工资、代收电话费、办理个人电子汇款等业务的开展。②完善对公司客户的金融服务手段,提供高效的金融服务,主要是建立实时的会计结算系统、清算系统等银行客户服务系统,为客户提供需要的金融服务。③贷款便利,在提供存取款、支付等服务的同时,商业银行还需要认真应对客户的贷款需求。贷款业务和存款业务的相互影响是巨大的。不管是公司客户还是个人客户,良好的贷款服务是存款业务得以增长的重要保证。

(2)加强客户管理,实施营销策略。面对激烈的竞争,商业银行必须树立良好形象和品牌意识,充分利用现代宣传工具加大宣传力度,并建立良好的客户关系管理系统,根据客户需要,提供差别化服务,营销金融产品、扩大服务群体。

(3)商业银行的经营规模、内部管理水平以及信誉等对存款业务的发展具有重大的影响。

6.2.4 商业银行的存款策略

在对商业银行负债业务的种类构成、成本、风险、影响因素分析后,必然要采取科学、合理的融资策略来提高存款负债的经营效果。

商业银行存款负债策略就是用营销的手段研究客户的需求,决定银行如何提供服务,提供何种服务的问题。按照乔治·汉普尔在《银行管理》中提供的策略框架,主要有传递系统、产品开发、市场细分、产品差异和增加产品吸引力等。

6.2.4.1 传递系统

商业银行服务的传递系统会对存款策略产生巨大影响。商业银行的传递系统决定了银行期望的客户资源,对银行未来的融资业务产生影响。表6-1列出了现行或将来的银行服务传递系统。

表6-1 存贷款服务的传递系统

传递系统	目标市场	前景预测
银行休息室	年老客户	快速下降
坐在汽车里提取存款	所有交易账户的客户	仍很受欢迎
分支机构网上业务	随市场情况而变化	销售中心增加取代服务中心
超市型分支机构	年轻客户	方便、成本低
提供有限服务的ATM	所有客户	成熟
多功能的ATM	所有客户	形成下一次高潮
提供有限服务的银行卡	所有用户	继续增长
借记卡	流动性更强的市场,贷记卡使用者	增长迅速
个人服务卡	所有客户	2000+产品
贷记卡	分市场竞争	还有增长
寄存物的凭证	带小孩的人及老人	开始下降
自动转账系统	所有用户	快速增长
邮递银行	没有	成熟

续表

自动存款	所有用户	日趋增长
自动电话银行	所有客户	增长迅速
个人电话银行	流动银行	增长
个人电话贷款	所有借款者	尚无定论
自动生活贷款	所有借款者	尚无定论
电话自动取款机	流动客户	增长潜力大
网上银行	年轻的、受过高等教育的或流动客户	下一个发展新领域

资料来源:乔治·汉普尔,多纳德·辛曼森.银行管理.北京:中国人民大学出版社,2002.

6.2.4.2 产品的开发与推广

产品开发是吸引客户的主要手段。产品开发必须考虑的因素就是客户的需要以及在此基础上了解提供的产品和服务。开发策略必须充分考虑:单一产品的质量、价格、特征等方向的完善;全部产品的服务支持。

产品推广是在了解客户需求的前提下,有针对性地推广其产品。产品推广策略主要包括产品特性推广——质量和价格;产品提供能力推广,包括产品系列、支持手段、服务时间、环境设施等。产品推广是产品开发和市场接受之间的纽带,其成败直接影响商业银行产品开发和市场竞争。

6.2.4.3 市场细分与边际市场

产品的市场细分就是把整个市场某种特征进行划分,并选择其一作为目标市场,然后针对目标市场的需要开发新产品。商业银行必须积极地开发新产品,满足不同客户层的需要,避开激烈的竞争,或在竞争中占据有利地位。

所谓的边际市场是总市场的独立组成部分,在该市场上特定企业能够独家销售某项专业产品,不存在任何竞争对手。边际市场战略也是市场任务的一部分。边际市场策略一般情况下,都会导致产品差异。

6.2.4.4 产品差异、产品吸引力和银行形象

银行的竞争优势来源于不可替代的差异服务,竞争对手的类似产品出现直接削弱其竞争优势。这种压力迫使银行必须建立和巩固自身产品和服务的差异性,包括名称、商标、交易能力、广告词和其他识别工具等。例如,电子银行发展迅速,自动柜员机(ATM)和消费终端(POS)等已成为银行负债策略的重要组成部分,但是,这类服务不形成银行的核心竞争力,竞争对手可以比较轻易地实现这种服务。因此,商业银行必须研制开发使追随的竞争者短期内无法实现的产品和服务。

银行形象与特定银行识别工具相联系,表现为现有或潜在客户对本行的感觉和态度的综合。银行成功推广任何产品均需依赖于这种客户对银行信誉、安全和信任的无形感觉,即银行形象。CIS战略是商业银行获取竞争优势的一大法宝。

6.2.5　商业银行的存款保险制度

商业银行在经营过程中,需要面对复杂多样的风险,并采取相应的策略,防范、控制和化解风险。与存款相关的风险主要包括流动性风险、利率风险、信用风险和资本充足率风险等。商业银行存款负债的流动性风险主要是指存款人资金提取的可能性,银行可以采取动态资金头寸调剂的策略来解决日常存款提取的问题;存款利率风险取决于增加负债利率敏感性状况和增加存款产生的资产利率敏感性状况的比较,并通过结构调整加以管理;银行存款人承担的信用风险是到期不能足额受偿的风险,信用风险和资本充足率风险一起影响存款人的利益保障。

商业银行作为金融中介机构,资金来源主要依赖于存款业务。按照约定期限,偿付存款本金和利息是银行的义务。为了维持具有社会信心的银行制度,各国金融监管当局采取了一系列措施,如在审批环节采用市场准入制度,对商业银行提出资本充足率要求,建立存款准备金制度,对银行营运中的监督与检查等。然而,这些监管措施在本质上都属于对金融机构的保护,减少破产风险,对存款人的存款安全是一种间接保护。为了保护存款人的利益,稳定金融和社会经济秩序,就要将对存款人的间接保护变为直接保护。于是,不少国家相继建立了存款保险制度,对存款机构的存款予以保险。

6.2.5.1　存款保险制度的内涵与作用

所谓存款保险制度就是以存款保险机构为保险人,银行为被保险人,按双方约定的一定费率,由银行交付给存款保险机构,存款保险机构承担监督检查的职责,若商业银行倒闭时,存款保险机构须对存款人的存款负责赔偿的制度。存款保险属于政策性保险,存款保险机构不以盈利为目的,通常采用定额保险方式,其主要功能在于保障存款人的存款安全,并监督银行机构的稳健经营。

存款保险制度的作用主要表现在:

(1)存款保险制度最基本的作用是保护存款人的利益,特别是中小存款户的利益。存款保险的赔偿额度大体分为三类:①设定保险上限额度,以此赔偿。当参与保险的银行倒闭时,只要存款账户里有存款金额低于规定的上限时,均可得到赔偿。②按比例赔偿。有些国家没有规定具体的保险金额上限,而是按倒闭银行资本的一定比例赔偿。

(2)抵御恐慌和道德风险是存款保险制度的主要作用,有利于维护整个金融体系,乃至社会经济体系的稳定。存款保险制度的初衷包括针对恐慌引起的挤兑,进而影响金融系统的稳定。主要的作用表现在:①保险机构可以对陷入困境的金融机构采取援救措施,提供资金和财务支持,化解破产风险;②对于依法破产的金融机构,保险机构可以提供存款赔偿,防止挤兑,稳定人心,减少其他金融机构遭到挤兑导致连锁破产的可能性;③保险机构可以向愿意收购破产金融机构的其他金融机构提供低息贷款,协助收购、兼并工作顺利开展。这样,存款保险制度受益者的范围扩大,可以有效地保护各方利益,实现金融体系的健康发展。

(3)存款保险制度能促进商业银行提高经营管理水平,在一定程度上还有助于提高金融机构的资信,防止和减少因商业银行管理不善而出现破产倒闭的现象。存款保险公司作为准监管部门,通过宣传、辅导、检查、监督和经营行为约束,不但可以了解商业银行的经营管理情况,还可以引导商业银行加强和改善经营管理,避免倒闭危机的发生;金融机构也可借此提高其信誉等级,提高竞争能力,为拓展业务奠定基础。

但是,任何事物都有其两面性。存款保险制度在保护存款人利益、增强公众信心、维护金融体系稳定、提高金融机构资信度方面发挥着重要作用,可是,由于存款保险制度的存在,一些商业银行存在严重的道德风险,从事高风险投资和贷款,造成巨额亏损,将风险转嫁给存款保险机构。这样做的后果十分严重,一旦存款保险机构承受的风险超过一定限度,将对整个金融体系的稳定形成重大威胁。

6.2.5.2 存款保险制度的发展

存款保险制度创立于20世纪30年代初。出于对金融机构的资产质量以及偿还能力的担心,储户等债权人很自然地具有挤兑的动机,而挤兑具有传染性,传染性的挤兑会严重地影响金融体系的稳定。

美国针对传染性挤兑和恐慌的产生,制定出台了联邦政府支持的保险计划。面向银行和储蓄机构的联邦存款保险公司(Federal Deposit Insurance Company, FDIC)于1933年成立,面向证券公司的证券投资者保护公司于1970年成立,面向私营养老基金的养老受益担保公司于1974年成立。为了控制危机的蔓延和保护存款人的利益,1933年《银行法》规定联邦存款保险公司承担的主要义务:①给予资金上的支持;②资助、协助其他银行合并或接收受保银行;③在规定的限度内进行存款赔偿。同时,对银行保险资格进行了严格限定。

如果投保的金融机构经营不善,出现以下情况时,联邦存款保险公司可以取消其存款保险资格:①从事违背安全性原则的经营活动;②在管理不善的情况下继续从事业务活动;③从事非法的经营活动;④违反了与其他经济组织签订的合同。联邦存款保险公司的成立有效地防范了银行的破产风险,稳定了整个银行体系。但是,FDIC保险也带来了问题,主要问题在于:减少了存款者对银行安全性的关注且并不按照银行的风险收取保险费,存款保险无意中增加了银行承担风险的诱因。其后果是:存款保险机构延迟关闭或重组无法清偿的金融机构时间,放任了"僵尸"机构的赌博,进一步加大了损失。因此,保险费的确定、被保险的存款比例、保险费的承担主体确定、对无法清偿的银行处理以及存款保险公司由国家还是私人公司承办等等都是需要进一步思考的问题。直到20世纪80年代早期,联邦存款保险才被广泛认可,结束了美国周期性积累银行倒闭和金融危机的历史[①]。

20世纪70年代以来,一些国家也开始认识到存款保险制度的重要性,纷纷建立了存款保险制度。日本在1971年公布了《存款保险法》,规定对本国商业银行的日元存款予以保险,每个存款人的最高保险金额为300万日元,参加投保的商业银行每年必须支付投保存款总额的0.008%的保险费。1976年,原联邦德国通过联邦银行工会对商业银行建立了"存款保险基金"。挪威设立了商业银行保险基金,商业银行作为会员参加基金,享受存款保险。法国没有官方设置的存款保险机构,也未设立存款保险基金。但是,其存款保险机构是由银行协会负责,并制定存款保险计划,要求参加存款保险基金的银行,按等级根据存款总额缴款。英国根据1979年《银行法》中的存款保险委员会和基金的规定,设立了存款保险基金,于1982年2月开始对存款户实施保护。

从制度上、保险程度等内容上,西方国家的存款保险制度存在一些差异,主要表现在:具体组织形式不尽相同,有官办、官民合办、民办三种形式;对不同币种的存款保护程度也有不同规定;各国筹集保险基金的方式一般是以法定形式规定按吸收存款总量的一定比例缴纳,也有的国家规定了最高限和最低限。除了存款保险制度固有的问题,大部分国家的存款保险制度并不健全,仍然处于需要不断完善的过程中。

6.3 其他负债业务

6.3.1 商业银行其他负债的内容

商业银行的其他负债业务的主要内容包括同业借款、向中央银行借款、回购协议、金融市场借款、发行金融债券以及在途占用等。其他负债是商业银行经营资金来源的重要组成部分。

6.3.1.1 同业借款

同业借款是指商业银行通过向其他商业银行或金融机构临时性借入资金的业务,主要包括同业拆借、转抵押、转贴现借款等。

(1)同业拆借。同业拆借是银行同业之间通过买卖在中央银行存款或其他超额储备等手段,实现资金头寸的动态调整的负债业务。

同业拆借的方式主要有两种:隔夜拆借和定期拆借。隔夜拆借是指拆借资金

---

① 乔治·考夫曼.现代金融体系.北京:经济科学出版社,2001:259;安东尼·桑得斯.现代金融机构管理.大连:东北财经大学,2002:366.

必须在次日偿还,期限非常短,因而一般不需要抵押;定期拆借是指拆借期限比较长,一般需要有书面协议。

我国对银行间同业拆借的资金用途有着严格的规定,拆入的资金只能用于解决调度头寸过程中的临时资金困难,而不能把拆借资金用于弥补信贷缺口,长期进行占用,更不能把拆借资金用于固定资产投资。

(2)抵押借款。商业银行在短期的、临时性资金不足的情况下,可以通过抵押的方式向其他的商业银行取得贷款。采取抵押的方式有两种:①抵押工商客户向商业银行举借抵押借款时提交的抵押品(动产和不动产);②抵押银行持有的票据、债券等金融资产。

(3)转贴现。贴现是一种票据转让行为。但当商业银行贴现票据后,本身因资金需求等原因,又将已贴现的、未到期商业票据在二级市场上出售给票据交易商、其他商业银行或金融机构,从而获取需要的资金。这种由中央银行以外的投资人在二级市场上购进票据的行为称为转贴现。

转贴现的期限一律从转贴现之日起,到汇票到期之日为止,按实际天数计算。利率由双方协定,也可以参照贴现利率来确定。票款的收回一律向申请贴现的银行收取,而不是向承兑人收取。转贴现的流程如图6-1所示。

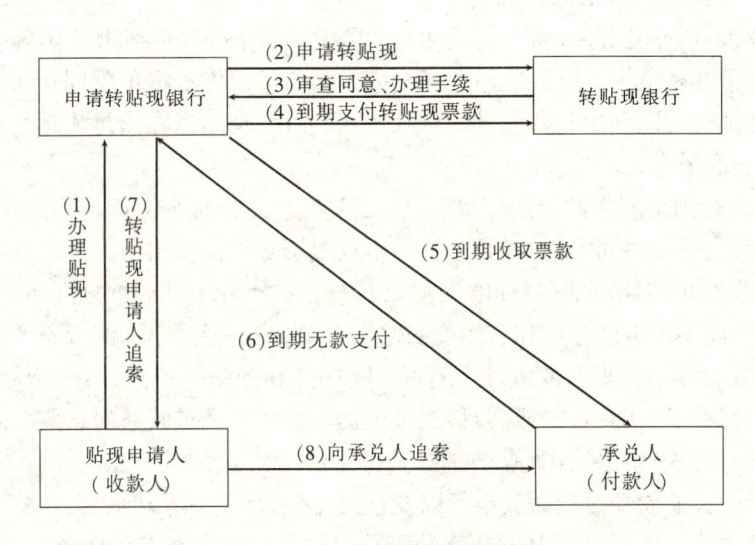

图6-1 转贴现业务流程

6.3.1.2 向中央银行借款

商业银行为满足资金需要,还可以从中央银行取得借款。主要有两种形式:一是再贴现;二是再贷款。中央银行利用这两条途径调节社会货币供应量,实施货币政策。

（1）再贴现。再贴现是商业银行从中央银行取得资金融通的主要途径。它是指商业银行将自己办理贴现业务时所买进的未到期票据（如银行承兑汇票等）转卖给中央银行，将债权转移给中央银行，商业银行则提前获得资金融通。一般来说，再贴现是最终贴现，票据随即退出流通转让过程。

（2）再贷款。再贷款是商业银行向中央银行申请的直接贷款。它可以是信用贷款，也可以是商业银行以自己持有的合格票据、银行承兑汇票、政府公债等有价证券作为抵押品向中央银行取得抵押贷款。这种方式比再贴现更为灵活、简便。我国商业银行向中央银行申请的再贷款主要有两类——年度性再贷款和短期再贷款。

但是，中央银行对商业银行提供的信用不能无限制地扩张，主要的目的是调节信用和展期信用，解决商业银行的暂时资金困难和调节资产结构。

6.3.1.3　回购协议

回购协议是商业银行将其持有的有价证券暂时出售出去，并于商定的规定期限、按约定价格重新赎回已售出证券的交易活动。大多数回购协议以政府债券做担保。商业银行将回购协议涉及的金融工具作为调整准备金头寸的主要手段，是商业银行主动负债管理的重要内容。

6.3.1.4　国际金融市场融资

商业银行利用国际金融市场也可以获取所需的资金，最典型的国际金融市场是欧洲货币存款市场。欧洲货币市场利率是由交易双方根据伦敦同业拆放利率商定。商业银行可以利用利率差异，筹集资金和使用资金，以在满足流动性需要的同时，实现利润最大化。主要的筹资方式有：

（1）发行固定利率的定期存单（TD）。这类工具为商业银行之间的负债，一般不能转让，利率采用固定利率的形式，由市场上资金的供求关系决定。

（2）发行可转让定期存单（欧洲美元CD）。这类存单在到期之前可以转让，分为两种：现成零售定期存单和有额度的定期存单，分别面向不同的投资者。

（3）发行浮动利率的欧洲美元存单（FRCD）和浮动利率期票（FRN）。这两类筹资工具都将发行的本金风险转移到了根据市场利率调整收益的息票上。

6.3.1.5　发行中长期债券筹资

发行中长期债券是指商业银行以发行人身份，承担债券利息，向投资者直接举债的融资方式。银行发行中长期债券所承担的利息成本较其他融资方式要高，但可保证银行的资金稳定。

6.3.1.6　在途资金占用

在途资金是指商业银行在办理中间业务或同业往来过程中临时占用的部分资金，主要包括：商业银行转账结算业务的在途资金；在商业银行办理代收代付、代客买卖、代理投资等中间业务时，在收到款项到完成交易之间的一段时间内，银行可以占用的部分客户资金；在同业往来过程中，如果出现应付账款大于应收账款的情况,银行也会占用其他银行的资金。

6.3.2 商业银行其他负债的管理原则

商业银行利用其他负债筹资时,要充分考虑筹资成本、期限结构、法律法规限制、各项资金来源的风险程度与稳定性等因素,根据实际需要合理安排筹资计划,并按期限进行资金管理。

6.3.2.1 短期资金借入的管理

短期资金借入的管理原则主要有:

(1)合理安排借入款项的额度和借入时间,避免流动性需求集中而带来的还款压力。

(2)根据中央银行宏观调控的目的和调控工具的运用,灵活地确定短期借入款的方式。

(3)采用多方借款的方法,变短期资金为长期运用,提高收益。

6.3.2.2 长期资金借入的管理

长期资金借入管理的原则有:

(1)根据筹资成本合理安排资金的使用。

(2)合理确定债券利率的和债券期限。

(3)选择债券的发行时机。

本章小结

商业银行的资金来源主要是负债,负债中主要包括存款类负债和其他负债两种,存款负债就是各类银行存款,其他负债则是银行借入资金。商业银行的存款负债管理就是在成本分析的基础上,采用合理的营销策略,获得大规模的存款。银行在吸收存款的过程,必须注意银行形象、提供的产品品牌、种类和服务的质量。产品开发和市场推广是新产品获得竞争优势的基础。存款保险制度建立的主要目的是保护存款者利益、避免挤兑传染和维护金融体系稳定。

复习思考题

1. 简述银行的资金来源和主要特征。
2. 简述商业银行负债的作用。
3. 简述商业银行主要存款品种与创新。

4. 某银行需筹资 2 000 万元，包括 600 万元的活期存款，700 万元的定期存款与储蓄存款，300 万元的货币市场借款和 400 万元的股权资本。活期存款的利息为 4%，经营成本为 2%；储蓄总成本为 6%；市场借款总成本为 8%；股权资本筹资成本为 20%。假如监管当局的储备要求使商业银行可使用的资金减少的比例分别为：活期存款 15%，储蓄存款 5%，市场借款 2%，股权资本 0。计算该银行的加权平均税前资金成本。

5. 某银行通过 5% 的存款利率吸引 40 万元的新存款。如果提供利率为 6%，可筹集 50 万元；提供 7% 的利率，可筹集存款 70 万元；提供 8% 的利率，可筹集存款 90 万元；提供 9% 的利率可筹集存款 110 万元；提供 9.5% 的利率可筹集存款 130 万元。如果银行贷款的收益率为 10%，贷款利率就是贷款的边际收益率。在这种情况下，吸收多少存款，银行可以获得最大的利润？

6. 假定准备金要求 5%，存款保险成本 0.25%，利率 9%，服务费用 2.5%，计算货币市场账户的边际成本。银行可转让提款单（NOWs）的利率为 6%，法定准备金为 10%，服务费用 4%，客户把存款从货币账户转移到这一账户后，银行的盈利情况如何变动？

7. 商业银行负债管理面临的主要风险有哪些？如何管理？

8. 分析道德风险在存款保险中的表现。私人保险公司如何对付道德风险？存款保险公司应当如何做？

7

商业银行的贷款业务

本章要点

贷款业务是商业银行主要的资产业务。在银行资产中，信贷资产占有绝对比例，同时，贷款也是商业银行的主要利润来源。作为商业银行的传统业务，商业银行的贷款业务经营管理理论方法逐步趋向成熟。

商业银行的贷款活动主要是基于资金和信息的，银行通过向顾客提供有价值的服务获得资金和信息，并将有关借款人资金和信息与商业银行的服务结合起来，制定相应的贷款协议，再将其返销给客户，形成商业银行的信贷资产，以此获得贷款业务经营收益。

本章重点对商业银行的贷款业务经营所涉及的内容进行阐述，主要包括商业银行的贷款种类与创新、贷款流程、贷款组织、客户信用分析、贷款定价、贷款风险分类和问题贷款处理等重要内容。

7.1 贷款业务种类与创新

7.1.1 商业银行贷款的种类

根据不同的标准,商业银行的贷款业务可以划分为多种类型,主要的划分方法有:

(1)按贷款期限划分。按贷款期限划分,银行贷款可分为短期贷款、中期贷款和长期贷款。短期贷款是指用于满足企业营运资金需求、各种偶然性流动资金需求以及银行间的资金融通等需要,期限在 1 年及以内的贷款,包括短期贷款和临时贷款两种。中期贷款是指用于工商企业的设备更新改造等项目的资金需求、经营周期较长的流动资金需求、还款期限较长的消费资金需求,期限在 1 年之上、5 年以下(含)的贷款。长期贷款是指满足企业各种固定资产购置的资金需求、还款期限较长的个人资金需求(如购买房屋等),期限在 5 年以上的贷款。

(2)按贷款方式划分。按贷款方式划分,银行贷款可分为信用贷款、担保贷款和票据贴现三大类,其中,担保借款包括保证贷款、抵押贷款和质押贷款。信用贷款是指商业银行依据对借款人信誉的充分信任而提供的贷款。获得这种贷款的客户一般是与银行有良好的合作关系和信誉、经营管理规范、具有明显竞争优势的优质客户。保证贷款是指以具有担保能力的第三人承诺在借款人不能偿还贷款时,约定承担一般保证责任或者连带责任而发放的贷款;抵押贷款是指以借款人或第三人的财产作为抵押物而发放的贷款;质押贷款是指以借款人或第三人的动产或权利作为质押物而发放的贷款。票据贴现是指贷款人以购买借款人未到期商业票据的方式发放的贷款。贴现业务对商业银行来说是与商业信用相结合的一种银行授信行为,是一项重要的银行信贷业务。

(3)按利息确定方式划分。按利息确定方式划分,银行贷款可分为固定利率贷款和浮动利率贷款两大类,固定利率贷款是指放款的利率在整个放款期间始终不变;浮动利率贷款是指在放款期限内,贷款利率根据一定的基准利率变化进行动态调整。

(4)按贷款对象划分。按贷款对象的性质划分,可分为工商贷款、不动产贷款、农业贷款、消费贷款、国际贷款等。工商贷款是指发放给工商企业,用于生产、流通等创造收益经营管理活动的贷款,主要有以下几种主要的类型:短期流动资金贷款、中长期流动资金贷款、固定资产贷款等形式。不动产贷款是一种以不动产作为抵押品的贷款,主要用于房屋、建筑物、土地开发等。农业贷款主要是指向农村承包提供的贷款,目的是用于农业生产经营的费用。消费贷款是指对消费者个人发放的,用于购买耐用消费品或支付其他费用的贷款。国际贷款是指对国际贸易进行的资金融通和对外国政府、金融机构、企业和个人发放的贷款,其中,国际中长期信贷主要是指贷款期限在 1 年以上的信贷业务,如卖方信贷、买方信贷和银团贷款等;国际短期信贷一般都是与国际贸易直接相关的,主要包括进口押汇、打包贷款和票据贴现等。

(5)按是否自主发放,贷款可分为自营贷款和委托贷款。1995 年 7 月中国人民银行印发的《贷款通则》将贷款按期限、保障方式和是否为自主发放三种标准进行了划分。期限和保障方式与其他国家的划分标准基本一致,按是否自营分为自营贷款和委托贷款两种:自营贷款是指商业银行以合法方式筹集的资金、承担风险、由借款人收取本金和利息的自主发放贷款;委托贷款是指由政府部门、企事业单位及个人等提供资金,委托商业银行按照委托人确定的贷款对象、用途、金额、期限、利率等而代理发放、监督使用并协助收回的贷款,其风险由委托人承担,银行只收取手续费。

7.1.2 商业银行贷款业务的创新

商业银行的资产业务创新主要体现在消费信贷、银团贷款、贷款承诺等方面。

7.1.2.1 消费信贷

消费信贷是商业银行为个人发放的,用于购买生活耐用消费品及相关劳务的贷款,是商业银行在第二次世界大战以后开办的新型贷款零售业务,通常有两种形式:一次性偿还的消费贷款和分期偿还的消费贷款。其中,信用卡贷款是指信用卡持有人在信用卡账户余额不足消费或购物所需费用金额时,根据发卡人(银行)与持卡人事先商定的限额自动给予持卡人所需额度的贷款;可透支交易账户贷款是指银行允许客户在签发支票时在商定的透支限额内透支,供应商在拿到客户签发的银行支票后送交其本人开户银行委托收款,由消费者开户行与供应商开户行进行支票转账清算;汽车贷款主要是为满足消费者购车资金不足的贷款需要。

7.1.2.2 银团贷款

银团贷款也称辛迪加贷款,是一家银行或几家银行牵头,由若干家银行组成银行集团,按共同条件向借款人提供巨额贷款。借款人只需一次借款条件谈判,签订一个借款协议,一次向银团成员报告其金融条件和信用要求。与传统的银行贷款相比,银团贷款具有如下特点:金额大、期限长、风险分散和吸引小银行参与批发销售市场。

7.1.2.3 贷款承诺

贷款承诺是指贷款银行与贷款人通过签订正式协议,银行同意在一定时期内按照一定方式(包括提款方式、利率定价方式、存贷融通方式等)向借款人发放一定额度的贷款,主要包括备用承诺、循环信贷额度协议、开立透支额度等多种形式,备用承诺又称贷款承诺,是银行做出在一定时期内向工商企业提供一定数额贷款的承诺;循环信贷额度协议是银行向工商企业提供长期资金的一种贷款方式,银行在一定时期内,允许借款人在最高限额内随时借用款项,并且在偿还后还可以依约重新借款。

贷款业务的创新,主要目的是减少银行经营中的风险、维护良好的客户关系和增加银行的收益。从贷款创新的实际情况来看,商业银行通过创新降低了风险,增加了收益,密切了与客户之间的关系,改善了外部环境。当然,通过资产创新丰富了商业银行的中间业务。

7.2 贷款业务经营流程

7.2.1 贷款经营管理原则

商业银行在贷款业务经营中,必须遵循"三性"的经营原则,避免信贷资金(包括本金、利息和费用)遭受风险和损失,按照约定期限回收信贷资金,或者在无损失的情况下迅速变现,追求最佳的贷款效益。"三性"经营原则具体到贷款经营管理中,主要体现为择优原则、增值原则和价值保证原则等。

7.2.1.1 择优原则

择优原则就是指银行在贯彻国家政策和中央银行货币政策的前提下,根据市场需要和银行自身发展的需要区分优劣、择优选择具体贷款对象。择优选择贷款对象是建立高质量贷款组合的基础。

贷款对象择优选择时,应着重考虑银行贷款政策和市场选择。国家的或地方的贷款政策都是根据发展需要提出的信贷要求和政策导向,是银行贷款投放的主要考虑因素;同时,银行贷款对象的确定必须建立在市场选择的基础上,分析企业在竞争环境下的生存和发展能力,确定贷款投放市场的范围。择优原则可概括为:在贷款规模的约束下,充分考虑贷款政策和市场需要,确定符合商业银行贷款组合管理的贷款对象。

7.2.1.2 增值原则

贷款增值原则是指所有贷款都必须按借款合同规定的期限和利率,按期收回本息,实现贷款资金的增值性。贷款的增值性也就是贷款经营的盈利性,是商业银行利润的主要来源。同时,增值性的实现需要以按期偿还本息作为保证。从某种意义上讲,期限和利率的确定需要考虑流动性、盈利性和安全性的协调运作。

7.2.1.3 价值保证原则

价值保证原则是指银行贷款需要以企业资产价值作为保证。这样,就强调了贷款资金作为企业生产要素与企业相应资产的对等关系;同时,也强调了贷款的安全性,为贷款良性循环提供条件。价值保证方式有抵押、质押放款、票据贴现放款等。

"三性原则"的核心是安全性。择优选择贷款投放,价值有保证,才能确保按期偿还,实现贷款的增值性。择优选择是"三性原则"之本,价值保证原则为实现增值原则提供保护。总的来说,"三性原则"是个有机整体,紧密联系,互为制约。

7.2.2 信贷组织与工作流程

7.2.2.1 信贷业务的组织结构

在开展贷款业务时,商业银行为了切实履行贷款职能、确保贷款业务正常有序,必须建立与之相适应的组织机构。这些组织机构的职责主要包括信用调查分析、评判、贷款审批、贷款文件的定期复查、贷款的使用监督、走访客户、收款、问题贷款的处理等重要工作。

乔治·汉普尔,多纳德·辛曼森[1]提供了一家中等规模的商业银行具有代表性的贷款组织,参见图7-1。在这些组织中,贷款审查部门与审计部门独立地、相互制约地向董事会负责。

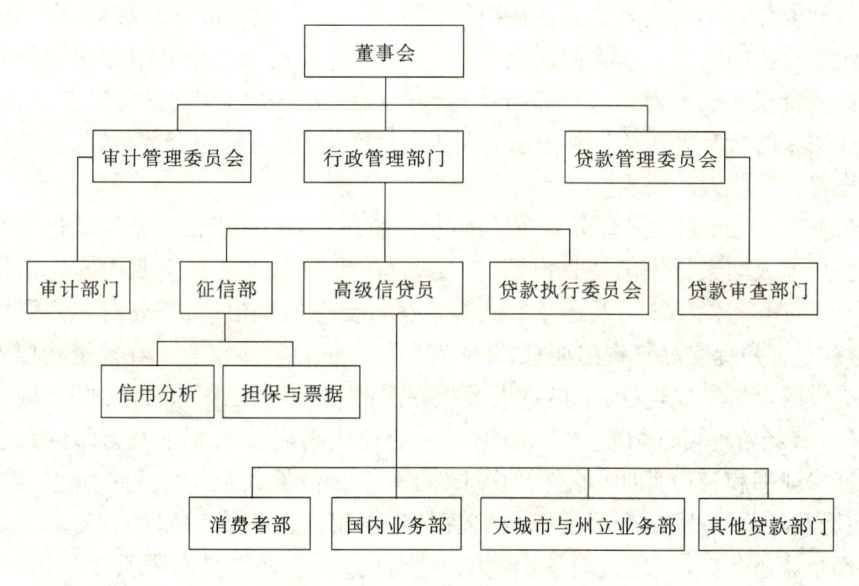

图7-1 商业银行信贷组织结构

在美国商业银行信贷业务经营中,一般有2~3个委员会负责作出贷款决策,即贷款执行委员会、贷款管理委员会和特别资产委员会。

贷款执行委员会具体职责为:①审查新发放的主要贷款;②审查延期贷款,弄

---

[1] 乔治·汉普尔,多纳德·辛曼森.银行管理.北京:中国人民大学出版社,2002:356.

清延期原因;③审查拖欠贷款,确认拖欠原因;④确保贷款决策符合贷款政策;⑤确保贷款单位符合规定;⑥确保平等对待所有的贷款客户。

贷款管理委员会负责审查贷款执行委员会所批准的主要贷款,由银行的董事长、高级信贷员与两人以上董事会以外的人员组成。贷款管理委员会对贷款执行委员会的决策做出最终决定,同时还负责审查主要的延期贷款与信贷问题。

问题贷款较多的银行一般还设有一个特别资产委员会,负责监督问题贷款的进展情况,并积极与借款者进行合作以使贷款安全收回。

7.2.2.2 贷款业务的一般操作程序

7.2.2.2.1 贷款申请与受理

(1)贷款对象选择。贷款对象是指商业银行贷款投向的部门、企业单位和个人。符合贷款条件的贷款对象才是商业银行贷款投放的真正对象。选择贷款对象也就确定了贷款投向。我国对公司贷款客户要求具备的基本条件如下:①贷款对象必须是依法登记,持有经营执照,经工商行政管理部门批准设立,并经过工商部门办理年检手续的合法经营单位。②贷款对象必须实行独立经济核算,即具有独立经营权力和责任,具有法人资格。③贷款对象必须拥有正常生产经营所必需的自有流动资金。④贷款对象必须在银行开立基本账户或一般存款账户,有经济收入和偿还贷款的能力。⑤除特别规定外,有限责任公司和股份有限公司对外股本权益性投资累计额不得超过其净资产总额的50%。⑥申请中、长期贷款,新建项目企业法人的所有者权益达到国家有关规定的额度;申请短期贷款,借款人的资产负债率符合贷款人的要求。

(2)受理。借款人需要资金、向银行提出贷款申请,对于银行来说就进入受理阶段。借款人向银行提出贷款申请,需要填写《借款申请书》,主要内容包括借款金额、借款用途、偿还能力及还款方式等。银行受理借款申请,需要对客户资格进行审查,对客户提交材料提出要求,并对客户材料进行初步审查。我国银行要求借款人提供的资料主要包括:①借款人及担保人的《企业(法人)营业执照》(副本及影印件)、《经营许可证》(副本及影印件)、《企业代码证书》(副本及影印件)、法人代表资格证书和身份证明(原件及影印件)等。②借款人及担保人的组织机构设置、注册及经营地址、社会经济背景的情况和企业(公司)章程原件及复印件。中外合作企业还需提供《中外合资、合作企业合同》。③如果是有限责任公司、股份有限公司、合资合作企业或承包经营企业,要求有董事会借款决议或者有相应效力的借款授权文件。④借款人及担保人的上年度或更长时间的以及申请借款前一期的月度财务报告副本或原件,财务报告包括资产负债表、损益表、现金流量表,应同时提交审计部门出具的年度审计报告原件及复印件。⑤项目建议书和可行性报告。⑥抵押物、质押清单和有处分权人的同意抵押、质押的证明及保证人的同意保证的有关证明文件。⑦持有中国人民银行颁发并经年审通过的《贷款卡》。⑧其他有关银行所需要的文件和证明。

7.2.2.2.2 调查评价

银行接到企业的借款申请和相关材料后,应及时对借款人的信用等级和经营管理情况等内容进行调查,并核实提交材料的真实性,包括对抵押物、质押物、保证人情况的核实。在调查的基础上,开展评价工作,主要包括:客户评价、业务评价和担保评价三部分。具体讲也就是银行在收集借款人各种信息的前提下,采用各种方式,对借款人的资信、财务状况、经营情况等进行调查分析,评价信用状况、项目效益和还本付息能力等;同时,对贷款担保人的资信、财务状况进行分析评价;对抵押物、质押物的价值与变现能力进行评价。

调查评价阶段的成果以调查评价报告的形式提交相应管理部门,进入贷款审查阶段,主要的内容包括:①对借款人的资格审核,主要审核贷款是否符合法律法规及银行贷款政策的有关规定;贷款所需各项手续和有关证明文件是否完整、有效;借款人的行业地位;借款人的领导者素质;借款人的经济实力、资金结构、履约情况等。②借款用途及效益审核,主要审核借款用途和产品项目是否属重复建设;生产工艺和技术是否属高技术,是否有先进的管理人才和经验;生产效益如何,供产销能否平衡,原材料来源和市场销路是否有保证;产品是否用于投机或与公众利益相抵触。③还款保障的审核,主要是对第一还款能力和第二还款能力进行审核,确保银行贷款的按期收回。主要审核借款人的负债比例、债务结构、产品、市场等影响还款能力的因素;审核担保人的担保能力;审核抵押品价值、抵押率和变现能力等。

7.2.2.2.3 贷款审批

一般情况下,银行实行审贷分离、分级审批的审批制度。对完成调查评价阶段的贷款申请,可以进入审批决策阶段。根据不同的信贷审批权限,提交相应的审批部门进行审批。

有权审批部门对提交的材料进行合规性审查,对符合要求的贷款申请进行讨论和决策。

7.2.2.2.4 贷款发放

经过审批后,对批准发放的贷款,银行与借款人签订借款合同。借款合同是由银行与借款人共同签订的明确借贷双方权利和义务的法律文件,主要内容包括金额、利率、借款种类、借款用途、还款期限、还款方式、违约责任以及借款双方认为需要约定的其他事项。

银行与借款人签订合同之后,贷款人按借款合同规定按期发放贷款,借款人按借款合同规定,在贷款额度和期限内提取款项。

7.2.2.2.5 贷后检查

贷后检查是指贷款发放后,银行对借款人执行借款情况以及借款人的经营情况进行追踪调查和检查。为了确保贷款质量和贷款本息按期收回,商业银行必须建立严格的规章制度和贷款政策,对借贷人的贷款使用情况进行检查,防止和杜绝借款人私自改变信贷资金用途等现象发生;监督企业财务状况及清偿能力;并对抵押和担保进行检查。在对借款人和担保人还款能力、抵押担保等进行调查分析的基础上,制定相应的贷款管理措施,确保贷款的安全回收。

7.2.2.2.6 到期贷款的回收

在贷款到期前的一定期限内,银行应通知借款人,要求按时还款。如借款人按期还款,商业银行则按合同利率计算利息,收回本息,同时将抵押品权证归还借款人,并向借款人收回抵押品收据。如借款人因各种原因不能按期归还贷款时则可以采取以下措施:贷款展期,借款人填写借款展期申请书,说明展期理由、展期金额及展期到期日,根据有关程序报批;逾期追索,对无能力偿还的、未批准展期的贷款,按逾期贷款管理方法计收利息,并采取积极方法进行催讨,甚至采用法律手段保全资产。

7.2.2.3 商业银行票据贴现

票据贴现是持票人在票据到期之前,为了获得现金向银行贴付一定的利息所做的票据转让。可以向银行办理票据贴现的票据有银行承兑汇票、商业承兑汇票、银行票据、政府债券等。我国银行主要对银行承兑汇票和同城商业承兑汇票办理贴现。

(1)商业承兑汇票的贴现程序。收款单位以持有的付款单位承兑的商业承兑汇票,向开户银行申请办理贴现,经银行审查批准后,可以办理贴现手续。具体的流程参见图7-2。

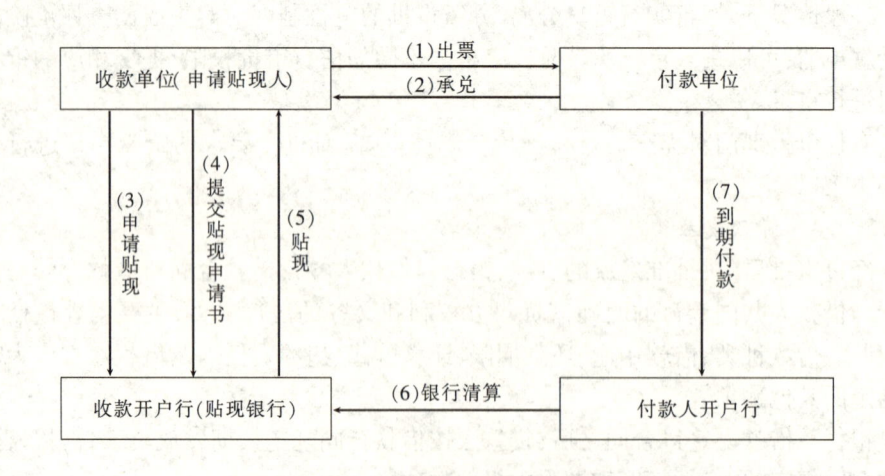

图7-2 商业承兑汇票贴现流程

(2)银行承兑汇票贴现程序。收款单位以持有的付款单位开户银行承兑的银行承兑汇票,向其开户银行申请办理贴现,经银行审查批准后,可以办理贴现手续。具体的流程见图7-3。

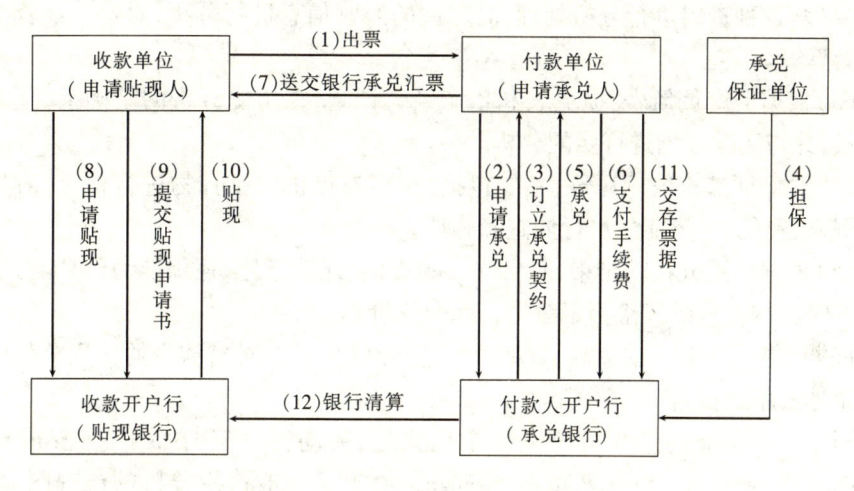

图 7-3 银行承兑汇票贴现流程

(3) 贴现金额的计算。实付贴现金额是指贴现银行在贴现额中扣除贴现利息之后,实际支付给申请人的金额,取决于贴现金额、贴现期和贴现率三个因素。实付贴现金额的计算公式为:

$$实付贴现金额 = 贴现金额 - 贴现金额 \times 贴现天数 \times 日贴现率$$
$$= 贴现金额 \times (1 - 贴现天数 \times 日贴现率)$$

7.3 客户信用分析

贷款业务中,商业银行为了择优选择贷款投放、确保贷款的安全回收,就必须掌握客户的履约能力和意愿情况,也就是所谓的信用。一般地讲,信用分析主要包括对客户的道德品格、资本实力、还款能力、担保及环境条件等进行系统分析,特别是财务分析,以此决策贷款投放和制定相应的贷款条件。

7.3.1 信用分析程序

商业银行可以通过信用分析研究影响借款者偿还贷款的因素,评价贷款按期偿还的可能性。信用分析的内容主要包括信誉分析、财务分析(包括财务比率分析和现金流量分析等)以及非财务分析等内容。

一般地讲,银行从分析企业需要贷款的用途开始信用分析过程,信用分析过程可以描述为:

(1)收集借款人的各种相关资料和信息,建立客户档案。

(2)对各种资料进行分析处理,对定性的经营信息进行分析,对定量经营信息进行测算等。

(3)根据资产负债表、损益表和生产经营计划,在历史分析的基础上,预测现金流量,并与还款计划进行匹配分析。

(4)对保证措施进行评价,主要包括:对客户提供的抵押物进行估价,对保证人的资格、资信、经济能力进行调查和确认。

(5)根据信用分析的结果,对借款人的资信、还款意愿、还款能力、可能影响借款人按时还本付息的风险因素等进行综合评价。

(6)将借款人的贷款金额、贷款用途、担保状况以及对借款人的信用分析的评价结论形成书面报告。

对于一个企业的信用分析是一个程式化、劳动密集型的工作过程,John B. Caouettee、Edward I. altman、Paul Narayanan[1]给出了一般信用分析的流程图,见图 7-4。

7.3.2 信誉评价

商业银行对客户的信誉分析一般包括五个方面的内容,通常被称为"5C",即品德(Character)、能力(Capacity)、资本(Capital)、担保(Collateral)和经营环境(Condition)。对银行来说,客户品德直接影响到贷款资金的正确使用,进而影响贷款的按期偿还,必须认真分析客户的信用状况、历史偿债情况、与银行合作关系以及与相关客户的往来关系等。客户能力就是客户能否按期偿还债务的能力,其主要负责人的经营管理能力构成客户能力的重要内容。资本是企业赖以生存和发展的基础,是正常经营的前提,是抵御意外风险的根本。商业银行有必要分析客户的资金实力,包括资产数量和质量以及现金流量对贷款偿还的满足程度等。担保是指抵押担保及保证担保,为贷款的偿还提供第二还款来源。经营环境是指客户经营的经济环境,它包括客户可控的因素,如经营特点、技术情况、竞争地位、市场份额、行业地位等;不可控的因素,如商业周期、通货膨胀、国民收入水平、产业结构调整等。上述五个方面从不同的角度针对银行贷款的按期偿还的可能性进行的客户信誉分析。

7.3.3 财务分析

对客户进行财务分析是信用评价的基本内容,主要包括财务报表分析和财务比率分析。

---

[1] John B. Caouettee, Edward I. altman, Paul Narayanan, *Managing Credit Risk: the Next Great Financial Challenge*, John Willey&Sons, 1998

7 商业银行的贷款业务

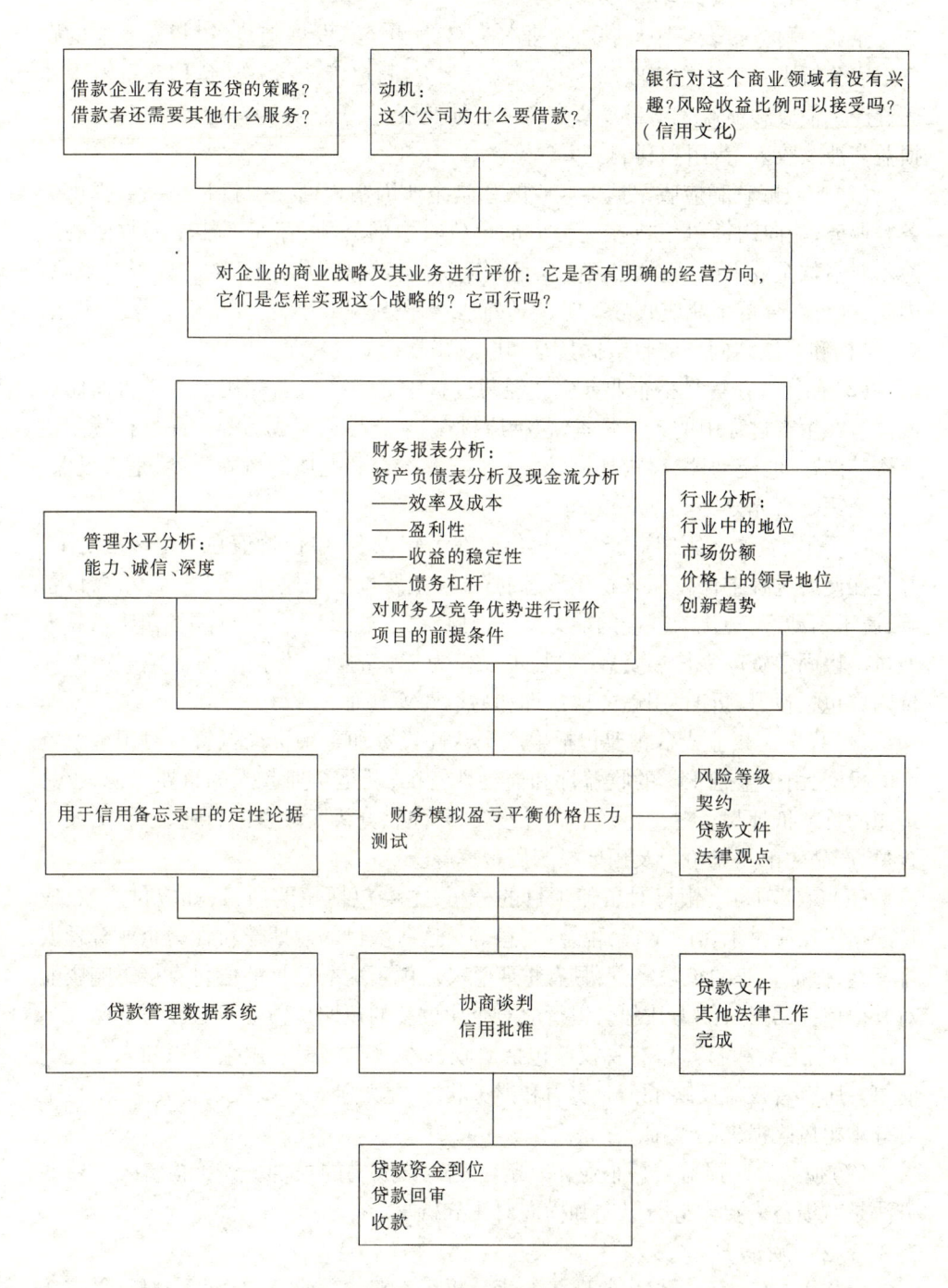

```
┌─────────────────┐  ┌─────────────┐  ┌──────────────────┐
│借款企业有没有还贷 │  │动机:        │  │银行对这个商业领域 │
│的策略?           │  │这个公司为什么│  │有没有兴趣?风险收 │
│借款者还需要其他什│  │要借款?      │  │益比例可以接受吗? │
│么服务?          │  │             │  │(信用文化)        │
└────────┬────────┘  └─────────────┘  └──────────────────┘
         │
         ▼
┌──────────────────────────────────────────────┐
│对企业的商业战略及其业务进行评价:它是否有明确  │
│的经营方向,它们是怎样实现这个战略的?它可行吗?│
└──────────────────────────────────────────────┘
         │
┌─────────────┐  ┌──────────────────┐  ┌──────────────┐
│            │  │财务报表分析:     │  │行业分析:     │
│            │  │资产负债表分析及现 │  │行业中的地位  │
│管理水平分析: │  │金流分析          │  │市场份额      │
│能力、诚信、  │  │——效率及成本    │  │价格上的领导地│
│深度         │  │——盈利性        │  │位           │
│            │  │——收益的稳定性  │  │创新趋势     │
│            │  │——债务杠杆      │  │             │
│            │  │对财务及竞争优势进 │  │             │
│            │  │行评价            │  │             │
│            │  │项目的前提条件    │  │             │
└─────────────┘  └──────────────────┘  └──────────────┘
         │
┌──────────────────┐  ┌──────────────────┐  ┌──────────┐
│用于信用备忘录中的 │  │财务模拟盈亏平衡价│  │风险等级  │
│定性论据           │  │格压力测试        │  │契约      │
│                   │  │                  │  │贷款文件  │
│                   │  │                  │  │法律观点  │
└──────────────────┘  └──────────────────┘  └──────────┘
         │
┌──────────────────┐  ┌──────────────────┐  ┌──────────┐
│贷款管理数据系统   │  │协商谈判          │  │贷款文件  │
│                   │  │信用批准          │  │其他法律工│
│                   │  │                  │  │作完成    │
└──────────────────┘  └──────────────────┘  └──────────┘
                              │
                              ▼
                     ┌──────────────┐
                     │贷款资金到位  │
                     │贷款回审      │
                     │收款         │
                     └──────────────┘
```

图7-4 信用分析流程图

7.3.3.1 财务报表项目分析

企业的财务报表集中反映了企业经营效果和经营发展趋势,银行对企业的财务报表分析主要集中在应收款、应收票据、存货、固定资产、投资、负债和资本净值等资产负债表和损益表项目。资产负债表涉及资产、负债和所有者权益三大要素;损益表涉及收入、费用和利润三大要素。

(1)应收账款和应收票据。应收账款是企业因销售商品、材料、产品或提供劳务等业务,应向购货单位或接受劳务的单位收取的款项,存在不能全部收回的风险。对借款企业来说,应收账款是偿还到期贷款特别是短期贷款的主要资金来源。因此,银行在分析企业应收账款时,不仅需要掌握数额大小,更要了解应收款的"账龄"结构和对象结构。应收票据具有和应收账款相似的特征。

(2)存货。存货是指企业在生产经营过程中为生产经营耗用或为销售而储存或停留在生产过程中的各类物资,包括原材料、半产品和产成品等。评价存货主要考察其储存期、流动性、存货规模、价格稳定性、废弃和变质的风险程度、是否投保、保险金额是否充分等。

(3)固定资产。固定资产是使用年限在1年以上,单位价值在一定标准之上,并且在使用过程中保持原来物质形态的资产,主要包括土地、厂房、仓库、机器设备等,属于不动产,转化为现金的能力低。因此,在正常情况下,银行并不期望借款人通过出售固定资产来偿还贷款,但是可以作为贷款的重要保障。对固定资产的评价内容包括投保、折旧、用途的广泛性和易售性等方面。

(4)投资。企业投资主要包括生产经营性投资和金融资产投资。对于金融资产的投资,由于金融工具的收益性和流动性特征,既是企业收入的重要来源,也是理想的贷款抵押品。对于生产经营性投资,要注意分析所投资的行业、项目的技术含量、产品的市场竞争力及预期投资回报率等。

(5)负债项目。银行对负债项目的分析,主要包括短期项目,如应付账款、应付票据以及应付未付的工资、税金、利息等。这些项目的短期偿付性为企业合理安排资金,保证企业的正常经营,具有重要意义。由于这些项目的偿付直接影响企业对其他债务的偿付能力,因此,银行应对企业过多的短期负债引起足够的重视。

(6)所有者权益。所有者权益包括实收资本、资本公积、盈余公积和未分配利润等。所有者权益反映了企业实力和财务状况,是弥补经营损失的首要来源,也是对外承担风险损失的基础。

(7)损益表。损益表是企业在一定时期经营成果的报告。评价损益表一般的方法是对损益表要素进行纵向和横向对比分析。

7.3.3.2 财务比率分析

借款人的信用分析仅仅靠财务报表分析还不够,还必须进行深入分析,最直接的方法就是比率分析,主要包括流动性比率、资产营运效率比率、财务杠杆比率以及盈利能力比率。

7.3.3.2.1 流动性比率

流动性比率是衡量一个企业短期偿债能力的指标。这类比率包括流动性比率和速动性比率两种。

流动比率是公司流动资产与流动负债之比,其计算公式为:

$$流动比率 = 流动资产/流动负债 \qquad (7-1)$$

其中,流动资产一般包括现金、有价证券、应收账款和存货;流动负债包括应付账款、应交税金和应计费用(如工资)等。流动比率反映了企业短期偿债能力的强弱。

速动比率也称快速比率或酸性测验比率,是公司速动资产与流动负债之比。其计算公式为:

$$速动比率 = 速动资产/流动负债 \qquad (7-2)$$

其中,速动资产是指能迅速变现的流动资产,即流动资产减去存货,更能精确地测量一个企业的短期偿债能力。

7.3.3.2.2 资产营运效率比率

资产营运效率比率是指企业对各项资产的运用效率,主要包括应收账款周转率、存货周转率、总资产周转率三种。

(1)应收账款周转率。应收账款周转率反映应收账款周转速度,也就是应收账款转化为现金的平均次数,体现了应收账款的管理效率。其计算公式分别为:

$$应收账款周转率 = 赊销收入净额/应收账款 \qquad (7-3)$$
$$应收账款周转天数 = 365/应收账款周转率 \qquad (7-4)$$

(2)存货周转率。存货周转率也称存货利用率,它是以销售额除以存货而得出,是企业在一个时期中的存货周转或更新次数,反映了企业存货的适销性和管理存货的效率。其计算公式为:

$$存货周转率 = 销货成本/平均存款 \qquad (7-5)$$
$$存货周转天数 = 365/存货周转率 \qquad (7-6)$$

其中,平均存货 = (期初存货 + 期末存货)/2

(3)总资产周转率。总资产周转率是以销售净额除以资产总额而得出,表示每一单位的资产在一定时期内所带来的销售收入,它是一个反映企业生产能力的指标,其计算公式为:

$$总资产周转率 = 销售净额/资产总额 \qquad (7-7)$$

7.3.3.2.3 财务杠杆比率

财务杠杆比率描述企业用增加负债的办法来增强收益的能力,反映了企业支付债务本息的能力,主要比率有负债资产比率、负债自有资本比率和偿还能力比率。

(1)资产负债率。资产负债率是总负债除以总资产而得出的,说明了资产形成的举债情况,用于衡量企业的财务风险。银行作为债权人,对这一指标特别关注。其计算公式为:

$$资产负债率 = 总负债/总资产 \qquad (7-8)$$

(2)负债自有资本比率。负债自有资本比率是用负债除以总自有资本,反映了企业债务与股东提供的资金在资本结构方面的分配比率,也说明了股东对经营风险所承担的份额和债权人可能承担的份额。其计算公式为:

$$负债自有资本金比率 = 总负债/总自有资本 \qquad (7-9)$$

(3)偿还能力比率。偿还能力比率又称利息保障倍数,它是用息税前收益除以利息支出而得出的,反映企业利用盈利支付年息费用的能力,其数值相当于企业收益在扣除各项生产经营费用后与全年利息费用之比。其计算公式为:

$$利息保障倍数 = 息税前收益/利息支出 \qquad (7-10)$$

7.3.3.2.4 盈利能力比率

盈利是企业资产负债综合经营的结果,反映了企业的销售和盈利状况,主要包括销售利润率、资产收益率、股本收益率等指标。

(1)销售利润率。销售利润率由税后净利润(纯收益)除以销售总额而得出,反映每一单位的销售额可带来的纯收益,反映企业成本管理、定价政策和产品销售的绩效。其计算公式为:

$$销售利润率 = 税后净利润/销售总额 \qquad (7-11)$$

(2)资产收益率。资产收益率由税后净利润除以资产总额而得出,反映资产的平均盈利水平。其计算公式为:

$$资产收益率 = 税后净利润/平均总资产 \qquad (7-12)$$

(3)股本收益率。股本收益率是普通股的分红利润与普通股股本之比,反映企业普通股股东获利程度的指标,是普通股股东最关心的指标,也是最能反映企业实际盈利能力的指标。其计算公式为:

$$股本收益率 = \frac{普通股分红利润总额}{普通股股本} = \frac{净利润总额 - 优先股红利}{普通股股本} \qquad (7-13)$$

上面介绍的是信用分析时所考察、分析的一些基本、常用的财务比率指标。在分析时不能孤立地运用上述各项指标,而是应当互相联系、互相参照。同时,还要进行纵向和横向分析。因此,除了比率分析,还应当采用其他分析方法,如同型分析、比较分析、趋势分析等方法,在综合运用上述方法分析的基础上,客观地评价客户的经营状况和财务状况,从而做出正确的贷款决策。

7.3.3.3 现金流量分析

一般情况下,为了全面揭示企业的经营管理效果,企业提供资产负债表和损益表的同时,还要编制现金流量表。现金流量表是反映公司(企业)会计期间经营活动、投资活动和筹资活动对现金及现金等价物产生影响的会计报表。

现金是指企业库存现金以及可随时用于支付的存款。用于现金流量表中的"现金"不仅包括现金账户核算的库存现金,还包括企业银行账户核算的存入金融机构、随时可以用于支付的存款,也包括其他货币资金账户核算的外埠存款、银行汇票存款、银行本票存款和在途资金等其他货币资金。现金等价物是指企业持有的期限短、流动性强、易于转换为现金和价值变动小的投资。

企业的现金流入一般有经营活动的现金流入、投资活动的现金流入和筹资活动的现金流入;而现金的流出有经营活动现金流出、投资活动现金流出和筹资活动现金流出。通过对现金流量表的分析,可以预测未来的现金流量,评价公司取得和运用现金的能力,反映净收益的质量,分析公司在会计期间投资、融资活动对财务状况产生的影响。其公式为:

$$\begin{aligned}现金净流量 &= 现金收入 - 现金支出\\ &= (营业现金收入 + 其他现金收入) - (营业现金支出 + 其他现金支出)\end{aligned}$$
(7-14)

企业的营业现金流量是一个非常重要的数据,可以用来正确评价企业在未来会计期内获得现金净流量的能力、企业偿债能力以及企业对外筹资需要等。通过这些内容的评价支持对于企业的整体综合评价。

7.3.4 信用风险评级

对客户的信用分析的目的是掌握客户的信用状况、支持银行贷款经营管理决策。从银行角度讲,对客户的信用风险评级将更加有利于银行安全经营、控制风险。

对客户进行信用风险评级,是在对客户资信状况进行深入调查分析的基础上,对客户所面临的信用风险状况和风险缓解状况做出全面、客观的分析、判断和预测,依此界定客户信用风险等级,作为制定针对风险等级的客户授信策略、审批与定价等工作的依据。

商业银行对客户信用风险等级划分不尽相同,但是,总体上,按照风险情况分为若干类,不管采用什么符号表示,内涵都基本一致。对客户信用风险评级所关注的风险主要包括:

7.3.4.1 经营环境风险

对于任何企业而言,外部经营环境直接影响其经营管理效果。客户所处的区域、行业、产业政策、税收政策以及环保政策等都可能带来系统性风险。

7.3.4.2 公司治理结构和组织结构风险

公司治理结构对企业的经营管理来说至关重要,完善的治理结构有利于企业正常经营和健康发展。公司治理结构中,股权结构和管理结构是重要的组成部分,依此可以判断客户的产权明晰程度、关联程度等以及决策层、执行层的独立性和有效性。对于银行来说,客户的治理结构直接影响债权的安全性。

7.3.4.3 经营风险

客户的经营规模、管理、产品、技术、资源等因素形成了客户的综合竞争实力。只有在正确判断企业自身竞争优势,并与同行业的其他客户进行比较分析的基础上,才能够客观判断客户在同行业的竞争地位和未来发展前景。

同时,市场是任何经营性企业必须面对的重要外部因素。对市场风险的分析主要是对客户主导产品未来市场可能存在风险的研究分析,如市场环境的变化趋势、价格波动、替代品、新的进入者等因素对客户经营战略的影响。

7.3.4.4 财务风险

财务风险是影响企业偿债能力的重要因素。银行必须在客户财务信息的真实性的基础上,充分运用趋势分析法和比率分析法等财务分析方法,对客户营运能力、盈利能力和偿债能力做出客观判断。

7.3.4.5 其他事项风险。

银行还必须关注客户以往信用记录、是否存在法律诉讼、兼并重组、重大人事调整和体制改革以及重大赔偿事项等。这些因素将综合影响企业的经营效果和偿债能力。

7.4 贷款定价

商业银行的贷款业务经营管理的重要内容是贷款定价。科学、合理的贷款定价是银行信贷经营成功的关键。商业银行作为贷款经营的主体,总是期望贷款的高定价来实现盈利的最大化。同时,贷款的借入者总希望以较低的成本获得资金。而且,银行监管当局从金融安全考虑规范借贷价格以及其他金融市场的影响都会直接或间接地左右商业银行的贷款定价。

贷款定价主要包括贷款利率和费用,直接影响信贷经营效益。但是,从现代社会来看,商业银行在某种意义上不是价格的制定者,而是价格的接受者。

7.4.1 贷款定价的内容与因素

商业银行的贷款定价必须考虑以下因素:银行的资金成本、借款人的风险大小、补偿金额与费用、竞争者的利率、利率上限以及与借款人的其他业务联系等。

商业银行的贷款定价包括两部分:一是利息(率)确定;二是非利息条款的确定。

商业银行的贷款定价策略,也反映了商业银行的产品营销策略,是上述因素综合考虑、统筹兼顾、突出重点形成的定价方式。

7.4.2 贷款定价的方法

7.4.2.1 成本定价法(成本相加贷款定价法)

商业银行发放企业贷款的定价必须考虑到筹集信贷资金的成本、银行管理费用、风险补偿以及预期收益等,以确定适当的利率水平。成本相加贷款定价法是一种简单的贷款定价模型,该模型认为对任何贷款的利率应包括四部分:①银行筹集足够贷款资金的成本;②银行的经营成本(工资和物质设施的成本);③银行对风险所要求的补偿;④保证银行预期收益的贷款利润。贷款利率的计算公式为:

$$贷款利率 = 筹资的边际成本 + 其他经营成本 + 风险补偿 + 预期利润 \qquad (7-15)$$

7.4.2.2 价格领导模型定价法

成本相加贷款定价法的基本前提是:①商业银行能够准确地测算经营成本;②商业银行能够准确识别、度量风险和进行风险补偿;③贷款定价不受竞争者经营行为的影响。但是,银行经营的复杂性和整体性,加大了成本收益分析难度,彻底分离成本几乎是不可能的。同时,银行同业竞争状况将影响银行的利润水平,影响银行贷款定价。成本相加贷款定价法的缺陷导致了价格领导模型定价法的产生。这种定价法是以若干个大银行统一的优惠利率为基础,考虑到违约风险补偿和期限风险补偿后制定的贷款价格。对特定的贷款客户来说,贷款利率的公式为:

$$贷款利率 = 优惠利率(包括各种成本和银行预期的利润) + 风险补偿$$
$$= 优惠利率 + 违约风险溢价 + 期限风险溢价 \qquad (7-16)$$

其中,优惠利率是商业银行对优质客户提供的短期流动资金贷款的最低利率;违约风险溢价是对特定客户收取的费用,以此作为银行提供贷款所承担风险的补偿;期限风险溢价是指对长期贷款的客户所收取的费用,以弥补银行比短期贷款更大的可能损失。

7.4.2.3 成本—收益定价法

在成本—收益定价法运用中,需要考虑三个因素:①估算贷款将产生的总收入;②借款人实际使用的资金额;③用估算的贷款总收入除以借款人实际使用的资金额来估算银行贷款的税前收益。

7.4.2.4 客户利润分析模型

目前,银行最流行的贷款定价方法为客户利润分析法(Customer Profitability Analysis),这种方法是从整体考虑问题,即评价商业银行与客户业务往来中的所有成本和收益,然后给客户的贷款定价。

客户利润分析模型是用来评估银行从某一特定客户的所有银行账户中获得的整体收益是否能实现银行的利润目标。这种分析方法也称作账户利润分析法(Account Profitability Analysis)。该方法强调银行与客户的整体关系,而不是仅仅从某一单项贷款着手考虑定价问题。所以,银行要比较该客户的所有账户成本、收入以及银行的目标利润,即银行需要考虑下式:

$$账户总收入 \geq 账户总成本 + 目标利润 \qquad (7-17)$$

如果账户总收入大于账户总成本与目标利润之和,该客户能为银行带来超过最低利润目标的收益。如果两者相等,该账户正好能达到银行既定的利润目标。但如果账户总收入小于账户总成本与目标利润之和,有两种可能的情况:一是账户收入小于成本,该账户亏损;一是账户收入大于成本,该账户能获利,但获利水平低于银行的利润目标。这两种情况的出现都需要银行对贷款重新定价,以实现银行的盈利目标。

账户总成本包括所有的服务费、管理费、资金成本以及违约成本等。服务和管理费用包括该客户的活期、定期存款账户的管理费用、支票账户的服务费用、贷款的管理费用等；资金成本是指提供贷款所需资金的成本；银行还必须考虑违约损失（违约成本），计算违约成本时，可以把贷款划分为不同的风险等级，再根据历史资料计算不同风险等级贷款的平均违约率，再根据平均违约率和贷款额来确定违约成本。有些银行并不直接计算违约成本，而是根据贷款的风险等级要求不同百分比的资本金来支持，通过提高目标收益来体现风险补偿。

银行可以从客户账户中获得收入，主要包括：客户存款收入、服务费收入和贷款的利息收入。计算账户总收入时，要考虑所有的该客户账户的收入。客户存款收入计算过程如下：首先确定该客户在计算期内的平均存款额；扣除托收中现金额和法定准备金得到可用存款额；根据银行存款收益率，计算出该客户存款带来的收入。由于外部经营环境的变化、同业竞争加剧，银行存贷利差越来越小，其他业务收入越来越成为提高收益水平的主要手段，服务费收入是重要的组成部分。服务费收入的构成和计算比较简单。贷款利息收入是银行的主要收益来源。银行为贷款定价时，需要考虑资金成本。国际上，工商贷款的参考成本利率包括：联邦基金利率（The Federal Funds Rate）、定期存单利率（CD Rate）、商业票据利率（Commercial Paper Rate）、伦敦银行同业拆借利率（The London Interbank Offer Rate, LIBOR）以及各银行根据自己的资金成本所定的利率。一般情况下，贷款利率就是在参考成本利率的基础上，按一定比例浮动。浮动的幅度与风险情况和竞争形势等因素相关。

目标利润是指银行资本从贷款中应获得的最低收益，目标利率就是资本的目标收益率。目标利润根据银行既定的股东目标收益率（即资本的目标收益率）、贷款额及贷款中的资本金比例确定，其计算公式为：

$$目标利润 = \frac{资本}{总资产} \times 资本目标收益率 \times 贷款额 \qquad (7-18)$$

其中，资本与总资产的比率可以由该项贷款的资本金支持率来代替。

7.5 贷款质量评价

7.5.1 传统信贷资产质量分类方法

贷款质量的期限分类法是银行传统的区分贷款质量的方法，以借款人违约还款期限作为分类标准。该方法主要反映还款期借款人的财务状况和贷款质量表现，没有考虑非财务因素影响和贷款期内的贷款质量状况，对贷款风险反映滞后，但衡量标准清晰、准确，便于操作。

我国商业银行的贷款分类方法就是采用属于贷款质量期限分类法的四级分类方法,即正常贷款、逾期贷款、呆滞贷款和呆账贷款,其中后三类为不良贷款。逾期贷款是指借款合同约定到期(含展期后到期)未归还的贷款(不含呆滞贷款和呆账贷款);呆滞贷款是指按财政部有关规定,逾期(含展期后到期)超过规定年限以上仍未归还的贷款,或虽未逾期或逾期不满规定年限但生产经营已终止、项目已停建的贷款(不含呆账贷款);呆账贷款是指按财政部有关规定列为呆账的贷款。四级分类方法的划分标准主要是以是否按贷款约定期限还款为主线的,难以揭示贷款风险本质。

随着社会经济的发展,建立现代银行制度成为我国商业银行改革的重要内容,改进贷款分类方法是加强银行信贷管理、提高信贷资产质量的主要手段。我国参照国际通行标准,从1998年开始推行贷款的五级分类。该方法是指按照风险程度将贷款划分为不同档次的过程。通过贷款分类揭示贷款的实际价值和风险程度,真实、全面、动态地反映贷款的质量;发现贷款发放、管理、监控、催收以及不良贷款管理中存在的问题,加强信贷管理;为判断贷款损失准备金是否充足提供依据。

五级分类法属于贷款风险等级分类法。贷款风险等级分类法是20世纪80年代发展起来的新的贷款质量评价方法,以借款人按期归还贷款的不确定性(风险)为分类内容和分类标准,综合分析判断确定贷款质量分类。与贷款质量期限分类法的期限标准相比,贷款风险等级分类法综合分析借款人所有财务和非财务信息(包括还款能力、还款意愿、客观环境、政策变化等),以贷款期内的时点为基准分析、预测贷款到期还款的可能性。使用该方法对贷款偿还的可能性进行全程监控,可以及时发现风险隐患,了解贷款风险状况,对信贷风险的识别、量化、管理以及适时采取对策具有积极意义。

五级分类方法是采用基于风险的分类方法评价信贷资产质量,把贷款分为正常、关注、次级、可疑和损失五类;后三类合称为不良贷款。这五类贷款的定义分别为:正常,借款人能够履行合同,没有足够理由怀疑贷款本息不能按时足额偿还;关注,尽管借款人目前有能力偿还贷款本息,但存在一些可能对偿还产生不利影响的因素;次级,借款人的还款能力出现明显问题,完全依靠其正常营业收入无法足额偿还贷款本息,即使执行担保,也可能会造成一定损失;可疑,借款人无法足额偿还贷款本息,即使执行担保,也肯定要造成较大损失;损失,在采取所有可能的措施或一切必要的法律程序之后,本息仍然无法收回,或只能收回极少部分。五级分类与损失区间对应情况见图7-5。

使用贷款风险分类法对贷款质量进行分类,实际上就是判断借款人及时足额偿还贷款本息的可能性,考虑的主要因素包括:借款人的还款能力;借款人的还款记录;借款人的还款意愿;贷款的担保;贷款偿还的法律责任;银行的信贷管理。借款人的还款能力是一个综合概念,包括借款人现金流量、财务状况、影响还款能力

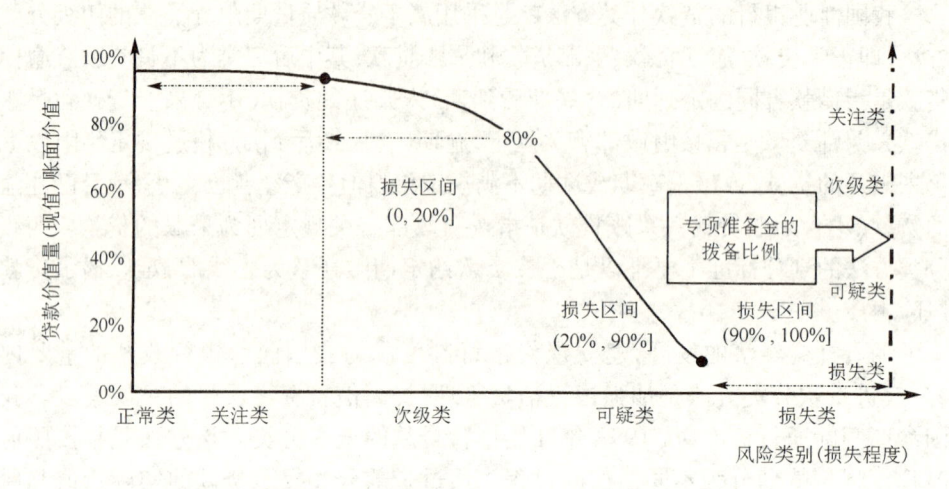

图7-5 五级分类与损失区间对应情况

的非财务因素等。对贷款进行分类时,要以评估借款人的还款能力为核心,把借款人的正常营业收入作为贷款的主要还款来源,贷款的担保作为次要还款来源。

为了更加科学地揭示信贷风险、客观评价信贷资产质量,美国排名前50家的大银行设计了十级风险分类,对五级分类方法进一步细化,将正常、关注和次级细分为八类,保留可疑和损失。这种方法是对五级分类方法的进一步完善,可以更客观、科学地反映信贷资产的质量状况。

以上按期限的分类方法和按风险分类的方法都在特定历史时期对银行评价信贷质量、改善经营管理做出了应有的贡献。但是,这些分类方法存在的问题也是十分明显的:①期限划分法仅仅依赖于到期还款的情况,不能从本质上反映贷款的风险状况;②风险分类方法尽管是基于贷款风险的,但是由于其主观判断和离散等特性,难以科学、客观地刻画真实的信贷风险;③按照分类结果进行的预期损失准备金提取和资本准备缺乏科学的量化依据等。因此,国际上,发达国家的商业银行逐步探索新的风险分析技术——内部风险评级法,同时也得到国际银行监管组织巴塞尔委员会的原则认可,并在《新资本协议》中得到体现。

7.5.2 现代信贷资产风险估价方法——内部评级法(IRB)

现代信贷资产风险估价方法是建立在现代金融科学理论知识基础上,以概率与数理统计为工具,以现代信息技术成果为手段,建立信贷管理信息系统提供信息支持,运用多种数学模型模拟和计算,确定贷款风险状况。由于整个过程和采用的方法科学合理,同时,评价结果清晰、准确、实用,因此,贷款风险价值分类法代表了现代风险分类的发展方向。

贷款风险价值分类对贷款价值评价比贷款风险管理等级分类法更为完善:对贷款风险价值和预期损失置于一定的持有期和置信度下,对整个信贷资产组合的价值波动进行估价。内部评级法是在对信贷风险要素进行客观分析的基础上形成的现代评价方法,它更多地利用历史数据和统计模型、在历史数据基础上对风险进行量化,并从资产组合角度积极管理风险。

7.5.2.1 内部评级法的内涵

《新巴塞尔资本协议》提出了更为全面、更具风险敏感性的方法,把资本充足率与银行面临的主要风险紧密地结合在一起,突出了内部评级法在风险管理中的核心地位。

《新巴塞尔资本协议》提出了处理信用风险的标准法和内部评级法。其中,内部评级法是《新资本协议》的核心内容。该方法允许银行通过对自身数据的统计分析,得到信用风险计量的相关参数。

内部评级法分为初级法和高级法,初级法仅要求银行计算出借款人的违约概率(PD),其他风险要素值由监管部门确定;高级法则允许银行使用自己计算出的各项风险要素值。

其中,最重要的风险因素就是违约概率(PD)。巴塞尔委员会将违约概率定义为:债项所在的信用等级一年内的平均违约率。各信用等级违约概率的确定必须是通过对历史数据进行统计分析和实证研究得到,并进行返回测试(Back-testing)和进行前瞻性估计。违约概率模型的构建和测算是内部评级法的核心。影响违约概率的因素主要有:财务因素、经营因素等,并且不同的风险类别,其违约概率的影响因素不同。

违约损失率(LGD)是指预期违约的损失占风险暴露的百分比。此处的损失是经济损失而非会计损失,包括折扣因素、融资成本以及在确定损失过程发生的直接或间接成本。违约损失率与关键的交易特征有关,如是否有抵押品及其从属(subordination)关系的影响。

期限(M)被认为是最明显的风险因素,银行必须为每项风险暴露提供一个期限测量值,并与违约概率、违约损失率一起计算出该项风险暴露的风险权重及风险加权资产。

风险暴露(EAD)指由于债务人的违约所导致的可能承受风险的信贷业务的余额。所有风险暴露按扣除特别准备金后的净值计算。

7.5.2.2 内部评级法的基本架构

巴塞尔委员会提出,银行必须将其银行账户中的风险暴露按照不同的信用风险特征划分为公司、主权、银行、零售、项目融资以及股权六大资产类别。对每类风险暴露的处理要考虑三方面因素:①风险要素(银行可以使用自己或监管当局规定的标准估计数据);②风险权重函数(将风险要素转换成银行计算风险加权资产的权重);③使用内部评级法必须满足的最低标准。

信用风险的内部测量是根据与借款人和交易对手历史交易记录的分析,对借款人、交易对手的违约情况进行评定,并给予相应的评级。银行对其内部评级的每一等级都需要估计违约概率、违约损失、期限和违约时的风险暴露。在内部评级法中，风险加权资产等于风险暴露与风险权重的乘积，而风险权重由违约概率、违约损失和期限这三个因素确定。同时，通过风险要素可以计算出预期损失(EL)和非预期损失(UL)等相关指标，并作为信贷授权、额度授信、产品设计、贷款定价、经济资本分配等各项工作的基本依据。预期损失和非预期损失分布见图7-6。

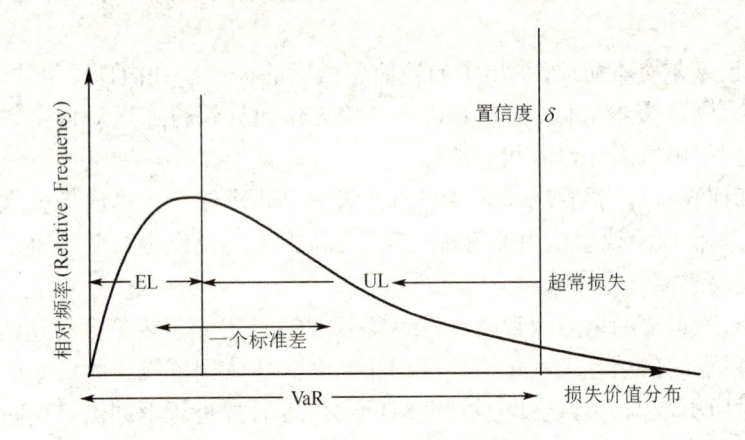

图7-6 风险损失分布示意图

损失的统计指标：EL(Expected Loss)为损失分布的数学期望；UL(Unexpected Loss)为非预期损失；意外损失，也称为超常损失或灾难性损失，为预期损失和非预期损失之外的损失。

7.5.2.3 内部评级法的实施要求

尽管内部评级法在信用风险计量与资本配置等方面更具优越性，但实施内部评级法对商业银行的风险管理体系提出了更高的要求：

(1)建立以计量模型为基础的风险评级系统。根据内部评级法的基本要求，银行首先要建立有效的风险评级系统，该系统应包括评级方法、数据收集、风险评估、损失量测算、数据存储等全部过程。同时，银行应具备一套完整的评级标准，并证明其使用的标准涵盖了所有与借款人风险分析相关的因素。

(2)对信用风险进行有效细分。对客户进行分类的目的是为了对信用风险进行细分。银行对正常类贷款的客户至少要划分为6~9个等级，不良贷款客户至少要划分为2个等级。对于每一等级客户，都要单独测算其PD等基本的信用风险指标，可以使银行更加准确地测算银行所要承担的风险和所需要的经济资本配置，也可以保证分析的一致性。

(3)建立独立的风险评级或评审机制。巴塞尔委员会要求"每项评级的确定都必须经过独立评审，或得到不会从风险暴露具体等级中获益的个人或单位的批准。"也就是说，风险评级应由一个独立的风险管理部门确定，或者经过其评审或批准，以保证评级过程和工作效果的相对独立性。

7.6 问题贷款与贷款损失的管理

商业银行在经过一系列的研究分析,慎重决策发放贷款后,并不一定能够从中获利,关键问题在于贷款的本息能否按期、完全、及时地收回。当然,尽管所有的银行都采取审慎的贷款政策和采取严格的风险管理,由于种种原因,问题贷款(Problem Loan)和贷款损失(Loan Losses)总是难以避免的。

7.6.1 问题贷款

当贷款未能按照原定协议按时偿还本金或利息时,或者未能按规定的方式偿还时,就应该被视为问题贷款。银行内部管理、外部经营环境的改变、客户的经营状况和还款意愿等因素都可能导致问题贷款的出现。因此,银行应对引起问题贷款的客户财务方面、经营方面、管理方面以及银行往来与管理方面进行连续地监测、分析,并制定和采取相应的措施。

具体地讲,在客户财务方面,主要是分析其财务报表;在经营方面,主要是对生产管理、库存管理、客户关系、劳资关系等日常生产经营情况进行分析;银行往来方面,通过对银行存款变化、新贷款需求、循环使用贷款的频率等银行往来事项都能从某种程度上反映客户的经营情况以及还款能力的变化;管理方面,主要包括管理层变动、管理策略变化、对待风险的态度以及对日常生产管理手段等。通过全面分析客户的经营管理情况,可以预测企业的还款能力变化,对防范问题贷款的出现或问题贷款出现后的管理可以提供有效的支持。

7.6.2 问题贷款的回收与控制

问题贷款一旦确定,银行就应该立即着手为收回贷款做计划安排。银行可以采取的措施主要包括:实施担保协议,由担保人代为偿还;变现抵押品来收回贷款;借款者申请破产后收回部分或全部贷款;贷款无法收回,进行核销。

银行对问题贷款的回收可以考虑采取的措施:

(1)银企合作。银行作为债权人,一定程度上介入企业经营管理和限制企业的某些经营活动,以期企业经营管理正常化,提高还款能力。当然,即使企业最终破产,银行参与经营管理的经历,可以保证其作为债权人在索赔方面处于有利地位。

(2)变卖抵押品。银行按照贷款协议变卖抵押品,以收回贷款。缺陷在于,银行通过抵押变现收回了全部或部分贷款本息,但变卖抵押品有可能直接影响企业的正常生产经营甚至导致该企业破产。

(3)实施担保措施。银行可以按照担保协议,追究担保人的相应责任,回收贷款。

(4)申请法律裁决。对于上述方式不能解决的问题贷款,可以采用法律手段保全资产。

(5)破产索赔。客户可以自愿申请破产,银行向法庭申请要求清算借款人的资产。

当然,在许多情况下,根据出现问题贷款的原因,因地制宜地制定相机决策方案来回收贷款是解决问题的关键。

在问题贷款的回收难以取得预期效果的基础上,商业银行必须采取相应的措施来控制贷款损失率。一般情况下,银行可以采取延期和转移两种方式来减少问题贷款导致的贷款损失。贷款延长期限是建立在借款者的财务和经营情况会有好转的预期基础上的;贷款转移就是改变债权债务关系,将贷款转移给其他承担者,从而保全资产,控制损失。

7.6.3 贷款损失的内部准备

由于贷款损失的不可避免,出于对银行稳健经营、健康发展的需要,同时也是按照监管当局的要求,银行必须设立呆账准备金(Provisions for Loan Losses)来冲销呆账,减少呆账损失对银行正常经营管理的冲击和由此引发的银行风险甚至金融风险。

呆账准备金在控制银行风险方面发挥着很大作用,但呆账准备金不是盈利资产,准备金的增加往往削弱银行盈利能力。因此,银行必须对保留适量准备金做出决策。而银行提取呆账准备金的额度在很大程度上依赖于管理者的主观判断。一般来说,贷款的呆账准备金提取与其风险水平成正向关系。同时,银行的管理者能够决定冲销呆账的时间,可以在一定程度上主动控制呆账准备金的适宜度。

美国商业银行呆账准备金制度主要包括建立贷款风险识别机制、建立对准备金的评估制度和建立贷款冲销制度三方面。呆账准备金的种类分为普通呆账准备金、专项准备金和特别呆账准备金三种,其中,普通呆账准备金是按照风险贷款的一定比例提取;专项准备金是按照资产分类结果、根据其内在损失程度,按一定风险权重提取;特别呆账准备金主要是为防范国家风险计提的准备金。

我国银行呆账准备金制度是按照中国人民银行实施五级分类以来制定的《贷款损失准备金计提指引》执行的,分别提取普通准备、专项准备和特别准备。其中,银行按季计提不低于年末贷款余额的1%的一般准备;专项准备按照关注类贷款为2%、次级类贷款为25%、可疑类贷款为50%和损失类贷款为100%的比例提取;特种准备由各银行根据不同类别的贷款特定风险状况、风险损失概率与历史经验,自行按季计提。

本章小结

贷款业务是商业银行资产业务的主要业务，是银行利润的主要来源。贷款业务主要包括传统业务和创新业务两部分。银行在允许的业务范围内开展贷款业务时，首先要建立相应的、科学的信贷组织机构作为组织保障；其次是建立规范的信贷经营程序，指导贷款业务的开展；三是在信用分析的基础上，开展信贷业务；四是针对特定贷款，进行合理定价；五是对贷款风险进行科学管理；六是针对出现问题的贷款进行合理处置，确保银行稳健经营。

复习思考题

1. 简述商业银行信贷业务的主要类别。
2. 论述商业银行的贷款组织机构设置需要考虑的因素，并依此设计基本组织机构框架。
3. 简述商业银行贷款业务的流程及其各环节在提高信贷资产质量和收益性方面的作用。
4. 分析商业银行客户信用评价考虑的主要因素。
5. 商业银行贷款定价的方法有哪些？
6. 简述商业银行贷款的主要风险种类与贷款质量评价的主要内容和方法。
7. 简述商业银行问题贷款的回收方法，并举例说明银行应选择哪种方案。
8. 根据两家上市银行公开的有关资料，分析对比其贷款质量和呆账准备金的充足程度。
9. 某贴现申请人于2012年11月10日，持有一张面额为100万元的银行承兑汇票，到其开户银行申请办理贴现，票据到期日为2013年3月15日，假设银行贴现率为6.8%，银行实付贴现金额是多少？如果该银行承兑汇票期限为6个月、票面利率为10%，银行实付贴现金额是多少？
10. 客户申请贷款500万元，假定某客户账户信息如下：成本类，账户存取活动70 000元、贷款管理费和风险费80 000元、贷款资金的利息成本580 000元；目标利润，70 000元；收入类，补偿存款的收入30 000元、实现目标利润所需的贷款利息700 000元。试计算实现目标利润所需的贷款价格。如果由于客户信用分析结果较差，发放贷款承担的风险较大，银行需要较高的资本支持，因此，提高资本收益率，假定提高10%，计算贷款的价格，并分析这一变动对银行管理的启示。
11. 某债务人背景材料如下：职工人数1 088人。资产规模，截止到2013年11

月末,该公司总资产为43 048万元,总负债为13 568万元,净资产为29 480万元。债务人产权结构和组织结构:该公司属中外合资的有限责任公司,股东及占股比例如下表所示:

股东名称	持股比例(%)
××制药集团	1
香港××制药投资有限公司	26.01
香港××投资公司	72.99

该公司设有董事会负责公司生产经营的重大决策;董事会聘任总经理,具体负责日常生产经营活动的管理;下设办公室、生产部、销售部、财务部等六个部门。债务人简要发展沿革和经营业绩介绍:该公司由香港某投资公司联合香港某制药投资有限公司、某制药集团于1995年发起设立,注册资金人民币14 769万元,主要生产销售青霉素原粉,公司成立的第二年即实现了盈利。

债务人目前经营状况和财务状况如下:2012年末,该公司总资产40 807万元,总负债13 052万元,资产负债率31.98%,实现销售收入16 079万元,利润总额2 521万元,净利润2 014万元;截至2013年11月末,该公司资产总额为43 048万元,负债总额为13 568万元,资产负债率31.52%,实现销售收入16 271万元,利润总额2 725万元,净利润2 134万元,预计到年底,该公司同比将实现更高的销售收入和利润。

债务人与银行业务合作情况如下:银行给予债务人额度授信:已给予额度授信,授信额度1亿元人民币;额度支用情况:债务人于2013年3月8日支用额度3 500万元;贷款等授信业务还本付息情况:在我行的贷款本息均能按时主动偿付,无不良信用记录。

授信业务背景材料、授信的申请理由及申请时的还款来源:2012年底以来,青霉素工业盐市场价格持续反弹,公司抓住有利时机,迅速调整战略,对部分设备进行改造,加工生产工业盐,周转资金需求量增大,因此向我行申请流动资金贷款3 500万元,还款来源为产品销售收入。授信业务的审批层次、审批结论的主要内容:该笔贷款由市分行审批,无条件同意。授信协议签订和客户支用情况:2013年3月8日签订协议,并支用贷款。授信业务的担保情况:该笔贷款采取保证的担保方式,担保单位为某制药有限公司,该公司主要生产销售头孢菌素C-NA盐,生产经营正常,财务状况良好,截止到2013年11月末,总资产106 954万元,总负债65 454万元,资产负债率61%,实现销售收入55 883万元,净利润14 404万元,具有较强的担保能力。

贷后管理的简要情况:贷款发放后,我行按照有关规定严格进行管理,在管理中了解到:①债务人和担保人某制药有限公司为关联企业、互保单位,法定代表人为同一人;②债务人生产经营的开展主要通过某制药有限公司进行,双方关联交易较多,导致债务人自身在我行结算量较小;③债务人主导产品相对单一,容易受市场变化冲击;④三年来应收账款较多,销售收入不能及时回笼;⑤担保单位应付账款数额巨大。

根据债务人材料,分析贷款风险,按五级分类法划定类别,并提出风险防范措施和建议。

8

商业银行的证券投资业务

本章要点

　　商业银行资金形成的盈利资产除了信贷资产外,还有一部分资金可投资于证券,形成证券投资资产。西方发达国家的商业银行证券资产规模越来越大,证券投资的地位也越来越重要。

　　本章介绍了商业银行证券投资的意义,在对构建组合的金融工具及风险收益分析的基础上,提出了银行建立投资组合的管理程序以及管理策略,力求使商业银行的特定要求和一般证券投资组合理论方法有机结合起来。

8.1 证券投资业务的目标与意义

商业银行证券投资是指商业银行在金融市场上购买和出售有价证券的经济行为,从某种意义上讲,证券投资与贷款一样,也是一种授信行为。商业银行的企业化经营,要求商业银行必须充分利用资金提高经营效益,而商业银行资金形成信贷资产组合作为主要的盈利资产,在保留一定数量的现金、同业存放、央行存款和按比例提取准备金外,如果还存在富余资金,则可投资于证券,获得收益;而且,通过主动投资、建立动态资产组合,既可以实现资产组合风险管理目标,又可以进一步管理流动性。因此,商业银行证券投资的目的就是增加流动性、提高收益性、保持资产组合的高质量和充分运用银行资金来源,从而有效地实施银行经营的"三性"原则,确保银行稳健经营、健康发展。

从商业银行证券投资的目的不难看出,其重要意义和作用不仅仅在于银行把资金投资到证券市场以获得利润,同时还包括改善风险状况,增加流动性,以及坚持商业银行的经营原则灵活决策资金的使用。

8.1.1 商业银行灵活地运用资金实现业务经营的多元化

商业银行的贷款是其主要业务。但是,并不是把资金全部投放到贷款业务中,就能获得最佳收益,同时,也并不是在任何情况下,所有的可用资金都可以以贷款形式发放出去。因此,将部分闲散资金投放到证券市场中,不仅可以解决资金使用问题,提供多种资金使用方式,还可获得较好的收益,有效地提高了资金使用效率。

证券投资拓宽了商业银行的资产业务范围,增加了银行资产管理的自由度,为银行灵活、有效地运用资金,实现业务经营的盈利性创造了条件。

8.1.2 有利于业务经营盈利性的实现

从证券投资中获得收益是商业银行证券投资的重要目的。商业银行作为最主要的存款金融中介机构,主要的业务是在吸收存款的基础上,发放各类贷款,以此获得"借贷利差",这是商业银行利润来源的最主要业务。但是,金融市场的迅速发展、融资手段的逐步丰富、"脱媒"现象的不断出现、激烈的银行同业竞争等外部因素,一方面形成贷款营销的困难,另一方面提高了贷款的风险,对银行信贷资产的盈利性、安全性、流动性造成重大影响。与此同时,银行的绝大部分资金是有息负债,需要支付成本。在这种情况下,商业银行必须寻找新的盈利渠道,而证券投资则是使闲置资金产生效益的好办法,银行进行证券投资,使闲置资金得到了充分利用,增加了收益。

8.1.3 有效地改善商业银行的风险状况,提高业务经营的安全性

商业银行的安全性要求银行必须把风险控制作为业务经营的一个重要问题。而实现风险管理和控制目标的主要手段就是实行资产分散化和多样化。证券投资在银行业务经营的降低风险管理中发挥着重要作用。主要表现在:

(1)证券投资组合构建的灵活性。证券投资者在投资对象、投资金额、投资地域、投资期限、交易方式等方面具有较高的自由度,主要是:投资者既可投资股票,又可投资债券;既可投资国内金融市场,又可投资国际金融市场;既可选择短期债券,又可选择长期债券;既可选择高收益、高风险证券,又可选择稳定收益的低风险证券等。与此形成鲜明对比的是:贷款受银行资产规模、银行所处地理位置等因素的制约,以及银行贷款的发放—持有—到期的经营特点,信贷管理的灵活性受到很大程度的制约[①]。

(2)证券的高流通性带来了风险控制便利。投资者随时买卖证券,为及时解决某种证券风险增加或者过于集中,迅速变现或者向其他风险较小的金融资产转换,带来了便利。也就是说,证券投资不仅可以分散风险,还可以根据供求关系、利率变化趋势、通货膨胀等因素及时决策转移风险。而贷款往往需要到期才能收回,提前收回和中途转让的比例很少。因此,证券投资有利于银行风险控制,提高业务经营的安全性。

以上不难看出,商业银行可以对不同的发行者,不同期限、不同收益率的证券采取分散化策略来分散风险,也可以通过证券的变现转移风险,其目的是将商业银行的风险控制在一定范围内。

8.1.4 有利于提高商业银行的流动性

商业银行的流动性原则是其经营特点决定的。一般情况下,库存现金、在中央银行的存款、存放同业的资金以及同业往来中的款项都可以作为满足流动性的资产,作为第一准备金。但是,众所周知,一级准备金越多,其流动性越好;但是,由于一级准备金不是盈利资产。如何在盈利性和流动性之间寻求平衡是任何商业银行都不可回避的重要问题。好在商业银行除了适度的一级准备金外,还可以进行二级准备,如短期贷款、贴现、短期证券投资等。在二级准备中,金融市场比较健全的情况下,唯一可以自由变现的是短期证券投资。同时,银行可以将证券作为抵押品从中央银行获得贷款,也可以进一步提高流动管理水平。

因此,短期证券投资是改善和提高商业银行流动性的重要手段,同时,长期证券投资也可以提高商业银行的流动性,只是从作用上看,稍差于短期证券投资而已。

---

① 尽管随着金融创新的深入开展,金融创新工具层出不穷,使得商业银行的贷款经营传统模式(持有到期)向现代模式(可以通过衍生证券、贷款出售等手段改变贷款期限,从而增加了贷款经营的灵活性)逐步转变,但是传统的贷款经营模式一直是主流。

8.1.5 实现商业银行自身经营管理目标,并在发展市场、完善宏观调控方面发挥巨大作用

一个国家的金融体系是否成熟和完善,金融市场是一个重要的标志。商业银行的证券投资无疑为金融市场发展奠定了良好基础。商业银行参与证券市场,既是投资者,同时又是资金的需求者。通过证券市场上各种证券的买卖,不仅在协调与政府、企业的关系上提供了条件,有助于银行自身的巩固发展,也为中央银行的宏观调控、实施公开市场操作提供了基础条件。中央银行的公开市场操作是通过证券买卖影响基础货币,扩张或收缩货币供应量,而这又以商业银行持有一定数量的证券为先决条件。所以,商业银行开展证券投资业务有利于中央银行的宏观调控。

8.2 证券投资组合的金融工具与风险收益分析

8.2.1 商业银行的证券投资工具

商业银行进行证券投资的金融工具很多,分类标准也不尽相同,按照证券承担风险的程度可以分为债券、优先股和股票;按照发行主体可以分为政府债券、公司债券和公司股票;按照期限划分可以分为短期债券和长期证券;按照创新程度可以分为传统金融工具和创新金融工具;按照所在金融市场划分为货币市场工具、资本市场工具和创新投资工具。我们按照传统金融工具和创新金融工具来划分,在此基础上再按照发行主体和期限进行细分。

8.2.1.1 传统金融工具

(1)按发行主体划分。商业银行的传统投资工具主要包括政府债券、公司债券、优先股票、普通股票四类,商业银行按照一定的标准在这些证券中进行选择证券投资组合内容。

政府债券有三种类型:中央政府债券、政府机构债券和地方政府债券。中央政府债券即国家债券,是指由中央政府的财政部发行的借款凭证,按发行对象可以分为公开销售债券和指定销售债券。公开销售债券向社会公众发行,可自由交易;指定销售债券向指定机构发行,不能自由交易和转移。商业银行投资的政府债券一般是公开销售的债券。国家债券具有安全性高、流动性强、实际收益高和抵押代用率高等特点。国家债券按期限可以分为短期国家债券和中长期国家债券。短期国家债券是指期限在一年之内的国家债券,通常又称为国库券。商业银行持有的国库券一部分是在一级市场上直接从财政部或中央银行购买,另一部分则是从二级市场上转购的。中期国家债券的期限在 1 年以上 5 年以内,长期国家债券则是 5 年以上。政府机构债券是指除中央政府之外,其他政府部

门和有关机构发行的借款凭证。政府机构债券的期限通常以中长期为主。地方政府债券,是中央政府以下的各级地方政府发行的债务凭证,有两种基本类型:普通债券和收益债券。

公司证券包括公司债券、股票等。公司债券是公司为筹措资金而发行的债务凭证,并承诺在指定的时间、按票面金额和指定利率还本付息。公司债券主要有两种:抵押债券和信用债券。公司股票是股份公司发行的、用以证明投资者的股东身份和权益、并据此获得股息或红利的有价证券。股票分为优先股和普通股。股票不同于其他债券,主要表现在:股票是股权凭证,债券是债权凭证;股票没有期限,债券有期限限定;股票风险大、收益不确定性大,债券的收益大部分是固定的。在一些国家中,商业银行和投资银行实行混业经营,有些国家允许商业银行投资于公司股票;但大多数国家都从法律上禁止商业银行直接投资于股票。

(2)按期限划分。从期限划分,债券包括短期债券和长期债券。短期债券包括中央银行准备金、短期国库券、短期地方债券、短期公司债券及商业票据、大额可转让存单(CDs)、银行承兑汇票、资金回购和通知存款等;长期债券包括长期公债、长期地方债券和长期公司债券。

与此对应的是货币市场和资本市场工具划分,货币市场工具主要有国库券、商业票据、银行承兑汇票、存单、回购协议和欧洲美元等;资本市场工具主要有中长期国债、政府机构证券、公司债券和股票等。

8.2.1.2 创新投资工具

随着金融市场的发展,金融创新工具的不断涌现,极大地丰富了银行的证券投资范围。现代商业银行证券投资的金融创新工具主要包括金融期货、金融期权、结构票据、证券化资产、共同基金以及剥离证券等。

金融期货和金融期权的产生和发展是 20 世纪金融创新的典范,其内容包罗万象,其思想方法也渗透到金融创新的各个领域。商业银行可以通过建立投资组合,充分借助这些衍生工具控制风险和取得收益。

基于贷款整合的证券化是商业银行金融创新的一大亮点。证券化资产是由经选择过的、类型与质量一致的贷款支持(如住房抵押贷款、汽车贷款和信用卡贷款等),进行资产证券化所产生的资产。最普遍的证券化资产是住房抵押贷款支持的证券化资产,主要有三类:过手证券、抵押贷款保证证券和住房抵押债券。过手债券(Pass-through Securities)就是以住宅抵押贷款为保证的证券,其本金和利息通过证券代理人转交给证券持有者;抵押贷款保证证券(Mortgage-backed Securities)是由住房抵押贷款本身的证券化或过手证券的证券化而产生的;住房抵押债券(Mortgage Backed Bond)与过手债券和抵押贷款保证债券本质相同,但与过手证券和抵押保证证券的抵押贷款转移到表外不同,住房抵押债券和支持其存在的抵押贷款保留在发行者的资产负债表内。其他已被证券化且可作为银行投资工具的贷款类型包括:汽车贷款、信用卡应收款、小企业管理局担保的贷款、垃圾债券以及利率可变的住房抵押贷款等。

尽管上面提到的证券投资工具品种繁多,但并不是所有国家的商业银行都可以将此作为证券投资对象范畴。各国监管当局都无一例外地根据实际情况,确定商业银行的证券投资范围。因此,商业银行必须根据具体管制规定,确定证券投资工具范围。

8.2.2 证券投资的收益与风险

8.2.2.1 商业银行的证券投资收益及衡量

商业银行证券投资的收益包括利息收入和资本收益两部分。利息收入方式有以下两种:按证券上标明的利率,按期向证券发行者索取的利息;以贴现方式取得的利息收入。证券的资本收益是指在购入证券后,在二级市场上出售时收到的高于购入价格的余额,也就是价差收入。

衡量证券投资收益率的指标主要有:

(1)票面收益率,是指由证券票面标明的或尽管未标明但可以通过票面信息(如利息额、贴现发行价格等)可以计算得出的收益率。

(2)当期收益率,指证券票面收益额与证券现行市场价格的比率。

(3)持有期收益率,是指当期收益率与资本收益率之和。持有期收益率用公式表示为:

$$持有期收益率 = \frac{每期利息 + \dfrac{到期还本(或转让价格) - 购买价格}{持有时间}}{\dfrac{购买价格 + 到期还本(或转让价格)}{2}} \times 100\% \quad (8-1)$$

(4)年平均收益率。计算年平均收益率存在两个需解决的问题,一是利息发放的时间安排;二是证券价格变动几率。这两个问题的存在,使得证券投资年平均收益率的计算复杂化。一般情况下,可以采用算术平均法、几何平均法和期内平均法计算。

$$算术平均收益率 = \frac{\sum_{1}^{N} r_i}{N} \times 100\% \ (r_i 为 i 期收益率, N 为持有年限) \quad (8-2)$$

$$几何平均收益率 = [(1+r_1)(1+r_2)\cdots(1+r_N)]^{\frac{1}{N}} - 1 \quad (8-3)$$

期内平均收益率是现代证券投资管理所常用的计算平均收益率的方法,计算公式为:

$$P_0 = \sum_{t=1}^{N} \frac{L_t}{(1+r)^t} + \frac{P_N}{(1+r)^n} \quad (8-4)$$

其中,P_0 为初期证券价格,r 为期内收益率,L_t 为 t 期所获现金收入,n 为持有年数,P_N 为期末证券价格。

几种计算收益率的公式各有优缺点。举例说明。某证券投资者今天购买某金融衍生产品,价格5元(不及交易成本),第二天价格变为10元,第三天5元,$r_1 = 100\%$,$r_2 = -50\%$,其算术平均收益率为$(100\% - 50\%)/2 = 25\%$。即持有该产品

2个交易日,买价5元,第三天还是5元,收益率25%,这是不可思议的。而用几何平均数计算的收益率为:$[(1+100\%) \times (1-50\%)]^{1/2} - 1 = 0$,更具说服力。

8.2.2.2 证券投资的风险

商业银行证券投资的风险是指商业银行在进行证券投资中存在的本金或收益损失的可能性。

(1)根据风险能否通过证券组合加以消除,证券投资风险分为系统风险和非系统风险。系统性风险是外在不确定性引起的证券市场上所有证券价格和利息变动的可能性。这种风险的影响是全局性的,不可能通过投资分散化等方式消除。如经济周期、通货膨胀、政治状况、利率高低等因素均是造成证券市场系统性风险的原因。非系统性风险是指内在不确定性给某一个或某一类证券带来损失的可能性,具有明显的个性特征。例如,某企业的管理状况、产品竞争力、生产规模、消费者偏好等变动对本企业证券价格变动产生影响。非系统风险可以通过多元化投资组合来消除。

(2)按照风险来源,可以将证券风险分为信用风险、市场风险、利率风险、购买力风险和流动性风险等。

①信用风险,是指证券发行人在证券到期时没有能力向证券持有人偿还本金和利息,或者有意不履行偿还义务而给证券持有人造成损失的可能性。信用风险主要受证券发行人的品德、经营能力、资金实力、事业稳定性和事业前途等因素的影响。一般来讲,商业银行的证券风险信息可通过外部证券信用评级披露来获得。

在美国公司和州地方政府发行的投资证券必须接受信用评级。两家最著名的私人评级公司为标准普尔公司和穆迪投资者服务公司。相关的违约风险级别如表8-1所示。

表8-1 可交易证券的违约风险级别

证券的信用质量	信用评级标志		
	标准普尔公司	穆迪投资服务公司	
质量最优投资风险最小	Aaa	AAA	投资质量或投资级别最高
高级或高质量 中高级 中级	Aa A Baa	AA A BB	被认为对多数银行可能接受
中级有投机因素 中低级 表现差/可能违约 投机性/经常违约 最低等级投机类证券/前景差	Ba B Caa Ca C	BB B CCC CC C	投机质量低和垃圾债券/被认为对多数银行不合适
违约证券和已宣布破产的企业发行的证券	不定级	DDD DD D	

②利率风险,是指现行利率的变动对商业银行的投资所带来的风险。证券利率风险的显著特征是:导致现金流的不确定性,进而使收益和融资成本不确定;导致证券资产的市场价值不确定,从而导致收益的不确定性。

③购买力风险,即通货膨胀风险,是指物价上涨使证券投资的本金及投资收益所代表的实际购买力下降,从而对商业银行实际收入所带来的损害。

④流动性风险,因证券流动性带来的收益不确定性。流动性证券必须具有及时变现的市场、各期间相对稳定的价格、收回初始投入资本的较高可能性等特征。

⑤提前赎回风险。许多发行投资证券的公司和某些政府保留着在到期日之前通知赎回证券的权利。一般情况下,通知赎回通常发生在市场利率下降之时,投资于可通知赎回证券的银行不得不进行再投资,将承担收益损失的风险。

⑥市场风险。市场风险是指由于证券市场和经济形势变化给证券投资人带来损失的可能性。例如,由于经济衰退,证券市场的需求量减少,证券价格下跌,这时如果投资人不得不出售证券,就会遭受损失。市场风险对于投资者来说是难以预测的,避免市场风险的主要方法是实行资产分散化,即银行将投资资产分散在多种类型不具有正相关性的证券上。

除以上的重要风险外,证券投资的风险还有法律风险、国家风险等。

8.2.2.3 证券投资的收益与风险关系

商业银行的证券投资中,收益和风险是不可分割的,一般来讲,收益和风险是正向关系,即收益水平越高的证券所承受的风险程度越大;反之亦然。尽管在一般情况下,证券的收益和风险不是线性的,但是正向关系可以说明国债、公司债券、优先股、普通股的风险依次增大而收益率也依次上升。

因此,在证券投资分析中,收益—风险分析是重要的内容。

8.3 证券投资组合的管理程序

商业银行在证券投资目标指导下,根据自身特点(规模、管理水平等)和所处的环境,按照一定的程序构建证券投资组合是形成高效资产组合的重要工作内容。证券投资组合管理决策一般程序为:在证券投资组合目标指导下,对外部环境进行预测和分析;根据银行对证券投资组合管理要求,选择证券投资组合的金融工具;制定相应的证券组合管理策略;实时监控证券组合的金融工具的变动及对整个组合的影响,并适时调整投资证券组合,实现组合管理目标。

8.3.1 外部环境预测分析

金融市场受到外部经济环境的影响是巨大的,经济增长率、通货膨胀率、失业率、利率、货币发行量等外部因素综合作用于金融市场。因此,证券投资组合管理的首要任务便是对外部环境的基本要素变动趋势进行分析预测。

8.3.2 银行证券投资组合的要求和原则

与商业银行经营相适应的商业银行证券投资组合管理要求和原则是建立有效的证券投资组合的基础和前提,一般情况下,这种要求主要包括:

(1)银行必须协调证券投资安排和流动性计划,确保银行的证券投资组合满足银行的流动性需求。这就要求证券投资组合能够及时变现,实现的主要方法是:建立证券期限序列,安排投资证券的到期期限与计划的现金需求吻合,以保证银行的未来现金需求;动态调整投资组合的到期期限,以求满足中央银行的标准要求。

(2)考虑银行的抵押担保需求。在西方发达国家,政府机构账户存款要求银行持有一定数量的政府债券作为抵押资产。一般情况下,作为抵押品的资产是流动性最高、风险最小的国库券。

(3)考虑银行整体风险状况,对证券投资组合进行分析,建立适合银行整体风险控制的投资组合,可以有效地控制风险,提升商业银行的信用级别。对商业银行风险因素考虑的主要内容为:贷款组合的风险、资本的充足性以及银行管理人员的能力等。主要做法是:考虑银行贷款风险的高低,建立能够保持一定整体风险水平的证券投资组合;对于资本相对宽裕的银行,可以增加证券投资额度;对于有足够专业技术人员的银行,可以建立和管理较大规模、风险相对较高的投资资产组合;对于无能力进行证券投资组合分析管理的银行,可以选择减小投资组合风险或聘用外部专业管理人员。

(4)考虑税收状况。银行进行证券投资组合管理必须考虑税收因素,综合分析应税收益和免税收益,实现利润最大化。

8.3.3 证券投资组合决策

根据商业银行证券组合目标、外部环境预测分析和管理要求与原则,对证券投资组合的相关内容进行决策。决策的内容主要包括:证券投资组合的规模、证券的类型和质量以及证券组合的期限等。

证券投资组合的规模取决于以下要素:银行全部资金扣除法定准备金和贷款组合后的余额,也就是满足流动性和合理贷款需求后的剩余资金;银行需要用作担保的证券数量;证券投资的盈利水平等。

证券类型和质量选择源于银行对证券投资组合的要求,存款保障要求银行必须持有被广泛接受的证券,如国债和地方政府债券等;银行整体风险状况在很大程度上决定了证券的选择类别,如果风险大且缺乏必要的风险管理人员,银行证券投资的选择范围大都集中在风险相对较小的 AAA 或 AA 级政府和公司债券,对于银行经营风险小且拥有证券投资组合管理专门人才的银行可以选择高收益的低质量债券;银行必须考虑税收状况决定持有免税债券和应税债券的结构,改善银行总体盈利状况;银行的流动性对债券的选择具有重要影响,根据流动性的需求预测,合理安排高质量、高流动性债券和其他种类债券的比例。

银行证券投资组合期限包括两层含义:证券投资组合中个体证券最高期限限制和证券投资组合期限序列。银行证券投资组合中个体证券的期限限制取决于债券质量的变化和利率变动情况。对于银行来说,组合管理能力是决定个体债券最高期限的重要因素。同时,根据利率的变动情况,适时调整个体债券的期限。优化证券投资组合期限序列需要对整个组合进行连续检查,具体确定证券投资的可用资金规模,考虑证券资产和负债的利率敏感性和回流期,证券投资组合序列应有助于银行实现合适的总体利率敏感性。证券投资组合期限序列的安排主要包括周期型期限序列、稳定型期限序列和哑铃型期限序列等。

8.3.4 证券投资组合的质量评价

银行在构建证券投资组合后,必须定期或不定期地对组合的质量进行评价,针对组合中存在的问题及时进行地动态调整,满足银行证券投资组合需要。

银行证券投资组合质量评价与其他投资组合有相似之处,但有其独特要求。银行证券投资组合的质量评价必须与银行构建证券投资组合的目标进行对比分析,是否达到预期目的,以此作为调整组合的依据。主要的内容是:证券投资组合对增加流动性、提高收益性、保持资产组合的高质量和充分运用银行资金来源的支持程度。

证券投资组合在资产负债表中起缓冲和调节功能,可以在投资期限、利率弹性、信用风险及流动需求等方面进行整体设计,并通过动态调整证券投资组合来实现,以此保证银行整体信用和利润率。证券的有效持续期(Duration)和证券的免疫性(Immunization)是评价证券组合质量的基本指标,也是银行在不能确定未来市场的变动趋势时采取被动性证券组合管理的基础。

证券的有效持续期概念是从现金流动的角度考虑证券投资的本金与利息的实际回收时间,它表现为投资者真正收到该投资所产生的所有现金流量的加权平均时间。简洁的证券有效持续期可以表示为:

$$D = \left[\sum_{t=1}^{n} \frac{tc}{(1+i)^t} + \frac{nF}{(1+i)^t} \right] / P \quad (8-5)$$

市场利率变化对银行的证券投资带来两种风险:证券价格风险与再投资风险。市场利率变化引起的价格风险与再投资风险呈反向运动,因此,为了避免不确定的市场利率变动带来的风险,银行可以调整组合使其价格风险正好抵消再投资风险。具体做法是:使银行证券组合的计划到期期限等于其有效持续期限,使银行证券投资组合获得免疫性。证券免疫性的公式描述为:

$$H = -\frac{\Delta P/P}{\Delta i/(1+i)} \quad (8-6)$$

其中,H 为证券组合计划到期期限,P 为证券价格,i 为市场利率。

8.4 资本市场有效性和证券投资策略

商业银行的证券投资目的是降低风险、增加收益。商业银行可以采取不同的投资策略,在不同种类不同期限的证券之内进行选择,动态调整投资组合。资本市场有效性分析是制定和实施科学、有效证券投资策略的基础。

8.4.1 资本市场的有效性

关于资本市场的有效性,我们以股票市场为例进行讨论,其他资本市场的有效性可以用类似的方法讨论。

在对股票和股票市场进行相关研究时都基于三点假设:首先,市场参与者要有合理的预期;其次,市场参与者都是风险中性的,他们不是赌徒,不能期望一夜之间成为百万富翁;最后,市场参与者在持有风险资产期间,期望收益率为常数。

证券市场的有效性概念是由法玛(Fama)1970 提出的。在他的文章中对资本市场的有效性是这样定义的:假如股票的市场价格是所有相关信息的反映,则资本市场是有效的。在有效资本市场中,没有任何多余的信息可供挖掘使投资者获得额外的收益。在有效资本市场中,上市公司未来利润的任何变化情况都通过交易反映在股票价格中。相反,如果存在套利机会,则资本市场不是完全有效的。在有效资本市场中,信息是完全对称和均匀的。

经过实证研究,法玛(1976)承认在市场参与者中间信息是不对称的,机构投资者和中小投资者信息的数量和质量是有差别的。这样在研究市场的有效性时,市场参与者的信息的结构就显得尤为重要。根据市场参与者的信息的结构不同,法玛(1991)把资本市场分成三种类型:①弱有效市场(Weak-form Efficient Market)。在信息集合中,包括所有过去和现在的股票价格信息和公司现金流量信息。在这些信息中不可能找到一种交易策略获得额外收益。②半强有效市场(Semi-strong Efficient Market)。在信息集合中,除了包括弱有效市场信息集合外,还包括不能获得额外利润的公共信息。这些公共信息包括公司的投资计划、宏观经济运行情况以及与市场有关的政治和经济导向。③强有效市场(Strong-form Efficient Market)。在信息集合中,除了包括半强有效市场信息集合外,私人信息和内部信息也被融入市场价格中,市场参与者不可能挖掘这些信息而从中牟利。

一般情况下,大多数资本市场都能满足弱有效市场的条件,因为股票的价格和公司的现金流量信息是公开的。问题是在于实际中很难把握股票价格是否完全反映有关信息。为此法玛(1970)建议用实证来检验资本市场的有效性,认为如果股票价格能用鞅和随机游走描述,则资本市场是有效的,否则资本市场是无效的。席勒(Shiller,R)(1981)、莱瑞(Leroy,S)和波特(R. Porter)(1981)把资本市场是否有效与现值模型是否有效联系起来。这样就出现了两种完全对立的有效市场定义,前者的理论基础是鞅和随机游走,而后者的理论基础是现值模型,但是两者都依赖于理性预期(Rational Expectations)。由此可见,鞅、随机游走和现值模型与有效市场有必然的联系。

随机游走模型首先是由 Bachelier, L.(1900)年提出的,他认为股票价格 P_t 的波动具有随机游走的性质。随机游走模型可由下式表示:

$$P_{t+1} = P_t + \varepsilon_{t+1} \tag{8-7}$$

其中,P_t 为股票当前时刻的价格,元/股;P_{t+1} 为股票下一时刻的价格,元/股;ε_t 为正态分布随机变量,服从均值为零的正态分布 $\varepsilon_t \sim N(0,\sigma^2)$。

他的研究成果被埋没了 64 年,直到 P. Cootner(1964)用随机游走解释股票价格的波动性,才引起公众的注意。

法玛(1970)认为用随机游走描述有效市场假设不存在套利机会,但是要求不同时刻的方差相互独立,在资本市场很难满足。徐绪松和陈彦斌(2001)通过实证研究发现上证综指和深证成指日收盘价的对数方差存在长相关现象。而鞅模型则可以克服随机游走模型存在的不足。鞅模型可由下式表示:

$$E(P_{t+1}|F_t) = P_t \tag{8-8}$$

其中,F_t 为历史信息集合;$E(\cdot)$ 为变量的期望值。

萨缪尔森(1965)对期货价格进行贴现,其结果表现出鞅和下鞅的性质,该性质与零息股票的性质非常相似。

随机游走模型和鞅模型均没有套利机会,它们都是零和模型,投资者没有任何回报。根据风险中性原则,投资者的资产价格的增长率至少等于无风险利率。萨缪尔森(1973)又提出派息股票价格的鞅表达式,同时又把鞅和随机微分方程通过一个特殊的收益率建立了联系。派息股票价格的鞅表达式为:

$$P_t = \frac{E(P_{t+1}|F_t) + D_t}{1+r} \tag{8-9}$$

其中,r 为期望收益率;D_t 为每股股息,元/股。

根据期望随机微分方程的前向解,我们得到股票的当前价值:

$$P_t = \frac{E(P_{t+T}|F_t)}{(1+r)^T} + \sum_{i=1}^{T} \frac{E(D_{t+i}|F_t)}{(1+r)^i} \tag{8-10}$$

其中,T 为持股时间,以年记。

当股东的持股时间为无限长、股息的增长率为 g 时,股票的当前价值应该为:

$$P_t = b_t + \frac{D_{t+1}}{r-g} \tag{8-11}$$

其中,b_t 为当前每股净资产,元/股;D_{t+1} 为下一年的每股股息,元/股;g 为股息的年增长率,而不是 $P_t = D_{t+1}/(r-g)$。但是,该模型无法为不派息公司的股票定价。

莱瑞(1989)证明了共同基金的市值也可以用鞅描述。莱瑞和帕克(1992)进一步证明了股票价格动态的随机游走性。

经过近20年的研究,使鞅模型、随机游走模型和现值模型成为描述有效资本市场的数学工具。当判别证券市场是否有效时,可以用这三种数学工具中的任何一种进行检验。

进入20世纪90年代,行为金融学派对证券市场的有效性产生怀疑,认为市场参与者的决策行为影响资本市场资产价格的行为模式。克拉门(Clamen)(1994)强调经验效用比决策效用更重要。罗舍(Rosser)(1996)注意到风险资产的价格是随机的,任何预测都是徒劳的。奥尔森(Robert A. Olsen)(1998)说投资学不是科学,而是艺术。这些观点从不同的侧面反映了证券市场的不确定性,这些不确定性主要表现在价格中的泡沫和黑洞交替出现,仿佛有一双无形的手在制约着价格的走势,这双无形的手就是资产的投资价值,即证券市场的有效性。到目前为止,大多数经济学家认为证券市场是弱有效的。

8.4.2 证券投资策略

8.4.2.1 传统证券投资策略

传统的证券投资策略主要包括:分散投资策略、有效组合策略、梯形投资策略、杠铃投资策略、计划投资策略以及趋势投资策略等。这些方法都是围绕"尽量减少风险损失和增加收益"这一核心提出的。

分散投资法是商业银行在证券投资中所普遍采用的方法,有以下四种:对象投资分散法、时机分散法、地域分散法和期限分散法。有效组合法就是根据上述"处理收益与风险关系的一般原则",在证券投资总额一定的条件下,坚持以下两种组合形式:一种是风险相同、预期收益较高的证券组合;另一种是预期收益相同、风险较低的证券组合。梯形投资法又称"梯形期限"方式,是指银行将全部投资资金平均投放在各种期限的证券上的一种保持证券头寸的证券组合方式,目的是使银行持有的各种期限的证券数量相等。杠铃投资法又称杠铃投资战略,就是指银行将投资资金主要集中在短期证券和长期证券上的一种保持证券头寸的方法。计划投资法是指商业银行根据对证券价格变动趋势的把握,按计划的模式进行投资。此法多用于股票投资,并且遵循高价抛出、低价买进的原则。计划投资法具体有以下几种方法:分级投资计划法、固定金额计划法、固定比率计划法、变动比率计划法等。趋势投资法又称道氏理论。在股市的行情上,一种趋势一旦确定,一般要保持一个相对稳定的时期。所以趋势投资法所关心的是市场的主要趋势或者长期趋势。

8.4.2.2 现代证券组合投资策略

传统的证券组合投资方法的重大缺陷就是其依赖于组合管理者的主观判断,缺乏严格的科学计算方法,无法对组合的预期收益和风险提供定量的分析,对最佳分散程度、如何进行证券组合、风险的最低限度、组合与市场的关系等问题均无法提供严密的回答。马可维茨、托宾、夏普、罗斯等开创并发展了现代组合投资理论。1952年,马可维茨发表了《资产选择》,提出了现代资产组合投资理论的基本思想,奠定了现代投资理论的基础。

马柯维茨的理论假设如下:
(1) 投资市场是有效的;
(2) 投资者理性,追求风险一定、期望收益率最大,或期望收益率一定,风险最小;
(3) 投资者以期望收益率和收益率的标准差两个参数作为决策的依据;
(4) 用相关系数作为各种投资的收益率之间的相关程度。

绝大多数投资者是风险规避者,也就是在追求高收益的同时还尽量地避免承担过高的风险。因此,对证券组合进行管理,不仅要重视其预期收益,而且还要衡量其所承担的风险。

证券组合的收益是由组合中各种证券的收益和其在组合中所占的比重决定的,公式表示为:

$$r_p = \sum_{i=1}^{n} X_i r_i \qquad (8-12)$$

其中,r_p 为组合的预期收益率,n 为组合中证券的数目,X_i 为证券 i 在组合中所占的比重,r_i 为证券 i 的预期收益率。

证券的风险可以用其收益的标准差来描述,但组合的风险不仅仅要考虑到组合中单个证券的风险及其在组合中所占的比重,还要考虑每两种证券收益之间的相关程度。由两种证券组合的证券组合所包含的风险可以描述为:

$$\sigma^2(r_p) = X_A^2 \sigma^2(r_A) + X_B^2 \sigma^2(r_B) + 2X_A X_B COV(r_A, r_B) \qquad (8-13)$$

$\sigma^2(r_p)$ 为证券组合的风险;$\sigma^2(r_A)$,$\sigma^2(r_B)$ 分别为 A 和 B 证券的风险;X_A、X_B 为证券 A 和 B 在组合中的比重;$COV(r_A, r_B)$ 为 A 与 B 两种证券的协方差。

同时,由上式可以推广到多种证券的证券组合风险分析:

$$\sigma^2(r_p) = \sum_{i,j=1}^{N} X_i X_j COV(r_i, r_j) \qquad (8-14)$$

综上所述,则马柯维茨优化模型如下:

$$\text{Min} \sigma_p^2 = \sum_{i,j=1}^{n} x_i x_j \sigma_{ij} = \sum_{i=1}^{n} \sigma_i^2 x_i^2 + \sum_{i,j=1, i \neq j} x_i x_j \sigma_{ij}$$

$$s.t. \begin{cases} \sum_{i=1}^{n} x_i = 1 \\ x_i \geq 0, i = 1, 2, \cdots, n \end{cases} \qquad (8-15)$$

8.4.2.3 证券投资组合的决策过程

现代证券组合投资管理需要一批掌握现代证券分析和管理的工作人员来对证券组合投资进行管理决策。实施组合战略的管理决策工作主要包括以下几个方面:

(1) 证券分析。这项工作要求掌握大量的证券市场变动的历史资料,并且通过计算得出各种证券的预期收益和风险。

(2) 建立组合。商业银行根据证券分析情况,在既是以组合策略指导下,选择不同证券构建投资组合。

(3) 组合监控。组合是动态商业银行的证券组合管理人必须对组合运行情况进行日常监视和控制。并根据市场状况、商业银行流动性需求等情况适时调整投资组合。

本章小结

商业银行的证券投资是重要的盈利资产,主要利用贷款业务等资金运用以外的剩余资金购买高流动性及低风险的金融证券,构建证券投资组合,以达到降低风险、提高流动性与收益性的目的。银行证券投资组合的目的是增加流动性、提高收益性和资金利用效率,因此,证券投资组合首先要满足银行不能预见的流动性需求,在此基础上获得较高的收入。从这个意义上讲,银行证券投资组合起到了资产负债管理的"缓冲"作用。银行证券投资组合的金融工具可以分为两大类:传统投资工具与创新投资工具。银行进行证券投资组合管理决策的程序是,在充分考虑银行证券投资目标的基础上,充分研究分析宏观经济等外部环境因素和银行自身情况;制定明确的证券投资组合原则和要求;对证券投资组合的规模、证券的类型和质量以及证券组合的期限等内容进行决策;在对组合进行质量评价的基础上,进行动态调整。在证券投资组合调整中,普遍采用现代资产组合理论的证券组合均值与方差分析方法来确定组合的风险与收益。当银行能够准确预测未来变动时,银行可以采用主动性的投资战略,主动调整证券投资组合。反之,银行采取被动的管理战略,使证券投资组合处于"免疫"状态。

复习思考题

1. 讨论银行证券投资的作用与意义。
2. 论述银行证券投资的基本特点与主要证券种类。
3. 银行证券投资组合的原则是什么?
4. 简述银行证券投资组合管理决策的程序。
5. 证券投资组合的持续期与免疫性有什么关系?免疫性对商业银行证券投资组合管理的意义是什么?
6. 两种证券收益率概率分布特征如下:

证券	A	B
收益率	0%　5%　7%　10%	0%　4%　8%　12%
概率	0.1　0.3　0.5　0.1	0.2　0.5　0.2　0.1

(1)计算期望收益率和标准差,比较风险状况;

(2)假定两证券间的相关系数为0.66,计算1/3证券A和2/3证券B组成的资产组合的期望收益率和标准差。

9

商业银行的表外业务

本章要点

商业银行表外业务是完善金融服务、提高银行盈利能力的重要业务,极大地促进了现代商业银行金融创新,也是银行业激烈竞争的主要业务领域。

表外业务主要分为狭义的或有资产/负债业务,以及金融中介服务等。一方面,商业银行必须提高服务水平、扩大服务范围和服务品种,全面提高金融服务水平;另一方面,商业银行必须根据金融工具和创新金融工具的风险收益分析,建立适合银行风险管理和盈利需要的组合头寸。

本章明确了表外业务的概念和内涵,并对表外业务经营进行逐类分析,力求全面展示表外业务发展历程、发展动力、经营程序以及对银行的要求等方面的知识。

9.1 表外业务概述

9.1.1 表外业务的概念

商业银行表外业务(Off-balance Sheet Activities,OBS),就是指不列入银行资产负债表,而仅可能出现在财务报表脚注中的交易活动。这里的"可能"意味着并非所有的表外业务活动都需要在银行财务报表的脚注中列明。由此,表外业务的概念又有狭义和广义之分。

狭义的表外业务是指商业银行为适应金融市场的变化,而使用的有风险、但不列入资产负债表内的业务,也称为或有负债/资产业务。这些业务不涉及资产负债表内项目金额的变动,但构成银行的或有资产和或有负债,与表内资产项目和负债项目关系密切,在一定条件下可以转化为表内业务,因此,按照会计准则及信息披露要求,这部分内容需要在资产负债表的脚注中加以记载反映。狭义的表外业务主要包括贷款承诺、担保、衍生工具以及投资银行业务等。

广义的表外业务则是指商业银行所经营的、一切资产负债表之外的业务,除了狭义的表外业务,还包括银行从事的无须列入资产负债表脚注中的、在传统意义的中间业务基础上发展起来的金融服务类业务。传统的中间业务是商业银行以中介人的身份代理客户办理业务,银行既不是债权人,也不是债务人,不影响银行的资产负债表,主要是结算性、服务性和代理性业务。

商业银行表外业务本质上是在保持资产负债表良好外观的前提下,尽量扩大商业银行的业务规模和业务范围,从而改变商业银行当期收益和营运资本,进而提高商业银行的资产收益、改善经营效果。

当然,表外业务在为商业银行带来可观收入的同时,也使商业银行面临新的风险。金融监管当局对表外业务的风险特别关注,《巴塞尔协议》规定,把表外业务量按照一定的风险折算转化为风险加权资产,合并到资产负债表内,对资本充足性进行考察。

9.1.2 表外业务的分类

商业银行表外业务是商业银行金融创新的重要环节,现代商业银行的表外业务十分丰富,发展迅速,因此,对其进行严格分类,存在一定难度。以下仅以流行的四种方法对表外业务分类。

9.1.2.1 按是否构成商业银行或有资产/负债为标准划分

按这种分类标准可以分为或有债权/债务类表外业务和金融服务类表外业务。

(1)或有债权/债务类表外业务(即狭义的表外业务)。或有债权/债务表外业务在一定条件下可转化到资产负债表内。这类表外业务主要包括贷款承诺、担保和金融衍生工具类等业务。

(2)金融服务类表外业务(Financial Services)。银行通过这类业务向客户提供金融服务,以收取手续费为目的,不形成银行的或有债权/债务。这类业务以商业银行传统的中间业务为基础,在适应市场变化、满足客户要求的过程中发展起来的,主要包括结算支付、代理、信托、咨询以及与贷款和进出口有关的金融服务等。

9.1.2.2　按是否含期权分类

按是否含有期权,可分为含有期权的表外业务(Option-link OBS)和不含期权的表外业务(Nonoption OBS)二类。

(1)含有期权的表外业务。在含有期权的表外业务中,客户拥有选择权,可以决定是否要求银行履行承诺;而银行作为承诺的出售方,只能按照事先约定的条件履行承诺,没有主动选择权。对于银行来说,这类业务是一种或有债权/负债,银行在售出承诺时可以获得一定的收入,其价值相当于包含在这一或有债权/债务中的期权的价值。主要包括贷款承诺、期权和备用信用证等表外业务。

(2)不含有期权的表外业务。在不含有期权的表外业务中,银行和客户承担的义务是对称的,客户并不具有履行合同的主动选择权。主要包括不含期权的互换、期货、远期外汇交易、无追索权的资产证券化和贷款出售及金融服务类表外业务。

9.1.2.3　按业务性质分类

按业务性质,可将表外业务分为四类:

(1)贸易融通业务,主要包括商业信用证、银行承兑汇票等。

(2)金融保证业务,主要包括备用信用证、保函、贷款承诺、贷款出售与证券化等。

(3)金融衍生工具业务,主要包括金融互换、期货、期权及远期交易。

(4)中介服务业务,主要包括结算支付、代理、信托、咨询,以及与贷款和进出口有关的金融服务等风险很小的服务性业务。

9.1.2.4　中国人民银行的分类

中国人民银行为了规范商业银行的中间业务发展,下发了《商业银行中间业务管理导引》,将中间业务按性质细分为九类,即中间业务是指不构成商业银行表内资产、表内负债,形成银行非利息收入的业务:

(1)支付结算类中间业务,包括国内外结算业务;

(2)银行卡业务,包括信用卡和借记卡业务;

(3)代理类中间业务,包括代理证券业务、代理保险业务、代理金融机构委托、代收代付等;

(4)担保类中间业务,包括银行承兑汇票、备用信用证、各类银行保函等;

(5)承诺类中间业务,主要包括贷款承诺业务;

(6) 交易类中间业务,例如远期外汇合约、金融期货、互换和期权等;

(7) 基金托管业务,例如封闭式或开放式投资基金托管业务;

(8) 咨询顾问类业务,例如信息咨询、财务顾问等;

(9) 其他类中间业务,例如保管箱业务等。

9.1.3 表外业务的特点

与传统的资产负债业务相比,商业银行的表外业务具有明显的特点:

(1) 分离资金与服务,充分利用非资金资源,提高商业银行的盈利能力和竞争力。商业银行在从事表外业务活动时,一般情况下,并不运用自身资金,而是利用银行信誉、机构、系统、信息、人员以及管理优势等非资金资源,为客户提供服务、给予承诺、提供保证等,以此收取一定的手续费,从而提高非资金资源利用率。

(2) 业务品种繁多,发展迅速,是现代商业银行金融创新的主要环节。与传统的资产负债业务相比,表外业务在形式上丰富多彩、在业务操作上灵活多样。近年来,商业银行除了传统的中间业务得到进一步扩大外,新的金融服务种类层出不穷,为客户提供全面金融服务已经逐步成为现实。同时,商业银行开展表外业务,增加了业务操作的灵活性,既可以提供没有风险的金融中介服务,又可以涉足具有较高风险的金融衍生工具市场;既可以直接参与金融市场的操作,又可以以中介身份出现。业务的多样性和灵活性为银行表外业务获得了广阔的发展空间,成为银行金融创新的主要内容。

(3) 杠杆作用明显,风险管理难度提高。对于金融衍生工具类业务而言,资金成本低、收益高、风险高,具有相当大的放大功能,属于杠杆性金融业务。该类业务的亏损和盈利由于放大作用变得十分可观,风险大,管理难度大。对于衍生金融工具的定价、风险管理等内容的研究构成了现代金融理论的重要部分。"火箭科学家"既是对衍生金融工具投资分析管理者的称谓,更是对其分析复杂性的比喻。

(4) 透明度差,监管难度增大。在表外业务中,除了一部分以脚注形式在资产负债表披露以外,大多数业务在财务报表中没有得到真实体现,监管当局、股东、债权人等外部人员难以了解银行真实的整体经营管理水平,透明度低。这种较低的透明度带来的后果是:银行内部人员对表外业务的固有风险无法正确认识和分析;外部人员又无法对银行的经营活动进行有效的监督与控制,从而给银行经营带来了风险隐患。这样,金融监管当局必须提高监管能力,应对银行表外业务发展带来的风险监管难题。

(5) 业务拓展对商业银行整体管理能力和水平的要求提高。现代商业银行的标志就是表外业务的发展,在利差越来越小、资产负债业务盈利能力弱化的情况下,商业银行的竞争将在表外业务上全面展开,对人才和组织管理能力的考验也将越来越严酷。在商业银行的表外业务中,除一部分服务性项目是银行传统项目外,绝大部分内容(如衍生工具交易、咨询服务、投资理财等)不属于商业银行的传统项目,这样,商业银行建立与表外业务发展相适应的组织机构、提高相应的管理水平、引进和培养全面金融人才是必要的应对策略。

9.1.4 表外业务的发展动力

在20世纪70年代和80年代的前半期,世界经济不安动荡,市场利率高,汇率起伏不定,通货膨胀率居高不下,银行面临着严峻的外部经营环境。为了应对外部环境的变化、满足客户的各种需求,增加营业收入,提高资本盈利率和资本与资产比率等,商业银行开始广泛地开展不列入资产负债表但可以影响或美化资产负债表的表外业务活动。

商业银行广泛开展表外业务的主要形式为:①大力发展传统中间业务;②在传统金融工具的基础上发展新的表外业务品种,如以备用信用证支持商业票据的发行等;③积极参与衍生证券市场交易,拓展表外业务范围,如互换、远期、金融期货与金融期权等交易;④积极开展金融创新工作,主动发展资产证券化等业务,进一步丰富和发展表外业务范畴。

作为微观经济个体,商业银行追求价值最大化。商业银行所遵循的"三性"经营原则是综合反映。表外业务对商业银行的"三性"原则的贡献和实现具有重要意义,发挥着巨大作用,这也是促使商业银行大力发展表外业务的内在动力。

从外部来看,金融环境动荡、"脱媒"、金融市场的结构化变革、金融市场竞争加剧、外部监管和技术进步都是商业银行扩大力发展表外业务的外部推动力量。

9.1.5 表外业务对银行的影响

商业银行表外业务除了拓宽了商业银行业务经营范围外,产生的积极作用和负面影响也十分显著。表外业务对商业银行的积极作用主要体现在:增加银行收益、提高流动性、降低经营成本和整体风险以及提供全面服务吸引客户等方面;负面影响主要是:表外业务是一把双刃剑,一方面在整体风险没有变化的情况下,通过业务组合,为银行或经营业务转移和分散特定的风险;另一方面如果这些表外业务的风险集中在某一银行并集中在某一时刻爆发,银行通过自身能力将难以控制。

9.1.5.1 通过开展表外业务,可以降低经营成本,增加经营利润

商业银行开展的表外业务中,多数不需要或少量需要营运资金支持,且无须为业务活动及其风险提取相应的准备金或一定水平的资本额,可以有效地降低经营成本。同时,开展表外业务可以为银行带来大量的手续费和佣金收入。

9.1.5.2 通过开展表外业务,可以降低风险,增加流动性

商业银行的传统资产业务主要是信贷业务和证券投资业务,这些业务不仅需要银行资金支持,更重要的是必须面临信用风险、利率风险、汇率波动等市场风险。商业银行可以通过表外业务,规避、转移和分散上述金融风险。如可以衍生工具进行套期保值,控制汇率和利率风险;备用信用证、票据发行便利、衍生信用工具等可

以分散、转移信用风险。同时，表外业务都具有高流动性，可以增加商业银行的流动性。如商业银行贷款证券化可以获得资金来源、加速资金周转。

9.1.5.3 通过开展表外业务，可以吸引客户，增强银行的竞争能力

商业银行通过表外业务为客户提供多元化的全面金融服务，可以满足不同客户需求，进而扩大银行顾客群和市场份额。同时，商业银行的核心竞争能力主要包括资本充足性、创新能力、业务规模和盈利能力等。商业银行通过开展表外业务、提高创新能力、扩大业务规模和范围、提高盈利能力和改善资本充足性等，以此提升商业银行竞争力。

9.2 结算类业务

在商业银行表外业务中，大部分是与贸易相关的结算、支付、融资等业务。这些业务既推动了企业间、国家间的贸易发展，也为商业银行带来了经济效益。与结算类表外业务有关的结算工具主要包括支票、汇票、本票等；结算的方式分为承兑、托收和信用证三种。同时，还存在其他支付结算业务，包括利用现代支付系统实现的资金划拨、清算，利用银行内外部网络实现的转账等业务。

支付结算是商业银行传统业务，是由商业银行为客户办理因债权债务关系引起的与货币支付、资金划拨有关的收费业务。支付结算是在银行存款基础上产生的中间业务，银行通过支付结算成为全社会的转账结算中心和货币出纳中心，同时也为银行带来了安全、稳定的收益。

1997年中国人民银行颁布实施的《支付结算办法》规定，参与支付结算业务活动的当事人，包括银行、单位和个人必须遵循的三个基本原则：恪守信用、履约付款；谁的钱进谁的账，由谁支配；银行不垫款，不损害社会公众利益。同时，明确了结算纪律。对客户的要求是：单位和个人办理结算时，必须严格遵守结算办法的规定，不准出租、出借账户；不准签发空头支票和远期支票；不准套取银行信用。对银行的要求是：银行在办理结算时，要严格遵守结算办法的规定，向外寄发的结算凭证和收到的凭证要严格及时处理，不准延误和积压，不准挪用、截留客户和他行的结算资金；未收妥款项，不准签发银行汇票、支票和本票；不准向外签发未办汇款的汇款单；不准拒绝受理客户和他行的正常结算业务。

9.2.1 支付结算工具

票据和结算凭证是办理支付结算的工具。票据凭证是出票人承诺或委托付款人在见票时或在指定日期无条件支付一定金额、可以流通转让的有价凭证。国际上，广泛使用的有汇票、支票和本票三种。

(1) 汇票。汇票包括银行汇票和商业汇票两种。《中华人民共和国票据法》对汇票的定义是:汇票是出票人签发的,委托付款人在见票时或者在指定的日期无条件支付确定的金额给收款人或者持票人的票据。银行汇票(Banker's Draft)是由银行签发在见票时按照实际结算金额无条件支付给收款人或持票人的票据,其信用基础是银行信用。商业汇票(Trade Bill)是由出票人签发的委托付款人在指定日期无条件支付确定的金额给收款人或者持票人的票据,其信用基础是商业信用。商业汇票按照承兑人的不同,又分为商业承兑汇票和银行承兑汇票,商业承兑汇票是由收款人签发,经付款人承兑,或由付款人签发并承兑的票据;银行承兑汇票是由收款人或承兑申请人签发的,由承兑申请人向开户银行申请,经银行审查同意承兑的票据。

银行承兑汇票是商业银行最常见的一种表外业务,《巴塞尔协议》将其归结为担保类表外业务。一般情况下,银行承兑汇票是基于真实商品的交易。但西方一些国家的商业银行也为筹措资金而为无真实交易的商业票据提供承兑。

(2) 支票。支票是出票人签发的,委托办理支票存款业务的银行在见票时无条件支付确定金额给收款人或者持票人的票据。

(3) 本票。本票分为商业本票和银行本票两种。银行本票是银行签发的,承诺在见票时无条件支付确定金额给收款人或者持票人的票据。

(4) 信用卡。信用卡是由银行或公司签发的、证明持卡人资信可供他在指定的场所进行记账消费的一种授信行为。银行可以通过收取手续费和透支利息获得收益。

9.2.2 支付结算方式

结算主要包括同城结算和异地结算,支付结算方式主要包括:汇兑、托收结算和信用证结算三种。汇兑是汇款人委托银行将其款项汇付给收款人的结算方式,分为电汇、信汇和票汇三种形式。托收结算包括托收承付和委托收款两种,托收承付是根据购销合同由收款人发货后委托银行向异地付款人收取款项,由付款人向银行承认付款的结算方式;委托收款是收款人委托银行向付款人收取款项的结算方式。

信用证是开证行根据申请人申请,向受益人开立的具有一定金额、在一定期限内凭单据在指定地点付款的书面保证文件。在该文件中,银行授权出口商签发以开证银行或其他指定银行为付款人的汇票,并保证对于交来的符合信用证条款规定的汇票和票据必定承兑或付款。信用证结算方式把进口商的付款责任转由银行履行,以保证进出口双方的货款及单据不致落空,从而有利于贸易的进行。

国际贸易结算中使用的信用证基本上都是跟单信用证。跟单信用证是指一家银行(开证行)根据客户(申请人)的指示做出的在满足信用证要求的条件下,凭规定的单据向第三受益人付款的一项约定。

信用证种类可以分为:跟单信用证和光票信用证、不可撤销信用证和可撤销信用证、保兑信用证和不保兑信用证、即期信用证和远期信用证、可转让信用证和不可转让信用证、循环信用证、对开信用证和对背信用证等。

信用证的结算程序大体包括五个环节:进口商向进口方银行申请开立信用证、进口方银行开立信用证、出口方银行通知转递或保兑信用证、出口方银行议付及索汇以及进口商赎单提货。

9.3 金融保证业务

金融保证业务是商业银行以其自身的信誉获得收益的典型的表外业务,主要包括保函、备用信用证、票据发行便利、贷款出售及证券化等业务。

9.3.1 保函

保函(Letter of Guarantee)是银行接受委托人的要求作为担保人向受益人做出的一种书面保证文件。如果对受益人负有首要责任的委托人违约、拒付债务或发生失误,担保银行保证履行委托人的责任。

9.3.1.1 保函的种类

银行保函的使用范围十分广泛,在货物买卖、工程承包、招标与投标以及借贷业务中应用较为普遍,按其用途可分为投标保函、履约保函和还款保函三种。投标保函(Tender Guarantee),是指银行(担保人)向招标人(受益人)承诺,当投标人(申请人)不履行其投标所产生的义务时,银行将在规定的金额限度内向招标人付款;履约保函(Performance Guarantee),是指作为担保人的银行承诺,如果申请人不履行与受益人之间签订的合同时,应由银行在约定的金额限度内向业主付款;还款保函(Repayment Guarantee),是指银行保证在申请人不履行其与受益人订立的合同的义务,将受益人预付、支付的款项退还或还款给受益人时,银行将向受益人退还或支付款项。

9.3.1.2 保函的一般程序和主要内容

保函的一般程序为:①委托人向银行提交开立保函的申请书;②银行对委托人的审查和落实反担保措施;③银行出具保函;④保函的展期、修改或撤销、对担保项目的监督管理、办理赔付等。

保函的主要内容包括有关当事人、责任条款、保函的有效期限等。

9.3.2 备用信用证

备用信用证(Standby Letter of Credit),又称商业票据信用证(Commercial Paper Letter of Credit)、担保信用证(Guaranteed Letter of Credit),是指开证行根据开证申

请人的请求,对申请人开立的承诺承担某种义务的凭证,实质是对借款人的一种担保行为,保证在借款人破产或不能及时履行义务的情况下,由开证行向受益人及时支付本利。一般来讲,备用信用证涉及三方当事人:开证人(Issuer)、申请人(Account Party,即借款人)和受益人(Beneficiary)。

9.3.2.1 备用信用证的分类

备用信用证一般包括可撤销的备用信用证(Revocable SCL)、不可撤销的备用信用证(Irrevocable SCL)两种。所谓可撤销的备用信用证是指附有申请人财务状况出现某种变化时可撤销和修改条款的备用信用证;不可撤销的备用信用证,是指开证行不可以单方面撤销或修改的信用证。

9.3.2.2 备用信用证的交易程序

备用信用证的交易程序主要包括订立合同、申请开证、开证与通知、审核与修改、执行合同以及支付和求偿等。

9.3.3 贷款承诺

贷款承诺是指银行承诺客户在未来一定的时期内,按照双方事先确定的条件和客户要求,随时提供不超过一定限额的贷款。贷款承诺分为可撤销承诺和不可撤销承诺。可撤销承诺(Revocable Commitment)附有客户在取得贷款前必须履行的特定条款,银行可以根据客户履约情况撤销承诺;不可撤销承诺(Irrevocable Commitment)则是银行不经客户同意不得私自撤销的承诺,具有法律约束力。当然,即使是不可撤销承诺,协议中也可能有条款允许银行在特定条件下终止协议,免除提供贷款责任。贷款承诺是典型的含有期权的表外业务。

9.3.3.1 贷款承诺的主要形式

贷款承诺的主要种类有信用额度(Open Line of Credit)、备用信用额度(Standby Line of Credit)、循环信用额度(Revolving Line of Credit)和票据发行便利(Note Issuance Facilities,NIFs)等。信用额度是客户与银行之间达成的非正式协议,银行同意在一定时期内以规定的利率及其他条件向客户提供不超过限制额度的贷款;备用信用额度是银行和客户之间达成的不可撤销的正式协议,协议详细规定了银行提供信贷便利的额度、时间、贷款利率及贷款的清算等;循环信用额度也是银行和客户之间达成的不可撤销的正式协议,协议条款列明了最高贷款额、协议期限、贷款利率等条款,银行要在约定的时间向客户提供贷款,客户可在协议期限内多次使用贷款;票据发行便利是一种中期的、具有法律约束力的循环融资承诺,客户(借款人)可以在协议期限内用自己的名义以不高于预定利率的水平发行短期票据筹集资金,银行承诺购买客户未能在金融市场上出售的票据或向客户提供等额的银行信贷。

9.3.3.2 贷款承诺的程序

贷款承诺的程序主要包括:申请,也就是借款人向银行提出贷款承诺申请,并提交财务信息和生产经营状况资料;签订贷款承诺协议,银行经过审查,决定对借款人提供贷款承诺后,就要和借款人就贷款承诺的类型、额度、期限、利率、偿还安排、保障条款等方面进行协商,并在此基础上签订贷款承诺合同;提取资金,借款人在提取资金以前,按协议规定的时间内通知银行,银行将在合同规定的时间内把这笔资金划入借款人的账户;偿还资金,借款人按协议规定按时缴纳承诺金额及利息,并按协议规定的偿还安排归还本金。

9.3.4 资产证券化

随着金融市场的不断发展,投资者面临越来越多的投资选择,脱媒现象的出现直接影响商业银行信贷资产规模的扩张。而且,监管当局对银行资本充足率的严格监管也约束了银行信贷资产经营行为。资产证券化和贷款出售是商业银行应对经营环境进行金融创新的有效成果。

作为一种金融创新,资产证券化最初主要是作为活跃抵押二级市场的手段,目前已成为传统直接融资和间接融资沟通的一个有效途径。对商业银行而言,资产证券化主要是指银行将其发放的缺乏流动性但可产生预期稳定现金流量的资产转移给特设载体(Special Purpose Vehicle,SPV),SPV再通过一定的技术处理,将风险和收益要素进行分离与重组,并以这些信贷资产为支持在金融市场上发行可出售和流通的资产担保证券的过程,本质上,就是将贷款或应收账款等转换为可转让流通工具的过程。资产证券化发展迅速,已经由起初的住房抵押贷款发展到商业贷款、信用卡应收款、汽车贷款和不良贷款等广泛领域。

9.3.4.1 资产证券化的基本形式

银行资产证券化的形式主要包括过手证券、资产支持债券和转付证券等。过手证券代表对具有相似到期日、利率和特点的组合资产的直接所有权,这些组合资产保存于信托机构,所有权证书则出售给投资人。资产支持债券是以抵押贷款支持债券类型,是发行人的负债义务,这项义务以贷款组合为抵押,作为抵押的贷款组合仍以发行人资产表示,资产抵押物产生的现金流并不用于支付资产支持债券的本金和利息。转付证券介于过手证券和资产支持债券之间,既具有某些过手证券的特征,又具有某些资产支持债券的特征,由一组资产组合担保,并且作为负债保留在发行人的财务报告中。但是,资产的现金流用来支付为证券服务的支出,这一点与过手证券相似。

近年来,随着证券化交易的蓬勃发展,在上面三种基本类型的基础上,出现了许多新的衍生结构形式,以实现不同发起人对不同金融资产进行证券化所希望达到的法律、会计等方面的目的,吸引更广泛的投资者,其中抵押担保证券(简称CMO)和剥离是目前比较流行的两种结构形式:抵押担保证券是包含几种不同期限的转付证券;"剥离"技术是20世纪80年代后期出现的一种新技术,即用一笔抵押贷款同时发行两种利率不同的证券,抵押贷款产生的本金和利息按不同比例支付给两类证券的持有人。

9.3.4.2 资产证券化程序

资产证券化程序可以分为八个步骤：①确定资产证券化目标，组成资产发起人，首先要分析自身资产证券化融资需求，根据需求确定资产证券化目标；②组建特设载体，实现真实出售；③完善交易结构，进行内部评级；④改善发行条件，提升信用级别；⑤进行发行评级，安排证券销售；⑥获取证券发行收入，向发起人支付购买价格；⑦实施资产管理，建立投资者应收积累金；⑧按期还本付息，对聘用机构付费。

9.3.5 贷款出售

贷款出售是指银行在贷款形成之后，将贷款出售给第三方，保留贷款的服务权，代表贷款购买者向借款人收取利息，监督借款人对贷款的使用和偿还，由此获取一定比例的手续费收入。这是重新获得资金来源的一种业务方式。银行出售的贷款包括老贷款和尚未列入资产负债表的新贷款。大多数贷款的出售没有追索权，新贷款的出售直接成为银行的表外业务；老贷款的出售则是从表内业务转化为表外业务。

9.3.5.1 贷款出售的类型

贷款出售的主要类型为更改、转让（Assignment）和参与（Participation）三种。在更改形式下，出售银行与借款人修改所签订的合同，出售银行将彻底从与借款人达成的合同中退出，由贷款购买者与借款人之间建立内容相同的、新的债权债务关系。转让方式是出售银行在事先通知借款人的情况下，将贷款合同中属于出售银行的权利转让给贷款购买者，即购买者取得直接向借款人要求还本付息的权利。参与方式是在出售银行与借款人签订的贷款合同中，注明"可以将依据贷款债权获得全部或部分本息的权利出售给第三者（参加人）"的条款。根据这一条款，出售银行可以将从借款人收取本息的权利转让给别人。

9.3.5.2 贷款出售的一般程序

贷款出售的一般程序是：出售银行根据借款人的资信及经营情况来确定信贷额度，并在额度内提供信贷业务服务；出售银行根据出售贷款的期限选择某个基础利率（如商业票据利率等）作为基准，调整若干基点作为利差，并在金融市场上对出售贷款进行报价；购买贷款的银行或机构与出售银行接洽，出售银行向购买者提供借款人必要的资信及财务资料，以便于购买者进行判断和选择；出售银行和购买者协商贷款买卖的具体细节，签订参与贷款买卖的基本协议书；出售银行根据合同，定期将借款人支付的利息和本金转交给购买者，直至该贷款出售到期。

9.4　金融衍生工具类业务

金融衍生工具市场自20世纪70年代诞生以来发展迅猛，无论对金融理论还是金融实践,都带来了深刻的历史变革。商业银行作为金融体系重要的组成部分,也充分利用衍生工具的避险套利和投机等特征开展金融业务。

在金融衍生工具中,主要以远期合约、金融期货、金融期权以及互换为主,同时,针对信用风险管理的新技术——信用衍生工具也越来越受到商业银行的推崇与青睐。

9.4.1 金融远期合约

金融远期合约(Financial Forward Contracts)是指双方约定在未来的某一确定时间,按确定的价格买卖一定数量的某种金融资产的合约。在合约中,未来买入标的物的一方称为多方(Long Position),而将在未来卖出标的物的一方称为空方(Short Position)。合约中规定的未来买卖的标的物的价格称为交割价格(Delivery Price)。

9.4.1.1 远期利率协议

远期利率协议(Forward Rate Agreement,FRA)是一种利率的远期合约,是指买卖双方同意从未来某一商定的时刻开始,在某一特定时期内按照协议利率借贷一笔数额确定、以特定货币表示的名义本金的协议。合约中最重要的条款要素为协议利率,通常称为远期利率,即现在时刻的将来一定期限的利率。例如,2×5表示2个月之后开始的期限为3个月的远期利率,1×4表示1个月之后开始的期限为3个月的远期利率。在将来结算日,按规定的期限和本金额,由交易一方付给另一方结算金,即支付协议利率和参考利率的利息差额的贴现金额。交易双方不需真实交换本金。通过远期利率协议,借款人可以规避利率上升的风险,贷款人可以规避利率下跌的风险。但无论如何,FRA将真实贷款利率锁定为协议利率。

【例9-1】2007年3月15日,国内某企业根据投资项目进度,预计将在6个月后向银行贷款人民币2 000万元,贷款期限6个月,但担心未来利率上升风险,便与银行签订远期利率协议。双方同意6个月后企业按年利率6.2%(一年计两次复利)向银行贷入半年期2 000万元贷款。2007年9月15日FRA到期时,市场实际半年期贷款年利率6.48%,此时企业有两个选择:

(1)直接执行FRA,以6.2%的利率向银行贷款2 000万元,比市场利率节省$2\ 000 \times \dfrac{6.48\% - 6.2\%}{2} \times \dfrac{1}{1 + \dfrac{6.48\%}{2}} = 2.712(万元)$的利息支出。

(2)由于利率上升,企业通过FRA获得收益,银行直接支付企业收益$2\ 000 \times \dfrac{6.48\% - 6.2\%}{2} \times \dfrac{1}{1 + \dfrac{6.48\%}{2}} = 2.712(万元)$,企业再以银行实际利率贷款,实际上银行融资成本仍为6.2%。结算利率通常参照结算日前两个营业日的伦敦银行同业拆借利率LIBOR。远期利率协议给银行提供了一种管理利率风险而又无须扩大资产负债的有效工具,市场主要参与者是商业银行和非金融机构客户。商业银行可以通过交易持有的远期利率协议头寸,对资产和负债的利率进行套期保值。当然,对商业银行来讲,也存在投资套利和调整利率问题的投资行为。

9.4.1.2 远期外汇合约

远期外汇合约(Forward Exchange Contracts)是指交易双方约定在将来的某一时间按约定的汇率买卖一定金额的某种外汇的合约。交易双方在签订合同时,就确定将来交割时的汇率,到时不论汇价如何变化,都按此汇率交割。交割时,名义本金通常并不交割,而只交割合同中规定的远期汇率与当时的即期汇率之间的差额与本金的乘积。同理,远期外汇合约的多方预期汇率上升,空方预期汇率下降,但双方均可以通过远期外汇协议规避汇率波动风险。

9.4.1.3 远期股票合约

远期股票合约(Equity Forwards)是指在将来某一特定日期按照特定价格交付一定数量单个股票或一揽子股票的协议。远期股票合约条款一般包括:交易的股票名称、数量、交易的结算日期、结算日的特定价格以及双方违约责任等。远期股票合约的未来标的物的买方可以通过远期股票合约锁定未来的买入价格,规避未来价格上升风险,其卖方可以规避股票价格下跌风险。如果未来股票走势与预期相反,会给相应投资者带来损失。

9.4.2 金融期货合约

金融期货合约(Financial Futures Contracts)是指在交易所交易的、协议双方约定在将来某个日期按事先确定的条件(包括交割价格、交割地点和交割方式等)买入或卖出一定标准数量的特定金融工具的标准化协议。与金融远期一样,在合约中未来买入标的物的一方称为多方,而在未来卖出标的物的一方称为空方。远期与期货从本质上讲都是在当前时刻约定未来的各交易要素,都不保证盈利,二者在交易机制上有区别,存在诸多差异,如交易场所不同、标准化程度不同、违约风险不同、双方关系不同、价格确定方式不同、结算方式不同、结清方式不同等。金融期货合约设计成标准化合约的目的之一是为了避免实物交割。金融期货主要有三种形式:

(1)外汇期货。外汇期货是指协议双方约定在未来某一时期,根据约定汇率,买卖一定标准数量的某种外汇的标准化协议。

(2)利率期货。利率期货是指协议双方同意在约定的未来某个日期,按约定条件买卖一定数量的某种长短期信用工具的可转让的标准化协议。利率期货的交易对象如长期国库券、国债等。

(3)股指期货。股指期货是指协议双方同意在未来某一时期,按约定价格买卖股票指数的可转让标准化合约。最具代表性的股票指数有美国的道·琼斯股票指数、标准·普尔500指数,英国的金融时报工业普通股票指数,香港恒生指数等。

金融期货市场为金融商品的持有者提供了转移风险的手段,同时期货合约又被广泛地用于套期保值、套利和投机。

9.4.3 金融期权

期权(Option)又称选择权,是指赋予其购买者在规定期限内按双方约定的价格(简称执行价格,Exercise Price 或 Striking Price)购买或出售一定数量某种资产的权利的合约。金融期权(Financial Option)是以期权为基础的金融衍生品,是以金融商品(股票、外币、长期或短期国债等)或金融期货合约(外币期货合约、股指期货合约等)为标的物的期权交易。

金融期权具有权利与义务的不对称性以及高杠杆功能等特征,期权交易是一种权利的交易,期权买者支付权利金后获得相应执行期权的权利,卖者出让期权后必须履行相应义务。期权主要有以下几个构成要素:执行价格、权利金、履约保证金、时限、标的物、数量等。

金融期权主要可以分为以下几种:

一是根据金融期权交易买进和卖出的性质划分为:看涨期权(Call Option)、看跌期权(Put Option)和双重期权(Double Option)。

二是按交易场所是否集中和期权合约是否标准化划分为:场内期权(Exchange Traded Option)、场外期权(Over-the-counter Options)。

三是按标的物不同划分为:现货期权(Option on Actuals)、期货期权(Option on Futures)。

四是按履约时间的不同划分为:欧式期权(European Options)、美式期权(American Options)、百慕大期权(Bermuda Options)等。

9.4.4 互换

互换(Swaps),又称掉期,是两个或两个以上的当事人按照商定条件,在约定的时间内交换一系列现金流(本金、利息、价差等)的合约。远期合约可以看作仅交换一次现金流的互换。互换协议的双方通常约定在未来多次交换现金流,可以看作系列远期的组合。互换的种类很多,其中最重要和最常见的是利率互换(Interest Rate Swap,IRS)与货币互换(Currency Swap)。货币互换是指交易双方按规定汇率交换两种不同货币的本金,然后按预定日期进行利息和本金的分别互换。不同形式利率的货币互换又分为固定利率货币互换、浮动利率货币互换以及固定—浮动利率货币互换三种。固定—浮动利率货币互换是指在互换过程中,一方承担固定利率,另一方承担浮动利率利息。利率互换是指双方同意在未来的一定期限内根据同种货币的相同名义本金交换现金流,其中一方的现金流根据事先选定的某一浮动利率计算,而另一方的现金流则根据固定利率计算。从期限来看,利率互换的常见期限包括1年、2年、3年、4年、5年、7年与10年。

9.5 中介服务业务

9.5.1 代理业务

商业银行是经济活动中的重要媒介,可以以代理形式代替客户从事一定的经济活动。代理业务是指商业银行接受他人委托,以代理人(Agent)身份代为委托人(Principal)办理指定的经济事务。商业银行在接受委托并办理事项的过程中,依据双方商定的收费标准收取一定的报酬,同时,在委托人赋予的权限范围内所办的事项,具有委托人亲自办理的同等效力。商业银行代理业务中具有代表性的业务为:代理融通业务、代理有价证券发行业务及代理保管业务等。

代理融通业务是商业银行代客户收取账款并向客户提供资金融通的一种方式,一是由商业银行代理赊销企业收账,使企业账款及时收回;二是由银行购买赊销款,临时向赊销企业提供资金融通,使企业尽快收回流动资金;代理发行有价证券业务是商业银行或证券公司接受发行主体委托,运用自身的经营手段向社会公众和经济实体,代为发售有价证券进行筹资的业务活动,主要包括有价证券的代销、认购余额的代理发行、认购全额的代理发行和提供信用担保的代理发行;代理保管业务是银行或金融信托机构利用自身安全设施、管理手段等有利条件设置保险箱,接受单位和个人委托,代理保管各种贵重物品和单证等,并根据一定标准收取费用。

9.5.2 咨询业务

商业银行的咨询业务,是指银行根据委托方的要求,运用自身的人才、设备和信息资料,或组织专家学者,利用其知识、经验和技能,按照公正独立的原则,采用调查、分析预测等科学方法,客观地提出可供选择的方法或建议,为委托方解决问题的业务。

银行咨询业务的范围极为广泛,除了为银行信贷服务外,还从事企业信用等级评估、项目评估、专题调查、市场信息咨询等多种业务,是一种跨学科、多领域、超行业的综合性活动,是以转让、出售信息和提供智力服务为主要内容的服务。

9.5.2.1 咨询业务的类型

根据不同的划分方法,咨询业务有着不同的分类。

(1)按银行咨询的对象划分,可以分为四类:接受政府及经济综合部门的委托开展的专题咨询;接受企业、事业单位有关经济、金融管理等方面的咨询委托;接受金融首脑机关、上级金融部门、金融同业间的金融发展、决策、资金信用等调查委托;接受社会公众有关金融业务知识和投资选择等方面的咨询委托。

(2)按业务依托层次划分,可分为以下几类:决策咨询,包括战略性、全局性的综合咨询,涉及宏观经济和社会发展战略研究,产品和行业战略研究,地区、部门、专业方面的政策研究等;管理咨询,涉及企业的经营目标、经营策略、市场竞争方针、产品营销计划、企业管理研究;工程咨询,涉及工程项目的可行性研究、工程预决算的编制和审查,工程验收及财务分析、效益和发展前景预测;技术咨询,涉及科技信息发布咨询,技术中介,科技成果评价,产品鉴定;专业咨询,涉及企业财务与会计咨询,经济、金融情报,市场信息,投资预测,资金信用,证券投资知识与技巧,股票、债券行情分析等。

(3)按业务项目和内容,可以划分为三大类:评审类,主要有技术改造项目评估、企业信用等级评估、验证注册资金和工程预决算审核等;委托中介类,主要有技术贸易中介、资金信用咨询和专项调查咨询;综合类,主要有地区经济发展战略咨询、管理咨询和常年经济信息咨询等。

9.5.2.2 开展咨询业务的一般程序

银行开展信息咨询没有固定的模式,但从信息咨询的全过程来看,一般包括以下几个环节:

(1)委托方填写《咨询委托书》,内容一般包括委托方概况、项目内容、完成期限、可提供的咨询费用额度、咨询方式、违约及中断受理的责任和其他条款。

(2)银行审核并确定咨询项目,银行咨询部门对《咨询委托书》进行审核,以确定主要项目是否属受理范围、完成期限、咨询费用是否合理等。对需要变更的委托书内容,应及时与客户协商。双方达成一致意见后,银行咨询部门可立项受理。

(3)签订咨询合同,主要内容有双方单位及咨询项目全称,咨询的内容、要求和范围,实施计划、进度和期限,咨询费用及支付方式,风险及责任承担,仲裁及其他条款。

(4)开展咨询调查研究工作。针对咨询业务项目内容,银行应组成项目研究小组,开始全面收集相关资料,然后将所收集到的各类信息资料进行整理、归类和分析,并与咨询项目要求进行比较研究,从而找出解决问题的方法,提出咨询方案,并经过分析论证,选择最佳方案。

(5)提交咨询报告。咨询报告是咨询业务的最终成品,要求简明扼要,观点鲜明,重点突出,并紧紧围绕咨询的关键问题展开;同时要求数据准确,并进行定量和定性分析;得出的结论性建议或措施应具有可行性,以便于委托方执行。

(6)帮助指导实施,收取咨询费,并追踪调查实际运用效果。咨询报告经客户验收后,银行按合同约定收取咨询费用;在客户的要求下,帮助客户实施方案,改进和完善咨询工作。

9.6 信托与租赁

9.6.1 银行信托业务

信托是以信用委托为基础的经济行为,带有一定的经济目的。它是指委托人基于对受托人的信任,将其财产权委托给受托人,由受托人按照委托人的意愿以自己的名义,为受益人的利益或特定目的,进行管理或处理的行为。它是一种以信托为基础,以财产为中心,以委托为方式的财产管理制度。在现代市场经济条件下,商业银行与其他金融机构的信托业务处于这一财产管理制度的核心地位,表现为一种以信用为基础的法律行为。

信托业务的关系人为委托人、受托人、受益人。

委托人:设定信托时的财产所有者或合法的支配者,即利用信托方式达到特定目的人。委托人必须是信托财产的合法拥有者,具有完全的民事行为能力。

受托人:接受委托人委托并按委托人的指示对信托财产进行管理和处理的人。

其运作的基本程序是:委托人依照契约的规定,基于自己的或第三人(受益人)的利益,将财产的权利转让给受托人,由受托人依据谨慎原则占用、管理和使用信托财产,并处分其收益。见图9-1。

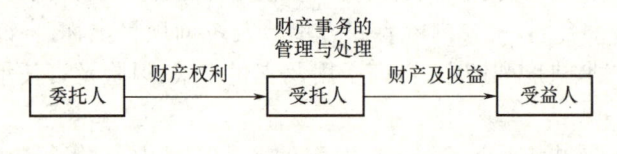

图9-1 信托运作的基本过程

因此,信托行为由四项必备要件构成:①以信用为基础,信用是信托的基础;②具有特定目的,具有实现委托人意愿而使受益人获利的制度设计;③以信托财产为标的或主体,存在财产权的转移与分离;④为了第三者或委托人自己的利益,委托人授权受托人行使财产上的法定权利,是受托人以自己名义而非委托人名义进行的法律行为。在现代信托业务中,商业银行一般扮演受托人的角色,商业银行作为受托人一般要按信托财产或信托收益的一定比例收取信托报酬,包括信托财产所负担的捐税、费用及损失的赔偿等。

信托具有如下性质:①信托当事人之间的关系具有法律性质;②信托体现了一种经济关系;③信托是一种财产管理制度。

信托有贸易信托与金融信托之分,商业银行所从事的主要是金融信托。金融信托是指经营金融委托代理的信托行为,主要包括代理他人运用资金,买卖证券,发行债券、股票,管理资产等业务。信托法律关系就是以信托财产为中心,由委托人、受托人、受益人三方面组成的信托财产管理法律关系,是一种特殊的民事财产法律关系。金融信托以财产所有权的转移性、资产核算的他主性、收益分配的实绩性为基本特征。金融信托、银行信贷、证券和保险并列为现代金融业的支柱业务。

9.6.2 银行信托业务的种类

信托业在中国最早可追溯到 20 世纪初,当代信托行业最早伴随着改革开放萌生,充分运用社会闲置资金,引进外资,拓展融资渠道,为推动我国经济发展发挥了积极作用。2013 年 9 月末我国银行理财规模达 9.9 万亿,信托产品规模达 10.13 万亿。同时,证券市场基金作为一种标准化和典型的信托产品已经为人们所熟悉。

按照信托关系成立方式的不同,可把信托分为任意信托和法定信托。任意信托是根据当事人之间的自由意愿表示成立的信托。任意信托又称自由信托或明示信托,主要指委托人、受托人、受益人自由自愿形成信托关系,并在信托契约中明确表示出来。大部分信托都属于任意信托。法定信托是主要由司法机关确定当事人之间的信托关系而成立的信托,当事人无论自己的意思如何,均要服从司法机关的判定。设立法定信托的目的主要是保护当事人的合法权益,防止当事人财产被不法使用。

以信托资产性质的不同可把信托划分为:金钱信托、动产信托、不动产信托和金钱债权信托等;以信托目的不同可把信托划分为:担保信托、管理信托、处理信托以及管理和处理信托;以信托事项的法律立场的不同可把信托划分为:民事信托和商事信托;以委托人的不同可把信托划分为:个人信托、法人信托以及个人和法人通用信托;以受益人的不同可把信托划分为:他益信托、自益信托、私益信托和公益信托;以信托设计的地理区域为标准划分为:国际信托、国内信托;以业务范围为标准可分为:广义信托、狭义信托。

对于商业银行来说,信托存款、信托贷款和信托投资是重要的信托业务。信托存款是以信托方式取得的存款;信托贷款是运用吸收的信托存款和筹集的其他信托资金,向适合的客户发放贷款、记收利息的信托方式;信托投资是运用吸收的信托存款和筹集的其他信托资金,以投资者身份直接为生产、经营企业进行投资的经济行为。委托贷款是商业银行接受委托人的委托,在委托人存入存款额度内,按其指定的对象、用途、期限、利率与金额等发放贷款,并负责到期收回本息的信托业务;委托投资是委托人存入资金作为委托投资基金,向其指定的项目进行投资,并对资金使用情况、项目经营情况以及利润分配情况进行管理和监督的一种信托行为;基金托管是商业银行按照证券投资基金管理办法开展的托管业务,基金管理人主要由银行来担当。商业银行的信托业务是重要的中间业务,其中,商业银行的基金托管业务将成为新的利润增长点。

9.6.3 商业银行资产托管业务

资产托管业务作为商业银行同基金、证券、保险、信托等行业合作的有效平台，是连接货币、资本、实业三个领域的重要纽带，对构建和谐金融体系起着至关重要的作用。跨行业、跨市场的综合化经营赋予托管行业更多的创新和发展动因，有助于解决信息不对称问题，降低社会交易成本，保障资产的安全性和稳定性，在促进实体与金融市场稳健发展方面具有独特优势。近年来，国内托管银行从证券投资基金托管业务起步，业务领域逐步拓展到企业年金、券商资产管理计划、信托资产、跨境投资、社会公益、各类交易支付等多个资产管理领域，成为社会经济关系中的重要组成部分。从国际上的发展趋势看，商业银行资产托管业务也是商业银行混业经营的需要，并推动了混业经营的发展。融资性信托、公益基金、个人与公司理财、信托投资等均是与商业银行相关的信托业务，而基金托管、资产证券化、代理业务与现金管理、银信合作则是商业银行信托业务发展的主流方向。

为保护投资者利益，防止基金资产被基金管理人任意使用，基金监管体制要求基金资产存放于独立的托管人处，由基金托管人负责保证基金安全。

国际证监会组织（IOSCO）的《集合投资计划监管原则》要求，健全相关的金融法规，实现金融市场的规范运行和完善监督机制。这是我国商业银行信托业务健康发展的客观前提条件；而纠正银行信托业务的扭曲与错位，坚持合规经营，则是商业银行拓展信托业务所必须具备的主观前提条件。商业银行要规范经营必须遵循以下基本原则：

第一，法律契约原则。信托业务必须以委托人、受托人、受益人三者之间有明确法律规范的契约为前提方能成立。对信托契约的法律解释、对信托过程的法律监督以及对信托纠纷的法律仲裁，均应以司法机关的法律判断为准绳。

第二，诚实责任原则。

第三，审慎管理原则。

第四，资金独立原则。

9.6.4 金融租赁

现代租赁包含以下几个方面的内容：①就租赁目的而言，承租人是为进行设备投资而租赁；②承租人在租赁期满对租赁设备具有续租、停租的权利，也有留购的权利；③期限较长，且不间断，承租人按合同定期缴纳租金，不得中途解除合同；④融资租赁的租赁物具有特定性。

9.6.4.1 租金的计算方法

（1）年金法。年金法是以现值理论为基础的租金计算方法，即将一项租赁资产在未来各租赁期内的租金按照一定的利率换算成现值，使其现值总和等于租赁资产概算成本的租金计算方法。它又可细分为等额年金法和变额年金法。见图9-3。

9 商业银行的表外业务

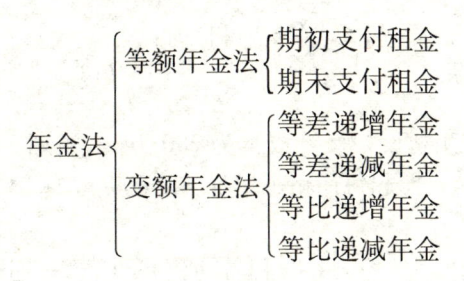

$$
\text{年金法} \begin{cases} \text{等额年金法} \begin{cases} \text{期初支付租金} \\ \text{期末支付租金} \end{cases} \\ \text{变额年金法} \begin{cases} \text{等差递增年金} \\ \text{等差递减年金} \\ \text{等比递增年金} \\ \text{等比递减年金} \end{cases} \end{cases}
$$

图 9-3

① 等额年金法。年金法中,等额年金期末支付的计算公式为:

$$R = P \cdot \frac{i}{1-\left(\frac{1}{1+i}\right)^n} \tag{9-1}$$

式中,R 为每期等额租金,P 为概算成本,i 为每期利率,$\dfrac{i}{1-\left(\frac{1}{1+i}\right)^n}$ 为年金现值系数 $(P_A/A,i,n)$ 的倒数。

租赁期总租金为每期租金之和 $n \cdot R$。

等额年金法中,若每期租金支付发生在期初,则为期初年金,其年金计算只需在原有年金基础上乘以折现因子 $\dfrac{1}{1+i}$ 即可。等额期初年金的计算公式为:

$$R = P \cdot \frac{i}{1+i-\left(\frac{1}{1+i}\right)^{n-1}} \tag{9-2}$$

租赁期总租金为:

$$R_{\text{总}} = n \cdot P \cdot \frac{i}{1+i-\left(\frac{1}{1+i}\right)^{n-1}} \tag{9-3}$$

式中,R 为每期等额租金,P 为概算成本,i 为每期利率。

【例 9-2】某租赁设备的概算成本为 200 万元,分 3 年 6 期等额期初偿付租金,年利率 8%,求平均每期租金与租金总额。

【解】每期利率 $i = 8\%/2 = 4\%$,租赁期数 $n = 6$,每期租金的公式为:

$$R = P \cdot \frac{i}{1+i-\left(\frac{1}{1+i}\right)^{n-1}} = \frac{2\,000\,000 \times 4\%}{1+4\%-\left(\frac{1}{1+4\%}\right)^{6-1}} = 366\,849.81(\text{元})$$

总租金为:$6 \times 366\,849.81 = 2\,201\,098.88$(元)

② 变额年金法。变额年金法又可分为以下两种:

第一种,等差变额年金,是指运用年金法,从第二期开始,每期租金比前一期增加(或减少)一个常数 d 的租金计算方法。其第一期租金计算公式为:

$$R_1 = \frac{1}{(P_A/A,i,n)}\left\{P + \frac{d}{i}\left[n-(P_A/A,i,n)\right]\right\} - nd \tag{9-4}$$

租赁期内总租金(等差数列前 n 项和)为：

$$R_总 = n \cdot R_1 + \frac{n(n-1)d}{2} \tag{9-5}$$

【例9-3】设某租赁设备概算成本为200万元,租期3年,每半年支付一次租金,年利率8%,从第二期起每期租金增加100 000元,求第一期租金和租金总额各是多少?

【解】每期利率 $i = 8\%/2 = 4\%$,租赁期数 $n = 6$,第一期租金为

$$R_1 = \frac{1}{(P_A/A, i, n)}\left\{P + \frac{d}{i}[n - (P_A/A, i, n)]\right\} - nd$$

$$= \frac{1}{(P_A/A, i, n)}\{2\,000\,000 + 100\,000[6 - (P_A/A, 4\%, 6)]/4\%\} - 6 \times 100\,000$$

$$= 142\,950.04(元)$$

总租金 $= 6 \times 142950.04 + 6 \times 5 \times 100\,000/2 = 2\,357\,702.39(元)$

如果双方协定,从第二期开始每期租金比前期减少100 000元,则 d 取 $-100\,000$ 即可。

第二种,等比变额年金,是指从第二期开始,后期租金为其前一期的 q 倍,其每期租金序列为 $R, Rq^1, \cdots, Rq^{n-1}$。运用等比序列(折现)求和公式,则第一期租金计算公式如下：

$$R_1 = \frac{P(1+i-q)}{1-\left(\frac{q}{1+i}\right)^n} \tag{9-6}$$

以后每期租金逐期乘以固定数 $q(q \neq 1+i)$ 即可。总租金公式为：

$$R_总 = \frac{R_1 \cdot (q^n - 1)}{q - 1} \tag{9-7}$$

【例9-4】设某租赁设备的概算成本为200万元,租期3年,每半年支付一次租金,年利率8%,从第二期起每期租金比前期递增9%,求第一期租金和总租金各是多少?

【解】由题可知 $q = 1.09, i = 4\%, n = 6$

首期租金 $R_1 = \dfrac{200 \times [1+4\% - (1+9\%)]}{1-\left(\dfrac{1+9\%}{1+4\%}\right)^6} = 30.73(万元)$

总租金 $R_总 = \dfrac{30.73 \times (1.09^6 - 1)}{1.09 - 1} = 231.19(万元)$

如从第二期开始每期租金递减9%,则 $q = 1 - 9\% = 0.91$,$R_1 = \dfrac{200 \times [1+4\% - (1-9\%)]}{1-\left(\dfrac{1-9\%}{1+4\%}\right)^6} = 47.17(万元)$,总租金 $R_总 = \dfrac{47.17 \times (0.91^6 - 1)}{0.91 - 1} = 226.48(万元)$。

(2)附加率法。附加率法是指在租赁资产概算成本与设备价款基础上再加一个特定的比率来计算租金的方法,这一特定比率由出租人按照营业费用、利润等因

素来确定。设 R 为每期租金，P 为租赁资产的概算成本，i 为每期利率，r 为每期附加率，n 为还款次数。

①单利情况下每期租金的计算公式为：

$$R = \frac{P \cdot (1 + n \cdot i)}{n} + P \cdot r \tag{9-8}$$

也可以写为：

$$R = \frac{P}{n} + P \cdot r + P \cdot i \tag{9-9}$$

即每期租金包括每期分摊的概算成本加上每期分摊的利息及附加费用，用这种计算方法计算的租金通常高于其他方法。一般租赁公司不公布附加率值，但他的取值通常是纳税人的税率。该方法按期分摊本金、利息及附加费用，利率用固定利率按单利计算，表面看利率不高，实际上每期租金和租金总额都因附加费用而变得很高，一般在经营性租赁或使用特殊的租赁物件时才采用。

【例 9-5】某设备价款 68 万，租期 5 年，年末支付租金，折现率 10%，附加率 4%，计算其每期租金。

【解】每期租金 $R = 68/5 + 68 \times (10\% + 4\%) = 23.12$（万元）

②复利情况下的附加率法计算公式为：

$$R = \frac{P}{(P/A, r+i, n)} \tag{9-10}$$

折现率一般按照利率与附加费率之和进行。

③成本回收法。由租赁双方在签订租赁合同时同时商定，各期按一定规律收回成本，再加上各期应收利息，即为各期租金。各期租金没有统一的计算公式，可以等额，可以是等差或等比变额，也可以无规律。

④浮动利率租金计算方法。前面几种计算租金的方法基本上都是以在租赁期内利率不变为假设前提的，由于国际市场各种偶然或不确定因素的存在，国际金融市场利率浮动是必然的，因此在租赁市场采用浮动利率进行租金计算，浮动利率通常采用 LIBOR 加上一定的利差作为租金利率。通常以起租日的 LIBOR 加上利差作为第一期计算租金采用的利率，第一期偿还日的 LIBOR 加上利差作为第二期计算租金的利率，以此类推。其计算公式为：

$$R = \frac{P \cdot i}{1 - \frac{1}{(1+i)^n}} \tag{9-11}$$

【例 9-6】设某租赁设备概算成本 200 万元，分 3 年 6 期每半年末支付一次租金。第一次支付按年利率 7.625%，由于租期内金融市场利率波动，从第二期起各期利率分别为上次租金偿还日的伦敦国际银行间拆放利率加利差，分别为 8.125%，8.625%，9.125%，9.625%，10.125%。计算各期租金与租金总额。

【解】(1) 第一期支付租金为：

$$R_1 = 200 \times \frac{7.625\%/2}{1-\left(\dfrac{1}{1+7.625\%/2}\right)^6} = 37.919(万元)$$

第一期租金中利息为 $I_1 = 200 \times 7.625\%/2 = 7.625(万元)$，本金部分为 $37.919 - 7.625 = 30.294(万元)$，支付第一期租金后尚未收回的成本为 $200 - 30.294 = 169.706(万元)$。

(2) 第二期支付租金(剩余期数已变为5，利率也变为8.125%/2)为：

$$R_2 = 169.706 \times \frac{8.125\%/2}{1-\left(\dfrac{1}{1+8.125\%/2}\right)^5} = 38.186(万元)$$

利息 $I_2 = 169.706 \times 8.125\%/2 = 6.894(万元)$

租金中本金为 $38.186 - 6.894 = 31.292(万元)$，尚未收回概算成本为 $169.706 - 31.292 = 138.414(万元)$。

(3) 第三期支付租金为 $R_3 = 138.414 \times \dfrac{8.625\%/2}{1-\left(\dfrac{1}{1+8.625\%/2}\right)^4} = 38.413(万元)$，

利息 $I_3 = 138.414 \times 8.625\%/2 = 5.969(万元)$，租金中成本为 32.444 万元，此时尚未收回成本为 $138.414 - (38.413 - 5.969) = 105.97(万元)$。

第四、五、六期同理可计算，结果如表 9-1 所示。

表 9-1　浮动利率法租金计算表　　　　　　单位：万元

期数	每期租金	利息	收回成本	尚未收回的成本
1	37.919	7.625	30.294	200
2	38.186	6.894	31.292	169.706
3	38.413	5.969	32.444	138.414
4	38.595	4.835	33.760	105.970
5	38.732	3.475	35.257	72.210
6	38.824	1.871	35.082	36.953 0
总计	230.669	30.669	200	

$$R_4 = 105.970 \times \frac{9.125\%/2}{1-\left(\dfrac{1}{1+9.125\%/2}\right)^3} = 38.595(万元)$$

利息部分为 4.835 万元，本金为 33.760 万元，尚未收回本金 72.210 万元。

$$R_5 = 72.210 \times \frac{9.625\%/2}{1-\left(\dfrac{1}{1+9.625\%/2}\right)^2} = 38.732(万元)$$，利息为 3.475 万元，本金

部分 35.257 万元，此时尚未收回本金 36.953 万元。

$$R_6 = 36.953 \times \frac{10.125\%/2}{1-\left(\dfrac{1}{1+10.125\%/2}\right)^1} = 38.824(万元)$$，利息 1.871 万元，本金

35.082万元。至此本金全部收回。

9.6.4.2 影响租金因素

(1)计算方法。对于同一笔租赁交易,不同的租金计算方法直接影响到租金的支付数额,一般而言,用年金方法计算的租金比用其他方法计算的数额较小,在年金法中,期初支付数额要比期末支付少,等差或等比方法依赖于等差或等比的数值。

(2)融资利率。在设备概算成本等一定的情况下,租金数额与利率高度相关,在其他条件不变情况下,固定利率方法计算的租金依利率增加而增加;若其他条件不变,在浮动利率下,LIBOR加上利差之和越大,当前租金越大,反之越小。

(3)租赁期限与付租间隔期。一般而言,租赁期限越长,支付租金就越多;每年内支付次数越多,每次支付租金越少。一般以半年支付一次租赁费为宜,此情况下支付期数为年数的2倍,使用利率时,应换算成半年使用期的利率后方可进行计算,此时的利率为表面利率,比实际利率计算的结果稍高一些。租赁期限要考虑租赁物的使用寿命,折旧年限的规定及项目可行性报告财务分析中投资回收期的限制。

(4)付租方式。租金支付方式有在期初支付与期末支付。期初付租是指各期租金均在每期期初进行,期末付租是指租金在每期期末进行。一般而言,期末支付方式下的租金数额要高于期初支付数额,若考虑时间价值则二者应相同。

(5)支付币种与保证金支付数量。国际市场上各种货币的利率及相互之间的汇率多变,汇率波动会影响本国货币与支付币种的兑换比率,进而影响租金总额。保证金是承租人在签订租赁合同时向出租人缴纳的一定数额的资金,作为履行合同的保证,一般情况下保证金越多,租金总额就越小,反之越大。

9.6.5 租赁决策分析

对出租人而言,租赁决策是通过对租赁项目的评估审查,作出是否对项目进行投放资金的决定。对承租人而言,应运用长期投资决策技术进行租赁可行性分析,决定最佳投融资方案。

9.6.5.1 常用的租赁决策方法

一般来说,金融租赁期限越长,越需考虑不同时点租的时间价值。租赁决策分析就是建立在资金时间价值基础之上。金融租赁决策分析常用的分析方法有比较成本现值法和比较净现值法。

(1)比较成本现值法。比较成本现值法是对几种不同租赁方案的成本,先分别用贴现的方法,将其换算成现在同一时期的资金,然后再对几种不同的租赁成本现值进行比较的一种方法。

【例9-7】某单位欲租赁一台价值为2 000万元的设备,期限4年,预计残值80万元,贴现率与利率均为10%,有两种租赁方案可供选择:

方案1:租赁期4年,规定承租人每年年末支付租金700万元,投资减税优惠由出租人享有,同时期末再支付60万元。

方案2：租赁期4年，每半年支付一次租金（期末）345万元，投资减税优惠转让给承租人（假定第一年初得到的投资减税额为设备价值的10%）。

计算结果见表9-2。由计算结果可知，方案2优于方案1。

表9-2　比较成本现值法分析结果　　　　　　　　　　单位：万元

	租金现值	租赁期满时支付金额现值	投资减税额的现值	租赁成本总现值
方案1	2 218.906	40.981	—	2 259.887
方案2	2 229.808	—	-200	2 029.808
差额	-10.902	40.981	200	230.079

（2）比较净现值法。比较成本净现值法考虑的只是与租赁成本有关的现值，而净现值法同时要考虑现金流入与流出。

【例9-8】承例9-7，两种租赁方案在租赁期内分别产生900万元、850万元、800万元、690万元的收益，费用暂不考虑，计算结果如表9-3所示。结果同前一样，方案2优于方案1。

表9-3　比较净现值法分析结果　　　　　　　　　　单位：万元

	租金现值	租赁期满时支付金额现值	投资减税额的现值	租赁成本总现值	资金流入现值总额	净现值
方案1	2 218.906	40.981	—	2 259.887	2 667.566	407.679
方案2	2 229.808	—	-200	2 029.808	2 667.566	637.758
差额	-10.902	40.981	200	230.079	—	-230.079

9.7　表外业务风险

商业银行开展表外业务时，必须掌控存在的风险。所谓表外业务的风险，是指商业银行在表外业务经营中由于各种不确定性因素的影响，使得表外业务的收益与预期收益发生偏离，导致银行蒙受损失的可能性。

表外业务的风险主要有信用风险、市场风险（包括利率风险、汇率风险等）、流动性风险、结算风险、经营风险、信息风险、定价风险等。其风险特征表现为：风险损失巨大、风险复杂性和不确定性高、风险计量难度大以及风险集中等。

对表外业务的风险评价难度很大，国际上通行的方法是对表外业务规定风险系数，通过信用风险转换系数将各类表外业务折算成表内业务金额，再根据表外业务涉及的交易对方或资产性质确定风险权数，纳入风险资产范畴，进行统一管理。

表9-4列示了《巴塞尔协议》对表外信用风险转换系数的规定。

表9-4 《巴塞尔协议》对表外信用风险转换系数的规定

工 具	信用风险转换系数
直接信用代用工具,如一般负债保证(包括为贷款和证券提供财务保证的备用信用证)和承兑(包括具有承兑性质的背书)	100%
某些与交易相关的或有项目(如履约担保书、投标保证书、认股权证和某些特别交易而开出的备用信用证)	50%
短期的有自偿能力的与贸易相关的或有项目(如有优先索偿权的装运货物抵押的跟单信用证)	70%
销售和回购协议以及有追索权的资产销售	100%
远期资产购买、超远期存款和部分缴付款的股票和代表一定损失的证券	100%
票据发行便利和循环包销便利	50%
其他初始期限1年以上的承诺(如正式的备用便利和贷款额度)	50%
类似初始期限为1年以内的,或者是可以在任何时候无条件取消的承诺	0%

9.8 国外商业银行表外业务发展的启示

近年来,商业银行的经营环境和经营业务发生了巨大变化。西方商业银行的传统表内业务地位不断下降,银行利用利差的获利能力逐步减弱。但与此同时,西方商业银行大力发展表外业务,盈利重点从表内转移到表外,非利息收入比例增大。除了盈利因素,商业银行大力发展表外业务的出发点如下:通过提高服务质量、增加服务品种来建立良好的客户关系、稳定客户群体;通过表外业务加大金融创新力度,为银行资金管理、证券投资组合管理、风险管理等提供必要的金融工具和金融手段,为确立现代商业银行经营模式奠定基础。

我国商业银行长期以来在计划经济体制下运行,表外业务单一(见表9-5)。虽然,经过银行体制改革,商业银行的表外业务取得了长足进展。但是,由于受到法律环境、外部监管、银行自身能力,特别是金融创新能力等因素的制约,我国商业银行远未达到西方发达国家水平。加入WTO后,我国商业银行将面临西方国际银行业蚕食中国市场的重大威胁,其中集中体现在表外业务领域。因此,我国商业银行积极应对竞争的唯一策略就是加快金融创新步伐、丰富表外业务内容、加大表外业务营销力度。

表9-5 我国商业银行表外业务产品开发情况统计

产品名称	开发时间	开发机构	备注
信托、租赁	1979.10	中国银行	
保函	1980	建设银行	对外承包工程
商业票据承兑、贴现	1981	中国人民银行	在武汉、重庆、上海等恢复商业信用
代理外汇买卖	1982	中国银行	
代理发行债券	1985	建设银行	
远期外汇买卖	1985	中国银行	
信用卡	1985	中国银行	
投资咨询	1986	建设银行	
货币期权、债券期货、期权	1987	中信实业银行	
利率和货币互换	1987	中信实业银行	
循环包销便利	1988	中国银行	
票据发行便利	1988	中国银行	
远期利率协议	1988	中国银行	
自动取款机	1988	中国银行广州分行	
代客管理资金	1989	中信实业银行	
代收费	1989	工商银行深圳分行	
证券回购协议	1992	工商银行等	
电话银行服务	1992	中国银行青岛分行、深圳分行	
商人银行业务	1994.3	招商银行	发行欧洲美元可以转换存单,策划境内公司上市
银企联名信用卡	1995.6	工商银行上海分行	在约定商户消费可享受优惠
图文电话终端自助服务系统	1995.9	交通银行北京市分行	
IC卡	1995.4	交通银行海南省分行	可杜绝恶意投资,根除假冒
龙卡、转账卡、代收费业务	1995.12	建设银行	征稽部门收费电子化

资料来源:刘园.商业银行表外业务及风险管理.北京:对外经济贸易大学出版社,2000.

案 例

巴林银行倒闭事件

基本情况:1995年2月27日,英格兰银行宣布,英国巴林银行因发生巨额亏损和财务危机不能继续经营,由英格兰银行接管。这一消息引起了国际金融市场剧烈的动荡。

巴林银行是英国拥有233年历史的在全球享有盛名的老牌商业银行。按资本排名,为英国第15大银行,拥有4.32亿美元的资本;按资产排名为英国第18大银行,拥有88.5亿美元的资产。

巴林银行这个久负盛名、业绩良好的银行为什么在一夜之间遭到破产的命运呢?其主要原因要追溯到新加坡分行的期货首席代表尼克·里森。他的主要工作是通过大阪证交所、东京股票交易所和新加坡国际货币交易所买卖日经225和日本政府债券的期货合同并从中获利。1994年前7个月里,里森为银行赢得3 000万美元的利润。但是,1995年1月26日,里森认为日本股市将会上升,未经批准购入大量日经指数合约。但事与愿违,2月初,日经指数迅速下滑,交易出现损失。为了挽回损失,里森又大量地购入大阪证券交易所和新加坡交易所期货,企图以此影响期货指数上升。但是,里森的如意算盘落空,在这种高风险的衍生交易中越陷越深。2月23日,股指下降到1 000多点,合约巨幅贬值。经测算,2月24日,已经亏损6.5亿美元。而且,大部分合约到3月10日到期,亏损有进一步扩大的可能。巴林银行为求得生存,向英格兰银行求助。但英格兰银行无法投入任何公共资金承受这个风险。最后,巴林银行进入财产管理阶段,等同于宣告破产。

案例分析提示:

内部管理失控、外部监管存在漏洞、各国监管组织缺乏协调等。

(资料来源:刘园.商业银行表外业务及风险管理.北京:对外经济贸易大学出版社,2000.)

本章小结

商业银行除了开展资产负债业务外,还为客户提供广泛的金融服务。这些不在资产负债表中反映的业务,称为广义上的表外业务。表外业务拓展了商业银行的业务范围、提高了盈利水平。大力发展表外业务是现代商业银行的重要标志之一,也是商业银行金融创新的主要领域。表外业务为商业银行改进管理模式、提高管理水平提供了广阔的空间。

复习思考题

1. 简述表外业务的概念和分类。
2. 表外业务的特点有哪些?
3. 分析表外业务发展的内部动力和外部环境。
4. 论述表外业务对商业银行经营管理的影响。
5. 支付结算的工具和结算方式有哪些?
6. 贷款承诺的概念与形式是什么?
7. 比较资产证券化和贷款出售的区别。
8. 分析衍生金融工具在商业银行风险管理中的应用。
9. 对本章案例进行详细分析,并对我国商业银行开展表外衍生证券业务的条件进行具体分析。

10

商业银行内部控制

本章要点

商业银行内部控制是经营管理的基础,是防范经营管理风险、提升经营管理效率的基本保障,是内部控制理论在银行业的具体实践。内部控制是伴随着企业发展为解决"大企业病"、降低内部交易成本、提升内部效率而产生的。商业银行内部控制作为现代企业管理的重要组成部分,为了完成既定目标和防范风险,通过制定和实施一系列制度、程序和方法,对风险进行事前防范、事中控制、事后监督和纠错,是一种动态管理机制。本章介绍内部控制的概念和内涵,解读《企业内部控制基本规范》,探讨商业银行内部控制发展和内部控制评价等内容,同时对内部控制失效和内部控制评价报告进行案例分析。通过内部控制概念与内涵、内部控制结构以及内部控制评价,展现现代商业银行经营活动、管理活动和治理活动的一般要求。

10.1 内部控制概述

10.1.1 内部控制的概念

内部控制的概念处在不断变化之中,而且对于不同的人,内部控制会有不同的含义。美国职业会计师协会所属的审计程序委员会于1949年第一次提出了内部控制的概念:内部控制包括经济组织的计划及经济组织为保护其财产、检查其会计资料的准确性和可靠性,提高经营效率,保证既定的管理政策得以实施而采取的所有方法和措施;1988年在其55号《审计准则说明书》(SAS55)中又把内部控制定义为"为了实现特定公司目标提供合理保证,而建立的一系列政策和程序",并认为控制环境、会计系统、控制程序为内部控制的三个组成要素。

《世界最高审计机关组织内部控制准则》中明确:内部控制是为达成管理目标、提供合理保证的管理工具。1992年美国COSO报告中认为:内部控制是为达成某些特定目标而设计的过程,即是一种由企业董事会、管理层与其他人员执行,由管理层设计,为达成运营效果和效率,实现财务报告的可靠性和相关法规的遵循性提供合理保障的过程(COSO委员会2013年在充分征求意见的基础上,发布了COSO—IC/2013,但基本概念没有发生根本性变化)。

1995年加拿大COCO报告认为:内部控制是指为支援组织成员达成营运的效果与效率,内部与外部报告的可信赖,遵循相关法规以及内部政策办法等目标,而由组织资源、系统、过程、文化、结构与作业等元素组成。

2007年5月财政部等五部委颁布的《企业内部控制基本规范》明确提出:内部控制是由企业董事会、监事会、经理层和全体员工实施的,旨在实现控制目标的过程。内部控制的目标是合理保证企业经营管理合法合规、资产安全、财务报告及相关信息真实完整,提高经营效率和效果,促进企业实现发展战略。2007年7月银监会颁布的《商业银行内部控制指引》指出:内部控制是商业银行为实现经营目标,通过制定和实施一系列制度、程序和方法,对风险进行事前防范、事中控制、事后监督和纠正的动态过程和机制。商业银行内部控制的目标包括:确保国家法律规定和商业银行内部规章制度的贯彻执行;确保商业银行发展战略和经营目标的全面实施和充分实现;确保风险管理体系的有效性;确保业务记录、财务信息和其他管理信息的及时、真实和完整。尽管不同组织和机构对内部控制有不同的定义和理解,但逐步趋同。

10.1.1.1 内部控制的实质内涵

内部控制概念的一般解读主要体现在以下三个方面:内部控制是由董事会、监事会、管理层及所有员工旨在实现内部控制目标的动态过程和机制;内部控制是企业在依法合规经营的基础上,提高经营效益与效率,提升市场竞争力,进而实现战略目标,保持可持续发展的基础保障;内部控制通过提升经营效率和效益,确保经营依法合规,促进战略目标实现,体现其核心价值创造力。

随着社会的发展,内部控制的目标选择也逐步明晰。COSO报告将内部控制目标分为三类:第一类目标是经营目标,致力于实现企业基本的商业目标,其出发点是企业的经营,是为管理者服务的,即经营的效率与效果;第二类目标是信息目标,致力于实现企业基本的财务报告信息目标,其出发点是保护外部投资者的利益,是为外部投资者服务的,即实现财务报告的可靠性;第三类目标是合规目标,致力于实现企业基本的法规目标,其出发点是要符合相关的法律和法规,是为监管者服务的,即法律法规的遵循性。这三类目标高度概括了企业活动的控制目标,有利于不同的人从不同的视角关注企业内部控制的不同方面。内部控制目标具有内在逻辑性,经营目标和信息目标是企业的本源目标,合规目标是外部施加的规制要求。2004年的COSO风险管理框架增加了目标项,并重新整合成三大类:战略目标、经营目标和合规目标。《企业内部控制基本规范》中的五个目标也提出了战略目标,突破了内部控制的管理控制范畴。内部控制目标的设定是管理过程的重要组成部分,也是内部控制的组成要素,更是内部控制的先决条件,是促成内部控制的要件。制定目标的过程不是控制活动,但意义重大,直接影响内部控制存在的必要性。

内部控制的"合理保证"在理论界和实务界已经得到了普遍的认同,即内部控制并不为企业实现目标提供绝对保证。健全和有效的内部控制体系是企业有效防范和控制风险,实现健康可持续发展的基础。

10.1.1.2 内部控制组成要素及内在关系

在COSO报告中,第一次提出"内部控制系统"的概念,并正式提出内部控制系统由控制环境、风险评估、控制活动、信息与交流和监控五部分组成,也称为内部控制五要素。财政部等五部委发布的《企业内部控制基本规范》借鉴国际标准提出:企业建立与实施有效的内部控制,应当包括内部环境、风险评估、控制活动、信息与沟通以及内部监督,同时,吸收和引入了《企业风险管理整合框架》(2004年,COSO委员会公布)的思想。

内部控制的五个要素从不同的角度对内部控制进行了描述,五个要素相互关联、相互影响,整体发挥作用,共同促进有效内部控制体系的建设和运行[①]。具体地讲,内部环境一般包括治理结构、机构设置及权责分配、人力资源政策、企业文化等,既是内部控制的基础,也是内部控制的重要组成部分;风险评估是确认和分析实现目标过程中的相关风险,是形成风险管理策略的依据,企业应当建立一套机制来识别和处理相应的风险,以适应经济、行业、监管和经营条件的变化;控制活动是

[①] 安瑛晖.商业银行强化内部控制体系建设研究.经济研究导刊,2010(21).

执行管理指令的政策和程序,贯穿整个组织、各种层次和功能,是保证目标实现的具体手段;信息沟通与交流是保证内部控制体系正常运转的基础信息保障,是确保风险评估科学合理、应对策略及时有效、控制措施严格执行、报告完整真实的重要保证;内部监督在经营管理过程中进行,通过对正常的管理和控制活动以及员工履行职责过程中的行为进行监控,来评价内部控制系统运行质量和有效性,并督促改进和完善。

10.1.1.3 内部控制与相关管理工作的关系

内部控制是在企业实现规模化经营的基础上,解决企业效率问题、保持有效运作的重要手段,与风险管理、合规管理和业务经营相互融合,共同促进企业的健康持续发展。

第一,风险管理是现代企业经营管理的重要手段。内部控制和风险管理都是以战略目标实现为核心展开的,内部控制为风险管理提供基础支撑,内部控制与风险管理协同发挥作用,共同构成企业的核心竞争力。

第二,合规是内部控制的目标要求,是适应外部经营环境的必然选择。合规管理是内部控制的重要方面和主要内容,需要在内部控制设计中得到充分体现,在内部控制执行中得到有效落实。

第三,内部控制以提高经营效率和效益、提升市场竞争力作为本源目标,即经营目标。内部控制只有和业务经营活动有机地融合为一体,并体现在经营管理行为中,企业业务经营才会整体有效。

第四,内部控制是经营管理的重要组成部分。内部控制理论随着管理理论的发展而不断变化和完善。以现代内部控制的观点,内部控制与管理如影相随,是管理思想的具体体现。

10.1.2 内部控制的发展

10.1.2.1 内部控制理论的发展

企业内部控制的实践由来已久。内部控制理论真正成为一门现代意义上的管理科学,是在20世纪逐渐形成和发展起来的,大致可以分为四个阶段:内部牵制阶段、内部控制制度阶段、内部控制结构阶段和内部控制整体框架阶段。1992年,COSO委员会公布了COSO报告——《内部控制整体框架》,并于1994年进行了增补,成为内部控制理论发展史上的重要里程碑。《内部控制整体框架》提出:"内部控制是由董事会、管理层和员工共同设计并实施,旨在为财务报告的可靠性、经营效率和效果、相关法律法规的遵循性等提供合理保证的过程",并明确内部控制五要素,即控制环境、风险评估、控制活动、信息与沟通和监督,五个要素相互联系、相辅相成,共同构成内部控制的整体框架。2004年,COSO委员会公布了《企业风险管理整合框架》,增加了目标设定、事项识别和风险应对三个要素,更加关注风险,更加强调为企业发展战略服务的控制目标,明晰了战略目标、经营目标、报告目标和合规目标。尽管名称发生了变化，但控制和管理风险的本质未变，实质上仍然是内部控制。

商业银行内部控制理论是在内部控制理论的基础上发展起来的。巴塞尔委员会1998公布了《银行机构的内部控制制度框架》，从管理层监督与控制文化、风险认定与评估、控制措施与职责分离、信息与交流、监控活动与修正缺陷五个要素提出了要求。中国人民银行继1997年5月下发《加强金融机构内部控制的指导原则》之后，于2002年9月公布了《商业银行内部控制指引》；中国银行业监督管理委员会于2007年7月公布了《商业银行内部控制指引》，对商业银行实施内部控制提出了要求。

借鉴国内外最新研究成果，财政部等五部委按照国务院领导指示，组建企业内部控制标准委员会，在广泛征求意见的基础上，制定并于2008年5月下发了《企业内部控制基本规范》，2010年4月下发相关配套指引，对企业建立和完善内部控制按照五个要素提出了明确的要求。《企业内部控制基本规范》的颁布实施是落实科学发展观的重大举措，强调内部控制是由企业董事会、监事会、经理层和全体员工实施的、旨在实现控制目标的过程，其目标是合理保证企业经营管理合法合规、资产安全、财务报告及相关信息真实完整、提高经营效率和效果以及促进企业实现发展战略目标。

10.1.2.2 内部控制理论发展分析

自从科斯1937年在《企业的性质》一文中对企业性质、企业边界、企业的内部组织与制度安排等重要内容的研究开始，产权经济学、交易费用理论、企业的契约理论、委托代理理论等现代企业理论发展迅速。工业化与大企业的发展对降低内部交易成本、提高运转效率提出了更高的要求。

一般意义上的模型和企业的"异质性"共同决定了企业的治理结构的选择，从内部看，主要体现在激励约束机制和内部管理机制（很重要的内容就是内部控制机制）；从外部看，主要体现在市场机制、信息披露机制与外部监管机制等。现代内部控制的发展既适应了现代股份制经济的发展和解决公司治理问题的要求，同时又与股份制经济和公司治理问题相互推动、共谋发展，以市场经济为基础的股份制公司公司治理问题的解决，是内部控制发展的强大推动力。

分析国内外内部控制理论的发展和演变，从认识论上，经历了从方法程序观到过程观、风险观和战略观的发展；从内部控制的价值主张来看，已经从牵制、制衡逐步发展到价值创造（见图10-1）；从内部控制定义来看，发生了从静态的方法措施到动态的过程、从企业风险管理到战略目标实施的变化，体现了从静态到动态、以制度为本到以人为本、从细节控制到风险管理再到战略实施的动态演进；从内部控制目标来看，由合规目标、经营目标和信息目标逐步过渡到合规目标、经营目标和战略目标；从内部控制实施来看，从最初以纠错防舞弊为主的自发产生到行业协会制度的制定，逐步发展到政府部门强力推行。基本规范的颁布实施不是强加在企业身上的枷锁,是外部推动企业内部控制建设的要求,更是企业强化内部控制自身动力的外在体现。

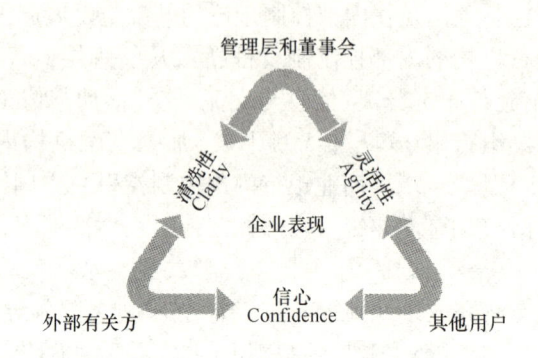

图 10-1　COSO—IC/2013 的价值主张

10.1.2.3 《企业内部控制基本规范》的基本要求

财政部、证监会、审计署、银监会和保监会五部委于 2008 年 5 月下发的《企业内部控制基本规范》(以下简称《基本规范》)以及 2010 年 4 月下发的相关配套指引对企业建立和完善内部控制提出了明确的要求。

10.1.2.3.1 实质内涵

《基本规范》共 7 章 50 条,对目标、原则、要素和时间要求等相关内容进行了明确。从目标来看,内部控制就是合理保证企业经营管理合法合规、资产安全、财务报告及相关信息真实完整,提高经营效率和效果,促进企业实现发展战略;从原则来看,就是要坚持全面性、重要性、制衡性、适应性和成本效益性原则;从内部控制要素看,就是内部环境、风险评估、控制活动、信息与沟通以及内部监督。同时,要求企业根据《基本规范》要求以及有关法律法规制定内部控制制度并组织实施;建立内部控制实施的激励约束机制。

我们可以从宏观背景、微观经济实体、银行特质和政府监管四个维度把握《基本规范》的实质。一是从宏观背景来看实施《基本规范》的目标。伴随着我国经济的快速发展,企业所面临的经营环境发生了巨大变化,其经营管理风险日益显现,因内部控制缺失或失效引发的巨额资产损失、财务舞弊、会计造假、经营失败、破产倒闭等案例时有发生。在我国经济快速增长、金融市场逐步扩大的背景下,从微观上看,企业只有建立和实施科学的内控体系,才能提升风险防范能力,有效控制经营管理风险,实现可持续发展;从宏观上看,只有加强和规范企业内部控制,才能维护社会主义市场经济秩序和社会公众利益。二是从微观经济体的发展来看《基本规范》实施的内在需求。对于大多数企业来讲,追求效益最大化促使企业有很强的做好内部控制的"内源动力"。以落实基本规范为契机,实施内部控制,是促进企业防范重大风险、实现可持续发展战略的必然要求。三是从我国商业银行的"特质性"来看银行实施《基本规范》的意义。银行作为特殊企业,在经营管理特性上有别于一般企业,其经营管理的绩效影响更广、接受的监管更严、方法更加审慎,这样,银行不仅需要按照一般企业的要求进行内部控制体系建设,还需要针对银行自身特性作进一步的强化。《基本规范》对银行业金融机构内部控制的建设有着重要意义,为我国商业银行建设内部控制体系提供了普遍适用的规则框架和基础平台。四是从政府部门和监管机构来看,政府对《基本规范》实施发挥着重要的推动作用,《基本规范》就是政府强制执行的标准。《基本规范》的制定发布和若干配套指引的公开征求意见,是相关政府部门和监管机构以实际行动贯彻落实科学发展观、促进企业和资本市场又好又快发展的一个重大举措。财政部、审计署、银监会、证监会等政府机构和监管部门对政策出台和实施给予了高度的关注。

10.1.2.3.2 基本要求

《基本规范》及其配套指引,对企业内部控制提出了比较详细的要求。从本质上讲,《基本规范》对内控管理工作的基本要求主要体现在以下几点:[①]

(1) 对内部控制的概念、目标、原则以及要素等内容进行了清晰的界定和描述。基本规范提出"内部控制是由企业董事会、监事会、经理层和全体员工实施的、旨在实现控制目标的过程",其目标是"合理保证企业经营管理合法合规、资产安全、财务报告及相关信息真实完整,提高经营效率和效果,促进企业实现发展战略";明确了企业建立与实施内部控制应当遵循全面性原则、重要性原则、制衡性原则、适应性原则和成本效益原则;建立与实施有效的内部控制应当包括内部环境、风险评估、控制活动、信息与沟通以及内部监督五个要素。

(2) 对企业建立内部控制的责任和分工进行了明确。"董事会负责内部控制的建立健全和有效实施,监事会对董事会建立与实施内部控制进行监督,经理层负责组织领导企业内部控制的日常运行";并进一步明确要求"企业应当成立专门部门或指定适当部门组织协调内部控制的建立实施及日常工作"。同时,要求董事会下设立审计委员会,负责审查企业内部控制,监督内部控制的有效实施和内部控制自我评价情况,协调内部控制审计及其他相关事宜等;并对内部审计部门的监督检查和报告职责进行了明确。

(3) 对企业组织架构和内部管理手册提出了明确的要求。企业应按照国家有关法律法规、股东(大)会决议和企业章程,结合自身实际,明确股东(大)会、董事会、监事会、经理层和企业内部各层级机构设置、职责权限、人员编制、工作程序和相关要求等制度安排,并指出企业应当结合业务特点和内部控制要求设置内部机构,明确职责权限,将权利与责任落实到各责任单位,并"通过编制内部管理手册,使全体员工掌握内部机构设置、岗位职责、业务流程等情况,明确权责分配,正确行使职权"。

(4) 对企业实施内部控制提出了相关的制度和体制建设要求。主要内容包

[①] 安瑛晖.内部控制现代观点与基本规范实质要求.现代商业银行导刊,2012(9).

括:按照《基本规范》的标准和要求,制定内部控制制度、人力资源政策、法律顾问制度、重大法律纠纷案件备案制度、举报投诉制度和举报人保护制度等,建立反舞弊机制、约束激励机制、内部控制监督机制等。其中,最主要的是企业"应当根据有关法律法规、基本规范及其配套办法,结合实际经营管理,制定内部控制制度并组织实施"。与此对应的是建立科学、合理的约束激励机制,将各责任单位和全体员工实施内部控制的情况纳入绩效考评体系,促进内部控制的有效实施,为有效内部控制保驾护航;同时,要求企业制定缺陷认定标准,并实施日常监督检查和自我评价。

(5)强调实施内部控制的信息技术应用。为了实现信息共享、实施有效内部控制,明确了信息与沟通的制度与实施要求,要求企业应着手"建立与经营管理相适应的信息系统,促进内部控制流程与信息系统的有机结合,实现对业务和事项的自动控制,减少或消除人为操纵因素"。

(6)对企业控制活动、控制措施和手段提出了详细要求。对企业开展风险评估并以此采取相应控制措施控制风险提出了要求,指出控制措施应包括:不相容职务分离控制、授权审批控制、会计系统控制、财产保护控制、预算控制、运营分析控制和绩效考评控制等,同时,明确了日常活动和控制手段的标准。

(7)提出要加强企业文化建设。企业应"培育积极向上的价值观和社会责任感,倡导诚实守信、爱岗敬业、开拓创新和团队协作精神,树立现代管理理念,强化风险意识";同时,也明确提出了"董事、监事、经理及其他高级管理人员应当在企业文化建设中发挥主导作用"。

(8)明确了外部监督检查和审计的要求。《基本规范》明确了国务院有关部门对企业建立和实施内部控制进行检查监督;同时,企业接受外部审计,对企业内部控制有效性进行审计,并披露审计报告。

10.2 内部控制的结构

科斯1937年发表的《企业的性质》,开启了探求企业经营管理的新时代。对大型企业来说,内部控制是降低内部交易成本、提升管理效率的最有效手段。我们可以从系统的视角审视现代企业的分层内部控制,实行治理控制、管理控制和业务控制;同时,相应地对内部控制的管理提出要求,强调董事会的内部控制有效性责任,开展组织管理,分层级、分条线、分岗位实施控制。

10.2.1 企业内部控制的系统视角

《企业内部控制基本规范》是针对企业的。企业作为一个独立的经济体和内部控制体系建设的主体,必须承担相应的责任、履行相关的义务。只有了解了企业的本质和企业的管理运作,才能对内部控制有比较清晰的认识。基本规范的解读离开了企业的实质是没有任何意义的。

比较一致的观点就是,企业是一种"组织",是一个以满足社会需求为目的、把人们联合起来的社会机构;企业作为"组织",就必须解决好领导问题、制度问题和标准问题。随着经济社会的迅速发展,现代企业制度作为较好解决领导、制度、标准等问题的模式已经被广泛接受。在企业理论研究范畴内的内部控制与公司治理在解决企业管理方面发挥了巨大作用。虽然其探求解决的问题和方法迥异,但实际上企业作为一个经营整体,其内部控制和公司治理难以从根本上进行截然区分。只有逐步揭开企业"黑箱"谜团(把企业作为"黑箱"处理是企业理论研究的一种方法),按照系统的观点对企业管理的方方面面进行细分,并科学、谨慎地进行剖析,才可能使得建设科学的内部控制体系成为现实。

自从科斯1937年在《企业的性质》一文中对企业性质、企业边界、企业的内部组织与制度安排等重要内容的研究开始,现代企业理论的研究便如火如荼地在全球范围内展开。由此,产权经济学、交易费用理论、企业的契约理论、委托代理理论等关于企业的研究成果层出不穷,并在理论应用层面收效颇丰,如财务理论、公司治理等。其中,委托代理理论把企业作为"黑箱",研究企业所有权和控制权分离情况下的投资者与企业经理的最优激励合约安排。对"交易费用"的认识,促使企业管理理论对契约的不完备性进行反思,并把"剩余控制权"的配置作为企业制度中的关键,同时对实际中的企业"异质性"有了充分的认识。按照西方主流理论的观点,"资本雇佣劳动"的逻辑是完善企业治理结构的根源和基础。这样,公司治理结构就必须研究投资者与实际管理者的制度安排,解决信息不对称、利益的冲突与协调、经营管理的激励与约束、合约的不完备性等问题。从实践来看,以20世纪90年代倍受关注的以市场为基础的公司治理体制和20世纪80年代德、日公司治理体制以及相应的金融体制为主要实践特征,两个不同治理结构的存在及实践效果的不分伯仲引起了理论界和实业界的兴趣和深入思考。从理论和实践两方面来看,内部控制机制与公司治理的相关内容有着密不可分、千丝万缕的联系,清晰地划分其边界十分困难。为了揭开企业管理的谜团,比较清晰地界定内部控制的范围、性质和概念体系,按照系统的观点和整体的视角逐步剥离和剖析相互关系,将使内部控制能够在一个清晰的背景下精确展现。

从系统的视角来看,我们可以把企业看作一个系统,这个系统又由若干个小系统组成,以此为基础,可以展开对内部控制的剖析,得出一个内部控制的系统观点。应当说,企业面临诸多的管理问题(最主要的是领导问题、政策问题和标准问题)需要解决,从内部控制来看,其内外部的需求者主要包括:财务报表审计人员、企业管理者、企业的投资者、潜在的投资者和外部监管者等。并且,随着经济社会的发展变化,企业的相关利益者会越来越多。我们需要注意的一点是,这些需求者不是按照一个标准、一个视角对内部控制提出要求,其需求存在很大差异,但又都需要得到满足。这样,我们就需要对"内部"进行清晰的界定。首先企业内部控制的范围取决于企业的边界,而且这个边界不仅仅局限在"物理边界"或"法律边界"之内,其范围应当取决于企业目标对其的定位和要求,是可以超越的。其次是按照系统的观点对内部控制进行结构划分,也就是确定子系统,比较普遍认可的做法是分为三个层次:与所有权相关的企业治理控制;与经营权相关的企业管理控制;与岗位职责相关的业务控制(见图10-2)。同时,由于契约的不完备性,为了保证企业的正常运转和可持续发展,必须采取措施实现企业内部的均衡和有效运作,这就需要用系统和整体效率的视角来审视内部控制的本质和由此产生的概念体系。

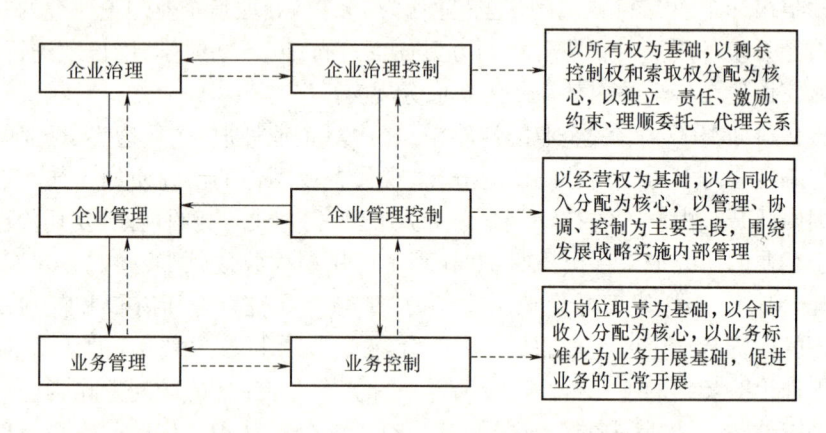

企业治理 ⇌ 企业治理控制	以所有权为基础,以剩余控制权和索取权分配为核心,以独立、责任、激励、约束、理顺委托—代理关系
企业管理 ⇌ 企业管理控制	以经营权为基础,以合同收入分配为核心,以管理、协调、控制为主要手段,围绕发展战略实施内部管理
业务管理 ⇌ 业务控制	以岗位职责为基础,以合同收入分配为核心,以业务标准化为业务开展基础,促进业务的正常开展

图10-2 内部控制的层级结构

按照系统和整体的观点,企业内部控制应当关注企业的整体效益与效率。企业作为一个系统整体,存在与系统相关的若干利益相关者,如股东、管理者、员工、其他非直接利益相关者和潜在的利益相关者。因此,整体有效取决于治理控制、管理控制和作业控制的全部有效。这需要对内部控制建立起一个完整、有效的概念体系,以便为企业提供科学、合理、有效的内部控制。在现代社会,企业要面对激烈竞争的市场、越来越严格的监管环境以及更加广泛的利益相关者的关注,只有制定和明确一系列行之有效的竞争战略并采取相应的竞争手段,才能确保企业的持续经营和健康发展。这样,现代企业需要在明确的战略目标指引下,通过合规合法的经营管理,进一步强化整体效益和效率,并在满足整体效益和效率追求的基础上,对相关利益者提供充分、有效的财务和管理信息支持;同时,企业实现在合规经营基础上的整体效益最大化以及进行及时、可靠、有效的信息披露,需要在公司治理层面、经营管理层面和信息披露层面实施有效的控制。

10.2.2 内部控制的现代观点

内部控制的概念和内涵,无论是理论界还是实业界都存在一定差异。对于企业来说,按照外部监管的要求,根据实际的经营管理需要,可以明确自身内部控制的概念与内涵。一般认为,内部控制是一个由企业董事会、管理层和其他人员实施的,旨在为实现合规目标、效率和效益目标以及信息目标提供合理保证的过程。从银行角度来看,巴塞尔委员会1998公布的《银行内部控制系统的框架》(Framework for Internal Control Systems in Banking Organization)认为:"商业银行内部控制是一个受银行董事会、高级管理层和各级管理人员影响的程序。它不仅仅只是一个特定时间执行的程序或政策,它一直在银行内部的各级部门连续运作"。人民银行2002年公布的《商业银行内部控制指引》,对商业银行内部控制定义如下:内部控制是商业银行为实现经营目标,通过制定和实施一系列制度、程序和方法,对风险进行事前防范、事中控制、事后监督和纠正的动态过程和机制。银监会延续了人民银行对内部控制的概念,于2007年公布《商业银行内部控制指引》。

在COSO报告中,第一次提出"内部控制系统"的概念,并正式提出内部控制系统由五要素组成,即控制环境、风险评估、控制活动、信息与交流和监控。COSO的最新报告进一步明晰了目标、要素与业务活动的关系(见图10-3)。基本规范也是按照这五个要素,提出了规范性要求。商业银行作为特殊企业,其内部控制应该相应地包含这些内容。同时,由于其特质性,范围应该更广。首先,内部控制应当渗透到商业银行的各项业务过程中,覆盖所有的部门和岗位,并由全体人员参与;其次,内部控制应当从防范风险、审慎经营出发,体现"内控优先"的要求;再次,内部控制应当具有高度的权威性,任何人不得拥有不受内部控制约束的权力,内部控制存在的问题应当能够得到及时反馈和纠正;最后,内部控制的监督、评价部门应当独立于内部控制的建设、执行部门,并直接向董事会、监事会和高级管理层汇报。同时,也必须认识到,商业银行内部控制五要素之间是相互联系、相互制约、密不可分的。只有五要素实现协同运转,才能保证内部控制整体功能的发挥和商业银行

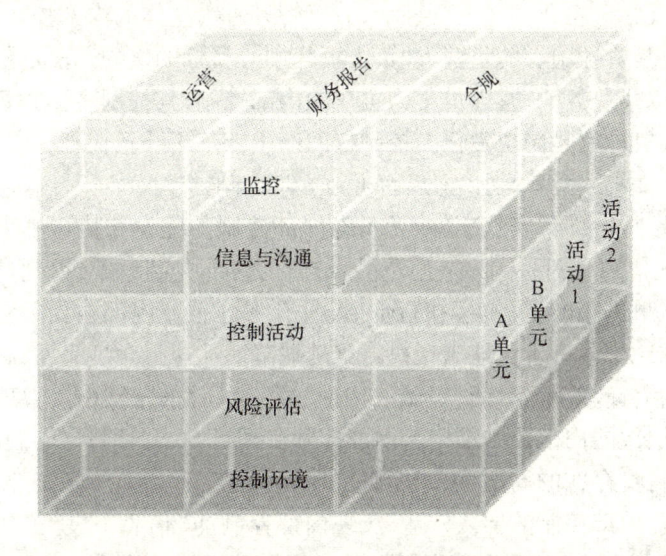

图10-3 COSO—IC/2013的内部控制结构

的良好运营。因此,我们可以把内部控制的内涵总结为"目标协调一致、控制全面覆盖、全体员工参与、内部控制优先、控制至高无上、反馈纠正及时、信息传导有效、整体协同运转"。其中,目标协调一致是内部控制目标与企业经营管理目标一致;控制全面覆盖是控制无漏洞;全体员工参与是企业的每个人都是内部控制的主体,拥有控制权;内部控制优先是所有的经营管理活动必须优先考虑内部控制;反馈纠正及时就是所有问题都要有报告、有整改;信息传导有效就是信息交流通畅、信息质量可靠;整体协同运转就是内部控制保证企业经营管理活动高效运行。

10.2.2.1 内部控制目标分析

内部控制目标具有内在逻辑性。2004年的COSO风险管理框架重新整合成三大类目标,即战略目标、经营目标和合规性目标。内部控制目标的设定是管理过程的重要组成部分,也是内部控制的组成要素,更是内部控制的先决条件,促成内部控制的要件。制定目标的过程不是控制活动,但意义重大,直接影响内部控制是否有存在的必要性。以现代内部控制的观点,内部控制与管理如影相随,是管理思想的具体体现。

10.2.2.2 内部控制模式分析

现代公司制企业是由股东、经营者、管理者和员工四种经济主体组成的,其中,股东投入的是资本;经营者投入的是企业家才能;管理者投入的是管理才能;员工投入的是劳动才能。这四类主体在企业中共同拥有控制权,但作用各不相同,任何一方的控制权设计不合理,都会影响经营绩效和企业稳定。

以股东为主体的内部控制,其控制主体是股东,主要体现在股东对公司重大事项应具有知情权和参与决策权;以经营者为主体的内部控制,其控制主体是经营者,包括董事会、监事会和高管层,分别作为主体发挥内部控制作用,其控制客体包括管理者以及整个企业的经营管理活动;以管理者为主体的内部控制,其控制主体是管理者,也是责任中心的负责人,负责责任中心目标的实现,完成受托责任,客体是普通员工以及业务活动;以员工为主体的内部控制,其控制主体是每个岗位上的普通员工,其目标就是岗位责任。控制权的产生依赖于委托代理。

10.2.2.3 基于科层理论的内部控制系统构建

从巴林银行案件到安然事件,无不与内部控制的虚设和执行不力存在重大关联。COSO框架的"三目标"和"五要素"组成的内部控制框架,得到广泛认可。但是,COSO框架的理论意义高于执行价值,没有考虑企业内部各相关利益主体的责权利安排的层次,不可避免地出现执行难的缺陷。从执行角度来看,科层组织体制将合理决策和行政效率发挥到极致。因此,建立以股东、经营者、管理者以及员工为主体的分层次的内部控制结构与内部控制治理机制,进行整体性制度安排,并克服科层体制自身存在的局限性,才能满足现代大型企业经营管理需要。具体地说,就是开展企业内部控制的层次构造,实现内部控制的"信息—决策"功能、"预期—保险"功能、"激励—约束"功能,强调自上而下的"命令信息"和自下而上的"报告信息"及时、准确、完整、有效;强调风险控制的稳定预期与控制收益的实现;确认内部控制形成行为规则和活动空间,估价成本与收益。当然,科层的扁平化问题也是必须考虑的,在技术手段逐步丰富的情况下,可以通过增大管理幅度加以解决。

10.3 内部控制评价

商业银行目前实施的内部控制评价,对提升自身内部控制水平、提升企业的价值创造能力、保障业务健康持续发展,发挥了重要作用。当前,理论界对商业银行内部控制评价的认识仍然存在分歧,监管机构、商业银行经营管理层对为何实施内部控制评价、怎样实施内部控制评价等诸方面的认识也有待进一步统一和融合。

10.3.1 商业银行内部控制评价的基本内涵

按照《企业内部控制评价指引》的定义[①]:内部控制评价是指由企业董事会或类似权力机构对内部控制的有效性进行评价、形成评价结论、出具评价报告的过程。由上述定义可以看出,评价是针对有效性的。换句话说,有效性是商业银行内部控制评价的基本内涵商业银行可以从目标和实现途径两个角度准确理解和把握内部控制有效性评价的基本内涵:

一是从内部控制目标的角度看,内部控制有效性的内涵是指企业建立与实施内部控制能够为控制目标的实现提供合理的保证,这就要求企业应当根据国家有关法律法规和《企业内部控制基本规范》及其配套指引的要求,结合企业实际情况,对战略目标、经营管理的效率和效果目标、财务报告及相关信息真实完整目标、资产安全目标、合法合规目标的内部控制有效性的实现程度进行评价,由此开展目标导向的内部控制评价。

二是从实现途径的角度来看,内部控制的有效性一方面体现在内部控制制度本身的有效性,要求标准明确、措施适用、全局考虑、信息及时和控制适度,即设计有效性;另一方面体现在所建立的内部控制制度在实际中能够得到合理有效的执行,能够促进所设立目标的实现,即执行有效性。

10.3.2 商业银行内部控制评价的模式选择

目前,业界最为适用的内部控制评价模式主要有三种:[②]审计视角内部控制评

[①] 财政部、证监会、审计署、银监会、保监会五部委.企业内部控制基本规范.北京:中国财政金融出版社,2010.

[②] 李健飞.我国商业银行内部控制评价研究.北京:经济科学出版社,2011;安瑛晖,汪佳.企业内部控制评价体系研究.科技创新与应用,2012(12).

价模式、公司管理视角内部控制评价模式和公司治理视角内部控制评价模式。

基于对内部控制评价诸要素的认识不同以及评价主体行为方式和模式的差异,[①]三种评价模式在目标选择、程序、标准、方法和应用等方面有所不同。其中,审计视角的内部控制模式较多关注财务报告的真实性,更多地借鉴和使用审计工具、方法和标准;在结果应用方面,审计模式的内部控制评价结果也被较多应用于审计评价范畴。相比较而言,公司管理视角内部控制评价模式更多地把评价定位在分支机构,力图充分挖掘内部控制评价的管理和激励功能;公司治理视角内部控制评价模式则更多地关注股东和监管层的意愿。后两者对内部控制有效性的认识更加全面,评价的视野和范围也相对更加全面,它不仅仅关注财务报告及相关信息的真实完整,还关注内部控制对战略、经营效率和效果、资产安全和合法合规等方面目标的实现。公司管理视角内部控制评价模式和公司治理视角内部控制评价代表了内部控制评价模式的未来发展方向。

当然,商业银行应当从成本效益原则出发,选择最优的内部控制评价模式。而从内部控制评价发展趋势来看,三种评价模式的边界日益模糊,都密切关注效率、效益和价值创造;评价模式整合趋势也更加明显,外部审计师实施的内部控制审计逐步成为监管要求,公司治理视角的内部控制评价和管理视角的内部控制评价将成为发现问题、督促整改、实现内部控制持续改进的日常工作任务。

10.3.3 商业银行现代内部控制评价体系

良好的内部控制使企业管理更为有效的观点已被实务界与理论界普遍接受。如何评价内部控制的有效性是政府、监管机构和企业广泛关注的重要课题。2008年财政部等五部委颁布《企业内部控制基本规范》,2010年发布《企业内部控制评价指引》、《企业内部控制审计指引》、《企业内部控制应用指引》,标志着我国企业内部控制发展进入了一个新的阶段,我国内部控制评价体系要求正在逐步形成。内部控制评价体系应当包含评价原则、内容、标准、程序、方法、应用和评价工作管理制度等几个方面。

10.3.3.1 内部控制评价原则

《企业内部控制评价指引》明确了内部控制评价的基本原则:一是风险导向原则。内部控制评价应当以风险评估为基础,根据风险发生的可能性和对企业单个或整体控制目标造成的影响程度来确定需要评价的重点业务单元、重要业务领域或流程环节。二是一致性原则。内部控制评价应当采用统一可比的评价方法和标准,保证评价结果的可比性。三是公允性原则。内部控制评价应当以事实为依据,评价结果应当有适当的证据支持。四是独立性原则。内部控制评价机构的确定及评价工作的组织实施应当保持相应的独立性。五是成本效益原则。内部控制评价

---

① 李健飞.我国商业银行内部控制评价研究.北京:经济科学出版社,2011.

应当以适当的成本实现科学有效的评价。

结合内部控制评价的最新发展,我们可以将上述目标进一步细化和明确。一是目标导向与重要性原则。内部控制评价要强调内部控制的目标性,突出影响目标的风险属性,以风险评估为基础,根据风险发生的可能性和对企业单个或整体控制目标造成的影响程度,在全面评价的基础上,确定评价的重点业务单元、重要业务领域或流程环节。二是一致性与一贯性原则。内部控制评价应当建立统一的、可比的评价方法和标准,保证评价结果具有可比性,避免出现多重标准、多类结果、影响评价效果的混乱局面。同时,应尽量保持标准的连续性,避免标准"一日三变",既影响评价结果的连续使用,又难以发挥评价的导向性作用。三是公允性与客观性原则。内部控制评价应当坚持"实事求是,有理有据",以事实为依据,评价结果必须有适当的证据(内部控制记录)作为支撑。四是独立性与公平性原则。内部控制评价机构的确定及评价工作的组织实施应当保持相对的独立性,确保公平、公正地开展评价工作。五是科学有效与成本效益原则。内部控制评价应当以适当的成本实现科学有效的评价,实现评价的成本效益均衡。

10.3.3.2 内部控制评价内容

内部控制评价内容涉及内部环境、风险评估、控制活动、信息交流和内部监督五个方面。

内部环境评价的主要内容包括:管理层是否重视内部控制;管理层是否履行内部控制责任、实施有效管理;是否建立分工科学合理、职责明确、报告关系清晰的组织机构;是否制定明确、适宜、有效的内部控制政策;是否建立内部控制目标;是否建立符合内部控制要求的授权体系;是否建立完善的人力资源管理体系;是否培育健康的企业内控文化等。

风险评估评价的主要内容包括:是否建立风险识别、评估的机制和程序,并进行持续识别和评估;是否及时改进内部控制制度,有效地防范和控制风险;是否建立风险应急机制和相应的防范措施等。

控制活动评价的主要内容包括:控制活动是否贯穿被评价银行日常运作的全过程;各项业务和各个职能部门是否执行、实施了有效的内部控制措施;各项业务是否按照组织、权限、目标、措施和程序等控制环节进行科学有效的控制等。控制活动评价的业务范围可以分为信贷业务、财务会计业务、资金业务、营运管理、银行卡业务、电子银行业务、国际业务、中间业务、计算机系统以及安全保卫等。

信息交流评价的主要内容包括:是否建立了适用的、涵盖银行全部活动的信息系统;决策层、管理层是否能够掌握充分的、综合的、可靠的、连续的财务信息、经营信息以及影响决策的其他内外部信息;是否建立了有效的上下之间、横向之间信息交流机制和渠道;信息是否能够及时、安全、可靠地传递、存储和使用等。

内部监督评价的主要内容包括:业务部门以及管理部门、审计部门、纪检监察部门是否对内部控制规章制度建设和执行情况进行连续监管;监管活动是否合规;

是否建立监管结果直接向管理层报告的机制;监管发现的内部控制缺陷是否及时报告并得到有效纠正等。

10.3.3.3 内部控制评价方法

内部控制评价方法包括定性方法和定量方法。

采用定性方法对企业进行内部控制有效性的评价,主要是以《企业内部控制基本规范》提出的五个目标和五个要素为标准,关注内控制度设计与执行的有效性。在制度设计方面,要求商业银行建立内控制度,并且要求注册会计师对其内控制度及风险管理系统的完整性、合理性和有效性作出说明,对其进行评价,提出改进建议,并以内部控制评价报告的形式作出报告。在制度执行方面,内部控制自我评估应以评价内部控制效率和效果为核心,强调法律法规和规章制度的执行;在具体措施的实施方面,将对责任追究和具体措施落实情况进行评价。同时,根据企业经营管理特点,从企业整体效率角度出发,应界定企业内部控制的范围和性质,并分别制定评价标准。内部控制评价和测试的方法主要包括:①个别访谈法,是指企业根据检查评价需要,对被查单位员工进行单独访谈,以获取有关信息;调查问卷法,是指企业设置问卷调查表,分别对不同层次的员工进行问卷调查,根据调查结果对相关项目作出评价;比较分析法,是指通过分析、比较数据间的关系、趋势或比率来取得评价证据的方法;标杆法,是指通过与组织内外部相同或相似经营活动的最佳实务进行比较而对控制设计有效性评价的方法;穿行测试法,是指通过抽取一份全过程的文件,来了解整个业务流程执行情况的评估评价方法;抽样法,是指企业针对具体的内部控制业务流程,按照业务发生频率及固有风险的高低,从确定的抽样总体中抽取一定比例的业务样本,对业务样本的符合性进行判断,进而对业务流程控制运行的有效性作出评价;实地查验法,是指企业对财产进行盘点、清查,以及对存货出、入库等控制环节进行现场查验;重新执行法,是指通过对某一控制活动全过程的重新执行来评估控制执行情况的方法;专题讨论会法,是指通过召集与业务流程相关的管理人员就业务流程的特定项目或具体问题进行讨论及评估的一种方法。

内部控制有效性定量评价方法主要包括经验判断法、流程图法和层次分析法等。目前的定量方法仍然存在很多缺陷,主要体现在:模糊数学方法的运用使得一些定量指标模糊化,影响评定结果的准确性;灰色评价法对定量指标评价简单准确,但无法应用于定性指标的衡量。定量评价方法还有很大的探索空间,如采用数据包络分析法(DEA),一方面可以综合考虑各种因素,另一方面也可以在一定程度上避免评价结果带有较大的主观性。综合运用评价方法是未来内部控制有效性评价的发展方向。

10.3.3.4 内部控制评价标准

(1)内部控制评价指标。内部控制评价指标可以参照内部控制要素,从内部

---

① 财政部等五部委,《企业内部控制评价指引》,2010

环境、风险评估、控制活动、信息交流与沟通以及内部监督五个方面,结合企业自身具体经营管理情况进行确定;同时,评价内容包括设计和执行两个方面,在综合分析的基础上,判断内部控制有效性和认定内部控制缺陷。其中,对控制活动的评价可以根据实际业务开展分别设定详细的评价指标,涵盖组织架构、岗位配置、预算控制、授权控制、目标控制和控制措施(包括制度建设、系统建设、信息交流、应急管理、内部监督等)等内容。

(2)内部控制评价标准制定原则。公司层面内部控制的评价标准以外部监管规定作为主要依据,按内部环境、风险评估、控制活动、信息交流与沟通以及内部监督五个方面进行划分;对分支机构内部控制的评价标准以外部监管要求、董事会的管理意见以及商业银行内部规章制度为依据。

10.3.3.5 银行内部控制评价结果应用

商业银行内部控制评价强调以促进价值创造为出发点,通过提取内部控制记录,评价公司治理层面、管理层面和业务层面内部控制,识别和认定内部控制缺陷,形成内部控制评价报告(Tritter R. P. , Zittnan D. S, 2010)。其结果应用主要是发现内部控制缺陷,推动重点领域和流程的整改,实现内部控制体系的自我纠错和自我完善。

案 例

"巴林倒闭"与"兴业危机"类比分析
——基于银行内部控制环境角度的浅析

摘要: 1995 年,魔鬼交易员尼克·里森因舞弊事件拖垮巴林银行;2008 年,法国兴业银行再度爆出类巴林噩梦。本文基于内部控制中的控制环境的角度来分析事件的主要诱因,同时也为银行的国际化进程提供相关建议。

关键词: 衍生品危机;内部环境;控制环境;银行

一、引言

1995 年 2 月,英国历史最悠久的投行之一——巴林银行公布在未经授权投资上亏损 14 亿美元。这些投资以日本股指期货为主要目标,事件主角是新加坡巴林期货总经理尼克·里森(Nick Leeson),之后巴林被荷兰国际集团以 1 英镑买下。2008 年 1 月,法国兴业银行亏损 71 亿美元,公司称是因为衍生品初级交易员杰洛米·科维尔(Jerome Kerviel)未经授权押注欧洲股市期货。

短短十年内,因金融衍生品交易失败而带来的灾难案例很多。衍生品本身存在的风险是危机发生的一种因素,那么对于银行这类特定的机构而言,其发生的原因是什么,又有怎样的共性,本文将逐一进行阐述。

二、事件类比

根据两案例的要素列示以及两次事件的整体流程进行分析,得出这样的结果,尽管两者间隔事件较长,但其整体过程有着以下的相似之处:

第一,都因金融衍生品——期货而起。其一是日本股指期货;其二为欧洲股市期货。

第二,造成银行灾难的人物并非高层管理人员,均为基层交易员。科维尔是低层交易员;里森同样也不是中高层管理人员。交易员的活动超过了其应有的权限,并且两家银行的部分人员在得知事件后,出于利益等方面因素的考虑,并未采取有效措施进行控制,事件没有得到及时的纠正,危机发生前,交易员已经从事了较久的违规操作。

三、成因分析

在法国兴业银行出现该丑闻时,不明真相人的第一反应是将其归咎于银行的内部风险管理体系和监管系统方面犯下的错误。但这并非是主要原因,两家银行当时均是全球金融衍生品市场的领导者,尤其是兴业银行,是世界上风险管理最为出色的投行之一。

根据以上事件过程的类比,我们发现交易员都超过了自己的权限范围进行非法交易,管理层人士也未能及时发现问题,或者在发现问题后没有进行及时的纠正,因此,危机发生的主要原因归纳为内部控制环境出现了纰漏。

内部控制环境主要包括公司治理结构、经营管理理念及方式、董事会、人力资源、政策及实务、企业文化等方面的内容,强调人在环境中及内部控制中的核心地位,突出了软控制的作用。不完善的人力资源只重视业绩,忽视风险的纵容行为。

第一,只重视业绩,而忽视对银行经营业务的风险认识。银行是经营货币资金的企业,因此它本身属于高风险行业,要求有较高的风险意识。金融衍生品交易具有以小搏大的特征,一旦成功可以获得巨大收益,而失败则遭受巨额损失。这就要求管理层要充分认识到衍生品的"双刃剑"效应。在这两个案例中,管理层往往在追求业绩第一的观念驱动下,忽视了衍生品所带来的负面效应。

第二,未建立科学的人力资源管理制度。如同巴林银行一样,兴业银行也没有建立科学的交易员的聘用制度,任用了科维尔这样一个有过后台管理系统经历和经验的人员来担任交易员,其被任用之时就是兴业舞弊风险开始之时。实际上巴林银行的里森也是类似经历,交易员往往既是下单员,又是资金管理员,也是风险控制人员,这种人力资源政策必然导致悲剧发生。

第三,银行对风险缺乏应有的警觉意识。交易员由于违规操作使得亏损不断加大,而试图通过金融机构的信用和借入资金来掩盖亏损时,银行毫无警觉,有效的内控制度因经营理念上的缺失而失效。当然,银行交易丑闻产生的其他原因也包括:①衍生品的高风险、高杠杆特征。金融衍生品是建立在现实基础资产之上的,但它们的规模已远远超过了基础资产市场规模,这就是所谓的"倒金字塔"。②监管机制的缺陷。相比美国以交易所、美国期货业协会以及美国商品期货交易委员会(CFTC)为主体的三层严密监管架构不同,欧洲衍生品市场监管相对比较宽松,基本上以自律为主。

四、对我国银行业的启示

衍生品交易蕴含着极大的机会和风险,近年来,衍生品交易市场上的失败事件比比皆是,从中航油到中信泰富层出不穷。对于银行业来说,避免衍生品交易是不可能的,也是没有必要的,衍生品并不是妖魔,在发展它的同时,如果做好风险管理,加强监管,完善分工体系,制定良好的内控制度,那么银行也可从衍生品交易中获益。基于控制环境角度,巴林银行和法国兴业银行都给了我们很好的借鉴意义。

第一,强调内控,就必须强调控制环境。控制环境是银行进行内部控制的基础,而公司或机构的治理结构则是控制环境的基础。因此,夯实和完善公司治理结构对于好的控制环境十分重要。商业银行的三性原则包括:安全性、盈利性和流动性,而设计和安排银行的公司治理结构就应该以盈利为基准点,来追求最终价值最大化。完善公司治理结构一般从选择机制、评价与激励机制、议事机制和信息披露机制四个方面着手,当形成了对大股东和内部人的有效制衡,其行为的损害以及决策及执行失误都会相应减少。

第二,以人为本,建立一套科学而有效的人力资源管理体制,并健全相应的激励约束机制。内部控制的成效,跟每一层执行者的素质以及观念有着很大的关系。如果内控的执行者踏实、认真、敬业,专业知识和管理能力扎实,那么内控机制就能发挥作用。对于银行而言,首先从入口着手,设计符合银行的人才招聘机制,选择适合自身运营的专业人才;其次在平时的工作中,完善激励和考评机制,比如股权激励机制,使得人才有充分的动力和积极性进行创造,使违规行为成本最大化。

第三,建立及时、有效、准确的信息传递反馈系统。银行是高风险的行业机构,任何被忽略的风险都有可能被无限放大。因此,建立、完善一种有利于内部控制发挥作用的机制是十分重要的,能够更快地发现风险,解决风险。

(资料来源:何璇:"巴林倒闭"与"兴业危机"类比分析.《企业导报》,2009年第6期。)

案 例

中国工商银行股份有限公司2012年度内部控制评价报告

董事会全体成员保证本报告内容真实、准确和完整,没有虚假记载、误导性陈述或者重大遗漏。

中国工商银行股份有限公司全体股东：

中国工商银行股份有限公司（以下简称"本行"）董事会负责内部控制的建立健全和有效实施。内部控制目标是合理保证经营管理合法合规、资产安全、财务报告及相关信息真实完整、提高经营效率和效果、促进实现发展战略。由于内部控制存在固有局限性，因此仅能对上述目标提供合理保证。本行董事会已按照《企业内部控制基本规范》及其配套指引、上海证券交易所和香港联合证券交易所以及中国银监会的相关要求，对本行的内部控制进行了评价，并认为于 2012 年 12 月 31 日（基准日），本行内部控制有效。

本行聘请的安永华明会计师事务所已对本行财务报告相关内部控制的有效性进行了审计，出具了标准无保留意见的内部控制审计报告。

中国工商银行股份有限公司
二〇一三年三月二十七日

《中国工商银行股份有限公司 2012 年度内部控制评价报告》附件

本行按照《企业内部控制基本规范》（以下简称"基本规范"）及《企业内部控制评价指引》（以下简称"评价指引"）等监管规定的相关要求，建立并不断完善了以评价内容为基础，以评价标准、评价程序和评价方法为支柱，支持和服务于评价目标的内部控制评价体系。

1. 评价组织

本行董事会授权本行内部审计局牵头负责本行内部控制评价的具体组织实施工作。本行的内部控制评价工作由本行人员自行严格完成，未聘请中介机构或外部专家参与。本行聘请了安永华明会计师事务所对本行财务报告相关内部控制的有效性进行了独立审计。在评价过程中，本行引入风险管理和内部控制三道防线的理念，新成了多层次、多角度的内部控制评价组织体系。

各专业部门和各分支机构是内部控制实施和评价工作的第一道防线，按照职责分工负责对本专业和本机构的内部控制状况开展自我检查与评估；专门的内控合规部门和风险管理部门是内部控制实施与评价工作的第二道防线，对各专业部门和各分支机构的内部控制开展监督检查，并督促落实整改；内部审计部门是内部控制实施和评价的第三道防线，在各专业部门、各分支机构自查自纠以及内控合规部门和风险管理部门监督检查的基础上，从本行整体战略和集团层面整体内部控制有效性的角度出发，关注关键控制、开展重点检查，保证本行整体风险水平在可控范围之内，服务于本行战略目标的实现。

2. 评价内容

本行根据基本规范和评价指引等监管规定及本行内部控制制度和评价方法，

在内部控制日常监督和专项监督的基础上,围绕内部环境、风险评估、控制活动、信息与沟通、内部监督五要素,从公司、流程、信息科技三个层面对本行2012年12月31日内部控制的设计和运行有效性进行全面评价,评价范围涵盖本行财务报告内部控制和非财务报告内部控制在内的所有高风险业务和重要控制领域。

3. 评价标准

本行建立了包括业务标准和认定标准在内的内部控制评价标准体系。业务标准是本行各项业务正常运行应当遵循的控制目标或要求。业务标准由监管法律法规、行业最佳实践以及本行内部控制制度组成,涵盖经营管理、业务操作、产品和信息系统等各个领域和关键控制环节。认定标准是衡量本行内部控制状况的依据和尺度,由缺陷认定标准和有效性认定标准组成。

本行内部控制缺陷包括设计缺陷和运行缺陷,并按照其影响整体控制目标实现的严重程度,分为重大缺陷、重要缺陷和一般缺陷。本行内部控制缺陷的认定标准包括定量和定性标准。定量标准主要以缺陷可能导致的直接损失占全行经营收入的比率,作为划分不同登记内部控制缺陷的分界点;定性标准主要考虑以下因素:对本行经营目标的影响程度、是否可能违反法律法规并导致相关经济处罚、缺陷对相关业务和服务的影响程度、缺陷造成声誉风险的影响程度、是否采取相关的补偿控制措施、缺陷是否得到及时整改等。

4. 评价程序

本行内部控制评价工作严格遵循基本规范、评价指引等监管规定及本行内部控制评价办法规定的程序执行,并应用了标准化的内部控制评价技术。一是梳理和评估风险。根据内部控制评价目标和内容,通过调阅资料、专题讨论会、访谈等方式获取内部控制信息。在此基础上进一步梳理主要业务流程,全面评估和排查风险,确定关键业务流程或控制领域,确定不同业务流程和领域中的主要风险点和关键控制点,构建风险控制矩阵。二是测试和记录相应的控制。通过运用问卷调查、访谈、专题讨论会、穿行测试和控制测试等评价方法,分别在公司、流程、信息科技三个层面开展现场测试,识别并详细记录响应的控制测试结果,在评价工作底稿中如实记载测试过程中发现的内部控制缺陷,并提出相应的整改建议。各评价小组主评价人负责对评价工作底稿进行严格复核,对发现的内部控制缺陷逐条签字确认。三是归纳汇总内部控制缺陷。在内部控制评价具体实施过程中,各评价小组经现场测试后确认形成的内部控制缺陷汇总表往往基于某个机构的某一控制层面,因此需要将所发现的不同机构的内部控制缺陷进行归纳、汇总,汇总过程要求体现完整性和准确性。四是评价内部控制有效性。组成内部控制评价专家小组,通过综合分析内部控制缺陷的产生原因、潜在影响、性质、整改措施及整改结果等信息,集体完成对内部控制缺陷的综合分析和全面复核,并在对内部控制缺陷整体评估的基础上确定某机构乃至全行的内部控制有效性结论。五是形成内部控制评价报告。出具全行内部控制评价报告,并向董事会、监事会和高级管理层报告内部控制设计与执行环节存在的主要问题以及改进建议。

5. 评价方法

在内部控制评价工作的开展过程中,本行开发和应用了一系列实用有效的内部控制评价方法与技术,主要包括风险评估技术、关键控制识别技术、风险控制矩阵基础、穿行测试技术、控制测试技术等。通过相关评价方法与技术的应用,本行有效提升了内部控制评价的工作效率,确保了评价结果的准确性和可信度。

6. 评价结果

本行根据基本规范和评价指引等监管规定的要求对内部控制进行了评价,未发现重大缺陷和重要缺陷。一般缺陷可能导致的风险在可控范围之内,并已经或正在认真落实整改,对本行经营管理的质量和财务报告目标的实现不构成实质性影响。

7. 内部控制有效性的结论

本行认为于 2012 年 12 月 31 日(基准日),本行内部控制有效。

风险的变化是一个动态的过程,内部控制需要与公司经营规模、业务范围、竞争状况和风险水平等相适应,并随着风险的变化及时加以调整。在今后年度的工作中,本行将持续完善内部控制制度,持续规范内部控制制度的执行,进一步强化内部控制监督检查,促进本行健康、可持续发展,继续朝着建设成为最盈利、最优秀、最受尊重的国际一流现代金融企业的目标而努力。

(资料来源:www.icbc.com.cn。)

本章小结

内部控制是董事会、监事会、管理层及所有员工旨在实现内部控制目标的动态过程和机制;内部控制是企业在依法合规经营的基础上,提高经营效益与效率,提升市场竞争力,进而实现战略目标,保持可持续发展的基础保障;内部控制通过提升经营效率和效益,确保经营依法合规,促进战略目标实现,体现其核心价值创造力。在 COSO 报告中,第一次提出"内部控制系统"的概念,并正式提出内部控制系统由控制环境、风险评估、控制活动、信息与交流和监控五要素组成。《企业内部控制基本规范》借鉴国际标准提出:企业建立与实施有效的内部控制,应当包括内部环境、风险评估、控制活动、信息与沟通与内部监督。内部控制的五个要素从不同的角度对内部控制进行了描述,五个要素相互关联、相互影响,整体发挥作用,共同促进有效内部控制体系的建设和运行。

从系统的视角来看,我们可以把企业看作一个系统,这个系统又由若干个小系统组成,以此为基础,可以展开对内部控制的剖析,得出一个内部控制的系统观点。企业面临诸多的管理问题需要解决,从内部控制来看,其内外部的需求者主要包括财务报表审计人员、企业管理者、企业的投资者、潜在的投资者和外部监管者等。随着经济社会的发展变化,企业的相关利益者会越来越多。首先,企业内部控制的范围取决于企业的边界,而且这个边界不是仅仅局限在"物理边界"或"法律边界"之内,其范围应当取决于企业目标对其的定位和要求,是可以超越的;其次是按照系统的观点对内部控制进行结构划分,也就是确定子系统,比较普遍认可的做法分为三个层次,即与所有权相关的企业治理控制、与经营权相关的企业管理控制和与岗位职责相关的业务控制。

内部控制评价是指由企业董事会或类似权力机构对内部控制的有效性进行评价、形成评价结论、出具评价报告的过程。目前,业界最为适用的内部控制评价模式主要有三种:审计视角内部控制评价模式、公司管理视角内部控制评价模式、公司治理视角内部控制评价模式。内部控制评价体系应当围绕评价原则、内容、标准、程序、方法、应用和评价工作管理制度等几个方面全面展开,通过有效性评价,发现问题,并持续改进,促进内部控制要素之间的协调统一。

失效的内部控制案例和内部控制评估报告案例为理解和掌握商业银行内部控制提供了具体的实践素材。

复习思考题

1. 阅读COSO《内部控制整合框架》和《企业内部控制基本规范》,总结内部控制的规范性要求。
2. 阅读商业银行内部控制评估报告,了解商业银行的内部控制状况和评估方法。
3. 选取商业银行某项具体经营管理活动,设计内部控制措施。
4. 选取商业银行某项具体经营管理活动,设计内部控制评价方案。
5. 思考内部控制有效性的内涵和内部控制有效性的评价方法。

11

商业银行经营风险管理

本章要点

商业银行稳健经营、健康发展对社会经济生活具有重要意义。现代商业银行通过自身经营管理和提供的金融服务在解决信息不对称、降低交易成本等方面发挥着不可替代的作用。

商业银行在实际经营管理过程中，必须面对各种风险，对这些风险的研究分析与采取科学的管理策略是商业银行保持稳健经营、实践"三性"经营原则的根本。因此，从实质上讲，商业银行是"经营风险"的金融机构，以"经营"风险作为其盈利的根本手段；从现代管理学角度看，风险管理能力构成了商业银行最重要的核心竞争力。同时，提高风险管理能力，不仅是商业银行生存与发展的需要，也是外部监管机构为保证金融安全的监管需要。

本章在介绍商业银行风险管理目标、组织机构与风险管理信息系统建设等内容的基础上，给出了具体风险（市场风险、信用风险、流动性风险、操作风险和合规风险）的衡量标准和方法。利率理论和利率风险作为商业银行面临的主要风险将在后面章节介绍。

经济学中的风险是指各种经济行为所带来结果的不确定性,即发生损失或获得超额收益的可能性。美国风险管理的权威解释者威廉姆斯和汉斯在《风险管理与保险》一书中写道:风险管理是通过对风险的识别、衡量和控制,以最少的成本将风险导致的各种不利后果减少到最低限度的科学管理方法。因此,风险是用来衡量对预期收益的背离。商业银行在经营管理过程中,由于事先无法预料的不确定性以及决策者信息的局限,使得商业银行实际收益与预期收益相背离。良好的风险管理有助于银行降低决策失误的概率,降低损失风险。商业银行全面风险管理是一个过程;全面风险管理是由人来实施的;全面风险管理被应用于银行战略制定中而且应用于整个银行;全面风险管理被设计用于识别影响银行所有的潜在风险事件等。

11.1 风险管理概述

11.1.1 商业银行风险管理的职能与目标

商业银行风险管理的终极目标是实现风险—收益关系的最优化,确保商业银行在经营管理过程中协调"三性"原则,实现银行价值最大化。

商业银行风险管理的首要任务是识别和测量风险,在此基础上,对风险实施监测和控制。商业银行风险管理的主要职能是:

(1)风险管理可以作为实施经营战略的工具。商业银行可以通过风险管理,清晰地认识银行面临的外界环境、内部因素和业务开展的不确定性,同时对影响银行盈利的因素(例如,利率、汇率等参数)进行预测和分析。在此基础上,可以对银行经营管理的未来有比较客观的估价。如果没有风险管理,商业银行的战略实施可能仅停留在业务指导层次,难以从宏观战略层次上分析、判断风险—收益关系。

(2)风险管理可以增强银行竞争优势。所谓的风险就是未来的不确定性,这种不确定性会增加未来的经营管理成本。只有加强风险管理,才能减少或规避未来的潜在损失,提高现实和未来收益。也就是说,在经营管理中,风险管理是实现盈利原则和获得竞争优势的关键。风险管理对盈利的贡献主要体现在:一是经过风险管理发现风险成本,可以为风险定价,从而对产品或服务进行有效、合理地定价;二是通过风险管理可以发现并拓展低风险客户群体,减少或避免逆向选择和道德风险的发生,为未来经营收益提供客户资源;三是可以通过风险管理降低成本。

(3)为定价政策提供依据。商业银行在经营管理过程中,对产品和服务进行合理、科学定价是重要的工作内容。其中,关键问题是对风险溢价(Risk Premium)

的估价。而对风险溢价的估价离不开对风险的识别和测量。通过对风险的衡量，银行可以了解风险成本，在此基础上，银行根据营业费用和风险成本，对金融产品和服务定价。

(4) 衡量资本充足率和偿付能力。商业银行未来面临的损失可以分解，根据不同的统计特性以及相应的风险管理手段进行划分，包括预期损失、非预期损失和意外损失。预期损失是损失的统计均值；非预期损失是在一定的容忍度下，最大损失减去预期损失的值；意外损失是超过非预期损失的那部分损失。预期损失可以采用经营手段加以解决；但是，高于预期损失的部分必须用资本吸收，以防止银行的破产危机。这样，风险管理就为风险资本的确定提供了依据。所谓的风险资本，是在衡量潜在损失和风险的基础上，获得的用于吸收这些风险的资本额。一方面，风险资本的数量应达到能够抵御绝大多数损失，安全保障程度必须达到管理层和股东认可的偿付能力；另一方面任何超出资本额的非预期损失都会造成银行违约；三是偿付能力是所承担的风险与可用资本相结合的结果。

(5) 为决策提供依据。在决策前，风险管理为决策过程提供支持；在决策后，风险管理主要对风险进行报告和控制。在一定程度上，帮助决策者了解可能承担的风险，有助于正确决策。因此，风险管理不能替代决策过程。但是，银行管理层做出正确决策，离不开风险管理的支持。

(6) 报告和控制风险。风险管理以风险报告的形式为银行提供准确的风险信息，与传统收益报告一起对产品、客户、业务风险收益进行分析。风险报告有助于风险管理与控制。

(7) 管理业务组合。商业银行由最初的存贷业务发展到现代的"金融百货店"，业务的组合管理是风险管理的最新领域之一。这主要是客观现实对银行经营管理的重大影响：人们希望组合（分散化）效应更加易于定量管理；银行的整体管理可以显著地优化风险—收益关系；新的信用风险衍生工具为银行交易组合管理提供了重要手段；贷款出售、资产证券化为市场交易提供了条件，有效地提高了流动性。

11.1.2 风险管理过程

风险管理过程是自上而下和自下而上的双向过程。银行高层的风险管理必须确定收益和风险限额，确定的目标信号传递是自上而下的，也就是全局性的目标必须转换为各种信号向业务部门发送，包括收入目标、风险限额和各种政策引导等。风险的监测和报告是自下而上的，以业务为起点，以合并汇总风险、收益和交易量为终结，最后风险管理信息上报到银行高级管理层。

商业银行风险管理从管理风险的角度上说，可以分为风险识别、风险测量、风险处理、风险管理的实施、评估与调整等。

风险识别就是识别商业银行在经营过程中所面临的风险类别，并对风险的影响程度进行初步评估,是风险管理的首要环节。具体讲,风险识别包括判断银行业务中面临的风险种类、风险间的关系、最主要的风险、风险产生的源头、风险的结构性质等内容。具体工作细分为风险识别、风险因子分析、风险结构估计与风险状况报告四部分。

风险测量是在风险识别的基础,针对不同风险类别、风险特性等,根据风险状况报告提供信息,采用相应的估价方法,对风险进行定量分析。现代的风险管理建立在一些关键的概念和技术之上,其中,风险价值 VAR(Value at Risk)和风险资本 CAR(Capital at Risk)是最重要的风险测量技术。VAR 是指在一定的置信度下的潜在损失。例如,"在1%的容忍度下 VAR 为 1 000"就是指未来损失值超过 1 000 的概率是 1%。CAR 是对银行整个组合的潜在损失的量度,代表吸收非预期损失所必需的资本额。CAR 的容忍度实际上是银行违约的概率。

风险的处理,主要是针对风险特征,制定合理的风险对策,对风险进行分别处理,包括风险的规避、风险的转移(包括分散化、对冲和保险等手段)、风险保留处理策略等。

风险的防范与控制,也就是采用严格的外部监控和内部控制措施和制度,防范风险、减少风险发生的可能性。

风险管理的实施,就是为保证风险管理策略、方法和过程的有效性开展的一系列管理活动,包括风险管理系统的组织结构形式、各职能部门的功能设置与安排,以及风险管理信息系统的建立与完善等。

风险管理的评估与调整,是指对风险管理策略实施的绩效进行评价,以此调整和改进策略和实施行动,主要分为内部评价和外部评价。内部评价是银行风险管理部门对风险识别情况、风险管理的各阶段的实施情况及风险管理效果进行分析,提交报告,有关决策机构进行评价并提出指导性建议:主要包括风险管理程序的合理性、风险管理结果的正确性、风险处理策略选择和实行的有效性,以及风险管理部门的相关能力和工作效率等方面的问题。外部评价是风险监管部门对风险状况和风险管理能力及效果的评价,主要内容包括总体风险暴露情况、风险管理法和模型的合理性、抗风险损失的能力以及风险管理部门的能力与效率等。

11.1.3 风险管理体系

11.1.3.1 风险管理系统

银行风险管理系统的核心任务是在对风险进行识别、测量的基础上,选择合理的风险管理策略,并确保高效实施。国际上,有效的风险管理系统必须贯彻的基本原则是:董事会对风险管理负最终责任;风险管理由对经营业务负责任的有关人员自上而下地推动;董事会和最高管理层必须对经营风险有广泛、深刻的认识;风险管理的独立性;风险管理的支持和控制职能;选择连贯一致、合理的风险测量方法;风险管理目标和政策必须与整体经营战略保持统一等。

11.1.3.1.1 组织系统

(1)董事会。董事会在风险管理方面的主要责任包括:全面认识银行面临的风险、建立风险管理文化、制度与方法体系,保证风险管理的有效性。具体讲,就是全面认识面临的风险,确定风险偏好及各部门风险管理的目标和方向,审批风险管理战略;确定银行能够承受的风险水平;根据银行经营战略和相应的风险管理战略,在各项业务间合理配置资本;建立必要的风险管理文化和激励相容机制。

(2)执行委员会。执行委员会是董事会授权、向董事会汇报的专门行使风险管理职责的机构,主要职责包括:拟订风险管理战略;贯彻执行董事会通过的风险管理战略;确认业务与资本的风险程度;确定在特定时期内准备承担风险损失的风险资本总额;建立有效的控制环境;批准下属机构或业务的风险限额;定期评价风险管理有效性,并向董事会提交风险管理报告。

(3)风险管理组。风险管理组是执行委员会下设的高层管理机构,主要职责是:拟订详细的风险管理政策;制定风险管理的标准和程序;设定、分配、管理风险限额。

(4)风险管理职能部门。风险管理职能部门是风险管理组的直接支持者,业务上独立,直接向风险管理组报告,主要任务是贯彻风险管理战略,并从各业务部门收集信息制定相应的风险管理策略,具体包括:风险测量、监控与评估;定期向风险管理组提供必要的风险管理信息,报告风险敞口;监督各业务部门风险管理策略的实施。

(5)风险管理支持部门。风险管理组实施有效风险管理,必须得到风险管理职能部门、战略规划部门、人力资源部门、法律事务部门、内部稽核部门和信息管理等部门的支持。

(6)业务部门。业务部门是贯彻落实风险管理战略的基层单位,处于风险管理的第一线,业务部门的风险管理与风险管理部门需要密切配合,是业务部门和风险管理部门的纽带。

11.1.3.1.2 信息系统

(1)信息传递路线。信息传递路线分为自上而下和自下而上两种传递途径。自下而上的信息传递由各业务部门开始,收集相关的风险信息;到达风险管理部门后,进行汇总分析;最终传递到风险管理的战略决策部门,包括风险管理组、执行委员会和董事会。自上而下的信息传递为风险管理的高层机构做出风险管理决策的信息向下逐级传达到风险管理职能部门,最终到达各业务部门,指导业务开展。

(2)信息系统建立。信息系统在实施有效风险管理中发挥着重要作用。银行风险信息系统结构中,主要包括数据仓库和数据处理分析层。

与一般的信息系统一样,风险管理信息系统的系统结构如图 11-1 所示。

我国商业银行风险管理的信息系统结构,可以描述为图 11-2。

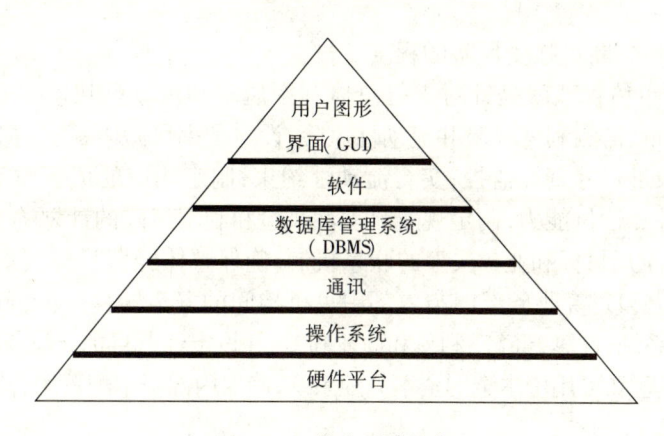

图 11-1 信息系统结构

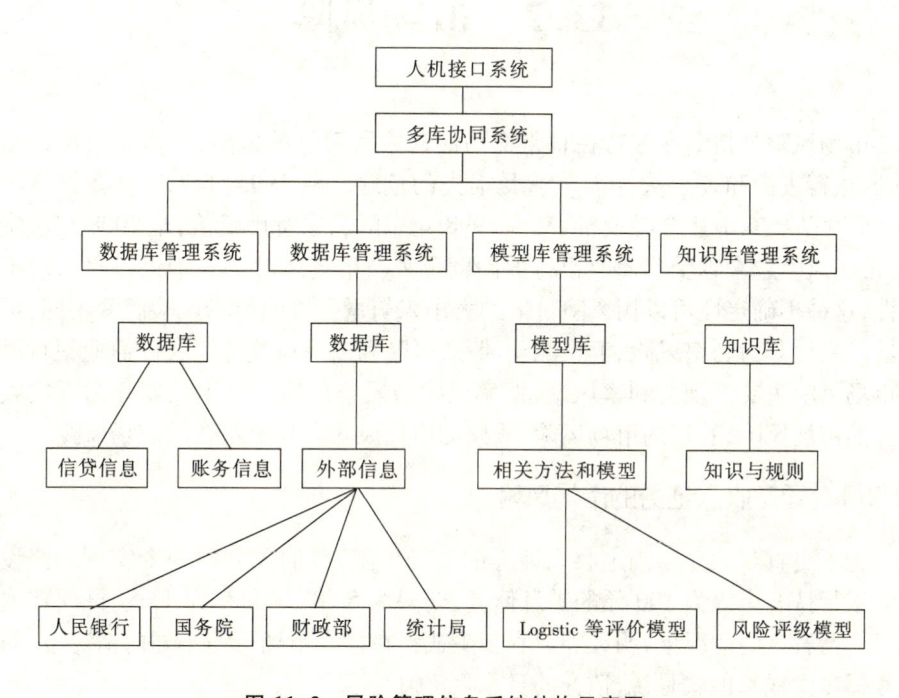

图 11-2 风险管理信息系统结构示意图

11.1.3.2 风险管理层次

商业银行的风险管理是在不同层次上实现的，流动性风险和利率风险只是在总体层次上进行监控；信用风险和市场风险则要在各个层次上监控。

(1) 风险管理的组织应遵循风险承担与风险监管分离的原则。对信贷业务而言，在具体业务层次上，客户经理一方面要维护与客户的关系，另一方面又要承担各项业务指标考核的压力，这些都促使他要承担更多的风险。在风险监管层次上，信贷委员会则不受上述倾向的影响，只有切断他们与客户的直接关系才能使其更容易、更客观地判断可接受风险的程度。

(2)资产负债管理就是针对银行总体利率风险和流动性风险进行定量管理，主要包括：衡量、监测利率风险和流动性风险；设定利率风险限额；根据与资产负债表有关的约束进行筹资和监控；实行流动性约束；制定相应的债务政策；度量和监控资本充足性和偿付能力；制定规避流动性风险和利率风险的计划等工作内容。

(3)建立全局目标和业务决策的联系机制，确保整体经营目标实现。主要工作内容包括：建立和完善业务部门与内部中央机构间的资金转移定价(Funds Transfer Pricing, FTP)系统，计算"经济"利差和商业利差，并设定经营目标；建立和完善业务之间分配全局风险和可用资本金的资本分配系统，确保内部资本配置的合理、有效。

11.2 市场风险

市场风险是指商业银行在日常交易活动中所面临的风险，即由于市场价格的变动，银行表内和表外头寸面临遭受损失的危险。从1995年2月巴林银行的倒闭，到1997年东南亚金融危机，又到1998年东欧国家货币贬值，至2008年次贷危机，市场风险越来越受到商业银行的高度重视。市场风险主要指银行收入的不确定性，这种不确定性可以用风险价值的大小来衡量。按照市场风险因素不同，可将市场风险划分为利率风险、汇率风险、股票风险和商品风险等。我国商业银行面临的市场风险主要表现为利率风险、汇率风险与股票风险。这里主要介绍固定收益证券的市场风险、外汇的市场风险、股票的市场风险和投资组合的市场风险。

11.2.1 固定收入证券的市场风险

为了更直观地介绍固定收入证券的市场风险，我们先介绍一个实例。假设某商业银行持有市值为100元的零息债券，期限为5年，年利率为4%。试问在债券市场行情看好的情况下，明天能盈利多少钱？在债券市场行情不好的情况下，明天能亏损多少钱？也就是说，债券的日风险价值是多少？

在这里债券利率的变化dr用于描述债券市场价格的变化。零息债券的市场风险价值为：

$$dA = \frac{D \times A \times dr}{1+r} \tag{11-1}$$

其中，A为零息债券的市场价格，单位为元；D为零息债券的久期，单位为年；r为零息债券的年利率；dr为零息债券的利率变化。

零息债券的久期等于债券的期限，因此，$D=5$年，$A=100$元，$r=4\%$。零息债券的利率在发行时已经确定，以后不再变化，利率的变化主要由债券市场价格的波动所引起的。

根据以前的统计,零息债券每天的利率变化 dr 服从正态分布,均值为期望收益率,标准差为 $\sigma=0.001$。我们知道利率的变化 dr 大于 2.33σ 的概率仅为 1%。因此,上述零息债券的日风险价值(Daily Value at Risk,$DVAR$)为 $DVAR=1.12$ 元。

$$DVAR = \frac{D \times A \times 2.33 \times \sigma}{1+r}$$

$$= \frac{5 \times 100 \times 2.33 \times 0.0001}{1+0.04}$$

$$= 1.12(元)$$

也就是说,由于债券价格的波动,银行每天亏损超过 1.12 元的概率为 1%,同样,每天盈利超过 1.12 元的概率也为 1%。

同理,我们可以求出 T 天的风险价值:

$$VAR = DVAR \cdot \sqrt{T}$$

第 10 天的风险价值为 $1.12 \times \sqrt{10} = 3.54$ 元。一般情况下,用 10 天的风险价值衡量资产价格的波动。

11.2.2 外汇市场风险

为了分散风险,商业银行持有一定数量的外汇。自从 1999 年 1 月 1 日欧元开始流通以来,欧元已经成为世界上主要货币之一,商业银行持有欧元已成为规避风险的一种手段。为了说明商业银行持有外汇的风险,这里把人民币(RMB)作为本币,把欧元(Euro)作为外币。这里外汇市场风险是指持有欧元的风险。

假设某商业银行持有 $A=12.5$ 欧元(相当于 100 元人民币),欧元对人民币的即期汇率 $f=8$(RMB/Euro)。经过以前数据的统计,欧元对人民币的汇率变化服从正态分布,均值为零,且标准差为 $\sigma=0.0055$。汇率的市场变化 df 大于 2.33σ 的概率仅为 1%。因此,持有 12.5 欧元的日风险价值为 1.28 元。

$$DVAR = A \times f \times df$$

$$= A \times f \times 2.33 \times \sigma$$

$$= 12.5 \times 8 \times 2.33 \times 0.0055$$

$$= 1.28(元)$$

也就是说,由于汇率的波动,商业银行持有 12.5 欧元每天盈利超过 1.28 元的概率仅为 1%,每天亏损超过 1.28 元的概率也为 1%。

同理,我们可以计算出持有 10 天欧元的风险价值。

$$VAR = 1.28 \times \sqrt{10} = 4.05(元)$$

10 天外汇风险价值是评价持有外汇风险的主要指标。

11.2.3 股票市场风险

对于三业(银行、保险和证券)混业经营的商业银行,可以持有一定数量的股票。对于分业经营的商业银行,也可能通过客户抵押贷款持有股票。

某商业银行持有 ABC 公司的股票,市值为 A = 100 元。股票的日利率变化服从正态分布,均值为期望收益率,标准差为 σ = 0.02。商业银行面对的日风险价值为 4.66 元,即

$$DVAR = A \times dr$$
$$= A \times 2.33 \times \sigma$$
$$= 100 \times 2.33 \times 0.02$$
$$= 4.66(元)$$

也就是说,由于股票市场价格的波动,商业银行持有 ABC 公司 100 元的股票,每天盈利超过 4.66 元的概率仅为 1%,每天亏损超过 4.66 元的概率也为 1%。

同理,我们可以计算出持有 10 天股票的风险价值:

$$VAR = 4.66 \times \sqrt{10} = 14.74(元)$$

10 天股票风险价值是评价持有股票风险的主要指标。看跌期权可以规避股票价格下跌的风险。

11.2.4 投资组合的市场风险

前面介绍了单独持有债券、欧元和股票的风险价值。如果商业银行把 300 元资产分成相等的三份,每份 100 元,分别投资于债券、欧元和股票,那么投资组合的风险价值是多少呢?下面分三种情况来回答着这个问题。

11.2.4.1 三种资产相互独立

假设债券、欧元和股票的市场价格波动相互独立,它们之间的相关系数为零。债券、欧元和股票的日风险价值分别为 $DVAR_b$,$DVAR_E$,$DVAR_s$。相关系数矩阵如表 11-1 所示,它们之间的相关系数为零。

根据资本资产定价模型我们知道,投资组合的日风险价值 $DVAR_p$ 为 4.96 元,即

$$DVAR_p^2 = DVAR_b^2 + DVAR_E^2 + DVAR_s^2$$

或

$$DVAR_p = (DVAR_b^2 + DVAR_E^2 + DVAR_s^2)^{1/2}$$
$$DVAR_p = (1.12^2 + 1.28^2 + 4.66^2)^{1/2} = 4.96(元)$$

表 11-1 三种资产相互独立

	债券	人民币/欧元	股票
债券	1	0	0
人民币/欧元		1	0
股票			1

投资组合的日风险价值为 4.96 元,小于三者之和 7.06(= 1.12 + 1.28 + 4.66)元。如果商业银行把 300 元资产全部购买债券,日风险价值为 3.36(= 3 × 1.12)元;如果全部购买欧元,日风险价值为 3.76(= 3 × 1.28)元;如果全部购买股票,日风险价值为 13.98(= 3 × 4.66)元。由此可见,股票的风险最大,收益也最高,其次是欧元,债券的风险最小,收入也最低。如果分散投资,投资组合的风险价值比股票的风险价值低,同时投资组合收益比单独投资债券或欧元的收益高。

11.2.4.2 三种资产完全正相关

如果债券、欧元和股票的市场价格波动完全正相关,它们之间的相关系数为 $\rho_{ij} = 1$,也就是说,三种资产的价格同涨同落。这是一种极端情况。相关系数矩阵如表 11-2 所示。

在这种情况下,投资组合的日风险价值 $DVAR_P$ 为 7.06 元,即

$$\begin{aligned}
DVAR_P &= (DVAR_b^2 + DVAR_E^2 + DVAR_s^2 + \\
&\quad 2 \times \rho_{bE} \times DVAR_b \times DVAR_E + \\
&\quad 2 \times \rho_{bs} \times DVAR_b \times DVAR_s + \\
&\quad 2 \times \rho_{Es} \times DVAR_E \times DVAR_s)^{1/2} \\
&= (1.12^2 + 1.28^2 + 4.66^2 + \\
&\quad 2 \times 1 \times 1.12 \times 1.28 + \\
&\quad 2 \times 1 \times 1.12 \times 4.66 + \\
&\quad 2 \times 1 \times 1.28 \times 4.66)^{1/2} \\
&= 7.06(元)
\end{aligned}$$

表 11-2 三种资产完全正相关

	债券	人民币/欧元	股票
债券	1	1	1
人民币/欧元		1	1
股票			

投资组合的日风险价值为 7.06,等于三者之和(7.06 = 1.12 + 1.28 + 4.66)。在这种情况下,投资组合的日风险价值最大。

11.2.4.3 三种资产负相关

三种资产相互独立和完全正相关是两种极端情况,在金融市场和货币市场并不存在。一般情况下,债券、欧元和股票的市场价格有一定的相关性,它们之间的相关系数在 -1 和 1 之间,$-1 \leq \rho_{ij} \leq 1$,也就是说,三种资产的市场价格波动方向不完全一致。

债券、欧元和股票的相关系数矩阵如表 11-3 所示,投资组合的日风险价值 $DVAR_P$ 为 3.89 元,即

表 11 – 3　三种资产负相关

	债券	人民币/欧元	股票
债券	1	−0.3	−0.6
人民币/欧元		1	−0.2
股票			1

$$DVAR_p = (1.12^2 + 1.28^2 + 4.66^2 - 2 \times 0.3 \times 1.12 \times 1.28 - 2 \times 0.6 \times 1.12 \times 4.66 - 2 \times 0.2 \times 1.28 \times 4.66)^{1/2}$$
$$= 3.89(元)$$

在这种情况下，投资组合的日风险价值最小，为3.89元。一般情况下，在投资组合中，如果资产之间的相关系数为负数，可以降低投资组合的风险。

11.3　信用风险

信用风险是商业银行经营过程中面临的主要风险，是指由于交易对方不能按照合同履约的风险。在我国市场经济体制逐步完善的过程中，商业银行将面临更加广泛的市场风险和流动性风险，但信用风险依然是商业银行面临的重要风险。商业银行对信用风险的管理能力直接影响其经营绩效，构成了商业银行的核心竞争力。定性与定量相结合的分析方法是信用风险管理发展的必然选择。

信用风险分单项贷款信用风险和组合贷款信用风险。评价信用风险的数学模型有很多，主要包括：西方发达国家商业银行和其他金融中介机构研究开发的风险评级与风险管理的 CreditMatrics（J.P摩根，精细工作由穆迪公司完成，基于VAR）、CreditRisk（CSFB, Credit Suisse First Boston，基于保险精算）、Portfolio Management System（KMV公司，基于风险中性的分析方法和期权定价理论）、CreditPortfolioView（Mckinsey公司，基于宏观经济的经济计量学和蒙特卡罗模拟）、LAS（Loan Analysis System, KPMG公司，是和RAROC相似的决策分析方法，基于风险中性）和RAROC（Risk-adjusted Return of Capital，是基于考核价值导向的风险管理分析方法）等信用风险度量方法模型。这些模型根据性质可以分为 DM（Default Mode）和 MTM（Mark to Market）、条件和无条件、结构化和简约化、连续和离散、现金流折现和风险中性等类别。同时，客户信用风险评价还有 Logistic, Factor Analysis, Discriminant Analysis 和 NN（神经网络）等方法。而且，最新的信用风险管理技术——信用衍生工具为加强风险管理、促使商业银行由传统经营模式向现代经营模式转化提供了实践基础。

这里主要介绍两种单项贷款信用风险评价模型,一种是线性评价模型,另一种是风险利率模型。这两种模型是国际商业银行经常使用的单项贷款信用评价方法。最后介绍信用风险的期权定价方法。

11.3.1 线性评价模型

线性评价模型是由奥特曼(E. I. Altman,1985)提出的。线性评价指标是五个主要经营比率指标的线性函数,奥特曼还给出每个经营比率指标的权重系数。利用线性评价模型,可以确定上市公司的信用等级。但是,对于非上市公司,无法用该模型确定他们的信用等级。如果上市公司的信用等级高于商业银行的内部评判标准就发放贷款,否则拒绝发放贷款。

对于线性评价模型,上市公司的信用等级用 y 表示,y 是上市公司主要经营比率指标的线性函数。

$$y = 1.2x_1 + 1.4x_2 + 3.3x_3 + 0.6x_4 + 1.0x_5$$

其中,y 为上市公司的信用等级指标;x_1 为净资产/总资产比率;x_2 为净利润/总资产比率;x_3 为税前和支付银行贷款利息前利润/总资产比率;x_4 为总市值/长期贷款比率;x_5 为销售额/总资产比率。

上市公司的信用等级指标 y 越大,公司的信用等级越高,违约的可能性就越小。信用等级指标 y 越小,公司的信用等级越低,违约的可能性就越大。如果公司的信用等级指标为负数,公司违约的可能性就更大。

例如,ABC 公司的五项经营比率指标分别为:$x_1 = 0.25$,$x_2 = 0$,$x_3 = -0.22$,$x_4 = 0.15$,$x_5 = 1.80$。

从这些经营比率指标中我们可以看出,该公司的净资产占总资产的 25%,负债占总资产的 75%。税前和支付银行贷款利息前的利润率为 -22%,也就是说该公司处于亏损状态,净利润率为 0。该公司总市值占长期贷款的 15%,而销售额为总资产的 1.8 倍。该公司的信用等级指标为 1.464。

$$y = 1.2 \times 0.25 + 1.4 \times 0 - 3.3 \times 0.22 + 0.6 \times 0.15 + 1.0 \times 1.8$$
$$= 0.3 + 0 - 0.726 + 0.09 + 1.8$$
$$= 1.464$$

奥特曼认为如果公司的信用指标小于 1.81,就属于违约公司。如果公司的信用指标大于 1.81,就属于非违约公司。从前面的计算结果中我们可以看出 ABC 公司的信用指标只有 1.464,小于 1.81,属于违约公司,商业银行可以不发放贷款。

用线性评价模型划分上市公司的信用等级存在下列缺陷:首先,在现实中上市公司可以划分成三种,违约公司、部分违约公司和非违约公司,而不是两种。其次,影响上市公司的信用等级的因素有很多,五个影响因素是否全面值得商榷,这五个影响因素的权重如何确定缺乏理论依据。经营环境不同,影响因素的权重也不同。再次,在线性评判模型中,没有考虑公司规模对信用等级的影响,而规模是影响公司信用等级的主要因素之一。另外，历史悠久的商业银行都建立公司贷款违约数据库，用于记录公司违约的详细情况，为银行发放贷款提供决策支持。线性评价模型忽略了信用记录的作用。

11.3.2 风险利率模型

风险利率模型是欧美各大商业银行广泛采用的信用风险评价模型。风险利率模型克服了线性评价模型中存在的缺陷，是目前评价单项贷款信用风险的主流模型。

风险利率是指每项贷款的每年净收益与风险价值的比率，用数学公式可以表示为：

$$r_r = \frac{C}{dA}$$

其中，r_r 为风险利率；C 为贷款的每年净收益(元)；dA 为贷款的风险价值(元)。

$$dA = D_A \times \frac{A \times dr}{1+r}$$

其中，A 为贷款总额(元)；r 为平均贷款利率；D_A 为贷款的久期(年)；dr 为公司违约率。

一般情况下，商业银行把公司分成几个等级，例如 AAA、AA、A、BBB、BB、B、CCC、CC、C、DDD、DD、D 等。从前一年(例如 2002 年)的贷款记录中可以计算出每个等级的平均贷款利率 r，也可以从前一年的违约记录中计算出每个等级的违约率 dr。根据贷款额 A 和贷款久期 D_A 可以计算出某项贷款的风险价值 dA。根据商业银行每年所得的净收益可以计算出每项贷款的风险收益率 r_r。

例如，ABC 公司的信用等级属于 AAA 级，想从商业银行贷款 100 万元。AAA 级公司的平均贷款利率为 3.3%，违约率为 1%，贷款成本为 3%。该项贷款的久期为 2.5 年。

银行所得的净收益率为 3.3% − 3% = 0.3%，每年所收入的净现金流为 1 000 000 × 0.3% = 3 000 元。对于这笔贷款，银行所面临的风险价值为 24 201 元。

$$dA = 2.5 \times \frac{1\,000\,000 \times 0.01}{1+0.033} = 24\,201$$

这笔贷款的风险利率为 12.4%。

$$r_r = \frac{3\,000}{24\,201} = 12.4\%$$

如果这项贷款的风险利率大于银行内部规定的风险利率，就发放贷款，否则就拒绝贷款，或提高贷款利率。

11.3.3 信用风险的期权定价方法*

信用风险的期权定价模型是由麦顿(Merton,1977)提出的。假设银行在零时刻向公司贷款 A_0 元，期限为 T 年，年利率为 r，无风险利率为 i。在正常情况下，T 时刻客户向银行归还本金和利息为：

11 商业银行经营风险管理

$$A = A_0 e^{rT} \tag{11-1}$$

由于公司资产的市场价值具有不确定性,银行有可能收回贷款,也有可能收不回贷款。假设 t 时刻公司资产的市场价值为 $V_{(t)}$,这些资产可以完全出售,并且没有交易成本,也没有其他债务。在 T 时刻有可能出现两种情况。

(1)果 $V(t) \geq A$,公司有偿还能力,银行可以得到贷款本金和利息,总数为 A。

(2)如果 $V(t) < A$,公司破产,银行仅能获得 $V(t)$ 的清算资产,总数小于 A。

这样银行在 T 时刻得到的本金和利息为:

$$\min[A, V(T)]$$

同时,T 时刻公司所有资产的市场价值为:

$$C = \max[0, V(T) - A] \tag{11-2}$$

相当于公司买入一份欧式看涨期权的价值,期权的执行价格为 A。可以用 Black - Scholes 期权定价模型求解。

根据麦顿的推导,贷款的市场价值为:

$$A_0 = V - C \tag{11-3}$$

$$A_0 = VN(d_1) + De^{-iT}N(d_2) \tag{11-4}$$

其中:

$$N(x) = \frac{1}{\sqrt{2\pi}} \int_{-\infty}^{x} e^{-\frac{1}{2}d^2} d$$

$$d_1 = \frac{1}{\sigma\sqrt{T}} \ln d - \frac{1}{2}\sigma\sqrt{T}$$

$$d_2 = -\frac{1}{\sigma\sqrt{T}} \ln d - \frac{1}{2}\sigma\sqrt{T}$$

$$d = \frac{Ae^{-iT}}{V}$$

因为贷款利息贴水(简称利差)s 等于风险贷款利率 r 减去无风险利率 i。把 $s = r - i$ 代入 $A = A_0 e^{rT}$ 得:

$$s = -\frac{1}{T} \ln \frac{A_0}{Ae^{-iT}}$$

代入 A_0 得:

$$s = -\frac{1}{T} \ln \left[\frac{N(d_1)}{d} + N(d_2) \right]$$

下面举例说明期权定价模型的用法。假设

$A_0 = 100\,000$(元)

$T = 1$(年)

$i = 5\%$

$d = 90\%$

$\sigma = 12\%$

因为

$$d_1 = \frac{1}{0.12\sqrt{1}}\ln 0.9 - \frac{1}{2} \times 0.12\sqrt{1} = -0.938$$

$$d_2 = \frac{1}{0.12\sqrt{1}}\ln 0.9 - \frac{1}{2} \times 0.12\sqrt{1} = 0.818$$

$$N(d_1) = 0.174\,120$$
$$N(d_2) = 0.793\,323$$

利息差为：

$$s = -\frac{1}{T}\ln\left[\frac{N(d_1)}{d} + N(d_2)\right]$$

$$= -\frac{1}{1}\ln\left[\frac{0.174\,120}{0.9} + 0.793\,323\right]$$

$$= (-1)\ln[0.986\,790] = 1.33\%$$

风险利率等于无风险利率与利息贴水之和。这项贷款的利率应该为 6.33%。

11.4　流动风险

在商业银行经营活动中，流动风险是商业银行面临的又一项风险。一个流动性好的商业银行能够以最合理的融资成本最大限度地满足高信誉客户的贷款需求，使商业银行的利润最大化，同时也能及时地支付客户在银行中的存款。相反，一个流动性差的商业银行不仅融资成本高，有时会出现支付困难，使高信誉的客户和储户流失。近几年提出一些评价流动风险的方法，例如，流动指数法、流动状态法、流动指标法等。

11.4.1　流动指数法

流动指数是由吉姆(Jim Pierce)提出的，用于评价商业银行资产的流动性。如果银行没有足够的现金，当取款的客户迅速增加时，银行就不得不立即出售资产，而立即出售资产的价格要比适时(合适的时机)出售资产的价格低。流动指数的主要作用是评价立即出售资产时的潜在损失。流动指数模型为：

$$J = \sum_{i=1}^{N} \frac{w_i \times P_i}{P_i^*} \tag{11-5}$$

其中，P_i 为立即出售第 i 种资产的价格(元)；P_i^* 为适时出售第 i 种资产的价格(元)；w_i 为第 i 种资产占总资产的比例，$\sum_{i=1}^{N} w_i = 1$。

流动指数 J 的值在 0 和 1 之间。流动指数越大,资产的流动性就越好;流动指数越小,资产的流动性就越差。

例如,某金融机构拥有三种资产,第一种为现金 100 亿元;第二种为债券,立即售价为 198 亿元,适时售价为 200 亿元;第三种资产为不动产,立即售价为 255 亿元,适时售价为 300 亿元。

银行的总资产为 $100+200+300=600$ 亿元,三种资产的权重分别为 $w_1 = 100/600 = 1/6$, $w_2 = 200/600 = 1/3$, $w_1 = 300/600 = 1/2$。流动指数为 0.921 7,也就是说,立即出售这三种资产将损失 7.83% 的资产。

$$J = \frac{1}{6} \times \frac{100}{100} + \frac{1}{3} \times \frac{198}{200} + \frac{1}{2} \times \frac{255}{300}$$
$$= 0.166\ 7 + 0.33 + 0.425$$
$$= 0.921\ 7$$

除现金和国库券外,银行的其他资产很难确定它们立即销售价格和适时销售价格,因此,流动指数在实际中很难使用。

11.4.2 流动状态法

商业银行流动风险管理的主要内容是管理资金供给和资金需求,目的是使供给资金和需求资金达到动态的平衡。我们把流动状态定义为资金供给减去资金需求。

商业银行的资金来源(资金供给)有:
(1)客户存款:包括城镇居民存款和企业存款。
(2)服务收入:是指非存款服务收入。
(3)客户还款:是指客户归还以前从银行的贷款。
(4)销售资产:是指商业银行销售自有资产所得的资金。
(5)市场借款:是指商业银行从货币市场的借款。

商业银行的资金需求有:
(1)客户取款:是指客户支取以前在银行的存款。
(2)贷款需求:是指经银行审核合格的贷款。
(3)归还借款:归还银行以前的借款。
(4)经营费用:是指银行在经营过程中发生的费用。
(5)支付股息:对于股份制银行,必须向股东支付股息。
(6)流动资产:《中华人民共和国商业银行法》(1995)规定流动资产不能小于客户存款的 25%。这部分资金不能用于贷款,只能是现金或购买国库券。

在以后的讨论中,资金供给和资金需求专指在一定时间间隔内商业银行的业务活动。时间间隔可以是一天、一周、一月或一年。流动状态是指某个时间间隔内的流动状态。我们把流动状态 dS 定义为:

$$dS = 客户存款 + 服务收入 + 客户还款 + 销售资产 +$$
$$市场借款 - 客户取款 - 贷款需求 - 归还借款 -$$

经营费用 - 支付股息 - 流动资产   (11-6)

  当流动状态 $dS>0$ 时，资金供给大于资金需求，资金出现盈余，有一部分资金找不到高信誉客户贷款，这部分资金不能为银行带来利润，但是银行抵御流动风险的能力增强；当 $dS<0$ 时，资金来源小于资金需求，银行出现资金缺口，银行不得不减少客户贷款，或向其他金融机构借款；当 $dS=0$ 时，银行的资金来源等于资金需求，是银行流动风险管理的理想状态。

  如果商业银行不想通过销售资产和市场借款发放贷款，就不存在归还借款的问题，在理想状态下，贷款需求为：

$$贷款需求 = 客户存款 + 服务收入 + 客户还款 - 客户取款-$$
$$经营费用 - 支付股息 - 流动资产 \qquad (11-7)$$

  通过预测客户存款、服务收入、客户还款、客户取款、经营费用和支付股息，就可以预测出允许的贷款需求。

11.4.3 流动指标法

  商业银行可以利用几个主要金融指标来管理流动风险，用流动指标管理流动风险不仅简单，而且适用。

11.4.3.1 现金指标

  用于描述现金资产占总资产的比例。

$$现金指标 = \frac{现金资产}{总资产} \qquad (11-8)$$

现金指标越高，现金资产占总资产的比例越高，总资产的流动性就越好。

11.4.3.2 国库券指标

  用于描述商业银行所持有的国库券占总资产的比例。

$$国库券指标 = \frac{国库券}{总资产} \qquad (11-9)$$

国库券指标越高，国库券资产占总资产的比例越高，总资产的流动性就越好。

11.4.3.3 中央银行存款指标

  用于描述商业银行在中央银行的存款占总资产的比例。

$$中央银行存款指标 = \frac{中央银行存款 - 中央银行借款}{总资产} \qquad (11-10)$$

中央银行存款指标越高，中央银行存款占总资产的比例越高，总资产的流动性就越强。

11.4.3.4 贷款指标

  用于描述商业银行贷款余额占存款余额的比例。

$$贷款指标 = \frac{贷款余额}{存款余额} \qquad (11-11)$$

贷款指标越高，贷款余额占存款余额的比例越高，总资产的流动性就越低。《中华人民共和国商业银行法》(1995)规定贷款余额占存款余额的比例不得超过75%。

11.4.3.5 流动指标

流动指标用于描述商业银行流动资产占流动负债的比例。其计算公式为:

$$流动指标 = \frac{流动资产}{流动负债} = \frac{现金 + 短期国债 + 中央银行存款 + \Lambda}{客户存款 + 国外存款 + 中央银行借款 + \Lambda} \quad (11-12)$$

流动指标越高,流动资产占流动负债的比例越高,总资产的流动性就越高。《中华人民共和国商业银行法》(1995)规定流动资产占流动负债的比例不得低于 25%。

商业银行面临的其他风险在银行业绩评价一章中介绍。

11.5 操作风险

11.5.1 操作风险的概念和内涵

11.5.1.1 操作风险的界定

1995 年,巴林银行的倒闭案为全球金融机构敲响了警钟,金融理论界和实务界开始研究影响日益巨大的操作风险问题。但是,对操作风险的界定没有一个全球统一的标准。国际上关于操作风险的界定可归纳为三种观点:[1]

一是广义的操作风险概念,把市场风险和信用风险以外的所有风险都视为操作风险。

二是狭义的操作风险概念,只有金融机构中与运营部门有关的风险才是操作风险,即由于控制、系统及运营过程中的错误或疏忽而可能引致潜在损失的风险。

三是介于广义与狭义之间的操作风险概念。这种界定首先区分了内部可控事件和由于外部实体如监管机构、竞争对手的影响而难以控制的事件,进而将可控事件的风险定义为操作风险。其中,最具有代表性的是巴塞尔委员会的文献。根据 2004 年通过的巴塞尔新资本协议,操作风险是指由于内部程序、人员、系统的不完善或外部事件的失败导致的直接或间接损失风险。这种风险分为四类:一是人员因素引起的操作风险,包括操作失误、违法行为(员工内部欺诈/内外勾结)、违反用工法、关键人员流失等情况;二是流程因素引起的操作风险,分为流程设计不合理和流程执行不严谨两种情况;三是系统因素引起的操作风险,包括系统失灵和系统漏洞两种情况;四是外部事件引起的操作风险,主要是指外部欺诈、突发事件及银行经营环境的不利变化等情况。

11.5.1.2 操作风险事件、自我风险评估和关键风险指标

根据巴塞尔新资本协议的定义,操作风险事件是指由不完善或有问题的内部程序、员工和信息科技系统,以及外部因素所造成的财务损失或影响银行声誉、客

---

[1] 张吉光,2004

户和员工的操作事件,具体包括:内部欺诈,外部欺诈,就业制度和工作场所安全,客户、产品和业务活动,实物资产的损坏,营业中断和信息技术系统瘫痪,执行、交割和流程管理七种类型。

自我风险评估是指商业银行识别和评估潜在操作风险以及自身业务活动的控制措施、适当程度及有效性的操作风险管理工具。

关键风险指标是指代表某一风险领域变化情况并可定期监控的统计指标。关键风险指标可用于监测可能造成损失事件的各项风险及控制措施,并作为反映风险变化情况的早期预警指标(高级管理层可据此迅速采取措施),具体指标如每亿元资产损失率、每万人案件发生率、百万元以上案件发生比率、超过一定期限尚未确认的交易数量、失败交易占总交易数量的比例、员工流动率、客户投诉次数、错误和遗漏的频率以及严重程度等。

11.5.1.3 商业银行操作风险的特点

操作风险作为一个涵盖多种风险的集合概念,具有与其他风险不同的特点[①]。

(1)操作风险主要是内生风险。除自然灾害以及外部冲击等一些不可预测的意外事件之外,大部分的操作风险是内生风险,且单个操作风险因素与操作风险损失之间不存在清晰的、可以定量界定的数量关系。

(2)操作风险是一种纯粹的风险。操作风险的承担不能带来任何收益,相应的,与信用风险管理、市场风险管理考虑风险收益不同,操作风险管理只能权衡控制成本和风险损失。

(3)操作风险是集合风险。操作风险包括若干种类的风险,如流程设计和执行风险、信息技术风险、内部舞弊风险、外部欺诈风险和法律风险等,使得操作风险成为一个难以界定的综合风险概念。在商业银行对操作风险的度量和管理实践中,基本认同的管理机制有两种,一是健全的内部控制制度、独立的审计制度以及科学的管理是操作风险管理的基本保障;二是以计量法为基础的基于经济资本的操作风险计量方法是重要的补偿机制。

(4)操作风险带来的损失难以预测,一些操作风险一旦发生可能会造成极大的损失,甚至危及银行的存亡。例如,所罗门兄弟公司在1984~1985年度,因为账务处理错误而形成6 000万美元的损失;1992~1995年,巴林银行交易员尼克·里森的错误交易以及在出现损失后继续隐瞒,最终给巴林银行带来8.6亿英镑的损失,致使其破产。

11.5.2 《商业银行操作风险管理指引》的管理要求

11.5.2.1 操作风险管理体系的要求

商业银行应当按照要求,建立与本行的业务性质、规模和复杂程度相适应的操

---

① 皮智,2004.

作风险管理体系,有效地识别、评估、监测和控制/缓释操作风险。操作风险管理体系至少应包括以下基本要素:董事会的监督控制;高级管理层的职责;适当的组织架构;操作风险管理政策、方法和程序;计提操作风险所需资本的规定。

11.5.2.2　董事会的责任

商业银行董事会应将操作风险作为商业银行面对的一项主要风险,并承担监控操作风险管理有效性的最终责任。主要职责包括:制定与本行战略目标相一致且适用于全行的操作风险管理战略和总体政策;通过审批及检查高级管理层有关操作风险的职责、权限及报告制度,确保全行的操作风险管理决策体系的有效性,并尽可能地确保将本行从事的各项业务面临的操作风险控制在可以承受的范围内;定期审阅高级管理层提交的操作风险报告,充分了解本行操作风险管理的总体情况、高级管理层处理重大操作风险事件的有效性以及监控和评价日常操作风险管理的有效性;确保高级管理层采取必要的措施有效地识别、评估、监测和控制/缓释操作风险;确保本行操作风险管理体系接受内审部门的有效审查与监督;制定适当的奖惩制度,在全行范围内有效地推动操作风险管理体系的建设。

11.5.2.3　商业银行的高级管理层的责任

商业银行的高级管理层负责执行董事会批准的操作风险管理战略、总体政策及体系。其主要职责包括:在操作风险的日常管理方面,对董事会负最终责任;根据董事会制定的操作风险管理战略及总体政策,负责制定、定期审查和监督执行操作风险管理的政策、程序和具体的操作规程,并定期向董事会提交操作风险总体情况的报告;全面掌握本行操作风险管理的总体状况,特别是各项重大的操作风险事件或项目;明确界定各部门的操作风险管理职责以及操作风险报告的路径、频率、内容,督促各部门切实履行操作风险管理职责,以确保操作风险管理体系的正常运行;为操作风险管理配备适当的资源,包括但不限于提供必要的经费、设置必要的岗位、配备合格的人员、为操作风险管理人员提供培训、赋予操作风险管理人员履行职务所必需的权限等;及时对操作风险管理体系进行检查和修订,以便有效地应对内部程序、产品、业务活动、信息科技系统、员工及外部事件和其他因素发生变化所造成的操作风险损失事件。

11.5.2.4　操作风险管理部门的职责

商业银行应指定部门专门负责全行操作风险管理体系的建立和实施。该部门与其他部门应保持独立,确保全行范围内操作风险管理的一致性和有效性。主要职责包括:拟定本行操作风险管理政策、程序和具体的操作规程,提交高级管理层和董事会审批;协助其他部门识别、评估、监测、控制及缓释操作风险;建立并组织实施操作风险识别、评估、缓释(包括内部控制措施)和监测方法以及全行的操作风险报告程序;建立适用全行的操作风险基本控制标准,并指导和协调全行范围内的操作风险管理;为各部门提供操作风险管理方面的培训,协助各部门提高操作风险管理水平、履行操作风险管理的各项职责;定期检查并分析业务部门和其他部门操作风险的管理情况;定期向高级管理层提交操作风险报告;确保操作风险制度和措施得到遵守。

11.5.2.5 商业银行相关部门的责任

商业银行相关部门对操作风险的管理情况负直接责任。主要职责包括:指定专人负责操作风险管理,其中包括遵守操作风险管理的政策、程序和具体的操作规程;根据本行统一的操作风险管理评估方法,识别、评估本部门的操作风险,并建立持续、有效的操作风险监测、控制/缓释及报告程序,并组织实施;在制定本部门业务流程和相关业务政策时,充分考虑操作风险管理和内部控制的要求,应保证各级操作风险管理人员参与各项重要的程序、控制措施和政策的审批,以确保与操作风险管理总体政策的一致性;监测关键风险指标,定期向负责操作风险管理的部门或牵头部门通报本部门操作风险管理的总体状况,并及时通报重大操作风险事件。

11.5.3 操作风险的识别与度量

在商业银行日常经营管理活动中,操作风险事件主要包括:内部欺诈,外部欺诈,雇佣合同以及工作状况带来的风险事件,客户、产品以及商业行为带来的风险事件,有形资产的损失,经营中断或系统出错,涉及执行、交割以及交易过程管理的风险事件。银行可以对发生的每一次风险事件进行监控和记录,并分析导致每次风险的因素和产生风险的环节,度量这些因素对风险的具体影响,并对风险程度进行数量化的计量。

目前,操作风险常用的计量方法有两类:一类是分析方法,即通过对损失的发生次数和损失程度作出假设,使用统计模型计量操作风险;另一类是主观方法,即通过机构的独立组织(如内部审计部门、风险管理委员会等)对每项业务活动的控制弱点进行评估、评级并打分,根据评级和评分,按照一定的划分标准把操作损失分配到各个业务条线或部门。

巴塞尔资本协议以资本成本作为操作风险的衡量标准,以资本成本底线作为评价标准,提出了以下四种方法:

一是基础指标法。操作风险的资本等于毛收入的一个固定百分比(大致为30%),以此作为基础指标。基础指标法简单易行,适合业务范围简单的小银行。但是方法本身过于粗略。

二是标准法。把银行的活动解析为标准业务单元与业务项目,用资本因素反映银行在业务领域活动的规模,并以资本成本确定该领域的操作风险,银行操作风险总额就是各业务领域操作风险的资本成本乘以资本因素的累加。

三是内部计量法。与标准方法相同,银行活动按照业务项目分类,并定义操作风险类型,以此定义风险暴露指标(EI)。同时,银行通过计算损失事件的概率(PE)和损失值(LGE),计算得到损失期望(EL)。在此基础上,通过监管机构确定的转换率γ把期望损失转变为资本成本,最后得到银行整体资本成本。内部计量法是最科学和精确的,但是大多数银行缺乏相应的损失数据,阻碍了方法的推广。

四是损失分布法(Loss Distribution Approach, LDA)。银行利用内部数据测算每种业务的两个概率分布函数:一是在单一时间冲击下的条件概率,二是下一年度的事件频率的条件概率。在预测分布的基础上,银行计算累计操作损失的概率分布函数,并根据每一业务范围的VAR值来保留资本。

11.5.4 操作风险的防范与控制

商业银行一方面需要对操作风险进行识别和度量,为其配置相应的资本金,另一方面应对操作风险进行评估、监控和管理,按风险的可接受程度对风险进行排序,对不可接受的风险进行缓释或转移,对可防范的风险进行控制,逐渐形成健全的内部控制制度。操作风险管理者可以从损失数据库的记录中总结经验,从具体业务流程中找出风险点,制定详细的规章制度,从制度上保证每一种可能的风险因素都被监控,每一种业务都有管理规范,形成有效的约束与内控机制。

11.5.5 操作风险管理实践——以某国际商业银行为例

11.5.5.1 操作风险的内涵

操作风险是该银行定义的七个风险类别中的一种。该银行遵循巴塞尔新资本协议的定义,即操作风险是指因不足或失败的内部程序、人员、系统或外部事件造成损失的风险(如表11-4所示)。操作风险可能导致意外或不良的后果,包括经济损失、机会成本、名誉损害和/或客户的影响。操作事件可能产生的影响主要包括:对财务报告产生直接影响,如丧失资产和追索权以及罚款惩罚等;对财务报告不产生直接影响,但造成对未来收入的放弃、影响声誉等;边界影响,如审批操作不审慎导致贷款未能如期回收而产生信用风险等。

表11-4 风险事件

风险事件种类	举 例
内部欺诈	内部滥用职权,贿赂,回扣,贪污
外部欺诈	信用卡诈骗,支票诈骗,盗窃/抢劫,伪造,空头支票,黑客破坏
就业制度和工作场所安全	补偿,终止或歧视的问题,员工的健康和安全
顾客、产品和商业惯例	侵犯隐私的行为,不当销售行为,违反披露,市场操纵,洗钱,产品缺陷,咨询纠纷
实物资产损坏	自然灾害,人为破坏
业务中断和系统宕机	硬件,软件,电信或公用设施故障,内乱
执行、交割和流程管理	沟通不畅,数据错误,模型错误,证券交付失败,不准确的报告,供应商纠纷,文档丢失

11.5.5.2 操作风险管理

该银行操作风险文化强调风险识别、升级报告和讨论,并建立一种全员有责的理念,即操作风险管理是每个人每天的工作;操作风险偏好和风险理念明确了风险的触发值(Triggers)与限额(Limits),并要求对残余风险和内控进行自我评价;操作风险的管理和组织强调业务条线、监督管理职能部门、审计三个功能角色的作用,并突出合规部门的责任;对风险特征、风险评价以及重大风险和问题强调必须在内部进行报告;操作风险管理流程明确了资本充足率评估流程、压力测试、覆盖和解决方案规划、新产品审批、子公司和国际事务管理等;日常管理包括识别和度量、缓释和控制、监控和测试、报告和重检。

(1)操作风险管理的组织架构。在董事会层面,企业风险委员会和审计委员会承担相应管理职责。其中:企业风险委员会审批操作风险策略、报告和政策,并负责对操作风险的计量、管理、控制流程的检查;审计委员会负责协助董事监督公司内部控制体系的有效性、验证公司财务报表的完整性、对于法律和监管要求的合规性。

在管理层层面,操作及合规风险委员会负责指导、批准和支持企业操作风险及合规方面的战略、政策、规程和举措;操作风险委员会负责对操作风险管理制度的持续监控,批准公司的规章制度并监督执行;操作风险领导力委员会审核企业操作风险管理方面的表现,就新出现风险和问题提出建议,对政策及流程的修改方案提出意见。

在控制职能部门层面,该银行的操作风险管理部负责全行操作风险管理方面战略、企业级制度和组成要素的制定与执行。

同时,首席风险官每周举行例会,听取各条线执行官关于特定事件和风险的简要汇报。

(2)操作风险管理政策、实施及管理责任。该银行遵照法律、法规、行业标准和监管的要求,采用模板格式和标准化内容,制定了操作风险管理政策,对如何管理既有风险作出了明确规定,并收录在企业统一的管理系统中。同时,该银行明确了政策拥有者、利益相关方以及政策管理小组。其中,政策拥有者负责运用适当的模板制定与整体框架相符的政策,在制定与修改政策的过程中明确并召集行内利益相关方或特殊业务专家,在客观环境变化后及时补充完善政策,定期重检与更新,向相应委员会汇报进度;利益相关方由政策拥有者明确并负责与前者及政策管理小组一起草拟政策,评估政策对相关条线的影响程度并反馈意见,参与修改和重检政策;政策管理小组,隶属于合规部门,负责制定企业制度框架及其中的术语定义,配合指导相关部门制定政策,确保政策间不冲突或不留空白,定期向委员会汇报政策体系整体情况,明确适用于政策的端到端的流程及相关人员角色,是解读政策最权威的团队。该银行还建立了 GPS(Global Policy Source)管理系统,向全行员工开放。

(3)操作风险管理流程与应用工具。该银行的操作风险管理是由识别与计量、缓释与控制、监控与测试、报告与审查四部分活动构成,分别体现为识别业务条线的关键风险、制定缓释控制方案对关键风险进行管理、设定相应指标对关键风险及其缓释活动进行监控、将相关操作风险情况进行报告。

第一,识别与计量。每个业务条线和支持部门都应通过周期性的自我评估识别关键风险及潜在风险,确保高风险领域的有效控制。包括通过自评工具识别描述风险、通过损失数据收集分析风险规律、通过情景分析加深对风险的认识等手段和流程。风险控制与自我评估是业务条线对操作风险识别、评级的主要手段,包括关键风险识别和关键风险评级两个步骤。其中的主要工作包括:外部数据收集,作为风险控制与自我评估(Risk Control and Self Assessment,RCSA)与情景分析的重要基础材料,供决策者参考,帮助其分析识别该银行自身存在的薄弱环节、潜在损失和风险点;开展情景分析,对预计损失最少为1亿美元的场景进行假设,并采取工作组讨论的方式预估可能产生的影响,用于对经济资本模型的验证。

第二,缓释与控制。业务条线及其支持部门应针对风险问题制定相应的控制、转移、接受等缓释措施,包括制定风险容忍度水平、开发风险缓释计划、落实到具体的政策流程中并进行培训等方法和流程。缓释工作主要集中在各业务条线,业务条线通过部门层面的管理工具进行深入的评估分析,制定相应的控制整改方案缓释风险,并报告条线内的风险问题。利用综合风险信息系统(IRIS)建立、收集关键风险指标,监控全行的风险并进行报告。

第三,监控与测试。每个业务条线和支持部门都应开发必要的监控指标并进行监控。定期检查风险接受标准设定的合理性。利用综合风险信息系统IRIS建立、收集指标仓库,监控全行的风险并进行报告。

第四,报告与审查。每个业务条线及其支持部门应向业务条线的操作风险监管机构报告关键风险指标和自评结果,达到一定程度应向操作风险管理部和公司监管机构报告。报告应包括对风险控制环境变化、业务风险结构变化、超过风险容忍度等内容的评估。该银行的操作风险报告路线分为五个层级:业务条线当地/执行委员会、业务条线操作风险/合规和信用风险委员会、操作及合规风险委员会、公司操作风险委员会(CORC)和董事会。

操作风险监管报告内容包括:关键风险以及缓释措施、趋势及损失影响;指标描述、过去两个季度的指标评级、指标显示为黄色区域及红色区域的关键风险及其缓释措施;业务条线自我评估结果;基于风险评级的定性资本调整;等级描述;内部损失数据;主要的活动以及突出的问题。

操作风险仪表盘用于向业务条线的负责人、高管层以及董事会等报告损失风险暴露、操作风险损失事件以及相关的操作风险信息。

第五,数据质量管理。数据质量管理内容主要包括:识别和确定必须优先汇报的内容;识别与业务流程相符的数据使用者;识别关键业务要素(KBEs);列明关键业务要素的数据质量标准;编制数据质量记分卡。

第六,问题整改管理。问题整改和问题解决的目标是降低风险和提高各方对控制环境的认识。所谓的问题不是检查或审计发现的例外(Exception),需要有一定的认定程序,例外可能是问题,也可能不是问题。作为风险管理的重要环节,该银行内审部门每月向各业务条线主管发出问题升级报告,报告需要采取行动的问题信息,主要包括审计、业务条线、外部监管和信贷审查识别出的各类问题及其严重程度。银行对内部审计、外部监管、信贷审查、风险合规或业务部门识别出来的缺陷,升级成为问题的,必须在信息系统中记录缺陷的特别风险及其影响,以此作为审计监督风险的一部分。对发现的问题,业务条线必须在 14 个工作日内制定改进计划,并采取行动来缓释风险。审计部门负责对分类结果为高风险和外部监管部门提出的严重问题的改进情况进行跟踪验证,对问题状态进行及时更新,并在数据库中记录问题改进的验证过程及验证结果。审计部门在确认问题根本原因已经被准确定位,业务部门已经建立和实施了恰当的控制并且可持续运转之后,最终关闭问题。

11.6 合规风险

11.6.1 合规与合规风险管理

商业银行合规管理是经营管理的基础,是防范内部操作风险和外部合规风险,提升经营管理效率的保障。为了满足监管机构的监管要求,防止合规风险的发生,避免由此带来的经济和声誉损失,银行必须遵循有效的合规政策和程序,并在发现有违规情况发生时,能够采取适当措施予以纠正。合规应被视为银行内部的一项核心风险管理活动。合规,字面含义是"合乎规范",英文 Compliance,《牛津高级英汉双语词典》将其解释为"服从、顺从、遵从"。瑞士银行家协会在 2002 年发布的内部审计指引中,将其定义为"使公司的经营活动与法律、管制及内部规则保持一致"。日本银行协会在发布的《伦理宪章》中,也认为"合规"是公司适应法令及社会规范等规则的经营行为。1998 年 9 月,巴塞尔银行监管委员会在《银行业组织内部控制体系框架》中,将"合法和合规性,即合法方面的目标"列为银行业组织内部控制体系框架的三个目标之一。2003 年 10 月,巴塞尔银行监管委员会就合规问题发布了《银行内部合规部门》的指引性文件,明确合规风险管理是一项重要并且独立的风险管理内容。2005 年 4 月 29 日,巴塞尔银行监管委员会发布了《合规与银行内部合规部门》的高级文件,提供了银行合规工作的基本指引,指导银行设立合规部门和专职合规岗位,以支持和协助高级管理层有效地管理合规风险。

在《合规与银行内部合规部门》文件中,巴塞尔银行监管委员会明确指出:银行的活动必须与所适用的法律、监管规定、自律性组织制定的有关准则以及适用于银行自身业务活动的行为准则相一致。法律、规则和准则具体包括:立法机构和监管机构发布的基本法律、规则和准则,市场惯例,行业协会制定的行业规则和适用于银行职员的内部行为准则,以及更广义的诚实守信和道德行为准则等。同时,明确合规风险是指银行因未能遵循法律、监管规定、规则、自律性组织制定的有关准则,以及适用于银行自身业务活动的行为准则而可能遭受法律制裁或监管处罚、重大财务损失或声誉损失的风险。

11.6.2 《合规与银行内部合规部门》的主要内容

巴塞尔委员会在《合规与银行内部合规部门》文件中,对于银行合规管理提出了十大原则,主要内容可以归纳为:合规应从高层做起,银行强调诚信与正直的道德行为准则,并由董事会和高级管理层作出承诺和具体执行时,合规才最为有效;合规不只是合规工作人员的责任,合规是银行内部一项核心的风险管理活动,涉及银行的所有员工和所有的经营管理活动;银行在开展业务时,应坚持高标准地遵循法律规定和法律精神;银行应组建合规部门,并使其与自身风险管理战略和组织结构相吻合;银行应明确董事会和高级管理层在合规方面的特定职责以及合规部门的地位、职责、资源和工作程序,确保合规部门开展工作的独立性;合规部门工作应受到内部审计部门定期和独立的检查监督。

11.6.2.1 董事会在合规方面的职责

银行董事会负责监督银行的合规风险管理。一是董事会应该审批银行的合规政策,包括一份组建常设的、有效的合规部门的正式文件。二是董事会或董事会下设的委员会应对银行有效管理合规风险的情况至少每年进行一次评估。三是银行董事会应在全行推行诚信与正直的价值观念,确保银行的合规政策得以有效实施。四是董事会应监督合规政策的实施,包括确保合规问题都由高级管理层在合规部门的协助下得到迅速有效的解决。当然,董事会可以将这些任务委托给适当的董事会下设的专门委员会,如审计委员会或者风险管理委员会。

11.6.2.2 高级管理层在合规方面的职责

银行高级管理层负责银行合规风险的有效管理。一是银行高级管理层负责制定和传达合规政策,确保该合规政策得以遵守,并向董事会报告银行合规风险管理。二是银行高级管理层负责制定一份书面的合规政策。其合规政策中,应明确要求高级管理层负责组建一个常设和有效的银行内部合规部门;应包含管理层和员工所遵守的基本原则,并要说明全行上下用以识别和管理合规风险的主要程序,并区分全体员工都要遵守的一般性准则与只适用于特定员工群体的规则,以增加政策的清晰度和透明度。三是高级管理层有职责确保合规政策得以遵守,包括发现违规问题时采取适当的补救方法或惩戒措施。在合规部门的协助下,高级管理层应当承担以下具体工作任务：

（1）每年至少一次识别和评估银行所面临的主要合规风险问题以及管理这些合规风险问题的计划。这些计划涉及对现行合规风险管理过程中政策上的、程序上的、实施或执行中的任何缺陷进行处理，并针对年度合规风险评估中发现的新的合规风险，对政策或程序进行补充。

（2）每年至少一次就银行的合规风险管理向董事会或董事会下设的委员会报告，此报告应有助于董事会成员就银行是否有效管理合规风险问题作出有充分依据的判断。

（3）及时向董事会或董事会下设的委员会报告重大违规情况（例如，可能会导致法律制裁或监管处罚、重大财务损失或声誉损失等重大风险的违规情况）。

11.6.2.3　合规部门及其职责

《合规与银行内部合规部门》对银行合规部门设立的原则、部门职责、资源以及工作内容等进行了明确：银行的合规部门应该是独立的；银行合规部门应配备能有效履行职责的资源；银行合规部门的职责是协助高级管理层有效管理银行面临的合规风险。

11.6.2.3.1　合规工作原则

（1）独立性原则，即银行的合规部门和工作人员应独立于银行经营业务。主要体现在：合规部门应在银行内部享有正式地位；应由一名集团合规官或合规负责人全面负责协调银行的合规风险管理；在合规部门职员特别是合规负责人的职位安排上，应避免其合规职责与其承担的任何其他职责之间产生可能的利益冲突；合规部门职员为履行职责，应能够获取和接触必需的信息和人员。

（2）全面性原则。银行合规管理方面的规章制度应覆盖银行从高级管理层到基层的全部员工，并应使用正式文件传达到银行所有员工，做到在制度面前人人平等。

（3）权威性原则。关于报告路线，合规部门的负责人应有向不直接负责业务条线的高级管理层成员直接报告的路线，在必要情况下，合规部门负责人有权绕开日常报告路线，直接向董事会或董事会下设的委员会报告。此外，合规部门还享有与银行任何员工进行沟通，并获取便于其履行职责所需的任何记录或档案材料的自主权。合规部门对其调查发现的任何异常情况或可能的违规行为，可随时向高级管理层报告。

（4）协调性原则。合规风险是一种综合风险，包括了经营风险、政策风险、法律风险、操作风险、诚信风险和道德风险等。合规负责人应具有较高的业务素质和较强的协调性和灵活性，全面负责协调银行的合规风险管理。要善于处理好与外部监管部门或外聘律师的关系，也要妥善处理好银行内部与其他部门和分支机构的关系。

11.6.2.3.2　合规资源配置

银行为合规部门提供的资源应该是充分和适当的，以确保合规风险得到有效的管理。特别是,合规部门职员应该具备必要的资质、经验、专业水准和个人素质,以能够履行特定职责。合规部门职员应该能正确理解合规法律、规则和准则及其对银行经营的实际影响。合规部门职员的专业技能,尤其是在把握合规法律、规则和准则的最新发展方面的技能,应通过定期和系统的教育和培训得到维持。

11.6.2.3.3 合规部门职责

银行合规部门的职责应该是协助高级管理层有效管理银行面临的合规风险。银行合规部门的具体职责如下:

(1)合规建议与报告。合规部门应该就合规法律、规则和准则向高级管理层提出建议,包括随时向高级管理层报告合规发展情况。

(2)制度建设与宣传教育。合规部门应该协助高级管理层,就合规问题对员工进行教育,并成为银行员工咨询有关合规问题的内部联络部门;就合规法律、规则和准则的恰当执行,通过政策、程序以及诸如合规手册、内部行为准则和各项操作指引等其他文件,为员工制定书面指引。

(3)合规风险识别、量化和评估。合规部门应该积极主动地识别、书面说明和评估与银行经营活动相关的合规风险,包括新产品和新业务的开发、新业务方式的拓展、新客户关系的建立,或者这种客户关系的性质发生重大变化所产生的合规风险等。如果该银行设有新产品委员会,该委员会内应有合规部门职员代表。

合规部门还应考虑各种量化合规风险的方法(例如,应用评价指标等),并运用这些计量方法加强合规风险的评估。评价指标可借助技术工具,通过收集或筛选可能预示潜在合规问题的数据(例如,消费者投诉的增长数、异常的交易或支付活动等)的方式来设计。

合规部门应该评估银行各项合规程序和指引的适当性,立即深入调查任何已识别的缺陷,如有必要,系统地提出修改建议。

(4)是合规风险监控、测试和报告。合规部门应该通过实施充分和有代表性的合规测试对合规进行监控和测试。合规测试的结果应依照银行内部风险管理程序,通过合规部门报告路线向上级报告。合规负责人应定期就合规事项向高级管理层报告。这些报告应涉及报告期内所进行的合规风险评估,包括基于运用诸如评价指标的相关计量方法所反映的合规风险状况的任何变化;概述所有已识别的违规问题或缺陷,以及所建议的纠正措施,已经采取的各项纠正措施。

(5)法定责任和联络。合规部门承担特定的法定职责,如反洗钱管理;合规部门与银行外部相关机构和人员保持联络,包括监管者、准则制定者以及外部专家等。

(6)制定合规方案。合规部门应根据合规方案履行职责、开展工作。合规方案应明确合规部门的行动计划,如具体政策和程序的实施与评审、合规风险评估、合规测试,以及就合规事项对银行职员进行教育等。

11.6.2.3.4 合规部门与内部审计部门的关系

合规部门的工作范围和广度应受到内部审计部门的定期复查。内部审计部门的风险评估方法应包括对合规风险的评估,并应制定一份包含合规部门适当性和有效性的审计方案,该方案应包括与认定的风险水平相匹配的控制测试。

11.6.3 银行合规风险管理实践——以国际某银行为例

该银行遵循国际合规风险定义,定义合规风险是指由于未能遵守适用的法律、金融、法规、相关自律组织的标准和守则,而受到法律或法规的制裁或产生重大财务损失、损害公司声誉的风险。合规风险作为该银行定义的七大风险之一(战略风险、信用风险、市场风险、操作风险、流动性风险、合规风险和声誉风险),纳入风险管理框架之中。该银行合规管理按照风险识别、升级上报、讨论的统一要求,明确了合规管理要素,建立了全球合规框架。

11.6.3.1 合规管理框架与要素

该银行在合规管理方面实行委员会制,其合规和运营风险委员会成员包括全球风险执行官、首席风险执行官、首席财务官、各主要业务单元执行官、企业市场和运营风险执行官、全球人事执行官和全球营销执行官等。该银行合规和运营风险委员会负责合规和运营风险的测度、管理和控制。该委员会有权批准与合规和运营风险相关的战略及政策。

该银行全球合规框架突出了集成的全球合规程序,明确了内外部风险驱动因素下的工作程序,即监管规则库及其变动管理、政策管理、风险评估、合规监控、合规风险测试、关键风险测量、风险与问题管理以及管制与报告等,突出合规风险防范的第一责任在业务条线;同时,明确了合规文化、合规责任、外部监管规则及其变更管理、合规政策、合规程序、管制及组织、监控与测试、问题与整改、升级与报告等方面的十一个要素,并建立了适当的业务控制和业务流程,防范合规风险(见表11-5、图11-3)。

表11-5 全球合规框架政策体系

全球合规框架政策						
监管和监管变动管理	全球政策管理	风险评估	合规监控和测试	关键风险度量	风险和问题管理	管制和报告
定义实现关键金融服务的法律、规则和监管识别、评估和实施的需求	定义合规政策需求,这些政策能够体现法律、规则以及监管要求,明确哪些必须做,哪些不是必须做,并能够为管理合规风险提供支撑	定义合规风险的固有风险、控制度量和残余风险的评估需求		定义用关键风险度量管理合规风险的需求,包括预设阈值和限额例外的识别	定义风险和问题的识别并按期整改的需求	定义合规管制委员会执行、管理渠道和相关报告的需求

| 业务活动 |
| 内部风险驱动 |
| 外部风险驱动 |

战略规划和合规概览

| 监管规则库及变动管理 | 政策管理 | 培训 | 业务控制和流程 | 风险评估 | 合规监控 | 合规测试 | 风险和问题管理 | 合规关键措施 |

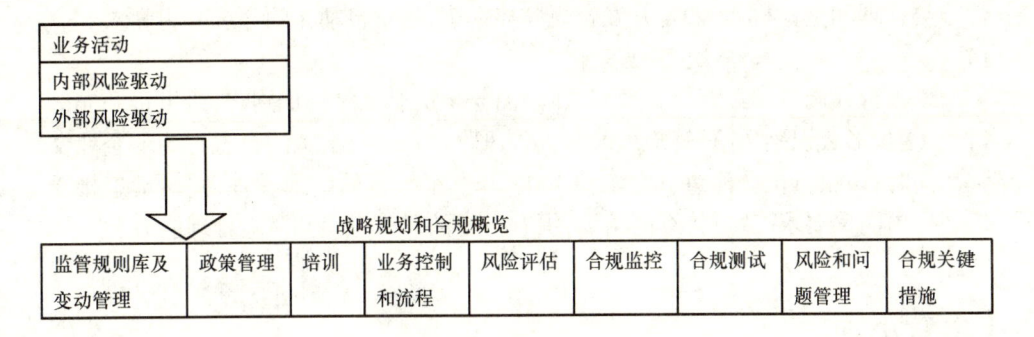

图 11-3 合规管理流程

该银行全球合规官负责全球合规机构管理工作,管理合规风险及相关事务。该银行设置了总部合规(Corporate Compliance)、业务合规(Business Compliance)、企业合规(Enterprise Compliance)三个部门,负责识别和缓释合规风险,升级报告风险问题,并提供持续客观的合规性监管,设立全球合规官,负责监督和管理。其中,总部合规负责制定境内外标准政策,对境内外合规标准执行情况进行监督;业务合规负责各业务条线的合规标准制定与执行监督;企业合规负责跨条线、跨产品、跨服务、跨司法管辖权的合规监督管理,如反洗钱、营业执照登记等。

11.6.3.2 合规监控和测试

在合规监控和测试方面,业务合规和企业(跨条线)合规部门的职责主要包括:制定和维护合规监控和测试计划;依据风险评估结果决定合规监控和测试的范围和频率;独立进行合规监控和测试;根据合规监控和测试的结果,判断控制合规风险措施的有效性,识别风险和存在的问题;将结果信息传递给银行的股东;修改合规监控和测试计划;监督发现问题的整改等。总行合规部的职责主要包括:建立健全合规监控和测试的相关规章,并监督执行;指导条线和跨条线合规部门的合规监控和测试;统筹所有的监控和测试工作;明确报告路线,并定期集中报告结果等。该银行的合规监控和测试是符合性测试,判断是否符合制度规定,对事项本身的风险并不评估。

11.6.3.3 合规管理汇报路线

该银行在董事会层面设置了审计委员会、风险委员会等管理合规事项;在管理层层面设置了合规与操作风险管理委员会,并设置了全球合规、操作风险管理等子委员会,管理合规事项;同时,建立了合规管理报告路线,由部门通过委员会进行部际交流沟通,并视事件的性质与残余风险情况,逐级报告。

11.6.3.4 内控合规管理系统支持

该银行注重科技手段的应用。一是建立了全球监管规则管理系统,收集和发布相关监管规则,对监管规则变动进行及时跟踪,并建立了应对机制;二是建立了规章制度合规性审查机制,并通过系统进行发布、维护和管理;三是对规章制度进行分类管理和重检机制;四是开发合规监控系统,进行自动化的合规监测等。

11.6.3.5 风险与合规管理文化

该银行强调日常经营要管理好风险,倡导全员对风险的识别、升级上报和充分讨论,逐步形成识别风险、管理风险和报告风险是每一位员工的自觉行为的企业文化。同时,该银行十分注重日常培训工作,开发了大量的培训教程,并对员工接受培训提出明确要求,通过持续的培训,提升员工的风险意识和风险管理能力。

本章小结

利率的变化与中央银行的利率调控政策有关,利率风险是商业银行面临的主要风险,当市场利率发生变化时,银行所有者的权益将发生变化。防范利率风险的主要手段是久期。当商业银行资产 A 的久期 D_A 和负债 L 的久期 D_L 满足关系 $D_A = kD_L$ 时,商业银行权益的变化等于零,其中 $k = L/A$。

市场风险是商业银行在日常交易活动中所面临的风险。市场风险是指商业银行收入的不确定性,这种不确定性可以用风险价值的大小来衡量。单项资产的风险价值与资产价格的波动有关,组合资产的风险价值还与资产之间的相关系数有关。

评价单项贷款信用风险的数学模型有线性评价模型和风险利率模型,其中风险利率模型是国际商业银行通用的单项贷款信用评价方法。

流动风险是商业银行面临的支付风险。评价流动风险的方法有流动指数、流动状态和流动指标,其中流动状态和流动指标是两种常用的方法。

操作风险是指由于内部程序、人员、系统的不完善或外部事件的失败导致的直接或间接损失风险。一些操作风险事件的发生可能对银行造成巨大影响。对操作风险的应对除了在计量的基础上进行资本配置外,还需要强化经营管理,提高内部控制水平。

合规风险是指银行因未能遵循法律、监管规定、规则、自律性组织制定的有关准则,以及适用于银行自身业务活动的行为准则而可能遭受法律制裁或监管处罚、重大财务损失或声誉损失的风险。合规管理应以外部监管规则及其变动管理作为起点,在进行风险评估的前提下,采取控制措施,开展日常监测,促进业务经营依法合规。

复习思考题

1. 分析商业银行的风险管理程序。

2. 分析商业银行风险管理信息系统的必要性和系统结构。

3. 观察某种国库券市场价格的变化,计算国库券的日风险价值。

4. 观察某公司股票市场价格的变化,计算每股股票的日风险价值。

5. 观察美元对欧元汇率的市场价格变化,计算汇率的日风险价值。

6. 为什么分散投资有规避风险的作用?

7. ABC 公司的信用等级属于 AAA 级,想从商业银行贷款 100 万元。AAA 级公司的平均贷款利率为 4.3%,违约率为 1%,贷款成本为 4%,该项贷款的久期为 3.5 年。求风险利率。

8. 如何安排每周的贷款计划?

9. 阅读巴塞尔银行监管委员会《关于统一国际银行资本衡量和资本标准的协议》(1988 年 Basel Ⅰ)、《资本计量和资本标准的国际协议:修订框架》(2004 年 Basel Ⅱ)和《建立更具稳健性的银行和银行体系的全球监管框架》(2010 年 Basel Ⅲ),分析国际监管规则的演变,思考商业银行应如何开展风险管理工作。

10. 阅读中国银行业监督管理委员会颁布的《商业银行资本充足率管理办法》(2004 年 3 月)和《商业银行资本管理办法(试行)》(2012 年 6 月),思考资本监管规则变化及银行如何开展资本管理工作。

11. 思考商业银行操作风险的内涵和管理工作应如何开展。

12. 思考操作风险管理和内部控制的关系。

13. 阅读巴塞尔银行监管委员会于 2005 年 4 月发布的《合规与银行内部合规部门》(2012 年修订)和银监会发布的《合规风险管理指引》,总结规范性要求。

14. 收集国外银行合规管理资料,了解商业银行合规管理状况,总结提炼合规管理实践经验。

15. 选取商业银行合规风险事件进行研究分析,并提出整改建议。

16. 思考商业银行合规管理组织设置、流程方法,设计商业银行合规管理方案。

12

利率风险管理

本章要点

商业银行在经营管理活动中会用到各种各样的经营管理理论,本章主要介绍利率的概念、债券定价、利率的期限结构、有效市场理论和利率平价理论。

12.1 利率

在金融市场利率的种类很多,例如存款利率、贷款利率、抵押贷款利率、隔夜拆借利率等。一般情况下,在某一时期存款利率是相对稳定的,而贷款利率由客户信誉的高低所决定,信誉越高贷款利率越低,反之越高。

12.1.1 国债利率

国债又称国库券,国库券利率是政府向债权人借本国货币所支付的利率。例如,美国国债利率是美国政府在金融市场借美元向债权人支付的利率,同理,日本国债利率是日本政府在金融市场借日元向债权人支付的利率。国债的种类和期限不同,利率也不同,本金和利息的支付方式也不同。

国库券以政府为担保,一般情况下不会违约,因此,国债利率又称为无风险利率。因为国债没有风险,通常利率比较低。在为其他金融产品定价时,以无风险利率作为定价标准,在无风险利率的基础上,根据客户的风险等级定价。例如,商业银行的贷款利率就是在无风险利率的基础上,根据客户的风险等级确定贷款利率。

12.1.2 同业拆借利率

伦敦银行间同业拆借利率简写为 LIBOR(London Interbank Offer Rate),该利率是伦敦大银行间相互拆借所支付的利率,简称拆借利率。在相互拆借过程中,一家银行愿意以该利率向另一家银行募集资金,而另一家银行也愿意接受该利率把资金借给对方。由于大银行实力雄厚,他们不担心对方会违约。因为商业银行的信誉比政府的信誉低,风险也比国库券高,因此,同业拆借利率略高于国库券利率。

如果资金短缺,当一家金融机构想投资时,就不得不向另一家金融机构募集资金,融资成本为拆借利率,又称为机会成本。在为证券定价时,金融机构一般用拆借利率,而不用国债利率。也就是说,当证券的投资收益高于拆借利率时,才值得投资,否则不宜投资。

12.1.3 零息利率

零息利率(Zero Coupon Rate),又称零利率。T 年零利率是指从现在开始投资,T 年后收到本金和利息,中间不支付利息时的投资收益率。T 年零利率有时又称为即期利率。假设七年期国债零利率为 3%,连续复利计息。如果现在购买 100 元的国债,七年后的本利和为 122.99 元。

$$100 \times (1 + 0.03)^7 = 122.99$$

债券到期时的本利和用下列公式表示：

$$F = P(1+r)^t \tag{12-1}$$

式中，P 为债券的面值，单位为元；F 为债券到期的本金和利息，单位为元；r 为债券的年利率；t 为债券的到期时间，单位为年。

零息折价债券的年利率为 3%，期限为 5 年，到期支付给持有者 100 元本金和利息，债券的当前价格为：

$$\frac{100}{(1+0.03)^5} = 86.26$$

折价债券的定价可以用下列公式表示：

$$P = \frac{F}{(1+r)^t} \tag{12-2}$$

式中，P 为债券的当前价格；F 为债券到期的本金和利息；r 为债券的年利率；t 为债券的到期时间。

在金融市场，我们观察到的大多数利率不是零利率。例如，10 年期国债的利率为 4%，每年支付一次利息，该利率就不是零利率，而是平价利率，平价利率和零利率可以相互转换。以后我们将介绍零利率的计算方法。

12.2 债券定价

一般情况下，无论是公司债券还是国库券都为持有者周期性地支付利息，一年支付一次利息或半年支付一次利息，在到期日，归还本金，支付最后一次利息。

12.2.1 付息债券定价

债券的价格是由债券的面值、平价利率、不同期限的零利率和期限所决定的。债券的价格应该等于贴现现金流。期限不同，国债的零利率也不同。假设不同期限国债的零利率如表 12-1 所示，利用零利率可以为国债定价。

表 12-1 不同期限国债的零利率

期限(年)	零利率(%，连续复利)
0.5	2.5
1.0	2.9
1.5	3.2
2.0	3.4

例，面值为 100 元、期限为 2 年的国库券每年支付 3% 的利息，每半年支付一

次,也就是说,每半年支付 1.5 元。第一个 1.5 元的贴现率为 2.5%,第二个 1.5 元的贴现率为 2.9%,依次类推,则国债的当前销售价格应该为 99.30 元。

$$\frac{1.5}{(1+0.025)^{0.5}} + \frac{1.5}{(1+0.029)^{1.0}} + \frac{1.5}{(1+0.032)^{1.5}} + \frac{101.5}{(1+0.034)^{2.0}} = 99.30$$

假设债券的期限为 T 年,面值为 A,每年支付利息金额为 C 元,每半支付一次利息,T 年末归还本金支付最后一次利息。则债券的当前价值为:

$$P = \frac{C/2}{(1+\frac{r_{0.5}}{2})^1} + \frac{C/2}{(1+\frac{r_1}{2})^2} + \cdots + \frac{C/2}{(1+\frac{r_T}{2})^{2T}} + \frac{A}{(1+\frac{r_T}{2})^{2T}}$$

即

$$P = \sum_{t=1}^{2T} \frac{C/2}{(1+\frac{r_{t/2}}{2})^t} + \frac{A}{(1+\frac{r_T}{2})^{2T}}$$

式中,$r_{0.5} \neq r_1 \neq r_{1.5} \neq \cdots \neq r_T$。

如果债券每年支付一次利息,债券的当前价值为:

$$P = \frac{C}{(1+r_1)^1} + \frac{C}{(1+r_2)^2} + \cdots + \frac{C}{(1+r_T)^T} + \frac{A}{(1+r_T)^T}$$

即

$$P = \sum_{t=1}^{T} \frac{C}{(1+r_t)^t} + \frac{A}{(1+r_T)^T}$$

式中,$r_1 \neq r_2 \neq \cdots \neq r_T$。

12.2.2 平价收益率

债券的平价收益率就是让债券的贴现现金流等于面值的收益率,即支付给持有者的收益率。对于期限固定的债券,让债券的贴现现金流等于面值就能求出债券的平价收益率。

假设债券的面值为 100 元,期限为两年,每半年支付一次利息。如果每年支付的利息为 C,则半年支付的利息为 $C/2$,利用表 12-1 中的零利率,对债券的各个现金流进行贴现,并让贴现现金流等于债券的面值。

$$\frac{C}{2(1+0.025)^{0.5}} + \frac{C}{2(1+0.029)^{1.0}} + \frac{C}{2(1+0.032)^{1.5}} + (100+\frac{C}{2})/ = 100$$

解上述一元一次方程,得到 $C = 4.21\%$,也就是说,两年期债券的平价利率为 4.21%。

如果债券的期限为 T 年,面值为 A,每半年支付一次利息,T 年末归还本金并支付最后一次利息,债券的平价收益 C 可以用下列方程解出:

$$A = \sum_{t=1}^{2T} \frac{C/2}{(1+\frac{r_{t/2}}{2})^t} + \frac{A}{(1+\frac{r_T}{2})^T} \quad (12-3)$$

式中,$r_{0.5} \neq r_1 \neq r_{1.5} \neq \cdots \neq r_T$。

如果债券每年支付一次利息,债券的平价收益 C 可由下面方程解出:

$$A = \sum_{t=1}^{T} \frac{C}{(1+r_t)^t} + \frac{A}{(1+r_T)^T}$$

式中,$r_1 \neq r_2 \neq \cdots \neq r_T$。平价收益率为 C/A。

12.2.3 到期收益率

在为债券定价时,不同期限的现金流使用不同的贴现率,这样充分体现了货币的时间价值。我们也可以用相同的贴现率对不同期限的现金流进行贴现,我们称这个贴现率为到期收益率。

如果债券的期限为 T 年,面值为 A,当前价格为 P,年利息为 C,每半年支付一次利息,T 年末归还本金并支付最后一次利息,债券的到期收益率 r 可由下面方程解出:

$$P = \sum_{t=1}^{2T} \frac{C/2}{\left(1+\frac{r}{2}\right)^t} + \frac{A}{(1+r)^T}$$

如果债券每年支付一次利息,债券的到期收益率 r 可由下面方程解出:

$$P = \sum_{t=1}^{T} \frac{C}{(1+r)^t} + \frac{A}{(1+r)^T}$$

【例 12 - 1】 某债券的期限为 3 年,面值为 100 元,年利率为 6%,每半年支付 3 元的利息。期限不同贴现率也不同,不同期限的贴现率分别为:

$$\{r_{0.5}, r_1, r_{1.5}, r_2, r_{2.5}, r_3\} = \{4\%, 5\%, 6\%, 7\%, 8\%, 9\%\}$$

根据付息债定价公式,可以得到债券的当前价值:

$$P = \frac{3}{\left(1+\frac{0.04}{2}\right)^1} + \frac{3}{\left(1+\frac{0.05}{2}\right)^2} + \frac{3}{\left(1+\frac{0.06}{2}\right)^3} + \frac{3}{\left(1+\frac{0.07}{2}\right)^4} +$$

$$\frac{3}{\left(1+\frac{0.08}{2}\right)^5} + \frac{3}{\left(1+\frac{0.09}{2}\right)^6} + \frac{100}{\left(1+\frac{0.09}{2}\right)^6} = 92.72(元)$$

根据到期收益率计算公式,可以得到方程:

$$92.72 = \sum_{t=1}^{6} \frac{3}{\left(1+\frac{r}{2}\right)^t} + \frac{100}{\left(1+\frac{r}{2}\right)^6}$$

解方程,得到期收益率 $r = 8.82\%$。

12.3 债券的零利率

债券的 T 年零利率是指对债券投资 T 年,中间不支付利息,到期一次性还本付息。而平价利率债券中间向持有者支付利息。如果本金相同,期限相同,零利率债券和平价利率债券的本利和应该相等。

$$A(1+r_a)^T = A(1+\frac{r_m}{m})^{mT}$$

即

$$r_a = (1+\frac{r_m}{m})^m - 1 \qquad (12-4)$$

式中,A 为本金;T 为债券期限;m 为每年利息支付次数;r_a 为 T 年零利率;r_m 为每年支付 m 次的平价利率。

为了说明零利率的计算方法,下面举几个例子。表 12-2 是几种国债的参数,根据这些参数可以计算出这些债券的零利率。从表 12-2 中我们可以看出,前三种国库券在到期前不支付利息。

表 12-2 国库券参数

序号	本金(元)	期限(年)	每年利息(元)	支付次数	市场价格(元)
1	100	0.25	0	0	99.20
2	100	0.50	0	0	98.30
3	100	1.00	0	0	96.50
4	100	1.50	4	2	100.27
5	100	2.00	6	2	103.87

三个月国库券的售价为 99.20 元,三个月收益为 0.80 元,平价收益率为 $r_4 = (4 \times 0.80)/99.20 = 3.23\%$。根据利率转换公式,可以计算出三个月期国债的零利率为 3.27%。

$$(1+\frac{0.0323}{4})^4 - 1 = 3.27\%$$

半年期国库券的销售价格为 98.30 元,半年收益为 1.70 元,平价收益率为 $r_2 = (2 \times 1.70)/98.30 = 3.46\%$。根据利率转换公式,可以计算出半年期国债的零利率为 3.49%。

$$(1+\frac{0.0346}{2})^2 - 1 = 3.49\%$$

一年期国库券销售价格为 96.50 元,一年收益为 3.50 元,平价收益率为 $r_1 = 3.50/96.50 = 3.63\%$。根据方程(12-4)可以计算出一年期国债的零利率为 3.63%,与评价利率相同。

$$(1+\frac{0.0363}{1})^1 - 1 = 3.63\%$$

1.5 年期国债的零利率计算比较麻烦,因为每半年支付一次利息,共支付三次,现金流和贴现率分别为:

0.5 年	2 元	3.49%
1.0 年	2 元	3.63%
1.5 年	102 元	r_a

同时我们还知道这种债券的售价为 100.27 元,让贴现现金流等于国库券的价格就得到 1.5 年期国债的零利率为 3.85%。

$$\frac{2}{(1+0.0349)^{0.5}} + \frac{2}{(1+0.0363)^{1.0}} + \frac{102}{(1+r_a)^{1.5}} = 100.27$$

$$\frac{1}{(1+r_a)^{1.5}} = 0.944844$$

$$r_a = 3.85\%$$

两年期国债的零利率计算更加麻烦,因为每半年支付一次利息,共支付四次,现金流和贴现率分别为:

0.5 年	3 元	3.49%
1.0 年	3 元	3.63%
1.5 年	3 元	3.85%
2.0 年	103 元	r_a

债券的销售价格为 103.87 元,让贴现现金流等于国债的价格就得到两年期国债的零利率。

$$\frac{3}{(1+0.0349)^{0.5}} + \frac{3}{(1+0.0363)^{1.0}} + \frac{3}{(1+0.0385)^{1.5}} + \frac{103}{(1+r_a)^{2}} = 103.87$$

$$\frac{1}{(1+r_a)^{2.0}} = 0.9242$$

$$r_a = 4.02\%$$

商业银行使用最多的是零利率,零利率又称即期利率,即期利率与远期利率不同。根据利率的期限结构我们可以计算出远期利率。

12.4 远期利率

即期利率(Spot Interest Rate)是从今天开始计算,投资 T 年的零利率,中间不支付利息。远期利率(Forward Interest Rate)是从将来某一时刻开始计算,投资 T 年的零利率,中间不支付利息。我们可以利用利率的期限结构计算出远期利率。

远期利率是由当前时刻的即期利率计算出来的。为了说明远期利率的计算方法,我们首先举几个例子。表 12-3 的第一列是投资期限,第二列是对应投资期限的即期利率。第三列是 T 年后 1 年期远期利率,例如,3 年后 1 年期远期利率为 5.80%。第六列是 T 年后 4 年期远期利率为 5.69%。

一年期零利率为 5.00%,也就是说,现在投资 100 元,一年后的本利和为 $100 \times (1+0.05)^1 = 105$ 元;两年期零利率为 5.25%,也就是说,现在投资 100 元,两年后的本利和为 $100 \times (1+0.0525)^2 = 110.78$ 元;依此类推。

表 12-3 不同期限的远期利率

投资期限(年)	零利率(%)	T 年后远期利率(每年%)			
		1 年期	2 年期	3 年期	4 年期
1	5.00	5.50	5.60	5.67	5.69
2	5.25	5.70	5.75	5.75	
3	5.40	5.80	5.78		
4	5.50	5.75			
5	5.55				

下面计算一年后一年期的远期利率。一年后一年期的远期利率相当于把 100 元的本金以 5.00% 的零利率先投资一年,然后以 $100 \times (1+0.05)^1$ 为本金,以远期利率 r_f 再投资一年。这两年的投资收益应该等于以 100 元为本金,利率为 5.25% 投资两年的收益。

$$100 \times (1+0.05)^1 \times (1+r_f)^1 = 100 \times (1+0.0525)^2$$

那么一年后一年期的远期利率为 5.50%:

$$r_f = \frac{(1+0.0525)^2}{(1+0.05)^1} - 1 = 5.50\%$$

同理,两年后三年期的远期利率相当于把 100 元的本金以 5.25% 的零利率先投资两年,然后以 $100 \times (1+0.0525)^2$ 为本金,以远期利率 r_f 再投资三年。这两段时间的投资收益应该等于以 100 元为本金,以利率 5.55%,连续投资五年的收益。

$$100 \times (1+0.0525)^2 \times (1+r_f)^3 = 100 \times (1+0.0555)^5$$

$$r_f = \left[\frac{(1+0.0555)^5}{(1+0.0525)^2}\right]^{1/3} - 1 = 5.75\%$$

为了讨论方便,我们用连续复利公式计算零息债券投资 T 年的本金和利息。

$$A(1+r)^T \approx Ae^{rT}$$

其中,A 为本金;T 为投资期限;r 为期限为 T 年的零利率。

假设 T_1 和 T_2 都表示时间,其中 $T_2 > T_1$。从现在开始,投资期限为 T_1 的零利率为 r_1,投资期限为 T_2 的零利率为 r_2,T_1 年后,投资期限为 $T_2 - T_1$ 的远期利率为 r_f。假设本金为 A 元,先以利率 r_1 投资 T_1 年,然后以 $Ae^{r_1 \times T_1}$ 为本金,以远期利率 r_f 再投资 $T_2 - T_1$ 年。这两段时间的投资收益应该等于以 A 为本金,利率为 r_2,连续投资 T_2 年的收益。

$$Ae^{r_1 \times T_1} e^{r_f \times (T_2 - T_1)} = Ae^{r_2 T_2}$$

$$r_f = \frac{r_2 T_2 - r_1 T_1}{T_2 - T_1}$$

利用该公式可以计算任意期限后的远期利率。

我们可以利用上述公式计算四年后一年期的远期利率。这时 $T_1 = 4, r_1 = 5.50, T_2 = 5, r_2 = 5.55\%$，则

$$r_f = \frac{0.0555 \times 5 - 0.055 \times 4}{5 - 4} = 5.75\%$$

故四年后一年期的远期利率为 5.75%。

12.5 资本市场的有效性

关于资本市场的有效性，我们以股票市场为例进行讨论，其他资本市场的有效性可以用类似的方法讨论。

在对股票和股票市场进行相关研究时都基于三点假设：首先，市场参与者要有合理的预期；其次，市场参与者都是风险中性的，他们不是赌徒，不可能一夜之间成为百万富翁。第三，市场参与者在持有风险资产期间，期望收益率为常数。

证券市场的有效性概念是由 Fama E. (1970) 提出的。在他的文章中对资本市场的有效性是这样定义的，假如股票的市场价格是所有相关信息的反映，则资本市场是有效的。在有效资本市场中，没有任何多余的信息可供挖掘使投资者获得额外的收益。在有效资本市场中，上市公司未来利润的任何变化情况都通过交易反映在股票价格中。相反，如果存在套利机会，则资本市场不是完全有效的。在有效资本市场中，信息是完全对称和均匀的。

经过实证研究，Fama E. (1976) 承认在市场参与者中间信息是不对称的，机构投资者和中小投资者信息的数量和质量是有差别的。这样在研究市场的有效性时，市场参与者的信息的结构就显得尤为重要。根据市场参与者的信息的结构不同，Fama E. (1991) 把资本市场分成三种类型：

一是弱有效市场(Weak - form Efficient Market)。在信息集合中，包括所有过去和现在的股票价格信息和公司现金流量信息。在这些信息中不可能找到一种交易策略获得额外收益。

二是半强有效市场(Semi - Strong Efficient Market)。在信息集合中，除了包括弱有效市场信息集合外，还包括不能获得额外利润的公共信息。这些公共信息包括公司的投资计划、宏观经济运行情况以及与市场有关的政治和经济导向。

三是强有效市场(Strong - form Efficient Market)。在信息集合中，除了包括半强有效市场信息集合外，私人信息和内部信息也被融入市场价格中，市场参与者不

可能挖掘这些信息从中牟利。

一般情况下,大多数资本市场都能满足弱有效市场的条件,因为股票的价格和公司的现金流量信息是公开的。问题在于实际中很难把握股票价格是否完全反映有关信息。为此 Fama E.(1970)建议用实证来检验资本市场的有效性,认为如果股票价格能用鞅和随机游走描述,则资本市场是有效的,否则资本市场是无效的。Shiller R.(1981)、Leroy S. 和 R. Porter(1981)把资本市场是否有效与现值模型是否有效联系起来。这样就出现了两种完全对立的有效市场定义,前者的理论基础是鞅和随机游走,而后者的理论基础是现值模型,但是两者都依赖于合理预期(Rational Expectations)。由此可见,鞅和随机游走和现值模型与有效市场有必然的联系。

随机游走模型首先是由 Bachelier L. 于 1900 年提出,他认为股票价格 P_t 的波动具有随机游走的性质。公式如下:

$$P_{t+1} = P_t + \varepsilon_{t+1}$$

式中,P_t 为股票当前时刻的价格;P_{t+1} 为股票下一时刻的价格;ε_t 为正态分布随机变量,服从均值为零的正态分布 $\varepsilon_t \sim N(0, \sigma^2)$。

他的研究成果被埋没 64 年,直到 P. Cootner(1964)用随机游走解释股票价格的波动性,才引起公众的注意。

Fama E.(1970)认为用随机游走描述有效市场假设不存在套利机会,但是要求不同时刻的方差相互独立,在资本市场很难满足。徐绪松和陈彦斌(2001)通过实证研究发现上证综指和深证成指日收盘价的对数方差存在长相关现象,而鞅模型则可以克服随机游走模型存在的不足。

$$E(P_{t+1} \mid F_t) = P_t$$

式中,F_t 为历史信息集合;$E(\cdot)$ 为变量的期望值。

Samuelson P.(1965)对期货价格进行贴现,其结果表现出鞅和下鞅的性质,该性质与零息股票的性质非常相似。

随机游走模型和鞅模型均没有套利机会,它们都是零和模型,投资者没有任何回报。根据风险中性原则,投资者的资产价格的增长率至少等于无风险利率。Samuelson P.(1973)又提出派息股票价格的鞅表达式,同时又把鞅和随机微分方程通过一个特殊的收益率建立了联系。

$$P_t = \frac{E(P_{t+1} \mid F_t) + D_t}{1 + r}$$

式中,r 为期望收益率;D_t 为每股股息。

根据期望随机微分方程的前向解,我们得到股票的当前价值。

$$P_t = \frac{E(P_{t+T} \mid F_t)}{(1 + r)^T} + \sum_{i=1}^{T} \frac{E(D_{t+i} \mid F_t)}{(1 + r)^i}$$

式中,T 为持股时间。

当股东的持股时间为无限长、股息的增长率为 g 时,本书认为股票的当前价值应该为:

$$P_t = b_t + \frac{D_{t+1}}{r-g}$$

式中,b_t 为当前每股净资产;D_{t+1} 为下一年的每股股息;g 为股息的年增长率。而不是:
$$P_t = D_{t+1}/(r-g)$$

但是,该模型无法为不派息公司的股票定价。

Leroy S. (1989)证明了共同基金的市值也可以用鞅描述。Leroy S. 和 W. Parke (1992)进一步证明了股票价格动态的随机游走性。

经过近 20 年的研究,鞅模型、随机游走模型和现值模型成为描述有效资本市场的数学工具。当判别证券市场是否有效时,可以用这三种数学工具中的任何一种进行检验。

进入 20 世纪 90 年代,行为金融学派对证券市场的有效性产生怀疑。Shefrin, Hersh 和 Meir Statman(1994)开始从事行为金融学研究,他们认为市场参与者的决策行为影响资本市场资产价格的行为模式。Clamen(1994)强调经验效用比决策效用更重要。Rosser(1996)注意到风险资产的价格是随机的,任何预测都是徒劳的。Robert A. Olsen(1998)说投资学不是科学,而是艺术。这些观点从不同的侧面反映了证券市场的不确定性,这些不确定性主要表现为价格中的泡沫和黑洞交替出现,仿佛有一双无形的手在制约着价格的走势,这双无形的手就是资产的投资价值,即证券市场的有效性。到目前为止,大多数经济学家认为证券市场是弱有效的。

12.6 利率平价理论

如果汇率以美元标价,意思是 1 单位外币兑换多少美元。假设 1 单位外币兑换美元的当前价格为 C_0,期货价格为 F_0,无论持有外币国库券还是持有美元国库券都会带来收益,收益率为无风险利率。假设美元的无风险利率为 r,外币的无风险利率为 r_f,T 年后,1 单位外币兑换美元的远期价格 F_0 为:

$$F_0 = C_0 e^{(r-r_f)T}$$

这就是著名的外汇平价理论。

假设在澳大利亚和美国,两年期国库券利率分别为 6% 和 8%,当前 1 澳元兑换 0.6300 美元。求两年后的远期汇率。

因为 $C_0 = 0.6300, T = 2, r_f = 0.06, r = 0.08$。根据该式,两年后的远期汇率为:

$$F_0 = 0.6300 e^{(0.08-0.06) \times 2} = 0.6557$$

如果外汇期货的执行价格 $K \neq 0.6557$,就会出现套利机会。

为了说明该模型的正确性,假设两年后的远期汇率为 0.6400(<0.6557)。一个套利者现在以 6% 的利率借 1000 澳元,兑换成 630 美元,美元的无风险利率为 8%。两年后美元的本金与利息之和为 $630 e^{0.08 \times 2} = 739.31$ 美元,换成澳元为

739.31/0.64 = 1 155.17 澳元。套利者借澳元两年后的成本为 $100e^{0.06 \times 2}$ = 1 127.50 澳元。套利者获利 27.67 澳元。

$$1\ 155.17 - 1\ 127.50 = 27.67$$

如果两年后的远期汇率为 0.660 0(>0.655 7),套利者将会反向操作,同样会获利。

12.7 利率风险的产生

改变利率是中央银行调控国家宏观经济走向的主要手段之一。例如,进入 21 世纪美国经济增长缓慢,特别是 9.11 事件以后,美国经济更是雪上加霜。为了刺激经济复苏,美国政府和美联储采取多项措施,其中减税和降息是两项主要措施。从 2001 年 1 月到 2002 年 12 月,在短短的两年时间内美联储连续 12 次降低商业银行存贷款利率。

20 世纪 80 年代,中国实行改革开放的经济政策,国内生产总值和通货膨胀率出现两位数增长。为了抑制经济过热现象,中国人民银行适时调高商业银行存贷款利率。进入 20 世纪 90 年代,国内生产总值增长趋缓,增长率由两位数降低为一位数,中国人民银行又适时调低商业银行存贷款利率。中国人民银行对商业银行存贷款利率的适时调整,为中国经济的平稳发展奠定了良好基础。在表 12-4 中,列出了中国 20 世纪 90 年代商业银行存贷款利率和贴现率的变化。进入 21 世纪,中国商业银行存贷款利率和贴现率变化不大,维持在低水平状态。

表 12-4 中国商业银行存贷款利率和贴现率

年份	贴现率	存款利率	贷款利率
1990	7.92	8.64	9.36
1991	7.20	7.56	8.64
1992	7.20	7.56	8.64
1993	10.08	10.98	10.98
1994	10.08	10.98	10.98
1995	10.44	10.98	12.06
1996	9.00	7.47	10.98
1997	8.55	5.67	8.64
1998	4.59	3.78	6.39
1999	3.24	2.25	5.85

由于商业银行资产和负债的期限(Maturity)不同,利率的波动就会引起所有者

权益的波动。例如,商业银行负债的期限为10年,而资产的投资期限为6年,那么后4年商业银行就面临着投资收益率变化的风险。因此,衡量和管理利率风险是商业银行面临的主要问题。

衡量利率风险的数学模型有很多,主要数学模型有重定价模型(Repricing Model)、到期模型(Maturity Model)和久期模型(Duration Model)。其中久期模型考虑的影响因素最多,是衡量利率风险的主要模型。

12.8 重新定价模型

重新定价模型主要衡量利率敏感资产(Interest Rate Sensitive Assets)和利率敏感负债(Interest Rate Sensitive Liabilities)之间的缺口,又称为利率敏感缺口(Interest Rate Sensitive Gap),或重新定价缺口(Repricing Gap)。重新定价就是重新调整银行存贷利率。

12.8.1 重新定价缺口

重新定价缺口是指在一定的期限内(例如,一天,一天至三个月,等)利率敏感资产与利率敏感负债之间的差额,又称利率敏感缺口。例如,在一天至三个月内,利率敏感资产为30亿元,而利率敏感负债为40亿元,则利率敏感缺口为30 - 40 = -10亿元。利率敏感缺口可以用下列公式计算。

$$GAP_i = RSA_i - RSL_i$$

式中:GAP_i 为第 i 种资产的利率敏感缺口;RSA_i 为第 i 种利率敏感资产;RSL_i 为第 i 种利率敏感负债;

近几年美联储要求美国各商业银行每个季度报告下列期限的利率敏感资产和利率敏感负债之间的缺口,目的是为了监控商业银行所面临的利率风险:

(1)一天;
(2)两天至3个月;
(3)3个月以上至6个月;
(4)6个月以上至12个月;
(5)1年以上至5年;
(6)5年以上。

当市场利率发生变化时,银行的利息收入和利息支出将发生变化,资产和负债的期限不同,利息收入和利息支出的变化也不同。利率敏感资产和利率敏感负债是指随着市场利率的变化,需要重新定价的资产和负债。表12-5列出了东方银行不同期限的利率敏感资产、利率敏感负债、利率敏感缺口和累计缺口。

表 12-5　东方银行利率敏感缺口　　　　　单位:亿元

期　限	资产	负债	缺口	累计缺口
1 天	21	32	-11	-11
2 天至 3 个月	34	43	-9	-20
3 个月以上至 6 个月	75	90	-15	-35
6 个月以上至 12 个月	97	77	+20	-15
1 年以上至 5 年	48	38	+10	-5
5 年以上	12	7	+50	
合计	287	287		

从表 12-5 中我们可以看出，期限为 1 天的利率敏感缺口为 -11 亿元，表示短期资产小于短期负债。如果中央银行把短期利率提高 1%，东方银行的净利息收入减少 0.1 亿元。

$$\Delta NII_i = GAP_i \times \Delta R_i = (RSA_i - RSL_i) \times \Delta R_i$$
$$= -10 \times 0.01 = -0.1 (亿元)$$

式中，ΔNII_i 为净利息收入变化；ΔR_i 为短期利率变化。

同理，可以计算不同期限的利率敏感缺口和净利息收入变化。一般情况下，银行经理最关心的是一年以下的累计利率敏感缺口（CGAP）和净利息收入变化。从表 12-5 中我们可以看出，东方银行一年以下的累计利率敏感缺口为 -15 亿元。

$$CGAP = -11 - 9 - 15 + 20 = -15 (亿元)$$

如果一年以下的短期利率发生变化，将影响东方银行短期净利息收入。如果中央银行把短期利率降低 1%，东方银行的净利息收入增加 0.15 亿元。

$$\Delta NII_i = CGAP \times \Delta R = -15 \times (-0.01) = 0.15 (亿元)$$

下面介绍如何把资产负债表中的资产和负债划分成不同期限的敏感资产和敏感负债。当一年期利率发生变化时，如果某种资产（负债）的净利息收入发生变化，那么该种资产（负债）就是一年期利率敏感资产（负债）。

12.8.2　利率敏感资产

表 12-6 是东方银行的资产负债表，在左侧的资产项目中，下面的资产属于一年期利率敏感资产。

(1) 短期贷款 45 亿元，这些资产的利息收入随利率的变化而变化，每年年末就需要重新调整一次利率。

(2) 3 个月国库券 25 亿元，每 3 个月就需要重新调整一次利率。

(3) 6 个月国库券 25 亿元，每 6 个月就需要重新调整一次利率。

(4)30 年浮动利率抵押贷款 40 亿元。在美国长期抵押贷款每 9 个月就需要重新定价一次,也就是说,每 9 个月就需要调整一次贷款利率,这种资产的敏感期限小于 1 年。

对这四种资产求和,就得到东方银行 1 年期利率敏感资产 $RSA = 45 + 25 + 30 + 40 = 140$(亿元)。

表 12 - 6 东方银行资产负债表   单位:亿元

资 产		负 债	
1. 短期贷款(一年)	45	1. 所有者权益	21
2. 长期贷款(两年)	27	2. 短期存款	45
3. 3 个月国库券	25	3. 短期储蓄存款	34
4. 6 个月国库券	30	4. 3 个月存款	35
5. 3 年国库券	76	5. 3 个月银行承兑	20
6. 10 年固定利率贷款	52	6. 6 个月商业票据	55
7. 30 年浮动利率贷款(九个月调整一次)	40	7. 1 年储蓄存款	15
		8. 2 年储蓄存款	70
合计	295		295

12.8.3 利率敏感负债

在东方银行的资产负债表中,下面的负债属于 1 年期利率敏感负债。

(1)3 个月存款 35 亿元,这些存款 3 个月到期,每 3 个月就需要重新定价一次。

(2)3 个月银行承兑 20 亿元,这些债务 3 个月到期,每 3 个月就需要重新定价一次。

(3)6 个月商业票据 55 亿元,期限为 6 个月,每 6 个月就需要重新定价一次。

(4)1 年存款 15 亿元,这些存款 1 年需要重新定价一次。

对这四种负债求和,就得到东方银行 1 年期利率敏感负债 $RSL = 35 + 20 + 55 + 15 = 125$(亿元)。

东方银行一年期累计利率敏感缺口为:

$$CGAP = RSA - RSL = 140 - 125 = 15(亿元)$$

如果中央银行把短期利率提高 1%,东方银行的净利息收入增加 0.15 亿元。同样,如果中央银行把短期利率降低 1%,东方银行的净利息收入减少 0.15 亿元。

$$\Delta NII_i = CGAP \times \Delta R = 15 \times 0.01 = 0.15(亿元)$$

利率敏感缺口是衡量商业银行面对利率风险的主要指标。首先,利率敏感缺口告诉我们利率风险的方向,正缺口表示利率敏感资产大于利率敏感负债,负缺口表示利率敏感资产小于利率敏感负债,零缺口表示利率敏感资产等于利率敏感负债。

表12-7列出了利率及缺口变化对净利息收入的影响。从该表中我们可以看出,只有当缺口为正、利率上升以及缺口为负、利率下降时,净利息收入才会增加。

表12-7 利率及缺口变化对净利息收入的影响

缺口	利率	利息收入	利息支出	净利息收入
正	上升	增加	增加	增加
正	下降	减少	减少	减少
负	上升	增加	增加	减少
负	下降	减少	减少	增加
零	上升	增加	增加	不变
零	下降	减少	减少	不变

我们也可以用利率敏感缺口占总资产的比例来表示,称为利率敏感缺口率。

$$\frac{CGAP}{A} = \frac{15}{295} = 5.08\%$$

一般情况下,利率敏感缺口率在-10%和10%之间。

表12-8是国外几家银行从1993到1996年的利率敏感缺口率。这些银行的平均利率敏感缺口率的绝对值很小,也就是说利率敏感资产约等于利率敏感负债。

表12-8 几家银行的利率敏感缺口率　　　　　　单位:%

银行名称	1993年	1994年	1995年	1996年
Bank of America	0.0	0.8	-1.0	0.8
Bankers Trust Company	2.3	-1.5	-0.4	-3.5
Barnett Banks	9.7	4.5	7.7	3.9
Boatmen's Bancshares	3.6	-5.9	3.3	
Chemical Bank	-5.0	-5.0	4.0	
CoreStates Financial	0.5	-0.8	0.4	0.1
Comerica	1.0	-5.0	-1.0	-3.7
First Bank System	7.2	3.2	1.1	0.4
First Interstate BankCD	10.0	7.4	3.1	
Fleet Financial	-4.4	-3.2	2.1	2.4

续表

银行名称	1993年	1994年	1995年	1996年
J. P. Morgan & Company	-15.8	-0.5	-1.3	-2.3
Mellon Bank	0.3	3.8	8.4	3.4
NationsBank	-9.9	-11.6	-16.8	-21.4
National City	-26.0	-3.4	4.0	7.1
Norwest	4.2	-4.4	-4.2	-4.2
PNC Bank	-8.6	-1.5	7.0	4.4
State Street Boston	8.0	-14.0	-3.0	-8.4
U. S. Bancorp	3.8	-10.2	-6.8	0.8
Wachovia	-1.5	-1.0	-4.2	-10.6
Wells Fargo Bank	2.7	1.0	-0.8	-1.3
平均	-0.9	-1.4	0.1	-2.0

资料来源：Anthony Saunders, Financial Institutions Management, Third Edition, McGraw Hill, 2000.

重新定价模型简单明了、使用方便，但是该模型存在下列缺陷。首先，重新定价模型忽略了利率变化对资产和负债市场价值的影响；其次，在同一组利率敏感资产（或负债）中，忽略了不同期限资产之间的区别，例如，期限为一天和期限为一年的利率敏感资产被划分在一组中，它们对利息收入的影响是不同的；最后，30年抵押贷款采用分期归还本息方式，而不是在30年末归还本息。到期模型能克服重新定价模型存在的缺陷。

12.9 到期模型

针对重新定价模型存在的缺陷，到期模型被提出。商业银行在使用利率敏感缺口衡量利率风险的同时，也使用加权平均到期缺口衡量利率风险。

12.9.1 利率与到期的关系

通常商业银行用账面价值编制资产负债表，账面价值是资产和负债的历史价值。而商业银行的资产和负债希望以市场价值进行交易，资产和负债的市场价值是买卖双方根据各种信息竞价的结果，充分反映了当前的市场供求关系。对于银行的固定利率资产和负债，当市场利率发生变化时，它们的市场价格也发生变化。下面举例说明利率和期限的关系。

假设国库券的面值为 100 元,年利息为 10 元,期限为一年。如果当前的市场利率为 10%,国库券的当前价值为:

$$\frac{10+100}{(1+0.1)^1} = 100(元)$$

当市场利率从 10% 上升到 11% 时,国库券的当前价值减少为:

$$\frac{10+100}{(1+0.11)^1} = 99.10(元)$$

对于期限为两年的国库券,面值为 100 元,年利息为 10 元,当市场利率从 10% 上升到 11% 时,国库券的当前价值减少为:

$$P_2 = \frac{10}{(1+0.11)^1} + \frac{10+100}{(1+0.11)^1} = 98.29(元)$$

同理,对于期限为 3 年的国库券,面值为 100 元,年利息为 10 元,当市场利率从 10% 上升到 11% 时,国库券的当前价值减少为:

$$P_3 = \frac{10}{(1+0.11)^1} + \frac{10}{(1+0.11)^2} + \frac{10+100}{(1+0.11)^3} = 98.29(元)$$

当利率上升 1% 时,三种国库券的价值增量分别为:

$$\Delta P_1 = 99.10 - 100 = -0.90(元)$$
$$\Delta P_2 = 98.29 - 100 = -1.71(元)$$
$$\Delta P_3 = 97.56 - 100 = -2.44(元)$$

由此可见,国库券的期限越长,当利率上升 1% 时,其价值减少得越多。但是,减少的幅度越来越小。

$$\Delta P_2 - \Delta P_1 = -1.71 - (-0.90) = -0.81(元)$$
$$\Delta P_3 - \Delta P_2 = -2.44 - (-1.71) = -0.73(元)$$

通过前面的分析,我们可以得出下面几点结论:

第一,当市场利率上升(下降)时,通常导致资产和负债的市场价值减少(增加)。

第二,当市场利率上升(下降)时,固定利率资产和负债的期限越长,市场价值减少(增加)越多。

第三,当固定利率资产和负债的期限为无限长时,市场利率的变化对固定利率资产和负债的影响消失。

12.9.2 资产和负债的到期模型

前面的数字分析可以推广到资产组合和负债组合。当市场利率发生变化时,资产组合的利息收入和负债组合的利息支出相互抵消时,净利息收入不会发生变化。如果资产组合的加权平均到期时间等于负债的加权平均到期时间,市场利率变化不会对净利息收入产生影响。资产组合和负债组合的加权平均到期时间分别用下列公式计算。

$$M_A = w_A^1 M_A^1 + w_A^2 M_A^2 + \cdots + w_A^m M_A^m$$
$$M_L = w_L^1 M_L^1 + w_L^2 M_L^2 + \cdots + w_L^n M_L^n$$

式中，M_A 为资产组合加权平均到期时间；M_L 为负债组合加权平均到期时间；w_A^i 为第 i 种资产占总资产的比例，$i=1,2,\cdots,m$；w_L^j 为第 j 种负债占总负债的比例，$j=1,2,\cdots,n$；M_A^i 为第 i 种资产的到期时间；M_L^j 为第 j 种负债的到期时间。

市场利率的变化同样影响资产组合的利息收入和负债组合的利息支出，前面三条结论同样适用于资产组合和负债组合。

第一，当市场利率上升（下降）时，通常减少（增加）资产组合和负债组合的市场价值。

第二，资产组合和负债组合的期限越长，当市场利率上升（下降）时，市场价值减少（增加）越多。

第三，当资产组合和负债组合的期限无限长时，市场利率变化对资产组合和负债组合的影响消失。

由此可见，利率的变化对商业银行资产利息收入和负债利息支出的影响，取决于资产组合和负债组合的加权平均到期时间缺口 MG，

$$MG = M_A - M_L$$

到期缺口可以大于零、等于零和小于零。

当 $MG>0$ 时，资产组合的加权平均到期时间大于负债组合的加权平均到期时间，大多数商业银行处于这种状态。这些银行持有长期固定利率资产，而持有短期债务。下面举例说明当 $MG>0$ 时，所有者权益的变化。

假设某商业银行的资产为 $A=100$ 亿元，负债为 $L=90$ 亿元，所有者权益为 $E=10$ 亿元。满足：

$$A = L + E$$

资产组合的加权平均到期时间为 $M_A=3$，负债组合的加权平均到期时间为 $M_L=1$，$MG=3-1=2$。如果资产和负债均为付息债券，年利率为 10%。当市场利率从 10% 上升到 11% 时，资产的市场价值变化为：

$$\Delta A = \frac{10}{(1+0.11)^1} + \frac{10}{(1+0.11)^2} + \frac{10+100}{(1+0.11)^3} - 100 = -2.44$$

负债的市场价值变化为：

$$\Delta L = \frac{9+90}{(1+0.11)^1} - 90 = -0.81$$

所有者权益的市场价值变化为：

$$\Delta E = \Delta A - \Delta L = -2.44 - (-0.8) = -1.63（亿元）$$

利率上升 1% 后，资产、负债和所有者权益的市场价值降低为：$A=97.56$ 亿元、$L=89.19$ 亿元、$E=8.37$ 亿元，所有者权益减少 16.3%。同理，当市场利率降低 1% 时，所有者权益减少 17%。银行可以根据市场利率走向合理安排利率到期缺口。

当资产组合的加权平均到期时间为 $M_A=3$，负债组合的加权平均到期时间为 $M_L=3$，$MG=3-3=0$ 时，利率上升 1%，负债的市场价值变化为：

$$\Delta L = \frac{9}{(1+0.11)^1} + \frac{9}{(1+0.11)^2} + \frac{9+90}{(1+0.11)^3} - 90 = -2.20$$

所有者权益的市场价值变化为：

$$\Delta E = \Delta A - \Delta L = -2.44 - (-2.20) = -0.24(亿元)$$

通过前面的数字分析，我们可以得出结论：当银行的到期缺口等于零时，所有者的权益不受利率变化的影响。

在计算资产和负债加权平价到期时间时，没有考虑分期归还本息问题。也就是说，用到期模型衡量商业银行面临的利率风险时，仍不够全面。久期模型克服了重新定价模型和到期模型存在的不足。

12.10 久期模型

久期是衡量商业银行资产和负债随利率变化的主要指标。为了对久期有一个初步的认识，下面先举实例说明久期的计算方法。

12.10.1 久期的计算方法

面值为100元、期限为一年的债券年利率为5%，每半年支付一次利息，年末还本并支付半年的利息。

持有者在第6个月末收到2.5元的现金流：

$$CF_{1/2} = 100 \times 2.5\% = 2.5(元)$$

持有者在1年末收到102.5元的现金流，包括债券的面值100元和半年的利息2.5元：

$$CF_1 = 100 + 100 \times 2.5\% = 102.5(元)$$

这两股现金流的现值分别为：

$$PV_{1/2} = 2.5/(1+0.025) = 2.44(元)$$

$$PV_1 = 102.5/(1+0.025)^2 = 97.56(元)$$

两股现金流之和为：

$$PV_{1/2} + PV_1 = 1.44 + 97.56 = 100(元)$$

这两股现金流所占总现金流的比重分别为：

$$w_{1/2} = \frac{PV_{1/2}}{PV_{1/2}+PV_1} = \frac{2.44}{100} = 0.0244$$

$$w_{1/2} = \frac{PV_1}{PV_{1/2}+PV_1} = \frac{97.56}{100} = 0.9756$$

$$w_{1/2} + w_1 = 0.0244 + 0.9756 = 1$$

6个月末收到的贴现值占总贴现值的2.44%，期限为 $t = 1/2$ 年；1年末收到的贴现值占总贴现值的 97.56%,期限为 $t=1$ 年。久期是这两股贴现值的加权平均时间。根据前面的计算结果,我们可以计算出债券的久期 D。

$$D = w_{1/2} \times \frac{1}{2} + w_1 \times 1 = 0.024\ 4 \times \frac{1}{2} + 0.975\ 6 \times 1 = 0.987\ 8(年)$$

所以债券的久期为 0.987 8 年。

12.10.2 通用久期模型

上面是计算固定收入债券久期的一个特例,下面介绍计算固定收入证券久期的一般方法。久期模型看起来很复杂,实际上只用到简单的加减乘除。利用久期模型,我们可以计算任何固定收入证券的久期。计算久期的模型为:

$$D = \frac{\sum_{t=1}^{T} CF_t \times DF_t \times t}{\sum_{t=1}^{T} CF_t \times DF_t} = \frac{\sum_{t=1}^{T} PV_t \times t}{\sum_{t=1}^{T} PV_t} \qquad (12-5)$$

式中,D 为久期;CF_t 为 t 年末收到证券的现金流;T 为最后一次收到现金流的时间;DF_t 为贴现因子,$DF_t = 1/(1+r)^t$,r 为 t 年的市场利率;PV_t 为 t 年末收到现金流的现值,$PV_t = CF_t \times DF_t$。

为了更好地了解久期模型的应用,下面我们计算几种常见固定收入证券的久期。

12.10.2.1 按年支付利息债券的久期

欧洲债券一般按年支付利息。假设 5 年期债券的面值为 100 元,年利息为 4%,每年年末支付一次利息。我们把该债券久期的计算过程列于表 12-9。

表 12-9 按年支付利息债券的久期

时间 t	现金流 CF_t	贴现因子 DF_t	现值 $CF_t \times DF_t$	现值乘时间 $CF_t \times DF_t \times t$
1	4	$1/(1+0.04)^1 = 0.961\ 5$	3.846 2	3.846 2
2	4	$1/(1+0.04)^2 = 0.924\ 6$	3.698 2	7.396 5
3	4	$1/(1+0.04)^3 = 0.889\ 0$	3.556 0	10.668 0
4	4	$1/(1+0.04)^4 = 0.854\ 8$	3.419 2	13.676 9
5	104	$1/(1+0.04)^5 = 0.821\ 9$	85.480 9	427.402 1
合计			100.000 0	462.989 7

该债券的久期为:

$$D = \frac{462.898\ 7}{100.000\ 0} = 4.63(年)$$

由此可见,债券的久期与债券的到期时间不同,5 年期的债券的久期只有 4.63 年,而不是 5 年。

12.10.2.2 半年支付利息债券的久期

美国债券一般每半年支付一次利息。假设 3 年期债券的面值为 100 元,年利率为 4%,每半年支付一次利息。我们把该债券久期的计算过程列于表 12-10。

表 12-10 按年支付利息债券的久期

时间 t	现金流 CF_t	贴现因子 DF_t	现值 $CF_t \times DF_t$	现值乘时间 $CF_t \times DF_t \times t$
0.5	2	$1/(1+0.02)^1 = 0.9804$	1.9608	0.9804
1.0	2	$1/(1+0.02)^2 = 0.9612$	1.9223	1.9223
1.5	2	$1/(1+0.02)^3 = 0.9423$	1.8846	2.8270
2.0	2	$1/(1+0.02)^4 = 0.9238$	1.8477	3.6954
2.5	2	$1/(1+0.02)^5 = 0.9057$	1.8115	4.5287
3.0	102	$1/(1+0.02)^6 = 0.8880$	90.5731	271.7192
合计			100.0000	285.6730

该债券的久期为:

$$D = \frac{285.6730}{100.0000} = 2.86(年)$$

该债券的久期为 2.86 年,小于债券的期限 3 年。

12.10.2.3 折价债券和零息债券的久期

折价债券的销售价格小于债券的面值,到期日债券的发行者按面值把本金和利息归还给债券的持有者。

【例 12-2】期限为 10 年、面值为 100 元折价债券的年利率为 4%。债券的销售价格为:

$$P = \frac{100}{(1+0.04)^{10}} = 67.56$$

第 10 年末债券的发行者归还债券的持有者 100 元。折价债券的久期与债券的期限相同,等于 10 年。

零息债券按面值销售,中间不支付利息,在到期日发行者一次性向持有者还本付息。

【例 12-3】面值为 100 元零息债券的年利率为 4%,期限为 10 年。第 10 年末债券的发行者归还债券的持有者本金和利息 148.02 元。

$$100(1+0.04)^{10} = 148.02$$

折价债券和零息债券在欧美国家都很流行。这两种债券有一个共同的特点,债券的久期等于债券的到期时间(Maturity),$D = M$。

12.10.3 久期的经济意义

前面我们计算出几种固定收入债券的久期。对于债券的发行者来说,债券是一种债务；对于债券的持有者来说，债券是一种资产。对于商业银行，资产和债务的久期都用久期模型计算。久期的计量单位为年，久期的经济意义是什么？现在我们就来回答这个问题。

从久期的计算模型中我们可以看出，利率是影响久期的主要因素，因此，久期是反映资产和负债受利率变化的主要指标。久期的绝对值越大，受利率的影响越大。

为了说明久期的经济意义，假设有一种债券，面值为 F 元，市场年利率为 r，期限为 T 年，每年年末支付一次利息 C 元，债券的当前价格（或价值）P 应该为：

$$P = \frac{C}{(1+r)^1} + \frac{C}{(1+r)^2} + \cdots + \frac{C+F}{(1+r)^T} \qquad (12-6)$$

从公式（12-6）中我们可以看出，当债券的期限和利息固定时，债券的当前价格受市场利率的影响。市场利率越高，债券的当前价格越低，反之越高。为了得到债券当前价值对市场利率的变化率，对公式（12-6）两边求导数得

$$\frac{dP}{dr} = -\frac{1 \times C}{(1+r)^2} - \frac{2 \times C}{(1+r)^3} - \cdots - \frac{T \times (C+F)}{(1+r)^{T+1}} \qquad (12-7)$$

从式（12-7）中提取公共项 $-1/(1+r)$，得到：

$$\frac{dP}{dr} = -\frac{1}{1+r} \times \left[\frac{1 \times C}{(1+r)^1} + \frac{2 \times C}{(1+r)^2} + \cdots + \frac{T \times (C+F)}{(1+r)^T} \right] \qquad (12-8)$$

我们知道债券久期的计算公式为：

$$D = \frac{\dfrac{1 \times C}{(1+r)^1} + \dfrac{2 \times C}{(1+r)^2} + \cdots + \dfrac{T \times (C+F)}{(1+r)^T}}{\dfrac{C}{(1+r)^1} + \dfrac{C}{(1+r)^2} + \cdots + \dfrac{C+F}{(1+r)^T}} \qquad (12-9)$$

把式（12-6）代入式（12-9），我们得到：

$$D \times P = \frac{1 \times C}{(1+r)^1} + \frac{2 \times C}{(1+r)^2} + \cdots + \frac{T \times (C+F)}{(1+r)^T} \qquad (12-10)$$

把式（12-10）代入式（12-8）得到：

$$\frac{dP}{dr} = -\frac{D \times P}{1+r} \qquad (12-11)$$

我们对式（12-11）进行重新组合，得到：

$$\frac{dP}{P} = -D \frac{dr}{1+r} \qquad (12-12)$$

或

$$\frac{\Delta P}{P} = -D \frac{\Delta r}{1+r}$$

从式（12-12）中我们可以看出，由于斜率为负数 $-D$，资产价值的变化率 dP/P 与市场利率的变化率 $dr/(1+r)$ 成正比，而变化的方向相反，也就是说，市场利率越大，资产的价值越小。同样，资产的久期越大，资产的变化率越大。为了说明利率变化对资产变化的影响，下面举一个实际例子。

【例 12-4】面值为 100 元折价债券的年利率为 4%，期限为 10 年。债券的销

售价格应该为 67.56 元。

$$P = \frac{100}{(1+0.04)^{10}} = 67.56$$

我们知道折价债券的久期等于债券的期限,$D = M = 10$ 年。如果利率增高 1 个基点(Basis Point,1 个基点等于 0.01%),债券的销售价格下降 0.0962%。

$$\frac{dP}{P} = -10 \times \frac{0.0001}{1+0.04} = -0.000962 = -0.0962\%$$

12.10.4 久期的避险作用

商业银行拥有各种各样的资产和负债,称为资产组合和负债组合,每种资产和负债的久期都可以用前面介绍的久期模型计算。如果商业银行的资产组合久期和负债组合久期满足一定的条件,就可以达到规避利率风险的目的。商业银行的资产组合久期和负债组合久期用下列公式计算。

$$D_A = w_A^1 \times D_{A1}^1 + w_A^2 \times D_A^2 + \cdots + w_A^m \times D_A^m \qquad (12-13)$$

$$D_L = w_L^1 \times D_L^1 + w_L^2 \times D_L^2 + \cdots + w_L^n \times D_L^n \qquad (12-14)$$

式中,D_A 为资产组合的久期;D_L 为负债组合的久期;D_A^i 为第 i 种资产的久期,$i = 1,2,\cdots,m$;D_L^j 为第 j 种负债的久期,$j = 1,2,\cdots,n$;w_A^i 为第 i 种资产占总资产的比例,满足 $w_A^1 + w_A^2 + \cdots + w_A^m = 1$;$w_L^j$ 为第 j 种负债占总负债的比例,满足 $w_L^1 + w_L^2 + \cdots + w_L^n = 1$。

例如,第 5 种负债的久期为 8.56 年,占总负债的 2%,那么第 5 种负债的加权久期为 $w_5^L \times D_5^L = 2\% \times 8.56 = 0.1712$ 年。

为了说明久期对商业银行所有者权益(以后简称权益)的避险作用,这里给出一张简易商业银行的资产负债表,见表 12-11。

商业银行的资产等于负债:

$$A = L + E$$

或

$$E = A - L$$

或

$$dE = dA - dL \qquad (12-15)$$

表 12-11　资产负债表　　　　　　　　　　　单位:亿元

	资产	负债
	A = 100	L = 80　E = 20
合计	100	100

也就是说,商业银行权益的变化等于资产组合的变化减去负债组合的变化。而资产组合的变化和负债组合的变化与久期和利率的变化成正比。把公式(12-

11)代入公式(12-15)得到:

$$dE = -\frac{D_A \times A \times dr}{1+r} + \frac{D_L \times L \times dr}{1+r}$$

或

$$dE = -\frac{dr \times A}{1+r}[D_A - kD_L] \qquad (12-16)$$

式中:k 为负债与资产的比率 $k = \frac{L}{A}$。

从式(12-16)中我们可以看出:资产组合久期与负债组合久期的缺口越大,权益的变化越大;商业银行的规模越大,权益的变化越大;利率变化越大,权益的变化越大。

当资产的久期与负债的久期满足

$$D_A = kD_L \qquad (12-17)$$

则商业银行的权益变化等于零,即

$$dE = 0$$

为了说明模型(12-16)的应用,下面举一个实例。某商业银行的资产负债表见表12-11,资产组合的久期和负债组合的久期分别为:

$$D_A = 8(年)$$
$$D_L = 6(年)$$

而 $k = 80/100 = 0.8$。如果市场利率从 4% 提高到 5%,$dr = 0.01$,银行权益减少:

$$dE = -\frac{dr \times A}{1+r}[D_A - kD_L] = -\frac{0.01 \times 100}{1+0.04} \times [8 - 0.8 \times 6] = -3.0769(亿元)$$

银行的资产变化:

$$dA = -\frac{D_A \times A \times dr}{1+r}$$
$$= -\frac{8 \times 100 \times 0.01}{1+0.04}$$
$$= -7.6923(亿元)$$

银行的负债减少:

$$dL = -\frac{D_L \times L \times dr}{1+r}$$
$$= -\frac{6 \times 80 \times 0.01}{1+0.04}$$
$$= -4.6154(亿元)$$

资产负债表如表12-12所示。

表12-12 单位：亿元

	资产	负债
	A = 92.307 7	L = 75.384 6 E = 16.923 1
合计	92.307 7	92.307 7

从调整后的资产负债表中，我们可以看出，虽然银行没有倒闭，但是，所有者权益降低15.38%，银行规模降低7.69%。

为了降低利率变化为商业银行带来的风险，投资组合经理必须不断地调整资产组合的久期 D_A 和负债组合的久期 D_L，以及负债所占资产的比例 k，使得 $D_A = kD_L$。

对于前面的实例，我们可以采取下列三种措施，使得 $D_A = kD_L$。第一，可以把资产组合的久期 $D_A = 8$ 年，降低到 $D_A = kD_L = 0.8 \times 6 = 4.8$ 年；第二，也可以把负债组合的久期 $D_L = 6$ 年，提高到 $D_L = D_A/k = 8/0.8 = 10$ 年；第三，同时调整资产组合的久期和负债组合的久期，把资产组合的久期降低到 $D_A = 7$ 年，同时把负债组合的久期提高到 $D_L = D_A/k = 7/0.8 = 8.75$ 年。上述三种措施都可以达到规避利率风险的目的。

本章小结

国债以政府为担保，几乎没有风险，国债收益率又称为无风险利率，无风险利率较低。银行的信誉比政府稍低，因此，伦敦银行间拆借利率比国债利率稍高。零利率又称为即期利率，中间不支付利息。

债券的价格应该等于贴现现金流。债券的平价收益率是债券的贴现现金流等于面值的收益率。

远期利率是从将来某一时刻开始计算，投资 n 年的零利率，中间不支付利息。

经过多年的研究，使鞅、随机微分方程和现值模型成为描述有效资本市场的数学工具。

在确定一种货币对另一种货币的远期汇率时，必须利用利率平价理论，否则就会出现套利机会。

利率的变化与中央银行的利率调控政策有关，利率风险是商业银行面临的主要风险，当市场利率发生变化时，银行所有者的权益将发生变化。防范利率风险的主要数学工具是重新定价模型、到期模型和久期模型。

商业银行防范利率风险的主要指标有三个：敏感资产等于敏感负债；资产的加权平均到期时间等于负债的加权平均到期时间；资产的久期 D_A 和负债的久期 D_L 满足

关系 $D_A = kD_L$,其中 $k = L/A$。在这种情况下,商业银行所有者权益的变化最小。

复习思考题

1. 用重新定价模型衡量利率风险有哪些缺陷?
2. 用到期模型衡量利率风险有哪些缺陷?
3. 比较重定价模型、到期模型和久期模型的优劣。
4. 市场利率提高和降低,如何影响商业银行所有者权益?
5. 设 5 年期国库券面值为 100 元,年利息为 5%,每年末支付一次利息,计算债券的久期。
6. 商业银行的资产为 200 亿元,久期为 5 年,负债为 180 亿元。负债的久期为多少时,所有者权益不受市场利率变化的影响?
7. 为什么公司债券的利率高于国库券的利率?
8. 零息利率和平价利率有何不同?二者如何转换?
9. 不同期限国库券的零利率如表 12-13 所示。面值为 100 元、期限为 2 年的国库券每年支付 4% 的利息,每半年支付一次,也就是说每半年支付 2 元。第一个 2 元的贴现率为 2.5%,第二个 2 元的贴现率为 2.9%,依此类推。求国库券当前销售价格。

表 12-13 不同期限国债的零利率

期限(年)	现金流(元)	零利率(%)
0.5	2	2.5
1.0	2	2.9
1.5	2	3.2
2.0	102	3.4

10. 面值为 100 元两年期国库券的平价利率为 6%,销售价格为 101 元。每半年支付一次利息,共支付四次,现金流和贴现率如下。求零利率。

    0.5 年   3 元   3.49%
    2.0 年   3 元   3.63%
    1.5 年   3 元   3.85%
    2.0 年   103 元 r_a

11. 用零增长现值模型检验股票市场的有效性,你认为当前的股票市场是弱有效、半强有效还是强有效?
12. 检验美元对欧元的汇率是否满足利率平价理论,为什么?

13

金融创新产品

本章要点

在金融市场交易的金融衍生工具包括远期、期货、互换和期权。与商业银行有关的金融衍生工具包括外汇远期、外汇期货、外汇互换、利率互换和外汇期权。改变这些金融衍生工具的参数，商业银行就可以研制出金融创新产品。金融创新是一把双刃剑，既可以规避风险，也可以制造风险。

13.1 远期合约

13.1.1 外汇远期

中国外汇交易中心在 1994 年开始外汇即期交易后,于 1995 年开始外汇远期交易。中国银行人民币外汇远期合约期限共有 6 种(2013 年 7 月 22 日):7 天、1 个月、3 个月、6 个月、9 个月和 1 年。交易的货币有美元、欧元、日元、港元、英镑、瑞郎、澳元和加元。见表 13-1。

表 13-1 中国银行人民币远期外汇牌价(2013-07-22)

		美元	欧元	日元	港元	英镑	瑞郎	澳元	加元
七天	买入	612.03	803.52	6.1050	78.77	934.24	650.58	562.18	589.88
	卖出	615.92	812.08	6.1719	79.50	943.05	656.78	568.43	595.28
一个月	买入	613.03	805.00	6.1170	78.91	935.63	651.67	561.96	590.36
	卖出	617.13	813.65	6.1834	79.66	944.79	658.32	568.59	596.16
三个月	买入	615.38	808.33	6.1421	79.23	938.87	654.54	561.84	591.77
	卖出	619.53	816.94	6.2097	79.97	947.98	661.20	568.43	597.54
六个月	买入	618.04	812.59	6.1767	79.64	942.97	658.41	561.16	593.27
	卖出	622.69	821.13	6.2430	80.36	951.97	664.99	567.64	598.90
九个月	买入	620.29	816.32	6.2082	79.96	946.39	661.80	560.18	594.34
	卖出	625.44	824.94	6.2744	80.70	955.54	668.54	566.72	600.07
十二个月	买入	622.58	820.18	6.2409	80.29	949.91	665.44	559.12	595.34
	卖出	628.03	828.79	6.3073	81.03	959.07	672.25	565.63	601.08

注:1.每 100 外币兑换人民币。2.以上人民币牌价系当日市场开盘价。

【例 13-1】投资者 A 于 2012 年 5 月 21 日按 6.341 0 元的价格与中国银行约定卖出 3 个月期 1 000 万美元远期,投资者 B 则与银行约定按 6.3440 的价格买入 1 000 万美元 3 个月期美元远期,买入人民币卖出美元远期合约,期限为 3 个月,当天的远期汇率报价为 6.3410/6.3440,名义本金为 1 000 万美元。2012 年 8 月 21 日,中国银行的即期现汇报价为 6.3423/6.3677。计算远期汇率买方的损益。

【解】外汇远期买方预测美元升值,卖方预期3个月后美元贬值,投资者A的损失为:

$$1\,000 \times (6.342\,3 - 6.341\,0) = 1.3(万元)$$

投资者A损失1.3万元,外汇远期卖方的损失等于买方的收益。

投资者B(远期外汇买方)的收益为:

$$1\,000 \times (6.367\,7 - 6.344\,0) = 23.7(万元)$$

显然投资者B在远期合约多头上获得收益,外汇变化符合预期,投资者A在空头上遭受损失,汇率波动与预期相反。虽然投资者A与B的盈亏状况不同,但无论如何,他们都通过远期外汇合约锁定了2012年8月21日卖出与买入美元的汇率,规避了汇率波动风险。

13.1.2 债券远期

2005年6月16日,中国人民银行发布《全国银行间债券市场债券远期交易管理规定》(以下简称《规定》)。《规定》指出在远期交易的债券包括中央政府债券、中央银行债券、金融债券和经央行批准的其他债券。债券远期合约期限有7天、14天、21天、1个月、2个月、3个月、4个月、5个月、7个月、9个月和1年,到期后应该实际交割资金和债券。任何一家交易商买入单只债券远期合约不能超过该债券流通量的20%,不能超过净资产的100%。任何一家交易商卖出债券远期合约总额不得超过自有债券余额的200%。

13.2 期货合约

1972年芝加哥商品交易所(CME)开始交易英镑、德国马克、法国法郎、瑞士法郎、加拿大元、日元外汇期货。

2006年8月28日,芝加哥商品交易所正式推出人民币兑美元、欧元和日元期货及期货期权合约,每张期货合约的面值为100万元人民币,每日买卖双方盈亏以美元结算。期货合约的报价货币为美元,基础货币为人民币。单位人民币的最小波动范围为0.000 01美元,每份期货合约的波动范围为10美元。除了人民币兑美元期货交易比较活跃外,人民币兑其他货币交易均不活跃。

根据利率平价理论,美元兑换人民币的期货(或远期)价格应为:

$$F = Se^{(r_d - r_f)T}$$

式中:F为美元兑换人民币的期货(或远期)价格,人民币/美元;S为美元兑换人民币的即期汇率,人民币/美元;r_d为人民币无风险利率;r_f为美元无风险利率;T为期货(或远期)的期限,年。

13.3 互换合约

互换(Swaps),又称掉期,是两个或两个以上的当事人按照商定条件,在约定的时间内交换一系列现金流(本金、利息、价差等)的合约。远期合约可以看作仅交换一次现金流的互换。互换协议的双方通常约定在未来多次交换现金流,可以看作系列远期的组合。互换种类很多,其中最重要和最常见的是货币互换(Currency Swap)与利率互换(Interest Rate Swap,IRS)。货币互换是指交易双方按规定汇率交换两种不同货币的本金,然后按预定日期进行利息和本金的分别互换。不同形式利率的货币互换又分为固定利率货币互换、浮动利率货币互换以及固定—浮动利率货币互换三种。固定—浮动利率货币互换是指在互换过程中,一方承担固定利率利息,另一方承担浮动利率利息。利率互换是指双方同意在未来的一定期限内根据同种货币的相同名义本金交换现金流,其中一方的现金流根据事先选定的某一浮动利率计算,而另一方的现金流则根据固定利率计算。从期限来看,利率互换的常见期限包括1年、2年、3年、4年、5年、7年与10年。

13.3.1 外汇互换

外汇互换有两种:有本金交割外汇互换和无本金交割外汇互换。

13.3.1.1 有本金交割外汇互换

2006年4月24日,银行间人民币有本金交割外汇互换业务开始交易。2011年3月1日,国家外汇管理局允许外汇指定银行对客户开展外汇互换交易。目前中国人民银行授权外汇指定银行开展人民币兑美元、欧元、日元、港元和英镑五种货币的互换交易,其中人民币兑美元互换交易量最大。

【例13-2】2013年7月22日,某公司需要借入100万人民币,可以在人民币和美元之间选择。人民币一年期贷款利率为6.15%,汇丰银行公布的美元一年期贷款利率为0.95%。当天中国银行美元兑人民币即期现汇收盘价为6.128 2/6.152 8,一年期远期汇率为6.225 8/6.280 3。分别计算两种货币借款利息。

【解】如果该公司利用人民币借款,需要支付的利息为100×6.15% =6.15万元人民币。

如果利用美元借款相当于换出美元,换入人民币,换出美元数量为(100/6.128 2) =16.318 0万美元,利息支出为16.318 0×0.95% =0.155 0万美元。一年后该公司再归还美元借款,相当于换入美元,换出人民币,需要的人民币数量为(16.318 0 + 0.155 0)×6.280 3 =103.455 4万元人民币,美元利息和美元升值成本为3.455 4万元人民币,节约利息成本为6.150 0 -3.455 4 =2.694 6万元人民币。

13.3.1.2 无本金交割外汇互换

无本金交割外汇互换合约由多个外汇远期组成,一张标准的人民币无本金交割互换合约的面值为 300 万美元,每季度、半年或一年结算一次收益。市场上的人民币无本金交割外汇互换合约期限一般不超过 3 年。一方收到人民币固定汇率的同时,向另一方支付同期浮动汇率,按美元结算收益。

13.3.2 利率互换

利率互换仅交割利息差额,不进行本金交割。2006 年 2 月 9 日,中国人民银行发布《中国人民银行关于开展人民币利率互换交易试点有关事宜的通知》,规范了国内人民币利率互换交易。

现在的利率互换有三种,固定利率端有:一年期定期存款 7 天回购利率(FR007)和上海银行间拆借利率(SHIBOR)。浮动利率端有:一年期定期存款、7 天回购利率和上海银行间拆借利率。

全国银行间同业拆借中心从 2012 年 5 月 21 日起,将以 SHIBOR 为基准的利率互换报价品种调整为 19 个,如表 13-2 所示。

表 13-2 利率互换参考利率和期限

期限	1M	3M	6M	9M	1Y	2Y	3Y	4Y	5Y	7Y	10Y
O/N SHIBOR	√	√	√	√	√						
1W SHIBOR	√	√	√	√	√						
3M SHIBOR			√	√	√	√	√	√	√	√	√

13.4 期权合约

因为期权定价直到 1973 年才获得突破,期权交易比期货交易晚了 100 年。

13.4.1 期权的发展历史

1934 年,美国在《投资法》中规定期权交易合法。

1982 年,美国费城股票交易所和芝加哥商品交易所相继推出外汇期权和外汇期货期权。

1973 年,Fischer Black,Myron Scholes 和 Robert.C. Merton 根据风险中性原则,提出第一个期权定价模型。Myron Scholes 和 Robert.C. Merton 于 1997 年获得诺贝尔经济学奖。Fischer Black 于 1995 年逝世。

2006年8月28日,芝加哥商品交易所又推出人民币兑美元、欧元和日元期货期权,每张期货合约的面值为100万元人民币。

2005年1月5日、1月12日和4月30日,中央汇金公司分别与中国银行、中国建设银行、中国工商银行签订了外汇期权交易协议。

2011年4月1日,中国外汇管理局允许经营远期结售汇业务资格3年以上、执行外汇管理规定考核连续两年为B类以上的银行开展外汇期权交易。

13.4.2 期权的类型

13.4.2.1 看涨期权和看跌期权

看涨期权(Call Option)的买方又称多头,有权(但没有义务)在执行日以执行价格买入标的资产。因为期权买方有权利不执行期权,因此,必须交纳期权费,弥补因买方放弃执行期权给卖方造成的损失。看涨期权卖方又称空头,有义务在到期日以执行价格卖出标的资产。

看跌期权(Put Option)的买方又称空头,有权(但没有义务)在执行日以执行价格卖出标的资产。因为买方有权利不执行期权,因此,必须交纳期权费,弥补因买方放弃执行期权给卖方造成的损失。看跌期权卖方又称多头,有义务在执行日以执行价格买入标的资产。

13.4.2.2 欧式期权和美式期权

欧式期权(European Option)在到期日执行。由于欧式期权的执行时间较短,标的资产的价格容易被操纵,期权的买方容易遭受损失。欧式期权的交易量较少。

美式期权(American Option)在到期日之前均可执行。由于美式期权的执行时间较长,标的资产的价格不易被操纵。美式期权的交易量较大。

13.4.3 期权的收益

下面以外汇期权为例介绍外汇期权买卖双方的收益。标的汇率为中国外汇管理局公布的人民币汇率中间价。

【例13-3】假设外汇期权的名义本金为100万美元,执行汇率为6.311 2人民币/美元,期限为1年,美元兑换人民币的到期汇率为6.172 1人民币/美元,美式看涨期权的价格为0.229 4人民币/美元,美式看跌期权的价格为0.000 4人民币/美元。求美式看涨期权和看跌期权买方的损益。

【解】(1)看涨期权的损益。由于美元兑换人民币贬值,到期汇率小于执行汇率,美元看涨期权的买方遭受损失。损失金额为36.85万元人民币,其中期权费支出22.94万元人民币,看涨期权损失13.91万元人民币。

$$100 \times (6.172\ 1 - 6.311\ 2 - 0.229\ 4) = -36.85$$

美元看涨期权卖方的收益等于买方的损失。

(2)看跌期权的损益。由于美元兑换人民币贬值,到期汇率小于执行汇率,美元看跌期权的买方获得收益。收益金额为 13.87 万元人民币,其中期权费支出 0.04 万元人民币,期权收益为 13.83 万元人民币。

$$100 \times (6.3112 - 6.1721 - 0.0004) = 13.87$$

美元看跌期权卖方的损失等于买方的收益。

13.4.4 对数收益的标准差

在为期权定价时,期权的有效期限以年为单位,无风险利率也是年利率,标准差也应该是标的资产对数收益率的年标准差。假设 σ_a 为汇率价格对数收益率的年标准差;σ_m 为汇率价格对数收益率的月标准差;σ_w 为汇率价格对数收益率的周标准差;σ_d 为汇率价格对数收益率的日标准差。它们之间的关系为:

$$\sigma_a = \sigma_m \sqrt{m}$$
$$\sigma_a = \sigma_w \sqrt{w}$$
$$\sigma_a = \sigma_d \sqrt{d}$$

式中,m 为一年的交易月数,一般为 12;w 为一年的交易周数,一般用 52 周减去春节和国庆两个法定假期,还剩 50 周;d 为一年的实际交易天数。

13.4.5 外汇期权定价

假设欧式看涨期权的价格为 c_E(人民币/美元),欧式看跌期权的价格为 p_E(人民币/美元);美式看涨期权的价格为 c_A(人民币/美元),美式看跌期权的价格为 p_A(人民币/美元)。根据风险中性定价原则,*Garman* 和 *Kohlhagen*(1983)以及 *Biger* 和 *Hull*(1983)提出欧式外汇期权定价模型:

$$c_E = Se^{-r_f T} N(d_1) - Xe^{-r_d T} N(d_2)$$
$$p_E = Xe^{-r_d T} N(-d_2) - Se^{-r_f T} N(-d_1)$$

美式外汇期权定价模型为:

$$c_A = Se^{(r_d - r_f)T} N(d_1) - XN(d_2)$$
$$p_A = XN(-d_2) - Se^{(r_d - r_f)T} N(-d_1)$$
$$d_1 = \frac{\ln(S/X) + (r_d - r_f + \sigma^2/2)T}{\sigma \sqrt{T}}, \quad d_2 = d_1 - \sigma \sqrt{T}$$

式中,r_d 为本币无风险利率;r_f 为外币无风险利率;S 为单位外币兑换本币的即期汇率;σ 为汇率的年波动率;X 为外汇期权的执行价格;T 为外汇期权的期限。

【例 13-4】假设有一张 1 年期美元兑人民币外汇期权,名义本金为 100 万美元。当前中间汇率为 6.3112(人民币/美元),执行中间汇率为 6.3112(人民币/美元),美国联邦基金利率为 0.25%,中国银行间拆借利率为 3.85%,汇率年波动率为 1.61%。求美式外汇看涨期权和看跌期权的价值。

解:因为 $S = 6.3112, X = 6.3112, T = 1, r_d = 0.0385, r_f = 0.0025, \sigma = 0.0161$。
远期汇率为:

$$F = 6.311\,2e^{(0.0385-0.0025)\times 1} = 6.542\,5$$

$$d_1 = \frac{\ln\frac{6.311\,2}{6.311\,2} + (0.038\,5 - 0.002\,5 + \frac{1}{2}\times 0.016\,1^2)\times 1}{0.016\,1\sqrt{1}} = 2.244\,1$$

$$d_2 = 2.244\,1 - 0.016\,1\sqrt{1} = 2.228\,0$$

$$N(d_1) = N(2.244\,1) = 0.987\,59$$

$$N(d_2) = N(2.228\,0) = 0.987\,06$$

$$N(-d_1) = N(-2.244\,1) = 1 - 0.987\,59 = 0.012\,41$$

$$N(-d_2) = N(-2.228\,0) = 1 - 0.987\,06 = 0.012\,94$$

美式看涨期权的价值为：

$$c_A = 6.311\,2e^{(0.038\,5-0.002\,5)\times 1} \times 0.987\,59 - 6.311\,2 \times 0.987\,06 = 0.231\,8$$

美式看跌期权的价值为：

$$p_A = 6.311\,2 \times 0.012\,94 - 6.311\,2 \times e^{(0.038\,5-0.002\,5)\times 1} \times 0.012\,41 = 0.000\,47$$

但有收益的美式看跌期权因其有提前执行的可能，更多的是采用数值计算方法。

单位美式外汇看涨期权的价值为 0.231 8 元人民币。单位美式外汇看跌期权的价值为 0.000 47 元人民币。

一份标准美元兑换人民币的外汇期权合约有固定的金额。假设一份期权合约允许购买 100 万美元，一份 1 年期美式外汇看涨期权需要支付 CNY229 400（=0.229 4×1 000 000）元人民币的期权费，一份 1 年期美式外汇看跌期权需要支付 CNY400（=0.000 4×1 000 000）元人民币的期权费。

因为人民币利率大于美元利率，根据利率平价理论，美元应该升值，人民币应该贬值。因此，美元兑人民币看涨期权的价值大于看跌期权的价值。2008 年金融危机之后，美元兑人民币贬值，是由其他原因造成的。例如，美国的两次量化宽松政策，发行了大量的货币，是造成美元贬值的主要原因。

13.5 需求驱动金融创新产品

金融衍生工具是最基本的金融创新产品，在这些金融衍生工具的基础上，可以研制出新的金融创新产品。金融创新的类型有三类：金融制度创新、金融组织创新和金融业务创新。金融创新的目的有两个：使金融市场更加完善，使金融市场更加有效。金融创新的动力有外部驱动创新和内部主动创新。利率市场化、汇率浮动化是金融创新的基础。金融创新的方法有三种：需求驱动金融创新产品、变更参数金融创新产品和条件组合金融创新产品。

根据创新目的的不同，需求驱动金融产品分为不同种类。

13.5.1 为规避利率风险的金融创新

13.5.1.1 浮动利率票据(Floating Rate Notes,FRN)

银行为了筹集长期资本,发行长期利率票据。如果市场利率低于票面利率,发行者按票面利率支付利息;如果市场利率高于票面利率,发行者按市场利率支付利息。浮动利率票据每年(或半年)调整一次利率。

13.5.1.2 实际收益证券(real yield securities)

证券的实际收益率等于名义利率减通货膨胀率。为了避免证券的实际收益率为负利率,证券的发行者承诺证券的票面利率根据消费物价指数(CPI)调整,每年(或半年)调整一次。当 CPI 上升时,证券的票面利率上升;当 CPI 下降时,证券的票面利率下降。

13.5.2 为合理避税的金融创新

13.5.2.1 回购债券

债券发行者向持有者支付利息时,债券持有者要交纳个人所得税。为了合理避税,债券的发行者不向持有者支付利息,债券到期后,发行者从持有者手里溢价回购债券,达到合理避税的目的。

13.5.2.2 回购股票

上市公司向股东支付股息时,股东要交纳个人所得税。如果上市公司不向股东派息,在二级市场上回购股票并销毁,股票价格会上涨,可以达到合理避税的目的。

13.5.2.3 报表合并

对于银行控股公司,有的子公司盈利,有点子公司亏损。如果合并财务报表,可以降低应税利润。

13.5.3 降低持股风险的金融创新

为了降低股东的持股风险,上市公司在发行股票时承诺,如果一段时间(如 2 年后)股票价格低于发行价格,股东有权按发行价格将股票回售给上市公司,即可回售普通股票(Puttable Common Stock)。

13.5.4 增加流动性的金融创新

13.5.4.1 资产证券化

资产证券化(Asset-backed Securitization)是指将缺乏流动性的资产,转换为在金融市场上可以自由买卖的证券的行为,使其具有流动性。成立于 1968 年的美国政府国民抵押贷款协会(Government National Mortgage Association,即 GNMA,也称 Ginnie Mae),于 1970 年首次发行以抵押贷款组合为基础资产的抵押支持证券。

例如,2004年4月8日,中国工商银行在北京分别与瑞士信贷第一波士顿、中信证券股份有限公司、中诚信托投资有限责任公司签署工行宁波市分行不良资产证券化项目相关协议。2004年7月底销售工作全面完成。

13.5.4.2 国有股减持方案

为了鼓励员工按市场价格购买国有控股公司的股票,持股员工头5年可获得32%的收益率,年均收益率为6.40%,相当于同期贷款利率,五年末一次性把股息支付给持股员工。第5年以后为普通股。5年后如果股票价格低于员工购买价格,公司按购买价格回购股票。5年后如果股票价格上涨,员工获得2/3的收益,公司获得1/3的收益。股票价格上涨后收益的分配比例是设计国有股减持方案的难点。另外,金融机构也可以购买国有公司的股票,与持股员工享受同样的待遇。

13.5.5 提高交易效率的金融创新

为了降低交易成本提高交易效率,金融机构研制出一系列金融服务创新产品。例如,电子货币、网上支付、网上银行、网上保险、网上交易等。

13.6 变更参数金融创新产品

远期、期货、互换和期权是最基本的金融衍生工具。改变这些金融衍生工具中的参数,可以研制出金融创新产品。这包括如下几种方式:

第一,变更交易时间。比如,可以把金融衍生工具的即期交易变成远期交易。

第二,变更标的资产。在期货市场,最先交易的是商品期货。变更标的资产就变成利率期货、外汇期货、股指期货、股票期货等。

第三,变更本金。例如,变更互换的本金,就变成递增本金互换、递减本金互换、波动本金互换等。

第四,变更执行次数。标准期权只执行一次,无论是欧式期权还是美式期权都可以执行多次。我们称之为组合期权。

第五,变更执行时间。欧式期权到期执行,美式期权在有效期权内执行。我们可以变更期权的执行时间进行创新,例如,延期执行美式期权、提前执行欧式期权、百慕大期权等。

第六,变更受益权限。优先受益权获得固定收益,一般收益权获得超额收益。例如,优先股获得固定收益,但没有投票权;普通股获得超额收益,具有投票权。

13.7 条件组合金融创新产品

在金融创新产品设计时都有附加条件,这些附加条件有:可转换、可回售、可赎回、可调整、可延期/可提前、可浮动/可固定、可触发/可触消、可互换、可封顶/可保底、可依赖。这些附加条件的不同组合就可以研制出金融创新产品。例如,可转换债券就是由下列条件组成的:可转换+可回售+可赎回+可延期。

13.7.1 可转换

一种金融资产转换成另一种金融资产。例如,优先股可转换成普通股,债券可转换成普通股,浮动利率可转换成固定利率,也可以逆向转换。

13.7.2 可回售

在债券上附加条款,持有债券到一定的期限后,持有人可以把债券回售给发行人。

13.7.3 可赎回

在债券上附加条款,持有债券到一定的期限后,发行人可以把赎回债券。当市场利率低于债券票面利率时,赎回债券对发行人有利,对持有人不利。

13.7.4 可调整

调整金融工具的利率、汇率等。例如,优先股的利率可以根据通货膨胀率调整。转换债券在转换之前,利率可以根据普通股的收益率调整。

13.7.5 可延期/可提前

商业银行在发行债券时,在债券上附加条款,债券到期后,发行人有权延长债券的期限。在债券延期的同时,也必须提高债券的票面利率。

13.7.6 可浮动/可固定

商业银行可以发行浮动利率债券,债券的利率根据通货膨胀率进行调整。商业银行也可以发行固定利率优先股。

13.7.7 可触发/可触消

在设计看涨期权时,可以增加一个触发(或触消)变量。如果是触发变量,当标的资产价格高于触发价格时,期权的买方有权执行期权。如果是触消变量,当标的资产价格高于触消价格时,期权的买方无权执行期权。

13.7.8 可互换

一种货币借款可互换成另一种货币借款。例如,因为美元借款利率较低,而人民币借款利率较高,人民币借款可以互换成美元借款。

13.7.9 可封顶/可保底

利率上限期权的买方支付期权费后,就把借款利率限制在利率上限之下。利息下限的买方支付期权费后,就可以把贷款利率限制在利率下限之上。

13.7.10 可依赖

商业银行发行的债券可依赖消费物价指数(或者银行间同业拆借利率),适时调整债券的票面利率。

本章小结

远期是在场外交易,目前在中国大陆交易的远期产品有外汇远期和债券远期。当预测标的资产价格上涨时,买入标的资产远期;当预测标的资产价格下降时,卖出标的资产远期。到期时远期只结算一次收益。

期货是场内交易,目前在中国大陆交易的期货产品有商品期货和股指期货。当预测标的资产价格上涨时,买入标的资产期货;当预测标的资产价格下降时,卖出标的资产期货。期货买卖双方每天结算收益。远期与期货的定价方法完全相同。

互换是场外交易,目前在中国大陆交易的互换产品有外汇互换和利率互换。当预测标的资产价格上涨时,买入标的资产互换;当预测标的资产价格下降时,卖出标的资产互换。互换买卖双方结算收益的次数由双方协商决定。

期权是场内交易,目前在中国大陆交易的期权产品有外汇期权。当预测标的资产价格上涨时,买入标的资产看涨期权;当预测标的资产价格下降时,买入标的资产看跌期权。期权买卖双方只结算一次收益。欧式期权到期后执行,美式期权在有效期内任何时刻都可以执行。

需求驱动金融创新产品,是为了规避利率风险、合理避税、降低持股风险、增加流动性、提高交易效率,研制出的金融创新产品。

变更参数金融创新产品,是变更金融衍生工具的交易时间、标的资产、本金、执行次数、执行时间、受益权限,研制出的金融创新产品。

金融工具的附加条件有:可转换、可回售、可赎回、可调整、可延期/可提前、可浮动/可固定、可触发/可触消、可互换、可封顶/可保底、可依赖。将这些附加条件进行组合,就可以研制出条件组合金融创新产品。

复习思考题

1. 根据利率平价理论,利率高的货币应该贬值,利率低的货币应该升值。人民币的利率高于美元利率,为什么人民币升值而美元贬值?

2. 计算美元兑换人民币中间价(国家外汇管理局网站下载数据)对数收益率的日标准差和年标准差。

3. 假设一年期美国联邦基金利率为0.25%,1年期上海银行间拆借利率为4.40%,美元兑人民币即期汇率为6.1380。求1年后的远期汇率。

4. 假设一年期美国联邦基金利率为0.25%,1年期上海银行间拆借利率为4.40%,汇率年波动率为2.00%,期权的期限为1年。求美式看涨期权和美式看跌期权的价值。

5. 设计国有股减持方案,使国家和股东都满意。

14

银行财务报表

本章要点

商业银行把经营业务和经营业绩都列在财务报表中,解读商业银行的财务报表是评价商业银行经营状况的基础。本章以一家股份制商业银行的财务报表为案例,介绍商业银行的资产负债表、利润表、现金流量表。通过这些报表可以了解商业银行的经营活动、经营业绩、面临的风险和连带责任(又称或有责任)。

资产负债表描述某一时期末(例如,年末或季末)商业银行的资产(A)、负债(L)和所有者权益(E)状况。利润表记录商业银行在报告时期内的营业收入、营业支出、营业利润、利润总额和净利润。现金流量表说明商业银行在经营活动、投资活动和筹资活动中现金的流入和流出情况。

14.1 资产负债表

商业银行的资产负债表(Balance Sheet)由三部分组成:资产(A)、负债(L)和所有者权益(E)。商业银行与其他企业或上市公司一样,资产、负债和所有者权益满足下列关系:

$$A = L + E$$

表 14-1 为一家在上海证券交易所上市的股份制银行(简称发展银行)2012年、2011年和2010年的资产负债表。2010年的年末数是2011年的年初数,2011年的年末数是2012年的年初数。下面介绍资产负债表的构成。

表 14-1 发展银行资产负债表

		2012-12-31 亿元	%	2011-12-31 亿元	%	2010-12-31 亿元	%
资产	(1)现金及存放中央银行款项	4 276	13.6	3 670	13.7	2 932	13.4
	(2)存放同业款项	3 113	9.9	2 679	10.0	695	3.2
	(3)拆出资金	854	2.7	1 114	4.2	313	1.4
	(4)贵金属	67	0.2	7	0	0	0
	(5)交易性金融资产	184	0.6	59	0.2	0	0
	(6)衍生金融资产	9	0	6	0	10	0.1
	(7)买入返售金融资产	2 671	8.5	2 815	10.5	3 919	17.9
	(8)应收利息	135	0.4	111	0.4	65	0.3
	(9)发放贷款及垫款	15 100	47.9	13 000	48.5	11 200	51.1
	(10)可供出售金融资产	1 507	4.8	1 479	5.5	1 041	4.8
	(11)持有至到期投资	1 593	5.1	1 585	5.9	1 436	6.6
	(12)分为贷款和应收款类的投资	1 597	5.1	876	3.3	—	—
	(13)长期股权投资	25	0.1	19	0.1	14	0.1
	(14)固定资产	88	0.3	81	0.3	74	0.3
	(15)在建工程	13	0	6	0	0	0
	(16)无形资产	5	0	5	0	4	0
	(17)长期待摊费用	14	0	12	0	—	—
	(18)递延所得税资产	56	0.2	43	0.2	38	0.2

续表

	2012-12-31		2011-12-31		2010-12-31	
	亿元	%	亿元	%	亿元	%
(19)其他资产	161	0.5	136	0.5	117	0.5
资产总计	31 500	100	26 800	100	21 900	100
负债 (1)向中央银行借款	1	0	1	0	1	0
(2)同业和其他金融机构存放款项	5 466	17.4	4 409	16.5	3 378	15.4
(3)拆入资金	325	1.0	670	2.5	144	0.6
(4)衍生金融负债	19	0.1	15	0.1	12	0.1
(5)卖出回购金融资产款	845	2.7	860	3.2	170	0.8
(6)吸收存款	21 300	57.5	18 500	59.0	16 400	74.9
(7)应付职工薪酬	72	0.2	69	0.3	69	0.3
(8)应交税费	83	0.3	65	0.2	42	0.2
(9)应付利息	247	0.8	203	0.8	118	0.5
(10)应付股利	0.1	0	0.1	0	—	—
(11)应付债券	686	2.2	326	1.2	168	0.8
(12)其他负债	573	1.8	224	0.9	194	0.9
负债合计	29 700	94.3	25 400	94.8	20 700	94.5
权益 (1)股本	187	0.6	187	0.6	143	0.6
(2)资本公积	586	1.9	595	2.2	586	2.7
(3)盈余公积	272	1.0	218	0.9	152	0.6
(4)一般风险准备	231	0.7	187	0.7	95	0.4
(5)未分配利润	490	1.6	302	1.1	253	1.2
(6)归属于母公司所有者权益合计	1 775	5.6	1 489	5.5	1 230	5.6
(7)少数股东权益	22	0.1	6	0	3	0
所有者权益合计	1 797	5.7	1 495	5.6	1 233	5.6
负债及股东权益合计	31 500	100	26 800	100	21 900	100

资料来源：http://www.cbrc.gov.cn/index.html。

14.1.1 资产的构成

资产是指银行拥有（或控制）、能以货币计量的经济资源。按照盈利性质分，资产分盈利资产和非盈利资产。按照流动性分，资产又分流动资产和非流动资产。下面简要介绍商业银行资产的主要构成。

(1)现金及存放中央银行款项。现金主要是指商业银行在取款机中的纸币。存放中央银行款项包括两部分,一是法定存款准备金,二是超额存款准备金。法定存款准备金是由中央银行规定的法定存款准备金率和商业银行的存款余额所决定的。超额存款准备金是商业银行为了满足日常结算存放在中央银行的资金。中央银行为法定存款准备金支付1.62%的利息,为超额存款准备金支付0.72%的利息。

(2)存放同业款项。当中央银行提高法定存款准备金率时,商业银行就必须及时足额向中央银行缴纳法定存款准备金。资金短缺的银行就必须到上海银行间同业拆借市场借入资金,资金多余的银行则贷出资金,借贷资金所形成的利率称为上海银行间同业拆借利率(Shanghai Interbank Offered Rate,SHIBOR)。

(3)拆出资金,是指银行拆借给其他金融(或企业)机构的资金,不包括"存放同业和其他金融机构款项"。

(4)贵金属,是指银行持有的贵重金属,例如,黄金、钯金、铂金等。其中黄金占银行持有贵重金属比率最大。

(5)交易性金融资产,是银行为了近期内出售而持有的金融资产。通常情况下,是以赚取差价为目的从二级市场购入的政府债券等。

(6)衍生金融资产,主要是指银行持有的金融衍生工具。例如,外汇远期、外汇期权、利率互换等。

(7)买入返售金融资产,是指银行按返售协议规定先买入证券再按固定价格返售证券。例如,银行与银行之间、银行与央行之间的回购协议。

(8)应收利息,是指在短期债券投资中,实际支付的价款中包含已到付息期,但尚未领取的债券利息。

(9)发放贷款及垫款,发放贷款是指银行为企业和个人发放的贷款。银行垫款是指银行在客户无力支付到期款项的情况下,被迫以自有资金代为客户支付款项的行为,因此,银行垫款被列为不良资产。银行垫款包括银行承兑汇票垫款、信用证垫款、银行保函垫款和外汇转贷款垫款等。

(10)可供出售金融资产,是指银行持有可供出售的金融资产价值,包括可供出售的股票投资、债券投资等金融资产。

(11)持有至到期投资,是指到期日固定、回收金额固定,而且银行有明确意图和能力持有至到期的非衍生金融资产。

(12)分为贷款和应收款类的投资,包括商业银行贷出款项、购入贷款、所持没有活跃市场的债券或票据、应收账款等。因债务人信用恶化等原因,使商业银行很难收回所有初始投资。

(13)长期股权投资,是指通过投资取得被投资单位的股份。银行对其他单位进行长期股权投资的目的是为了控制被投资单位,或为了与被投资单位建立业务关系、分散经营风险。

(14)固定资产,是指银行为了正常经营管理而持有的、预计使用年限在一年以上的、具有实物形态的资产。例如,办公楼、办公设备等。

(15)在建工程(Construction Work in Progress),指正在建设、尚未竣工投入使用的建设项目,包括固定资产的新建、改建、扩建,或技术改造、设备更新和大修理工程等尚未完工的工程支出。

(16)无形资产(Intangible Assets),是指由银行拥有、没有实物形态的非货币资产,但是能在银行经营管理活动中发挥重要作用。例如,专利权、商标权等。

(17)长期待摊费用,是指企业已经支出,但摊销期限在1年以上(不含1年)的各项费用,包括开办费、租入固定资产的改良支出以及摊销期在1年以上的固定资产大修理支出、股票发行费用等。应当由本期负担的借款利息、租金等,不得作为长期待摊费用处理。

(18)递延所得税资产(Deferred Tax Asset)。就是递延到以后缴纳的税款。递延所得税是时间性差异对所得税的影响,在纳税影响会计法下才会产生递延税款。

(19)其他资产,包括上述资产项目中所没有罗列的资产。由于其规模较小,没有形成独立的账户。例如在票据承兑后,客户对银行的负债,银行在得到服务之前预先支付的费用,在子公司中的投资,等等。

从表14-1我们可以看出,发展银行的"(12)分为贷款和应收款类的投资"急剧增加,由2011年的876亿元,增加到2012年的1 597亿元,增幅达92.31%。这类投资约为2012年净利润的4.5倍,约占所有者权益合计的98.87%。因借方信用状况恶化,发展银行很难全部收回这类投资的初值。

14.1.2 负债的构成

商业银行的主要负债是个人、企业、公司和政府在银行中的存款,这些个人和机构又称为债权人。当银行被清算时,出售银行的资产所得的资金必须首先归还储户的存款,其次是其他债权人,最后股东再分配剩下的资金。下面简要介绍负债账户的构成。

(1)向中央银行借款,是指商业银行向中央银行的再贷款。一般情况下,中央银行只向商业银行提供四种类型的再贷款:分别是农村信用合作社贷款、紧急贷款、短期再贷款和再贴现。

(2)同业和其他金融机构存放款项,是指因支付清算和业务合作等的需要,由其他金融机构存放于商业银行的款项,金额越大说明银行借入的资金越多。

(3)拆入资金,是指银行向其他金融机构借入的资金。拆入资金应按实际借入的金额入账。拆入资金是循环使用,短借长用。

(4)衍生金融负债,商业银行因持有金融衍生工具(外汇远期、外汇期权、利率互换等)而出现的负债。

(5)卖出回购金融资产款(Financial Assets Sold for Repurchase),用于核算银行按回购协议卖出政府债券、贷款等金融资产所融入的资金。

(6)吸收存款(Accept Money Deposits),是指银行吸收的除了"同业和其他金融机构存放款项"以外的其他各种存款,例如,单位(企业、事业单位、机关、社会团体等)存款、个人存款、信用卡存款、特种存款、转贷款资金和财政性存款等。吸收存款是银行资金的主要来源,约占资产总额的60%。

(7)应付职工薪酬,是指银行根据有关规定应付给职工的各种薪酬。按照"工资,奖金,津贴,补贴""职工福利""社会保险费""住房公积金""工会经费""职工教育经费""解除职工劳动关系补偿""非货币性福利""其他与获得职工提供的服务相关的支出"等应付职工薪酬项目。

(8)应交税费,是指银行根据在一定时期内取得的营业收入、实现的利润等,按照现行税法规定,采用一定的计税方法计提的应交纳的各种税费。应交税费包括银行依法交纳的增值税、消费税、营业税、所得税、资源税、土地增值税、城市维护建设税、房产税、土地使用税、车船税、教育费附加、矿产资源补偿费等税费,以及在上缴国家之前,由企业代收代缴的个人所得税等。

(9)应付利息(Interest Payable),是指银行按照合同约定应支付的利息,包括吸收存款、分期付息到期还本的长期借款、银行债券等应支付的利息。应付利息与应计利息的区别为:应付利息属于借款,应计利息属于银行存款。

(10)应付股利,是指公司经董事会(或股东大会)决议确定分配的现金股利。获得投资收益是出资者对公司进行投资的初衷。公司在宣告给投资者分配股利时,一方面将冲减公司的所有者权益,另一方面也形成"应付股利"一笔负债;公司向投资者实际支付股利后,该项负债立即消失。

(11)应付债券,是指银行依照法定程序发行,约定在一定期限内还本付息的有价证券。

(12)其他负债,通常是指或有负债。或有负债指过去的交易或事项形成的潜在义务,履行该义务不一定导致经济利益流出银行或该义务的金额不能可靠地计量。

由表14-1可见,发展银行的其他负债由2011年的224亿元增加到2012年的573亿元,增幅达155.80%。发展银行因或有事项所承担的义务有所增加。

14.1.3 权益的构成

所有者权益是银行所有人向银行提供的长期资金。银行所有者权益等于资产和负债之间的差额。

$$E = A - L$$

下面分别介绍银行所有者权益的各项内容。

(1)股本(Equity),亦称股份或股份资本,是经公司章程授权、代表公司所有权的全部股份,包括普通股和优先股。股本的大小会随着送股和配股而增加,但市价不会改变,这是因为送配股后除权。

(2)资本公积(Capital Reserve),是指银行股东因投入资本本身所引起的各种增值,这种增值一般不是由于银行的经营活动产生的,主要包括资本(或股本)溢价、法定财产重估增值、资本汇率折算差额、接受现金捐赠、股权投资准备、拨款转入等。

(3)盈余公积(Surplus Reserve),是指银行按照规定从税后利润中提取的积累资金。盈余公积金按其用途,分为法定公积金和任意公积金。

(4)一般风险准备(General Risk Preparation),是指从事金融业务的金融企业按规定从净利润中提取一部分,用于弥补亏损的风险准备金。

(5)未分配利润(Undistributed Profits),是指银行未分配的利润。未分配利润在以后年度可继续进行分配,在未进行分配之前,属于所有者权益的组成部分。从数量上来看,未分配利润是期初未分配利润加上本期实现的净利润,减去提取的各种盈余公积金和分配利润后的余额。

(6)归属于母公司所有者权益合计(Equity Attributable to the Parent Company Owners Together),是指属于母公司的股东权益。

(7)少数股东权益。在母公司拥有子公司股份不足100%时,子公司大部分股东权益属于母公司,其余股东权益属于少数股东,由于后者在子公司全部股权中不足半数,对子公司没有控制能力。

发展银行2012年的所有者权益比2011年增加343亿元,增幅达20.20%,见表14-1。

14.2 利润表

利润表(Profit Statement)记录商业银行报告期内的营业收入和营业情况。银行的资产负债表和利润表之间有密切的联系,资产负债表中的资产为银行创造大部分营业收入,而负债的利息支出构成银行的大部分营业支出。表14-2为发展银行的利润表。

表14-2 发展银行利润表

	2012-12-31		2011-12-31		2010-12-31	
	亿元	%	亿元	%	亿元	%
一、营业收入	830	100	679	100	499	100
利息收入	15 02	-	1 212	-	730	-
减:利息支出	769		598		278	
利息净收入	733	88.44	614	90.46	452	90.67
手续费及佣金收入	93.2	10.54	72.0	9.89	44.6	8.12

续表

	2012-12-31		2011-12-31		2010-12-31	
	亿元	%	亿元	%	亿元	%
减：手续费及佣金支出	5.75	-	4.89	-	4.13	-
手续费及佣金净收入	87.45		67.11			
投资收益	0.76	0.09	1.94	0.29	0.22	0.04
其中：对联营企业和合营企业的投资收益	0.92	-	0.72	-	0.76	-
公允价值变动收益	-1.80	-0.22	-8.60	-1.27	-0.87	-0.18
汇兑收益	4.17	0.50	2.43	0.36	5.40	1.08
其他业务收入	5.31	0.64	1.83	0.27	1.29	0.26
二、营业支出	385	-46.45	322	-47.35	249	-49.71
营业税金及附加	62.6	-7.54	49	-7.21	34	-6.81
业务及管理费用	238	-28.71	196	-28.79	165	-33.66
资产减值损失	81.2	-9.79	75.0	-11.04	45.9	-9.20
其他业务成本	3.42	-0.41	2.08	-0.31	3.21	-0.64
三、营业利润	444	53.55	358	52.65	251	50.29
加：营业外收入	4.34	0.52	1.57	0.23	2.48	0.50
减：营业外支出	0.99	-0.12	0.75	-0.11	0.39	-0.08
四、利润总额	448	53.92	358	52.77	253	50.71
减：所得税	104	-12.59	84.8	-12.49	61.0	-12.24
五、净利润	343	41.36	274	40.28	192	38.47
归属母公司所有者的净利润	342	41.20	273	40.21	192	-
少数股东损益	1.25	0.15	0.697	0.10	0.014	-
六、每股收益						
基本及稀释每股收益（人民币）	1.83	-	1.46	-	-	-
七、其他综合收益	0.17	0.02	9.05	1.33		
八、综合收益总额	343	41.36	283	41.68		
归属于母公司股东的综合收益	342	41.20	282	41.53		
归属于少数股东的综合收益	1.25	0.15	0.69	0.10		

资料来源：http://www.cbrc.gov.cn/index.html。

14.2.1 营业收入

（1）利息净收入，等于利息收入减利息支出，是银行营业收入的主要来源。利息收入是由盈利资产产生的,盈利资产包括发放贷款及垫款、存放同业款项、买入返售金融资产、可供出售金融资产、持有至到期的投资等。利息支出主要包括向储户支付的利息、借款利息等。

(2)手续费及佣金收入,主要包括咨询业务收入、担保业务收入、资产管理收入、代理保管业务收益、信托业务收入、代理业务收入、信用证业务收入等。手续费及佣金收入有逐年增加的趋势。

(3)投资收益,是指银行在一定的会计期间对外投资所取得的收益。投资收益包括对外投资所分得的股利和收到的债券利息,以及投资到期收回或到期前转让债权取得款项高于账面价值的差额等。银行的投资收益占比很小。

(4)公允价值变动收益(Income from Changes in Fair Value),是指资产或负债因公允价值变动所形成的收益。公允价值变动收益可正可负。

(5)汇兑收益,是指银行发生的外币业务在折合为记账本币时,由于汇率的变动而产生的记账本币的折算差额和不同外币兑换发生的收付差额,给银行带来的收益或损失。

(6)其他业务收入,是指银行主营业务收入以外,通过销售商品、提供劳务收入及让渡资产使用权等日常活动所形成的收入,如无形资产转让、固定资产出租、废旧物资出售收入等。其他业务收入是银行从事除主营业务以外的其他业务活动所取得的收入,不经常发生,每笔业务金额一般较小,占收入的比重较低。

14.2.2 营业支出

(1)营业税金及附加(Sales Tax and Extra Charges),反映银行经营主要业务应负担的营业税、消费税、城市维护建设税、资源税、土地增值税和教育税附加等。

(2)业务及管理费用,是指银行行政管理部门为组织和管理经营活动而发生的各项费用。管理费用属于期间费用,在发生的当期就计入当期的损益。具体项目包括:工会经费、职工教育经费、业务招待费、技术转让费、无形资产摊销、咨询费、诉讼费、开办费摊销、公司经费、上缴上级管理费、劳动保险费、待业保险费、董事会会费以及其他管理费用。

公司经费:总部管理人员工资、职工福利费、差旅费、办公费、董事会会费,折旧费、修理费、物料消耗、低值易耗品摊销及其他公司经费。

劳动保险费:指离退休职工的退休金、价格补贴、医药费(包括离退休人员参加医疗保险基金)、易地安家费、职工退职金、职工死亡丧葬补助费、抚恤费、按规定支付给离休干部的各项经费以及实行社会统筹基金。

待业保险费:指企业按照国家规定缴纳的待业保险基金。

董事会会费:指银行最高权力机构及其成员为执行职能而发生的各项费用,包括差旅费、会议费等。

(3)资产减值损失(Asset Impairment Loss),是指因资产的账面价值高于其可收回价值而造成的损失。

(4)其他业务成本,是指银行转让无形资产、出租固定资产、出售材料的实际成本。

14.2.3 营业利润

$$营业利润 = 营业收入 - 营业支出$$

(1)营业外收入,主要包括:非流动资产处置收益、非货币性资产交换收益、出售无形资产收益、债务重组收益、企业合并损益、盘盈收益、因债权人原因确实无法支付的应付款项、政府补助、教育费附加返还款、罚款收入、捐赠利得等。

(2)营业外支出,是指不属于银行经营费用、与银行经营活动没有直接关系,但应从银行实现的利润总额中扣除的支出,包括固定资产盘亏、报废、毁损和出售的净损失,非季节性和非修理性期间的停工损失,职工子弟学校经费和技工学校经费,非常损失,公益救济性的捐赠,赔偿金,违约金等。

14.2.4 利润总额

$$利润总额 = 营业利润 + 营业外收入 - 营业外支出$$

14.2.5 净利润

$$净利润 = 利润总额 - 所得税$$

所得税是指银行在利润总额的基础上交纳的税金。

(1)归属于母公司所有者的净利润,是指银行在合并财务报表净利润中,归属于母公司股东(所有者)所有的那部分净利润。

(2)少数股东损益,是指银行其他非控股股东享有的那部分净利润。

14.2.6 每股收益

基本每股收益是指企业应当按照属于普通股股东的当期净利润,除以发行在外普通股的加权平均数而计算出的每股收益。如果企业有合并财务报表,企业应当以合并财务报表为基础计算和列报每股收益。

稀释每股收益又称"冲淡每股收益",是新会计准则引入的一个全新概念,用来评价"潜在普通股"对每股收益的影响,以避免该指标虚增可能带来的信息误导。潜在普通股主要包括:可转换公司债券、认股权证和股份期权等。

14.2.7 其他综合收益

其他综合收益包括:①可供出售金融资产公允价值变动形成的利得和损失;②可供出售外币非货币性项目的汇兑差额形成的利得和损失;③权益法下被投资

单位其他所有者权益变动形成的利得和损失;④存货或自用房地产转换为采用公允价值计量的投资性房地产形成的利得和损失;⑤金融资产的重分类形成的利得和损失;⑥套期保值(现金流量套期和境外经营净投资套期)形成的利得或损失;⑦与计入所有者权益项目相关的所得税影响所形成的利得和损失。

14.2.8 综合收益总额

(1)归属于母公司股东的综合收益:考虑其他综合收益后,归属于母公司股东的收益。

(2)归属于少数股东的综合收益:考虑其他综合收益后,归属于少数股东的收益。

发展银行 2012 年的净利润为 343 亿元,与 2011 年相比,增幅达 25.15%(见表 14-2)。

14.3 现金流量表

现金流量表(Cash Flow Statement)是财务报表的三个基本报告之一,报告银行在一定时期(通常是每季或每年)内,现金(包含现金等价物)的增减变动情形。现金流量表的主要作用是反映资产负债表中各个项目对现金流量的影响,并根据其用途划分为经营、投资及筹资三类活动。现金流量表可用于分析一家机构在短期内有没有足够现金去应付支出。表 14-3 为发展银行最近 3 年的现金流量表,从表中可以看出现金流入和现金流出的构成。

表 14-3 发展银行现金流量表(单位:亿元)

项 目	2012 年	2011 年	2010 年
一、经营活动产生的现金流量			
客户存款和同业存放款项净增加额	3 890	3 137	4 752
向中央银行借款净增加额	0.65	—	0.02
向其他金融机构拆入资金净增加额	79	1 437	-312 4
收取利息	1 337	1 080	—
收到手续费及佣金	91	70	—
收到其他与经营活动有关的现金	373	96.6	65.3
经营活动现金流入小计	5 770	5 909	2 496
客户贷款及垫款净增加额	2 141	1 855	2 179
存放央行和同业款项净增加额	1 279	1 188	-120

续表

项　　目	2012 年	2011 年	2010 年
支付的交易性金融资产款项	126	59	—
支付的利息	707	505	—
支付的手续费及佣金	6	5	—
支付给职工以及为职工支付的现金	140	122	105
支付的各项税费	165	119	59.3
购买租赁资产支付的现金	99	—	—
支付其他与经营活动有关的现金	180	70	—
经营活动现金流出小计	4 844	3 922	2 552
经营活动产生的现金流量净额	926	1 987	-55.1
二、投资活动产生的现金流量			
收回投资收到的现金	1 702	2 336	4 743
取得投资收益收到的现金	143	0.495	0.487
收到其他与投资活动有关的现金	0.23	0.707	0.356
投资活动现金流入小计	1 846	2 337	4 744
投资支付的现金	3 241	2 964	4 691
购建固定资产、无形资产和其他长期资产支出的现金	33.6	26.8	15.8
投资活动现金流出小计	3 274	2 991	4 707
投资活动产生的现金流量净额	-142 8	-654	37.2
三、筹资活动产生的现金流量			
吸收投资收到的现金	13.9	2.99	393
其中:子公司吸收少数股东投资收到的现金	13.9	2.99	393
发行债券收到的现金	420	184	—
筹资活动现金流入小计	434	187	393
偿还债券支付的现金	60	26	20
分配股利或偿付利息支付的现金	73.8	30	20.9
筹资活动现金流出小计	134	56	40.9
筹资活动产生的现金流量净额	300	131	353
四、汇率变动对现金的影响	-2.3	-13.6	—
五、现金及现金等价物净增加额	-205	1 450	335
加:期初现金及现金等价物金额	3 126	1 676	1 341
六、期末现金及现金等价物金额	2 922	3 126	1 676

资料来源:http://www.cbrc.gov.cn/index.html。

14.3.1 经营活动产生的现金流量

14.3.1.1 经营活动流入的现金流

(1) 客户存款和同业存放款项净增加额(Customer Deposits and Interbank Deposits Net Increase),是指商业银行本期吸收的境内外金融机构存款以及同业存放款项的净增加额。本项目可以根据"吸收存款"、"同业存放款项"等科目的记录分析填列。

(2) 向中央银行借款净增加额(Net Increase in Borrowings from the Central Bank),是指商业银行本期向中央银行借入款项的净增加额。本项目根据"向中央银行借款"科目的记录分析填列。

(3) 向其他金融机构拆入资金净增加额(Borrowing Funds from Other Financial Institutions Net Increase),是指商业银行本期从境内外金融机构拆入款项所取得的现金,减去拆借给境内外金融机构款项而支付现金后的净额。本项目根据"联行存放款项""同业拆入""金融性公司拆入",以及"存入联行款项""拆放同业""拆放金融性公司"等科目的记录分析填列。

(4) 收取利息,是指商业银行本期收到的贷款利息。本项目根据"利息收入"、"应收利息"等科目的记录分析填列。

(5) 收到手续费及佣金,是指手续费及佣金,减去支付的利息、手续费及佣金的净额。本项目根据"手续费收入"等科目的记录分析填列。

(6) 收到其他与经营活动有关的现金,是指收到除上述四项经营活动现金流以外的其他现金。

14.3.1.2 经营活动流出的现金流

(1) 客户贷款及垫款净增加额,是指商业银行本期发放的各种客户贷款,以及办理商业票据贴现、转贴现融出及融入资金等业务的款项的净增加额。本项目可以根据"短期贷款""中长期贷款""抵押贷款"等科目的记录分析填列。

(2) 存放央行和同业款项净增加额,是指商业银行本期存放于中央银行以及境内外金融机构的款项的净增加额。本项目可以根据"存放中央银行款项"、"存入同业款项"等科目的记录分析填列。

(3) 支付的交易性金融资产款项。

(4) 支付的利息,即为客户存款支付的利息。

(5) 支付的手续费及佣金,即商业银行在经营活动中支付的手续费及佣金。

(6) 支付给职工以及为职工支付的现金。支付给职工的现金包括工资、奖金以及各种补贴等;为职工支付的其他现金,如银行为职工交纳的养老、失业等社会保险基金,银行为职工交纳的商业保险金等。根据管理费用中的"应付工资"和"应付福利费"等科目记录分析填写。

(7) 支付的各项税费,是指银行按规定支付的各项税费,包括本期发生并支付的税费,以及本期支付以前各期发生的税费和预交的税金。根据"营业税金及附加"、"库存现金"、"银行存款"等科目的记录分析填列。

(8)购买租赁资产支付的现金。

(9)支付其他与经营活动有关的现金。

14.3.2 投资活动产生的现金流量

14.3.2.1 投资活动流入的现金流

(1)收回投资收到的现金,是指银行出售、转让或到期收回除现金等价物以外的短期投资、长期股权投资而收到的现金,以及收回长期债权投资本金而收到的现金。不包括长期债权投资收回的利息,以及收回的非现金资产。根据"短期投资""长期投资"等科目记录分析填写。

(2)取得投资收益收到的现金。只有在持有期间发生的利息或者股利是在"取得投资收益收到的现金"项目中核算的。所以对于股利和利息需要区分是在持有期间取得还是在最后处置投资的时候取得的。

(3)收到其他与投资活动有关的现金,是指银行除了上述项目以外,收到的其他与投资活动有关的现金流入。

14.3.2.2 投资活动流出的现金流

(1)投资支付的现金,是指银行进行权益性投资和债权性投资支付的现金,包括银行取得的除现金等价物以外的短期股票投资、短期债券投资、长期股权投资、长期债权投资支付的现金以及支付的佣金、手续费等附加费用。本项目可以根据"长期投资""短期投资"等科目的记录分析填列。

(2)购建固定资产、无形资产和其他长期资产支出的现金,是指银行购买、建造固定资产,取得无形资产和其他长期资产所支付的现金,不包括为购建固定资产而发生的借款利息资本化的部分,以及融资租入固定资产支付的租赁费。借款利息和融资租入固定资产支付的租赁费,在筹资活动产生的现金流量中反映。本项目可以根据"固定资产""在建工程""无形资产"等科目的记录分析填列。

14.3.3 筹资活动产生的现金流量

14.3.3.1 筹资活动流入的现金流

(1)吸收投资收到的现金,是指银行收到的投资者投入的现金,本项目根据"实收资本"等科目的记录分析填列。

(2)发行债券收到的现金,是指银行发行各种短期、长期债券所收到的现金。本项目可以根据"长期借款""发行债券"等科目的记录分析填列。

14.3.3.2 筹资活动流出的现金流

(1)偿还债务支付的现金,是指银行以现金偿还债务的本金等。银行偿还的借款利息,在"分配股利、利润或偿付利息所支付的现金"项目反映,不包括在本项目内。本项目可以根据"长期借款"、"发行债券"等科目的记录分析填列。

(2)分配股利或偿付利息支付的现金,是指银行实际支付的现金股利,支付给其他投资单位的利润以及支付的借款利息等。本项目可以根据"应付利润""营业费用""长期借款"等科目的记录分析填列。

14.3.4 汇率变动对现金的影响

银行外币现金流量及境外子公司的现金流量折算成记账本币时,所采用的是现金流量发生日的汇率或即期汇率的近似汇率,而现金流量表"现金及现金等价物净增加额"项目中外币现金净增加额是按资产负债表日的即期汇率折算。这两者的差额即为汇率变动对现金的影响。无论该项目金额为正或是为负,都不发生现金流动,仅仅是外币折算的问题。

14.3.5 现金及现金等价物净增加额

现金及现金等价物净增加额 = 经营活动产生的现金流量净额 + 投资活动产生的现金流量净额 + 筹资活动产生的现金流量净额 + 汇率变动对现金的影响

14.3.6 期末现金及现金等价物余额

期末现金及现金等价物余额 = 现金及现金等价物净增加额 + 期初现金及现金等价物金额

14.4 股东权益变动表

表14-4是发展银行2012年股东权益变动表。在2012年发展银行的股本没有发生变化,也就是说,本年度发展银行没有增发新股,也没有股东撤资。因为其他综合收益增加0.17亿元,因此,资本公积增加0.17亿元。2012年发展银行提取盈余公积54.42亿元,提取一般风险准备43.50亿元,发放现金股利55.96亿元。

表14-4 发展银行股东权益变动表(单位:百万元)

	股本	资本公积	盈余公积	一般风险准备	未分配利润	股东权益合计
一、2012年1月1日余额	18 653	59 543	21 806	18 700	30 110	148 812
二、本年增减变动金额	–	17	5 442	4 350	18 654	28 463
(一)净利润	–	–	–	–	34 042	34 042
(二)其他综合收益	–	17	–	–	–	17

续表

	股本	资本公积	盈余公积	一般风险准备	未分配利润	股东权益合计
（三）利润分配	-	-	5 442	4 350	(15 388)	(5 596)
提取盈余公积	-	-	5 442	-	(5 442)	-
提取一般风险准备	-	-	-	4 350	(4 350)	-
现金股利	-	-	-	-	(5 596)	(5 596)
三、2012年12月31日余额	18 653	59 560	27 248	23 050	48 764	177 275

资料来源：http://www.cbrc.gov.cn/index.html。

2012年末，发展银行的资本公积、盈余公积、一般风险准备、未分配利润和股东权益合计都有不同程度的增加。

本章小结

商业银行必须定期向监管部门、政府部门和大股东报告经营业务和经营业绩。商业银行报告包括财务信息和非财务信息。资产负债表、利润表、现金流量表报告的是商业银行的财务信息，而非财务信息利用文字描述。资产负债表描述报告期商业银行的资产、负债和所有者权益状况。

利润表记录商业银行在报告期内营业收入、营业支出、营业利润、利润总额和净利润状况，以及少数股东损益和大股东损益。

现金流量表描述商业银行在报告期内现金流入和现金流出情况。现金流量分为经营活动产生的现金流量、投资活动产生的现金流量、筹资活动产生的现金流量。

股东权益变动表又称利润分配表，用于反映年末公司净利润的分配方案。

复习思考题

1. 阅读发展银行资产负债表，分析其资产、负债和权益变化。
2. 阅读发展银行利润表，分析其营业收入、营业支出、营业利润、利润总额和净利润的变化。
3. 阅读发展银行现金流量表，分析其现金流量的变化。
4. 阅读发展银行股东股东权益变动表，分析其论述股东权益的变化。
5. 为什么要密切关注资产负债表中"分为贷款和应收款类的投资"项目的变化？

15

银行业绩评价

本章要点

不同规模的商业银行的财务报表没有可比性。要想客观公正地评价商业银行经营业绩,必须使用一系列比率指标。这些比率指标包括信用风险指标、效益指标、流动性指标、资本充足指标和市场风险指标。上市银行的股票价格是这些比率指标的集中反映。本章将通过案例介绍这些比率指标的应用。

15.1 商业银行主要监管指标[①]

通常使用一系列比率指标来评价商业银行的经营业绩和面临的风险,参见表15-1。这些比率指标包括信用风险指标、效益性指标、流动性指标、资本充足指标和市场风险指标。计算出这些指标以后,通过横向和纵向比较,可以评价银行的经营状况。在进行横向比较时,样本银行的规模、经营品种、地域等要相似。不同类型的银行没有可比性。

表15-1 银监会监管指标汇总

序号	指标名称	指标范围及计算公式
1	不良贷款余额	按照贷款五级分类,次级类、可疑类和损失类贷款之和
2	不良贷款率	(不良贷款余额/各项贷款余额)×100%
3	次级类贷款率	(次级类贷款余额/各项贷款余额)×100%
4	可疑类贷款率	(可疑类贷款余额/各项贷款余额)×100%
5	损失类贷款率	(损失类贷款余额/各项贷款余额)×100%
6	拨备覆盖率	(贷款损失准备余额/不良贷款余额)×100%
7	净利润	扣除资产减值损失和所得税后的当年累计利润总额
8	资产利润率	(净利润/资产平均余额)×100%×折年系数
9	资本利润率	[净利润/(所有者权益+少数股东权益)的平均余额]×100%×折年系数
10	净息差	[(利息净收入+债券投资利息收入)/生息资产平均余额]×100%×折年系数
11	非利息收入占比	[(手续费及佣金净收入+其他业务收入+投资的非利息收益)/营业收入]×100%
12	成本收入比	[(营业支出-营业税金及附加)/营业收入]×100%
13	流动性比例	(流动性资产/流动性负债)×100%
14	存贷比	(各项贷款余额/各项存款余额)×100%
15	人民币超额备付金率	[(在人民银行超额准备金存款+库存现金)/人民币各项存款期末余额]×100%
16	核心资本	包括实收资本或普通股、资本公积、盈余公积、未分配利润和少数股权

[①] 本节的主要内容是根据《商业银行资本管理办法(2013年1月1日试行)》编写的。

续表

序号	指标名称	指标范围及计算公式
17	附属资本	包括重估储备、一般准备、优先股、可转换债券、混合资本债券和长期次级债务
18	资本扣减项	包括商誉、商业银行对未并表金融机构的资本投资、商业银行对非自用不动产和企业的资本投资等
19	表内加权风险资产	按照《商业银行资本管理办法》和其他相关监管规定计算得出的表内加权风险资产
20	表外加权风险资产	按照《商业银行资本管理办法》和其他相关监管规定计算得出的表外加权风险资产
21	市场风险资本要求	按照《商业银行资本充足办法》和其他相关监管规定计算得出的市场风险资本
22	资本充足率	[资本净额/(加权风险资产+12.5倍的市场风险资本要求)]×100%
23	核心资本充足率	[核心资本净额/(加权风险资产+12.5倍的市场风险资本要求)]×100%
24	累计外汇敞口头寸比例	(累计外汇敞口头寸/资本净额)×100%
25	现场检查平均机构覆盖率	被检查机构数/辖区内机构总数×100%

资料来源:http://www.cbrc.gov.cn/index.html。

15.1.1 信用风险指标

（1）不良贷款余额。1998年5月，中国人民银行参照国际惯例，结合中国国情，制定了《贷款分类指导原则》，要求商业银行依据借款人的实际还款能力把贷款质量分成五级:正常贷款、关注贷款、次级贷款、可疑贷款、损失贷款。正常贷款和关注贷款属于正常贷款，次级贷款、可疑贷款、损失贷款属于不良贷款。

正常贷款:借款人能够按时履行贷款合同，始终能够正常、足额还本付息，不存在任何影响及时足额偿还贷款本息的消极因素，商业银行对借款人按时足额偿还贷款本息有充分把握。贷款损失的概率为0。

关注贷款:尽管借款人目前有能力偿还贷款本息，但存在一些可能对偿还贷款本息产生不利影响的因素，如这些不利因素继续下去，借款人的偿还能力将受到影响。贷款损失的概率不会超过5%。

次级贷款:借款人的还款能力出现明显问题，完全依靠其正常营业收入无法足额偿还贷款本息，需要通过处置资产或对外融资乃至执行抵押担保来偿还贷款本息。其贷款损失的概率在30%~50%。

可疑贷款:借款人无法足额偿还贷款本息，即使执行抵押或担保，也肯定要造成一部分损失。因为借款人存在兼并、重组、抵押物处理和未决诉讼等待定因素，损失金额的多少还不能确定。其贷款损失的概率在50%~75%。

损失贷款:借款人已经没有偿还贷款本息的可能,无论采取什么措施和履行什么程序,贷款都注定要损失了,或者虽然能收回极少部分,但其价值也微乎其微;从银行的角度看,没有必要再将其作为银行资产在账目上保留下来,对于这类贷款在履行了必要的法律程序之后应立即予以注销。其贷款损失的概率在75%~100%。

(2)不良贷款率。次级贷款、可疑贷款、损失贷款之和称为不良贷款余额。不良贷款余额除以各项贷款余额称为不良贷款率。不良贷款率越高,商业银行的贷款质量越差,贷款损失的可能性越高。其计算公式如下:

$$不良贷款率 = (不良贷款余额 / 各项贷款余额) \times 100\%$$

(3)次级类贷款率。次级类贷款率等于次级类贷款余额除以各项贷款余额。如果借方信用进一步恶化,次级类贷款有可能转化成可疑类贷款。

$$次级类贷款率 = (次级类贷款余额 / 各项贷款余额) \times 100\%$$

(4)可疑类贷款率。可疑类贷款率等于可疑类贷款余额除以各项贷款余额。如果借方信用进一步恶化,可疑类贷款有可能转化成损失类贷款。

$$可疑类贷款率 = (可疑类贷款余额 / 各项贷款余额) \times 100\%$$

(5)损失类贷款率。损失类贷款率等于损失类贷款余额除以各项贷款余额。

$$损失类贷款率 = (损失类贷款余额 / 各项贷款余额) \times 100\%$$

(6)拨备覆盖率。拨备覆盖率等于贷款损失准备余额除以不良贷款余额。

$$拨备覆盖率 = (贷款损失准备余额 / 不良贷款余额) \times 100\%$$

2009年5月7日,财政部公布有关通知,明确政策性银行、商业银行、财务公司和城乡信用社等国家允许从事贷款业务的金融企业,当年税前扣除的贷款损失准备等于本年末准予提取贷款损失准备(为贷款资产余额的1%),减去上年末已在税前扣除的贷款损失准备余额。金融企业按上述公式计算的数额如为负数,应当相应调增当年应纳所得税额。

准予提取贷款损失准备的贷款资产范围包括三类:第一类是贷款(含抵押、质押、担保等贷款);第二类是银行卡透支、贴现、信用垫款(含银行承兑汇票垫款、信用证垫款、担保垫款等)、进出口押汇、同业拆出等各项具有贷款特征的风险资产;第三类是由金融企业转贷并承担对外还款责任的国外贷款,包括国际金融组织贷款、外国买方信贷、外国政府贷款、日本国际协力银行不附条件贷款和外国政府混合贷款等资产。

15.1.2 效益性指标

(1)净利润。净利润等于利润总额减所得税。净利润是指税后利润,是商业银行利润分配的基础。净利润越高,商业银行的经营效益越好。

$$净利润 = 利润总额 - 所得税$$

(2)资产利润率。资产利润率等于净利润除以资产平均余额,用于衡量商业银行总资产的经营效率。资产利润率越高,资产的效益越好。

$$资产利润率 = (净利润 / 资产平均余额) \times 100\% \times 折年系数$$

其中:折年系数的计算公式为:

$$折年系数 = 12/n$$

n 表示指标所在月的月份,如果当前月份为 1 月,$n=1$,折年系数 = 12;如果当前月份为 12 月,$n=12$,折年系数 = 1。

(3)资本利润率。资本利润率等于净利润除以所有者权益合计,用于衡量商业银行总资本的经营效率。资本利润率越高,资本的经营效率越好。

$$资本利润率 = (净利润 / 所有者权益合计) \times 100\% \times 折年系数$$

根据资产负债表,所有者权益合计为:

$$所有者权益合计 = 股本 + 资本公积金 + 盈余公积金 + 未分配利润$$

(4)净息差。净息差等于利息净收入除以生息资产平均余额,用于衡量商业银行利息净收入与生息资产的比例。净息差越高,生息资产的效率越高。

$$净息差 = [(利息净收入 + 债券投资利息收入) / 生息资产平均余额] \times 100\% \times 折年系数$$

(5)非利息收入占比。非利息收入占比等于非利息收入除以营业收入,用于衡量非利息收入占营业收入的比例。非利息收入占比越高,中间业务经营效率越高。

$$非利息收入占比 = [(手续费及佣金净收入 + 其他业务收入 +$$
$$投资等非利息收益) / 营业收入] \times 100\%$$

(6)成本收入比。成本收入比用于衡量经营成本占营业收入的比例。商业银行的成本收入比越高,管理费用、资产减值损失和其他业务成本越高。

$$成本收入比 = [(营业支出 - 营业税金及附加) / 营业收入] \times 100\%$$

15.1.3 流动性指标

(1)流动性比例。流动性比例等于流动性资产除以流动性负债,用于衡量商业银行流动性资产占流动性负债的比率。流动性比例越高,商业银行的流动性越好。

$$流动性比例 = (流动性资产 / 流动性负债) \times 100\%$$

(2)存贷比。存贷比用于衡量商业银行各项贷款余额占各项存款余额的比率。存贷比越高,商业银行的流动性越低。根据《银行法》的规定,存贷比不能大于 75%。

$$存贷比 = (各项贷款余额 / 各项存款余额) \times 100\%$$

(3)人民币超额备付金率。人民币超额备付金率用于衡量商业银行人民币超额备付金占人民币各项存款期末余额比率。人民币超额备付金率越高,商业银行的流动性越好。

$$人民币超额备付金率 = [(在人民银行超额准备金存款 + 库存现金) /$$
$$人民币各项存款期末余额] \times 100\%$$

商业银行在中国人民银行的存款有两类,一是法定存款准备金,二是超额存款准备金(或超额备付金)。

15.1.4 资本充足指标

(1)核心资本。商业银行的核心资本包括实收资本或股本、资本公积金、盈余公积金和未分配利润。核心资本越高,商业银行的抗风险能力越强。

(2)附属资本。商业银行的附属资本又称一级资本,包括重估储备、一般风险准备、优先股、可转换债券、混合资本债券和长期次级债务。

(3)资本扣减项。资本扣减项包括商誉、商业银行对未并表金融机构的资本投资、商业银行对非自用不动产和企业的资本投资等。

(4)表内加权风险资产。根据《商业银行资本管理办法(试行)》附件2的规定,表内资产风险权重根据表15-2计算。表内资产风险权重分12类。其中风险权重为0的资产包括:现金类资产,对中央政府的债权,对中国人民银行的债权,对评级AA-(含AA-)以上的国家或地区的中央政府和中央银行的债权,对我国政策性银行的债权(不包括次级债权),持有我国中央政府投资的金融资产管理公司为收购国有银行不良贷款而定向发行的债券,对多边开发银行、国际清算银行及国际货币基金组织的债权。

表15-2 表内资产风险权重表

项 目	权重
1. 现金类资产	
1.1 现金	0%
1.2 黄金	0%
1.3 存放中国人民银行款项	0%
2. 对中央政府和中央银行的债权	
2.1 对我国中央政府的债权	0%
2.2 对中国人民银行的债权	0%
2.3 对评级AA-(含AA-)以上的国家或地区的中央政府和中央银行的债权	0%
2.4 对评级AA-以下,A-(含A-)以上的国家或地区的中央政府和中央银行的债权	20%
2.5 对评级A-以下,BBB-(含BBB-)以上的国家或地区的中央政府和中央银行的债权	50%
2.6 对评级BBB-以下,B-(含B-)以上的国家或地区的中央政府和中央银行的债权	100%
2.7 对评级B-以下的国家或地区的中央政府和中央银行的债权	150%
2.8 对未评级的国家或地区的中央政府和中央银行的债权	100%
3. 对我国公共部门实体的债权	20%
4. 对我国金融机构的债权	
4.1 对我国政策性银行的债权(不包括次级债权)	0%
4.2 对我国中央政府投资的金融资产管理公司的债权	

续表

项　目	权重
4.2.1 持有我国中央政府投资的金融资产管理公司为收购国有银行不良贷款而定向发行的债券	0%
4.2.2 对我国中央政府投资的金融资产管理公司的其他债权	100%
4.3 对我国其他商业银行的债权(不包括次级债权)	
4.3.1 原始期限 3 个月以内	20%
4.3.2 原始期限 3 个月以上	25%
4.4 对我国商业银行的次级债权(未扣除部分)	100%
4.5 对我国其他金融机构的债权	100%
5. 对在其他国家或地区注册的金融机构和公共部门实体的债权	
5.1 对评级 AA－(含 AA－)以上国家或地区注册的商业银行和公共部门实体的债权	25%
5.2 对评级 AA－以下,A－(含 A－)以上国家或地区注册的商业银行和公共部门实体的债权	50%
5.3 对评级 A－以下,B－(含 B－)以上国家或地区注册的商业银行和公共部门实体的债权	100%
5.4 对评级 B－以下国家或地区注册的商业银行和公共部门实体的债权	150%
5.5 对未评级的国家或地区注册的商业银行和公共部门实体的债权	100%
5.6 对多边开发银行、国际清算银行及国际货币基金组织的债权	0%
5.7 对其他金融机构的债权	100%
6. 对一般企业的债权	100%
7. 对符合标准的微型和小型企业的债权	75%
8. 对个人的债权	
8.1 个人住房抵押贷款	50%
8.2 对已抵押房产,在购房人没有全部归还贷款前,商业银行以再评估后的净值为抵押追加贷款的,追加的部分	150%
8.3 对个人其他债权	75%
9. 租赁资产余值	100%
10. 股权	
10.1 对金融机构的股权投资(未扣除部分)	250%
10.2 被动持有的对工商企业的股权投资	400%
10.3 因政策性原因并经国务院特别批准的对工商企业的股权投资	400%
10.4 对工商企业的其他股权投资	1 250%
11. 非自用不动产	
11.1　因行使抵押权而持有并在法律规定处分期限内的非自用不动产	100%
11.2　其他非自用不动产	1 250%

续表

项 目	权重
12. 其他	
12.1 依赖于银行未来盈利的净递延税资产（未扣除部分）	250%
12.2 其他表内资产	100%

资料来源：http://www.cbrc.gov.cn/index.html。

风险权重为 1 250% 的资产包括：对工商企业的其他股权投资、其他非自用不动产。对这两类资产赋予如此大的风险权重的目的是限制商业银行持有这两类资产。商业银行被动持有的对工商企业的股权投资，或者因政策性原因并经国务院特别批准的对工商企业的股权投资，风险权重为 400%。

（5）表外加权风险资产。根据《商业银行资本管理办法（试行）》附件 2 的规定，表外项目信用转换系数根据表 15–3 计算。

表 15–3 表外项目信用转换系数表

项目	信用转换系数
1. 等同于贷款的授信业务	100%
2. 贷款承诺	
2.1 原始期限不超过 1 年的贷款承诺	20%
2.2 原始期限 1 年以上的贷款承诺	50%
2.3 可随时无条件撤销的贷款承诺	0%
3. 未使用的信用卡授信额度	
3.1 一般未使用额度	50%
3.2 符合标准的未使用额度	20%
4. 票据发行便利	50%
5. 循环认购便利	50%
6. 银行借出的证券或用作抵押物的证券	100%
7. 与贸易直接相关的短期或有项目	20%
8. 与交易直接相关的或有项目	50%
9. 信用风险仍在银行的资产销售与购买协议	100%
10 远期资产购买、远期定期存款、部分交款的股票及证券	100%
11. 其他表外项目	100%

资料来源：http://www.cbrc.gov.cn/index.html。

在表15-3中,"1.等同于贷款的授信业务":包括一般负债担保、承兑汇票、具有承兑性质的背书及融资性保函等。"7.与贸易直接相关的短期或有项目":主要指有优先索偿权的装运货物作抵押的跟单信用证。"8.与交易直接相关的或有项目":包括投标保函、履约保函、预付保函、预留金保函等。"9.信用风险仍在银行的资产销售与购买协议":包括资产回购协议和有追索权的资产销售。

(6)市场风险资本要求。根据《商业银行资本管理办法(试行)》附件10:市场风险标准法计量规则,市场风险资本要求的计算范围包括利率风险、股票风险、外汇风险、商品风险、期权风险、承销和交易账户信用衍生产品风险。

(7)资本充足率。计算公式为:

资本充足率 = [资本净额/(加权风险资产 + 12.5倍的市场风险资本要求)] × 100%

式中:资本净额 = 总资本 - 对应资本扣减项;总资本 = 核心一级资本 + 一级资本 + 二级资本;对应资本扣减项① = 核心一级资本扣减项 + 其他资本扣减项。

(8)核心资本充足率。计算公式为:

核心资本充足率 = [核心资本净额/(加权风险资产 + 12.5倍的市场风险资本要求)] × 100%

式中:核心资本净额 = 核心一级资本 - 核心一级资本扣减项②。核心一级资本包括6项:实收资本或股本、资本公积金、盈余公积金、一般风险准备、未分配利润、少数股东资本可计入部分。

根据银监会的要求,商业银行资本充足率要求将逐年提高。表15-4列出了过渡期内分年度资本充足率要求。

表15-4 过渡期内分年度资本充足率要求

银行类别	项目	2013年底	2014年底	2015年底	2016年底	2017年底	2018年底
系统重要性银行	核心一级资本充足率	6.5%	6.9%	7.3%	7.7%	8.1%	8.5%
	一级资本充足率	7.5%	7.9%	8.3%	8.7%	9.1%	9.5%
	资本充足率	9.5%	9.9%	10.3%	10.7%	11.1%	11.5%

---

① 关于对应资本扣减项,请读者查阅《商业银行资本管理办法(试行)》附件15:信息披露内容和要求。
② 关于核心一级资本扣减项,请读者查阅《商业银行资本管理办法(试行)》附件15:信息披露内容和要求。

续表

银行类别	项目	2013年底	2014年底	2015年底	2016年底	2017年底	2018年底
其他银行	核心一级资本充足率	5.5%	5.9%	6.3%	6.7%	7.1%	7.5%
	一级资本充足率	6.5%	6.9%	7.3%	7.7%	8.1%	8.5%
	资本充足率	8.5%	8.9%	9.3%	9.7%	10.1%	10.5%

资料来源:http://www.cbrc.gov.cn/index.html。

15.1.5 市场风险指标

累计外汇敞口头寸比例是主要的市场风险指标。累计外汇敞口头寸比例等于累计外汇敞口头寸除以资本净额,用公式表示如下:

$$累计外汇敞口头寸比例 = (累计外汇敞口头寸/资本净额) \times 100\%$$

累计外汇敞口头寸比例越高,商业银行受外汇风险的影响越大。当比例为负时,外汇贬值银行获得收益;当比例为零时,银行收益不受汇率的影响;当比例为正时,外汇升值银行获得收益。

15.2 银监会主要监管指标案例

为了监控商业银行的经营状况,银监会要求商业银行定期向其报告主要监管指标。表15-5列出了2012年商业银行主要监管指标。从表中我们可以看出,商业银行的不良贷款第四季度比第一季度增加547亿,增幅达12.48%。虽然第四季度比第一季度损失类贷款减少42亿,但是次级类贷款和可疑类贷款却增加505亿。不过不良贷款率仍然控制在1%以下,而且贷款损失准备充足,拨备覆盖率接近300%,高于银监会规定的150%。

商业银行的流动负债约占流动资产的46%,高于《银行法》规定的25%,商业银行的流动资产充足。流动资产的收益率较低,过多的流动资产会使银行损失一部分利息收入。商业银行的平均存贷比为64%,小于《银行法》规定的75%。商业银行的人民币超额备付金率约为3%,这部分资金能够有效应对流动风险。中国人民银行为超额备付金支付0.75%的利息,远低于商业银行的贷款利率,过高的超额备付金使商业银行损失一部分利息收入。

商业银行的净利润每季度以3 000亿元的速度在增加,而资产利润率和资本利润率却在逐季下降。净息差和非利息收入占比没有明显的变化,成本收入比却在逐季增加。银行从业人员薪酬增加速度过快是成本收入比增加的主要原因。

表 15-5　2012 年商业银行主要监管指标情况表(法人)　（单位：亿元；%）

项　目	一季度	二季度	三季度	四季度
(一)信用风险指标				
不良贷款余额	4 382	4 564	4 788	4 929
其中：次级类贷款	1 801	1 960	2 028	2 176
可疑类贷款	1 909	1 934	2 074	2 122
损失类贷款	672	670	685	630
不良贷款率	0.94%	0.94%	0.95%	0.95%
其中：次级类贷款	0.39%	0.40%	0.40%	0.42%
可疑类贷款	0.41%	0.40%	0.41%	0.41%
损失类贷款	0.14%	0.14%	0.14%	0.12%
贷款损失准备	12 594	13 244	13 884	14 564
拨备覆盖率	287.40%	290.18%	289.97%	295.51%
(二)流动性指标				
流动性比例	45.66%	46.69%	45.23%	45.83%
存贷比	64.53%	64.33%	65.28%	65.31%
人民币超额备付金率	3.03%	2.74%	2.66%	3.51%
(三)效益性指标				
净利润(本年累计)	3 260	6 616	9 810	12 386*
资产利润率	1.43%	1.41%	1.39%	1.28%
资本利润率	22.34%	22.29%	21.54%	19.85%
净息差	2.76%	2.73%	2.77%	2.75%
非利息收入占比	20.55%	20.63%	19.47%	19.83%
成本收入比	29.46%	29.52%	30.46%	33.10%
(四)资本充足指标				
核心资本	55 980	58 754	61 726	64 340
附属资本	14 819	15 746	15 853	17 585
资本扣减项	3 834	3 919	3 863	4 057
表内加权风险资产	449 785	467 221	484 589	506 604
表外加权风险资产	71 843	75 284	76 563	76 108
市场风险资本要求	315	342	372	388
资本充足率	12.74%	12.91%	13.03%	13.25%
核心资本充足率	10.31%	10.41%	10.58%	10.62%

续表

项目	一季度	二季度	三季度	四季度
(五)市场风险指标				
累计外汇敞口头寸比例	4.25%	5.18%	4.65%	3.92%
(六)不良贷款分机构指标				

机构	不良贷款余额	不良贷款率	不良贷款余额	不良贷款率	不良贷款余额	不良贷款率	不良贷款余额	不良贷款率
商业银行	4 382	0.94%	4 564	0.94%	4 788	0.95%	4 929	0.95%
大型商业银行	2 994	1.04%	3 020	1.01%	3 070	1.00%	3 095	0.99%
股份制商业银行	608	0.63%	657	0.65%	743	0.70%	797	0.72%
城市商业银行	359	0.78%	403	0.82%	424	0.85%	419	0.81%
农村商业银行	374	1.52%	426	1.57%	487	1.65%	564	1.76%
外资银行	48	0.49%	58	0.58%	63	0.62%	54	0.52%

备注:大型商业银行:包括中国工商银行、中国农业银行、中国银行、中国建设银行、交通银行。股份制商业银行:包括中信银行、中国光大银行、华夏银行、广东发展银行、平安银行、招商银行、上海浦东发展银行、兴业银行、中国民生银行、恒丰银行、浙商银行、渤海银行。

资料来源:http://www.cbrc.gov.cn/index.html。

表外加权风险资产和市场风险资本要求增加不太明显。资本充足率和核心资本充足率逐季递增,有望提前完成过渡期内分年度资本充足率要求。

商业银行的累计外汇敞口头寸比例稳定在4%左右,有逐季递减的趋势,而且比例为正。如果外币贬值,商业银行将遭受损失;如果外币升值,商业银行将获得收益。

不良贷款率从高到低依次为农村商业银行、大型商业银行、城市商业银行、股份制商业银行和外资银行。平均不良贷款率为0.95%,小于银监会规定的5%,而且有逐季递增的趋势。值得警惕的是,应防止商业银行把不良贷款和应收款类转化成对企业的贷款投资。

根据表15-6的统计数据,商业银行的总资产、总负债和总权益的年平均增长率分别为17.40%、18.06%和24.41%。商业银行利用自己的资金优势和垄断地位,所获得的超额收益制约了其他行业的发展,遭到媒体广泛质疑。

表15-6 商业银行的总资产和总负债(单位:万亿元人民币)

年份	2003	2004	2005	2006	2007	2008	2009	2010	2011	2012	平均增长率
总资产	28	32	37	44	53	63	80	95	113	134	17.40%
总负债	27	30	36	42	50	59	75	89	106	125	18.06%
总权益	1	2	1	2	3	4	5	6	7	9	24.41%

资料来源:http://www.cbrc.gov.cn/index.html。

15.3 发展银行业绩指标案例

表 15-7 所列示的是发展银行 2010~2012 年的绩效指标。

2012 年发展银行的不良贷款率为 0.58%,低于全国平均水平 0.95%。拨备覆盖率为 399.85%,高于全国的平均水平 295.51%。也就是说,发展银行的资产质量和拨备覆盖率高于全国银行业平均水平。

2012 年发展银行的流动性比例为 37.54%,低于全国平均水平 45.83%。存贷比为 72.21%,高于全国平均水平 65.31%。也就是说,发展银行的资产流动性低于全国平均水平,盈利资产比例高于全国平均水平。

2012 年发展银行的资产收益率为 1.18%,低于全国平均水平 1.28%。发展银行的资本收益率为 19.01%,低于全国平均水平 19.85%。发展银行的净息差为 2.39%,低于全国平均水平 2.75%。发展银行的非利息收入占比为 11.56%,低于全国平均水平 19.83%。发展银行的成本收入比为 28.71%,低于全国平均水平 33.10%。也就是说,发展银行的收益率低于全国平均水平,成本控制优于全国平均水平。

2012 年发展银行的资本充足率为 12.45%,低于全国平均水平 13.25%。发展银行的核心资本充足率为 8.97%,也低于全国平均水平 10.62%。

表 15-7 发展银行业绩效指标   （单位:亿元;%）

项目	标准值	2012-12-31	2011-12-31	2010-12-31
(一)信用风险指标				
贷款余额	—	15 445.53	13 314.36	11 464.89
其中:正常类贷款	—	15 187.17	13 151.86	11 340.87
关注类贷款	—	168.96	104.22	65.22
次级类贷款	—	23.20	22.28	21.71
可疑类贷款	—	53.21	19.23	20.90
损失类贷款	—	12.99	16.76	16.19
不良贷款余额	—	89.40	58.27	58.80
不良贷款率	≤5%	0.58%	0.44%	0.51%
其中:正常类贷款率	—	98.33%	98.78%	98.92%
关注类贷款率	—	1.09%	0.78%	0.57%
次级类贷款率	—	0.15%	0.17%	0.19%

续表

项目	标准值	2012年12月31日	2011年12月31日	2010年12月31日
可疑类贷款率	—	0.35%	0.14%	0.18%
损失类贷款率	—	0.08%	0.13%	0.14%
贷款损失准备	—	357.47	291.12	223.76
拨备覆盖率	≥150%	399.85%	499.60%	380.56%
(二)流动性指标				
流动性比例	≥25%	37.54%	43.83%	40.88%
存贷比	≤75%	72.21%	71.58%	70.01%
拆入资金比	≤4%	1.54%	3.64%	0.88%
拆出资金比	≤8%	4.19%	6.03%	1.91%
单一最大客户贷款比例	≤10%	2.17%	2.65%	3.30%
最大十家客户贷款比例	≤50%	13.97%	16.50%	19.55%
(三)效益性指标				
净利润(本年累计)	—	340.42	272.08	191.75
资产收益率	≥0.6%	1.18%	1.12%	1.01%
资本收益率	—	19.01%	18.17%	15.44%
净息差	—	2.39%	2.42%	2.40%
非利息收入占比	—	11.56%	9.54%	9.33%
成本收入比	—	28.71%	28.79%	33.06%
(四)资本充足指标				
资本净值	—	2 334.17	1 997.64	1 538.46
其中:核心资本	—	1 680.72	1 448.08	1 198.23
附属资本	—	679.92	561.53	348.76
资本扣减项	—	52.94	23.94	17.05
加权风险资产	—	18 570.66	15 601.80	12 783.61
资本充足率	≥8%	12.45%	12.70%	12.02%
核心资本充足率	≥4%	8.97%	9.20%	9.37%
(五)市场风险指标				
累计外汇敞口头寸比例	—	—	—	—

15.4 股票价值指标

股份制商业银行有多个经营目标,其中使股东利益最大化是商业银行最重要的经营目标之一。对于股份制银行,股票的市场价格集中反映了银行的经营业绩,因此,商业银行在日常经营过程中不得不关注股票价格的变化。如果目前股票价格与股东的预期价格相差很大,股东就会抛售手中的股票,使股票的价格下跌,银行就很难在股票市场募集资金。

究竟如何为股票定价在理论上存在争议。费玛(Fama E.,1991)把资本市场分成三种类型:弱有效市场、半强有效市场和强有效市场。因为上市银行的股票价格和财务信息是公开的,一般情况下,资本市场满足弱有效市场的条件。之所以说股票市场是弱有效市场,是因为上市公司的经营者和投资者仍然存在信息不对称。对于弱有效市场,上市银行的股票可以用股息现值模型定价。

$$V = \frac{P_n}{(1+r)^n} + \sum_{i=1}^{n} \frac{D_i}{(1+r)^i}$$

式中,r 为投资者的期望收益率;n 为持股年限;V 为股票的当前价值;P_n 为股票在第 n 年末的价格;D_i 为第 i 年的股息。

当投资者持股时间 n 为无限长时,P_n 的现值等于当前的每股净资产 B。假设上市公司每年的股息额不相等,而且有明显的上升(或下降)趋势。假设每年股息的增长率为常数 g,则第 i 年的股息为 $D_i = D_0(1+g)^i$。当投资者持股时间 n 为无限长时,股票的当前价值为:

$$V = B + \frac{D_0}{r-g}$$

式中,B 为当前每股资产;D_0 为去年的每股股息。

当银行不派息时,银行股票的价格应该等于每股净资产。如果银行每年的股息额相等,而且没有明显的上升(或下降)趋势,可以用下列公式为股票定价:

$$V = B + \frac{D_0}{r}$$

上市公司的信用等级不同,投资者对股票的期望收益率也不同。期望收益率由两部分组成:无风险利率和风险溢价。因为股票的价值计算公式是在持股时间为无限长的条件下推导出来的,无风险利率应该使用长期国债利率。因为国债的期限也不可能无限长,因此在实务中使用期限为一年的银行间拆借利率代替期望投资收益率。

表 15-8　发展银行股票的价值

	符号	2012-12-31	2011-12-31	2010-12-31
每股净资产(元/股)	B	9.52	7.98	8.57
每股收益(元/股)	E_0	1.809	1.450	1.222
每股股息(元/股)(税后)	D_0	0.522 5	0.270	0.114
期望收益率(%)	r	5.08	5.55	3.28
每股价值(元/股)	V	19.80	12.84	12.05
每股价格(元/股)	P	9.92	8.49	12.39

在表 15-8 中列出了发展银行近三年的股票参数,其中每股净资产是资产负债表中的每股净资产减去贷款投资后的数据。因为贷款投资是借方信用状况恶化所造成的,贷方很难收回贷款初值。在资产负债表中增加贷款投资是商业银行的权宜之计,否则不良贷款就会急剧增加。造成商业银行贷款投资的原因有两个,一是商业银行经营管理存在漏洞,二是宏观经济政策存在失调。例如,2008 年发生全球金融危机后,中央政府要求商业银行加大对企业的贷款力度,是商业银行贷款投资增加的原因之一。

股票的投资价值不等于股票的市场价格。股票的价值和股票的价格是两个随机变量,股票的价值是股票价格的均值,股票的价格围绕股票的价值波动。股票的价值就像一双无形的手制约股票价格的变化。从表 15-8 中我们可以看出,2010 年发展银行的股票价格与股票价值相差不大,2011 年至 2012 年股票价格低于股票价值。

本章小结

为了监控商业银行的运营状态,监管部门要求商业银行每月(每季节)报告经营成果,这些经营成果用数量指标和比率指标表示。比率指标包括信用风险指标、效益性指标、流动性指标、资本充足指标和市场风险指标。

商业银行每月向银监会报告资产负债表,每季向银监会报告资产负债表、利润表和现金流量表,每年末向银监会报告资产负债表、利润表、现金流量表和股东权益变动表。在资产负债表上,商业银行的"贷款和应收账款投资"值得监管部门关注。

评价商业银行的收益和风险包括两个方面的内容:首先是纵向比较,分析银行的收益和风险随时间的变化趋势;其次是横向比较,即与同类银行的比率指标进行比较,找出商业银行的优势和差距。

股票的市场价格是商业银行经营业绩的集中反映。股票价格围绕股票价值波动。

复习思考题

1. 查阅《商业银行资本管理办法(试行)》,论述市场风险资本要求所包含的内容。
2. 对工商企业的其他股权投资和其他非自用不动产的风险权重规定为1250%,目的是什么?
3. 资本充足率的高低对于商业银行有什么影响?
4. 累计外汇敞口头寸比例的大小和正负对商业银行面临的市场风险有何影响?
5. 你认为股票的投资价值应该如何计算?

16

商业银行并购

本章要点

并购是商业银行降低经营成本、增加营业利润的重要途径。自从 1980 年以来,美国已经有 6 000 多家银行被并购,平均一天就有一家银行被并购。合并后的商业银行,无论是经营业绩还是股票价格都有不同程度的提高。在日本,东京银行与三菱银行合并后,总资产超过 7 500 亿美元,成为当时世界上最大的商业银行。除银行之间的并购外,近几年,美国还出现了银行、证券和保险之间的并购业务。美国像欧洲那样,通过跨行业的并购与重组,走向混业经营。这一章主要介绍商业银行并购的目的、并购成本和收益、与并购有关的法律和案例分析。

16.1　并购的目的

商业银行并购的目的主要有两个：一个是使股东的权益最大化；另一个是使管理层的利益最大化。我们可以把这两个目标分解成以下几个子目标。

(1) 降低盈利风险。商业银行的经营业务包括批发业务、零售业务、信用卡业务、中间业务、网络银行业务等。在并购前，银行可能经营一项或两项业务。因为经营范围单一，使经营收入受随机因素的影响很大。并购后银行的经营范围扩大，降低了盈利风险。当银行、证券和保险业务合并后，业务范围更大，盈利风险会更低。

(2) 降低经营成本。由于竞争的需要，不同商业银行在同一地区重复建立分支机构。由于经营业务相同，而业务量有限，使得每家银行的业务量不足，增加了经营成本。通过并购重组，一方面减少了管理成本；另一方面减少了竞争压力，提高了整体竞争力，有利于稳定和扩大客户群。例如，1994 年 4 月，美洲银行与太平洋证券合并后，成为美国第二大商业银行，总资产达 2 000 亿美元，两家银行的 500 个分支机构合并后，预期节约成本达 10 亿美元。

(3) 给股东带来收益。在并购之前，并购行的技术比较先进，经营高端金融产品，经营业绩较好，股票的市场价格较高；而被并购行的经营业绩较差，股票价格较低。并购后，并购行把先进的技术和经营机制引入被并购银行，使两家的股票价格相同，为被并购行的股东带来收益。

(4) 挽救破产银行。一般情况下，金融机构的并购与重组都是在监管部门(银监会、证监会和保监会)的撮合下进行的，目的是保护储户的利益，避免因银行倒闭中断对客户的服务。一家银行的破产会给其他银行带来多米诺骨牌效应。例如，储户减少存款，纷纷挤兑等，造成多家银行破产。

16.2　并购的成本和收益

商业银行并购的目的是多种多样的，有些并购活动很难用成本和收益衡量。例如，在监管部门撮合下的并购活动，就无法用简单的成本和收益说明并购的目的和意义。挽救一家倒闭银行的政治意义远大于经济意义。

在正常情况下，银行并购活动的主要目的是提高并购后的股票价格，为股东带来更高的投资收益。上市银行的股票价格是由股票的投资价值所决定的，而股票的价值是由每年的股息所决定的。

$$P = B + \sum_{i=1}^{n} \frac{D_i}{(1+r)^i} \qquad (16-1)$$

式中,P 为股票的投资价值;D_i 为第 i 年的股息;B 为当前每股账面净资产;r 为期望收益率;n 为持股年限。

假设上市银行每股股息的增长率为零,对于被并购银行这个假设是合理的。当持股时间为无限长时,股票的价值为:

$$P = B + \frac{D_0}{r} \qquad (16-2)$$

式中,D_0 为前 1 年的每股股息。

对于股份制银行,由于投资者的期望收益率不同,银行的投资价值也不同。投资者对银行股票的期望收益率越高,股票的投资价值越低。在计算银行股票的投资价值时,期望收益率应该参考该银行发行债券的到期收益率。

如果并购后能够提高未来的每股股息,或者降低银行的投资风险,都会使股票的价值上升。事实上,如果两家银行并购后,合并分支机构、裁减多余人员、进入新的服务领域,就会降低成本和银行的投资风险。银行可以按股票的市场价格并购,也可以按股票的投资价值并购。

16.2.1 按市场价格并购

我们首先介绍股票的市盈率。股票的市盈率定义为股票的市场价格与每股利润之比。

$$PE = \frac{P}{E} \qquad (16-3)$$

式中,PE 为股票的市盈率;P 为股票的市场价格;E 为每股利润。

假设 A 银行并购 B 银行,由于两家银行的市盈率不同,A 银行的并购成本和 B 银行的并购收益也不同。

16.2.1.1 A 银行的市盈率高于 B 银行

假设 A,B 银行股票的市场价格分别为 20 元和 15 元,流通股数量分别为 1 000 股和 500 股,每股利润均为 2 元,则 A,B 银行股票的市盈率分别为:

$$PE_A = \frac{20}{2} = 10$$

$$PE_B = \frac{15}{2} = 7.5$$

设 A 银行的总利润为 2 000 元(2×1 000),B 银行的总利润为 1 000 元(2×500),并购后的总利润为 3 000 元。如果 B 银行同意以每股 15 元的价格出售股票给 A 银行,则每股 B 银行的股票仅能兑换 0.75 股(15/20)A 银行的股票。并购后,A 银行需要向 B 银行股东发放 350 股(0.75×500)A 银行的股票。并购后银行的流通股数量为 1 375 股。如果合并后的收益不变,则合并后的每股利润为:

$$E = \frac{3\,000}{1\,375} = 2.18\,(元/股)$$

高于合并前的每股利润。

合并对 A 银行有利,每股利润增加 0.18 元,B 银行也没有损失。

16.2.2.2　A 银行的市盈率低于 B 银行

假设 A,B 银行股票的市场价格分别为 20 元和 30 元,流通股数量分别为 1 000 股和 500 股,每股利润均为 2 元,则 A,B 银行股票的市盈率分别为:

$$PE_A = \frac{20}{2} = 10$$

$$PE_B = \frac{30}{2} = 15$$

如果 A 银行按市场价格并购 B 银行,则每股 B 银行的股票能兑换 1.5 股(30/20)A 银行的股票。A 银行必须向 B 银行股东发放 750 股(1.5×500)A 银行的股票。并购后银行的流通股数量为 1 750 股。如果合并后的收益不变,则合并后的每股利润为:

$$E = \frac{3\,000}{1\,750} = 1.71\,(元/股)$$

低于合并前的每股利润。

合并对 A 银行不利,每股利润降低 0.29 元。如果合并后的预期利润将大幅度地提高,可以考虑合并,否则,不宜合并。

16.2.2　按投资价值并购

如果并购银行股票的市盈率大于被并购银行股票的市盈率,被并购银行有可能不同意按股票市场价格并购,而要求按投资价值并购,甚至溢价并购。

16.2.2.1　平价并购

平价并购就是并购银行按被并购银行股票的投资价值并购。假设 A,B 银行股票的市场价格分别为 20 元和 15 元,流通股数量分别为 1 000 股和 500 股,每股利润均为 2 元。因为 A,B 银行股票的每股利润相同,他们的投资价值也相同。B 银行的股票就应该 1 比 1 兑换 A 银行的股票。

合并后银行的流通股数量为 1 500 股。如果总利润 3 000 元保持不变,则合并后的每股利润仍为 2 元(3 000/1 500)。而 B 银行股东合并后的收益率为:

$$\frac{15 + 5}{15} - 1 = 33\%$$

在这次合并中,A 银行向 B 银行股东每股支付 5 元的并购成本,共支付 2 500 元(5×500),B 银行的股东获得 33% 的收益率。银行按平价并购最合理。

16.2.2.2　溢价并购

事实上,A 银行即使按平价并购 B 银行,B 银行也未必同意与 A 银行合并。A

银行要想并购 B 银行,就不得不采用溢价并购。目前,世界上溢价并购案例经常发生,被并购银行要求的收益率在 50%~100% 之间。

如果 B 银行的股东要求并购收益率为 60%,A 银行就不得不以每股 24 元的价格并购 B 银行。每股 B 银行股票可以兑换 1.6 股(24/15)A 银行股票,A 银行不得不向 B 银行股东发行 800 股流通股。假设合并后的总利润仍为 3 000 元,流通股为 1 800 股,则每股净利率为:

$$\frac{3\ 000}{1\ 800} = 1.67$$

由此可见,由于 A 银行向 B 银行股东发行过多的股票,使合并后的银行净利润被稀释。如果并购后的预期收益率会增长,在并购时 A 银行付出的代价是值得的。

16.3 与并购有关的法律

在美国与并购有关的法律有《银行并购法》和《司法部并购准则》。根据《银行并购法》的规定,银行在并购前必须获得监督部门的允许。

为了避免银行并购后处于垄断地位,造成银行服务成本提高,服务质量降低。《司法部并购准则》要求计算并购银行所在地区的集中程度指标,即哈氏指数(HHI)。哈氏指数是反映银行所在地区的资产、存款和销售额占总资产、总存额和总销售额的比率。哈氏指数的计算公式为:

$$HHI = \sum_{i=1}^{n} A_i^2 \qquad (16-4)$$

式中,HHI 为哈氏指数;A_i 为第 i 家银行的资产占该地区总资产的比例;n 为该地区的银行数。

哈氏指数不仅反映了地区的银行数,而且反映了银行业务的集中程度。当市场仅有一家银行时,它的业务份额为 100,哈氏指数最大,为 $100^2 = 10\ 000$,这时,市场处于完全垄断状态。当市场有无数家银行时,属于完全竞争资本市场,这时哈氏指数近似于零。

假设某地区有 5 家银行,它们所占的市场份额见表 16-1,则该地区的哈氏指数为:

$$HHI = \sum_{i=1}^{n} A_i^2 = 3\ 449.12$$

表 16-1 存款市场份额

银行名称	存款余额	占存款市场份额	A_i^2
A 银行	50	52.63	2 769.92
B 银行	20	21.05	443.10
C 银行	10	10.53	110.88
D 银行	8	8.42	70.90
E 银行	7	7.37	54.32
合计	95	100.00	3 449.12

根据《司法部并购准则》，如果并购后哈氏指数小于 1 800 点，或者相关市场哈氏指数的变化小于 200 点，司法部不会反对并购。并购后，如果银行的哈氏指数大于 1 800 点，司法部就认为市场高度集中，影响公众的利益。

在表 16-1 中，A 银行的哈氏指数大于 1 800 点，不但不能与其他银行合并，还有可能遭到司法部的调查。假如 B 银行与 E 银行打算合并，在合并前的哈氏指数为 497.42，合并后的哈氏指数为 $27^2 = 729$，合并前后的指数变化越过 200 点，这项合并计划很难得到司法部门的批准。C、D、E 银行可以两两合并，合并后的哈氏指数变化均不会越过 200 点。

16.4 美国银行并购美林公司

受次贷危机的影响，美国五大投资银行消失。摩根士丹利和高盛转变成普通商业银行，美林银行被美国银行并购，雷曼兄弟破产，贝尔斯登被摩根大通并购。雷曼兄弟 CEO 富尔德在国会作证时说，雷曼兄弟倒闭的主要原因有三个：一是政府没有出资救助，二是卖空机制使雷曼兄弟失去自救能力，三是美联储没有批准雷曼兄弟变成普通银行。

16.4.1 美林公司简介

美林公司成立于 1885 年，1914 年公司更名为 Merrill, Lynch & Co.，1997 年并购澳大利亚的 McIntosh Securities Limited，在被美国银行并购之前是美国第三大投资银行，总部位于美国纽约。该公司在曼哈顿四号世界金融中心大厦占据了整个 34 层楼，总资产接近 1.4 万亿美元，管理的资产达 1.1 万亿美元，在 36 个国家建立了分支机构，员工 1.6 万人。作为一家投资银行，美林公司为世界各地的公司、政府、研究机构和个人提供债券和股票融资和战略咨询。标准普尔及穆迪两家评级机构分别给予美林公司长期债务信用评级 AA-级和 Aa3 级。

美林公司于 1960 年在香港开设第一家亚太地区办事处,主要为私人客户提供咨询服务。在 20 世纪 80 年代和 90 年代逐步发展投资银行和经纪业务。除日本以外,美林在亚太地区聘用 4 500 名员工,子公司遍布曼谷、北京、香港、雅加达、吉隆坡、墨尔本、孟买、首尔、上海、新加坡、悉尼以及中国台北。

在印度,美林公司占合资公司 DSP Merrill Lynch 90% 的股份,在印度经营投资银行业务、经纪业务、基金业务。在印度尼西亚,PT Merrill Lynch Indonesia 公司是美林与 PT Persada Kian Pastilestari 的合资公司,从 1994 年开始运作。该公司的业务包括投资银行、经纪业务。在中国内地,美林与中银集团合资成立中银国际基金管理公司。

16.4.2 美林公司被并购

受美国次贷危机的影响,美林公司资不抵债,濒临破产。2007 年 10 月美林公司抵押贷款业务出现巨额亏损,迫使奥尼尔卸任董事长兼 CEO。2007 年 12 月美林公司由纽交所—泛欧证券交易所 CEO 约翰·赛恩接任公司董事长兼 CEO。2008 年 6 月 30 日前一年时间内,公司抵押贷款相关业务净损失多达 190 亿美元。美林公司开始从主权财富基金和其他投资者募集资金,同时出售风险资产。

在美国财政部和美联储的撮合下,2008 年 9 月 15 日,美国银行(Bank of America Corp.)发表声明,以 440 亿美元的价格并购美林公司。美国银行出资并购美林公司,避免美林公司成为全球次贷危机下一破产者。

据《华尔街日报》披露的并购合同细节显示,美国银行并购美林公司的价格每股约合 29 美元,与美林股票 2008 年 9 月 12 日每股 17.05 美元的收盘价相比溢价 70%。美林公司的股价从 2007 年 1 月的每股 97.53 美元最高点跌至 17.05 美元,跌幅大于 80%。在被并购前的一星期,美林的股价跌幅达 36%。

美国银行并购美林公司后,业务拓展到投资银行业务,由分业经营变成混业经营。有人把美国银行与花旗集团进行比较,认为花旗集团打赢了所有的战役,最后却输掉战争。因为混业经营打破了行业界限,降低了行业之间的沟通成本,同时也拆除了行业之间的防火墙,加剧了行业之间的竞争,摊薄了经营利润。

16.4.3 美林公司被并购的后遗症

美国银行股东在 2009 年对美国银行提起集体诉讼,指控美国银行在 2008 年 9 月 15 日并购美林公司时未对股东如实披露两家公司的财务状况,涉嫌向有投票权的股东隐瞒美林公司的损失状况。随后美国银行向美国证交会递交了和解协议,纽约州曼哈顿联邦地区法官杰德·拉可夫于 2009 年 9 月 15 日驳回了该和解协议,称这项协议损害了美国银行股东的利益,指控美国银行没有向股东披露该行已经批准美林银行向员工支付最多 58 亿美元的奖金。

美国众议院监督和政府改革委员会于 2009 年 9 月 30 日举行听证会,要求监管人员就美国政府在美国银行并购美林公司中扮演何种角色作出解释。听证会还将审查美国证交会与美国银行就美林公司奖金披露问题达成的和解协议。美国银行于 2012 年 9 月 28 日发表声明,同意支付 24.3 亿美元以了结股东对美国银行并购美林公司的集体诉讼。

起初美国银行不愿意并购美林,恐怕步花旗银行的后尘。美联储主席伯南克和财政部长保尔森联合起来"说服"美国银行的 CEO 刘易斯并购美林公司。尽管美林公司被发现有数十亿美元的亏损,伯南克和保尔森仍坚持完成这项并购。刘易斯 2009 年 4 月提供的证词称,当时保尔森指出,如果美国银行退出并购美林公司,美国银行管理层和董事会将全部更换。美国银行并购美林公司之后,刘易斯可以向政府索要 200 亿美元的并购救助金。

美国银行并购美林公司对美林公司有利,美林公司的巨大亏损由美国银行埋单。据统计美林公司在金融衍生工具上出现巨额亏损。在 2007 年 12 月美林公司抢在被并购之前,将以往在 1 月份发放的奖金提前发放,这笔奖金总额高达 58 亿美元!就在 2007 年第四季度,美林公司亏损额高达 150 亿。美国银行反复声明,2007 年美林公司是一家独立公司,美国银行无权决定美林公司对雇员发放奖金。

这桩并购案本身没有错,不能怪罪美国政府,也不能怪罪美国银行 CEO 刘易斯。美林公司管理层的贪婪和无耻应该受到制裁,遗憾的是美国法律对此却无能为力。金融业是一个特殊的行业,从业人员个个认为自己是精英,公司盈利时就应该拿高薪,公司亏损时政府就应该买单,这是全球发生周期性金融危机的一个根源所在。政府加强金融监管是永恒的主题。

16.5 花旗集团的教训

1998 年 4 月 6 日,美国花旗银行(Citi bank)的母公司花旗公司(Citi corp)和旅行者集团(Travelers Group)宣布合并,组成花旗集团(Citi group)。花旗集团为美国第一家集商业银行、证券业务和保险业务于一体的金融集团。根据两家公司合并前的 1997 年财务和业绩计算,新组成的花旗集团的资产总额达 7 000 亿美元,净收入为 500 亿美元,在 100 个国家有 1 亿客户,拥有 6 000 万张信用卡的消费客户。以市值而言,是全球最大的金融服务公司。

旅行者集团前身为旅行者人身及事故保险公司(The Travelers Life and Accident Insurance Company),成立于 1864 年,一直以经营保险业为主。在并购了美邦经纪公司(Smith Barney)后,其经营范围扩大到证券经纪、投资银行业务。1997 年,旅行者集团(Travelers Group)以 90 亿美元并购了美国第五大投资银行所罗门兄弟公司,资产总额达 1 400 亿美元。新组建的所罗门·史密斯·邦尼公司

(Salomon Smith Barney)一跃成为美国第二大投资银行。

花旗集团成立后,旅行者集团首席执行官斯桑迪·韦尔和花旗公司董事长约翰·里德同时担任花旗集团董事会主席。根据协议,旅行者集团的股东将以1股换新公司1股,花旗公司的股东将以1股换新公司2.5股的方式获得新公司的股份。花旗集团的规模在巅峰时期,拥有33万名员工,总资产达2.2万亿美元资产,后来约翰·里德辞职。

花旗公司与旅行者集团的合并,促使美国国会于1999年11月4日通过《金融服务现代化法案》,实行了66年分业管制的《格拉斯—斯蒂格尔法案》正式退出历史舞台,新法案允许商业银行以金融控股公司形式从事证券业务和保险业务在内的全面金融服务,从此美国进入混业经营时代。

合并后花旗集团的保险业务净收入只占其全部净收入的6%左右,而其核心业务(信贷业务)的净收入占比高达72%。保险业务对花旗集团整体发展的重要性很小,而管理成本占比却很高。

2005年1月31日,花旗集团和大都会人寿保险公司(MetLife)宣布了一项并购协议,由大都会以8 115亿美元并购花旗集团子公司——旅行者公司的人寿业务、年金业务和花旗集团的全部国际保险业务。从此,花旗集团分拆了它的全部保险业务,从三业混业经营缩减为两业(银行业务和证券业务)混业经营的金融控股公司。

受次贷危机的影响,花旗集团损失最大。2007~2008年花旗集团资产减计464亿美元,排名第二的美林公司资产减计368亿美元。2008年金融危机发生前,花旗集团的股票价格每股20元;发生金融危机后,股票价格跌至每股2元。2009年6月1日,花旗集团被剔出道琼斯30种工业股票指数。

花旗集团的业务规模、业务范围和运作模式的复杂性,使其暴露出一系列风险控制和管理效率方面的问题。美联储曾经要求花旗集团暂停重大并购行为,限制花旗集团进一步扩张,要求花旗集团加强风险管理和内部控制。在美国银行监管历史上,用行政命令阻止一家银行并购的做法实属罕见。

16.6 中国工商银行并购美国东亚银行

16.6.1 美国东亚银行简介

1918年东亚银行在香港成立,为香港最大的独立本地银行,2005年12月31日总资产达2 388亿港元(307.9亿美元)。东亚银行在香港联合交易所上市,为恒生指数成分股。2013年东亚银行在全球设有220家分行,其中香港有130家分行,其他分行遍布中国内地、美国、加拿大、英国、英属维尔金群岛以及东南亚国家。

东亚银行在中国大陆设有9家分行，112个营业网点，获准为内地的外国人和外商投资企业提供人民币银行服务。2002年在内地推出个人客户"电子网络银行服务"，2004年初在内地推出"企业电子网络银行服务"。

东亚银行于2001年收购大兴银行（Grand National Bank），进一步拓展了该集团在美国西岸的银行业务，并于2002年将该银行更名为美国东亚银行[The Bank of East Asia(U.S.A.) N.A.]；2003年，美国东亚银行总行由加州迁往纽约，并在纽约市开设首家分行。

美国东亚银行是香港东亚银行持有100%股权的全资子公司，目前在美国纽约和加州等地设有13家分行，拥有美国商业银行经营牌照，主要经营传统银行业务。截至2010年9月末，美国东亚银行的资产总额达7.17亿美元。

16.6.2 中国工商银行并购美国东亚银行

中国工商银行与香港东亚银行2011年1月23日联合宣布，双方已就美国东亚银行股权买卖交易达成协议，于2011年1月21日在美国芝加哥签署了股份买卖协议。根据协议，中国工商银行将向东亚银行支付约1.4亿美元的对价，收购香港东亚银行的全资子公司EAHC（East Asia Holding Company, Inc）持有的美国东亚银行80%股权，EAHC持有剩余20%股权。

根据协议，在美国东亚银行出售交易完成日之后18个月起，至出售交易完成10周年之间的任何时间，香港东亚银行通过其在美国的全资子公司EAHC，可行使权利要求中国工商银行购买该公司持有余下的20%股权。

上述交易还须获得中国银监会、香港金融管理局和美国联邦储备委员会的批准。2012年5月10日美国联邦储备委员会正式批准了工商银行收购美国东亚银行80%股权的事宜，而在此之前，中国银监会和香港金融管理局已经批准该项交易。美联储的这一纸批文，让中国工商银行等待一年之久。

北京时间2012年7月6日，中国工商银行正式完成对美国东亚银行80%股权收购的交割。在完成收购后，东亚银行将继续在美国通过纽约和洛杉矶联邦分行，经营传统银行业务。这是中资银行对美国商业银行的第一次控股权并购。中国工商银行将负责美国东亚银行的营运和管理。

2012年7月6日，工商银行A股收盘价为3.91元，下跌1.01%；H股收盘价为4.26港元，下跌0.70%，看来投资者对这桩银行并购案反应平静。

本章小结

银行并购的目的包括降低盈利风险、降低经营成本、给股东带来收益、挽救破产银行等。但是，银行并购的主要目的是提高并购后银行的股票价格。

银行可以按股票的市场价格并购,也可以按投资价值并购。银行按平价并购最合理,溢价并购也经常发生。

为了避免银行并购后处于垄断地位,降低服务质量,美国《司法部并购准则》要求计算并购银行所在地区的集中程度指标,即哈氏指数(HHI)。哈氏指数的计算公式为:

$$HHI = \sum_{i=1}^{n} A_i^2$$

如果并购后哈氏指数小于 1 800 点,或者相关市场哈氏指数的变化小于 200 点,司法部不会反对并购。

1999 年 11 月 4 日,美国国会通过了《金融服务现代化法案》,这意味着实行了 66 年分业管制的《格拉斯—斯蒂格尔法案》正式退出历史舞台,从此美国进入混业经营时代。混业经营降低了行业(银行业、证券业和保险业)之间的沟通成本,同时也拆除了行业之间的防火墙。

复习思考题

1. 假设 A,B 银行股票的市场价格分别为 20 元和 30 元,流通股数量分别为 4 000 股和 3 000 股,每股利润分别为 2 元和 3 元。如果 A 银行按平价并购 B 银行,股票应如何兑换?
2. 在上题中,如果 A 银行按股票价格并购 B 银行,股票应如何兑换?
3. 溢价并购会给并购银行带来什么后果?
4. 在反映银行业务集中程度方面,有无比哈氏指数更好的指数?
5. 简述花旗银行与旅行者集团合并对我国商业银行的启示。

参考文献

[1] Altman E I, Saunders, A. Credit Risk Management: Development over the Last Twenty Years[J]. Journal of Banking and Finance, 1997, 21(1721 – 1742).

[2] Anthony Sanders. Credit Risk Management: New Approaches to Value at Risk And other Paradigms[M]. John Wiley&Sons, 1999.

[3] Anthony Sanders. Financial Institutions Management: A Modern Perspective[M]. McGraw – Hill, 2002.

[4] Basel Committee on Banking Supervision. Credit Risk Modeling: Curent Practices and Applications, 1999, http://www.bis.org/press/index.htm.

[5] Berkowitz, Jeremy s. t.. How Accurate Are Value – at – Risk Models at Commercial Banks? [J]. Journal of Finance, 2002, Vol. 57 Issue 3, p1093 – 1111.

[6] Black F, Scholes M. The Pricing of Options and Coporate Liabilities[J]. Journal of Political Economy, 1973(5): 637 – 654.

[7] Bob Ryan, Robert W. Scapers, Michael Theobald. Methodology in Finance and Accounting[M]. ACADEMIC PRESS INC. 1992.

[8] Channon Derek. Bank Strategy Management[M]. Wlley, 1986.

[9] Cox J C, Ross S A, Rubinstein. Option Pricing: A Simplified Approach[J]. Journal of Financial Economics, 1979, 7(3).

[10] Credit Suisse Financial Products. Credit Risk: A Credit Risk Management Framework, 1997. http://www.csfp.co.uk/csfpod/html/csfp_10.htm.

[11] Crouhy, M., Mark, R. A Comparative Analysis of current Credit Risk Models[J]. Journal of Banking and Finance, 2000, 24(1/2, 59 – 117).

[12] Dean Paxson, Douglas Wood. The Blackwell Encyclopedic Dictionary of Finance[M]. Blackwell Publishers Ltd, 1998.

[13] Dimitris N. Chorafas. Credit Drivatives&the Management of Risk: Including Models for Credit Risk[M]. Prentice Hall, 1999.

[14] Douglas D. Evanoff. Measures of the Riskiness of Banking Organizations: Subordinated Debt Yields, Risk – Based Capital, and Examination Ratings[J]. Journal of Banking & Finance. 2002, Vol. 26, p989 – 1009.

[15] E. Briys, M. Bellalah, H. M. Mai, Fide Varanne. 期权、期货和特种衍生证券:理论、应用和实践[M]. 史树中等译. 北京:机械工业出版社, 2002.

[16] George H. Hempel, Donald G. Simonson. Bank management – Test and Cases(Fifth Edition)[M]. John Wiley & Sons, Inc, 1999.

[17] George H. Hempel, Donald G. Simonson. Bank Management – Test and Cases[M]. John Wiley&Sons Inc, 1999.

[18] James L. Farrell, Watter J. Reinhart. 投资组合管理[M]. 齐寅峰等译. 北京:机械工业出版社, 2000.

[19] John B. Caouette, Edward I. Altman, Paul Narayanon. Manageing Credit Risk:the Nest Great Financial Chanlenge[M]. John Wiley&Sons, 1998.

[20] Jon Danielsson s. t., Incentives for Effective Risk Management[J]. Journal of Banking & Finance, 2002, Vol. 26, p1407 – 1425.

[21] Kevin Dowd. Financial Risk Management[J]. Financial Analysis Journal, 1999, No. 6:p65 – 71.

[22] Kildegaard, Arne. Banks, systematic risk, and industrial concentration: theory and evidence[J]. Journal of Economic Behavior & Organization, 2002, Vol. 47 Issue 4, p345 – 359.

[23] L. 格利茨. 金融工程学[M]. 唐旭译. 北京:经济科学出版社, 1998.

[24] Marc Lore, Lev Borodovesky. A Professional's Handbook of Financial Risk management[M]. Reed Educational and Professional Pubishing Ltd, 2000.

[25] Merton R C. Continuous – time finance[M]. Cambridge. MA: Blackwell, 1992.

[26] Merton R C. Application of Option – Pricing Theory: Twenty – five Years Later[J]. American Economic Review, June 1998, 323 – 349.

[27] Merton R C. On the Pricing of Contingent Claims and the Modigliani—Miller Theorem[J]. Journal of Financial Economics, 1977. 5(3):241 – 249.

[28] Merton R C. Theory of Rational Option Pricing[J]. Bell Journal of Economics and Management Science, Spring 1973, 4:141 – 183.

[29] Pietro Penza, Vipul K. Bansel, Measuring Market Risk with Value at Risk[M]. John Wiley&Sons, 2001.

[30] Raymond W. Goldsmith. 金融结构与金融发展[M]. 上海:上海三联书店,上海人民出版社, 1994.

[31] Thomas Mayer, James S. Duedenberry, Robert Z, Aliber. 货币、银行与经济[M]. 上海:上海三联书店,上海人民出版社, 1994.

[32] tuart l. Greenbaum. Twenty – five Years of Banking Research[J]. Financial Management, 1996, No. 2:p86 – 92.

[33] Yener A, tunbas s. t.. Efficiency and risk in Japanese Banking[J]. Journal of Banking & Finance. 2000, Vol. 24, p1605 – 1028.

[34] Zvi Bodie, Robert C. Merton. 金融学[M]. 北京:中国人民大学出版社,2000.

[35] 安东尼·G. 科因等. 利率风险的控制与管理[M]. 唐旭等译. 北京:经济科学出版社,1999.

[36] 巴塞尔委员会. The New Basel Capital Accord:Consultative Document》,2001. www. bis. org.

[37] 保罗·A. 萨谬尔森,威廉·D. 诺德豪斯. 经济学[M]. 北京:中国发展出版社,1991.

[38] 北京大学国际经济研究所. 金融监管与风险防范[M]. 北京:经济日报出版社,1998.

[39] 彼得·S. 罗斯,商业银行管理[M]. 刘园译. 北京:机械工业出版社,2011.

[40] 陈伟恕. 现代商业银行管理学[M]. 上海:复旦大学出版社,1992.

[41] 陈云贤. 证券投资论[M]. 北京:北京大学出版社,1997.

[42] 范一飞,沈明. 商业银行票据与结算[M]. 北京:中国发展出版社,1998.

[43] 何璋. 国际金融[M]. 北京:中国金融出版社,1997.

[44] 黄金老. 利率市场化与商业银行风险控制[J]. 经济研究,2001,No. 1,p19 – 28.

[45] 蒋超良,金钟. 商业银行与西方金融运作[M]. 北京:中国发展出版社,1994.

[46] 金融财政会计法规编写组. 金融财政会计法规汇编. 2002.

[47] 康书生. 商业银行内控制度:借鉴与创新[M]. 北京:中国发展出版社,1999.

[48] 寇日明等译. 风险管理实务[M]. 北京:中国金融出版社,2001.

[49] 李崇淮等. 西方货币银行学[M]. 北京:中国金融出版社,1998.

[50] 李方. 现代金融市场论[M]. 上海:华东师范大学出版社,1997.

[51] 李月平. 加入 WTO 对我国国有商业银行风险的影响[J]. 南开经济研究,2001,No. 6,p36 – 42.

[52] 刘俊奇. 国际金融衍生市场[M]. 北京:经济科学出版社,2002.

[53] 罗锐韧,曾繁正. 经营战略与方针[M]. 北京:红旗出版社,1997.

[54] 毛晓威,巴曙松. 巴塞尔委员会资本协议的演变与国际银行业风险管理的新进展[J]. 国际金融研究,2001,No. 4,p45 – 51.

[55] 乔志敏,杨子强. 金融从业人员会计报表的阅读与分析[M]. 北京:中国金融出版社,2002.

[56] 生柳荣. 当代金融创新[M]. 北京:中国发展出版社,1998.

[57] 盛松成. 现代货币经济学[M]. 北京:中国金融出版社,1992.

[58] 宋逢明等译. 金融工程[M]. 北京:清华大学出版社,1998.

[59] 万建华,陈正中. 商业银行专家管理[M]. 深圳:海天出版社,1998.

[60]王超.竞争战略[M].北京:中国对外经济贸易出版社,1999.

[61]王春峰.金融市场风险管理[M].天津:天津大学出版社,2001.

[62]王春峰,万海晖,张维.商业银行信用风险评估及其实证研究[J].管理科学学报,1998(01).

[63]王伟东.经济全球化中的金融风险管理[M].北京:中国经济出版社,1999.

[64]希拉.郝弗南.商业银行战略管理[M].万建华译.深圳:海天出版社,2000.

[65]谢平,柴洪峰等.我国银行间市场的未来发展和交易场所组织模式研究[J].金融研究,2002,No5,p1-15.

[66]谢平.中国金融制度的选择[M].上海:上海远东出版社,1997.

[67]殷雷.国有商业银行组织结构的缺陷及其改进[J].金融研究,2002,No.7,p93-98.

[68]于荟楠.信用风险管理新技术-信用衍生产品[J].经济问题研究,2000年2期.

[69]俞乔等.商业银行管理学[M].上海:上海人民出版社,2007.

[70]约翰.赫尔、期权、期货和衍生证券[M].张淘伟译.北京:华夏出版社,1997.

[71]约瑟A.罗培斯,马可R.勃格.信用风险模型有效性的评估方法探析[J].国际金融研究,2002,9,15-21.

[72]张维,李玉霜.商业银行信用风险分析综述[J].管理科学学报,1998(03).

[73]张晓松.西方商业银行贷款风险管理及借鉴[J].金融研究,2000,No.12,p95-100.

[74]张亦春,许文彬.风险与金融风险的经济学再考察[J].金融研究,2002,No.3;p65-73.

[75]张玉明.信息非对称与银行不良资产[M].上海:上海三联书店,2001.

[76]张志强.期权理论与公司理财[M].北京:华夏出版社,2000.

[77]赵瑞安.西方银行管理理念[M].北京:企业管理出版社,2003.

[78]郑杰.信贷风险分类的管理与应用[M].北京:中国金融出版社,2002.

[79]郑沈芳.商业银行业务[M].上海:上海财经大学出版社,2002.

[80]郑先炳.西方商业银行最新发展趋势[M].北京:中国金融出版社,2001.

[81]周延军.西方金融理论[M].北京:中信出版社,1994.

[82]乔治·H.汉普尔,多纳德·G.辛曼森.银行管理[M].北京:中国人民大学出版社,2002.

[83]张晓明.商业银行经营管理[M].北京:清华大学出版社、北京交通大学出版社,2012.

[84]陈德胜,文根第,刘伟等.商业银行全面风险管理[M].北京:清华大学出

版社,2009.

[85] 郑振龙,陈蓉. 金融工程[M]. 北京:高等教育出版社,2008.

[86] 王淑敏,齐佩金. 金融与租赁[M]. 北京:中国金融出版社,2011.

[87] 马映华,黄国桥,陈晓红等[R]. 美国商业银行监管研究及启示,2013.

[88] 财政部、证监会、审计署、银监会、保监会五部委. 企业内部控制基本规范[M]. 北京:中国财政金融出版社,2010.

[89] 李健飞. 我国商业银行内部控制评价研究[M]. 北京:经济科学出版社,2011.

[90] 中国银行业监督管理委员会. 商业银行内部控制指引. 2007.

[91] Tritter R. P. ,Zittnan D. S. 控制自我评价[M]. 企业内部控制标准委员会秘书处组织翻译. 大连:东北财经大学出版社,2010.

[92] 安瑛晖,欧阳世伟. 内部控制理论发展与系统观点[J]. 学理论,2010(17).

[93] 安瑛晖. 商业银行强化内部控制体系建设研究[J]. 经济研究导刊,2010(21).

[94] 安瑛晖,杨金荣. 试析国有大型商业银行内控管理工作机制[J]. 现代商业银行导刊,2011(2).

[95] 安瑛晖. 内部控制现代观点与基本规范实质要求[J]. 现代商业银行导刊,2012(9).

[96] 安瑛晖,汪佳. 企业内部控制评价体系研究[J]. 科技创新与应用,2012(12).